Betriebs-Berater Schriftenreihe

Die Beendigung der Kurzarbeit

Theresa Maria Hess

Fachmedien Recht und Wirtschaft | dfv Mediengruppe | Frankfurt am Main

Zugl.: Heidelberg, Univ., Diss. iur., 2024

Bibliografische Information Der Deutschen Nationalbibliothek

Die Deutsche Nationalbibliothek verzeichnet diese Publikation in der Deutschen Nationalbibliografie; detaillierte bibliografische Daten sind im Internet über http://dnb.de abrufbar.

ISBN 978-3-8005-1973-6

dfv Mediengruppe

www.ruw.de

Druck: Beltz Grafische Betriebe GmbH, 99947 Bad Langensalza

Printed in Germany

Vorwort

Die vorliegende Arbeit wurde von der Juristischen Fakultät der Ruprecht-Karls-Universität Heidelberg im Wintersemester 2024/2025 als Dissertation angenommen. Rechtsprechung und Literatur sind bis Februar 2025 berücksichtigt.

Ich danke meinem Hochschullehrer Professor Dr. Markus Stoffels herzlich für die Betreuung dieser Arbeit. Herrn Professor Dr. Thomas Lobinger danke ich für die zügige Erstellung des Zweitgutachtens.

Dank schulde ich ferner der Deutschen Lufthansa AG für die Möglichkeit, mich durch Kurzarbeit Null intensiv dieser Arbeit widmen zu können, sowie für die damit verbundene finanzielle Unterstützung während der Corona-Pandemie und die Inspiration für diese Arbeit.

Großen Dank schulde ich meinen Studienkollegen und Freunden, die mir stets unermüdliche Motivatoren und wertvolle Ratgeber in allen Fragen waren. Besonderer Dank gilt Johannes Tegel, Dr. Lennert Thormählen, Dr. Katharina Weidl und Jannik Duttlinger für die engagierte Durchsicht des Manuskripts.

Ein besonderes Bedürfnis ist es mir meiner wunderbaren Familie und insbesondere meinen Eltern zu danken, die sich mit jedem Fortschritt freuten und mich stets motiviert haben weiter zu schwimmen. Ihnen ist diese Arbeit gewidmet.

Theresa Maria Hess

Inhaltsübersicht

Inhaltsverzeichnis

A. Einleitung

Während der Covid-19-Pandemie erwies sich die Kurzarbeit als das arbeitsrechtliche Mittel der Stunde. Angesichts der wirtschaftlichen Unsicherheit und der drastischen Rückgänge in der Auftragslage nutzten zahlreiche Unternehmen dieses flexible Instrument, um Beschäftigungsverhältnisse aufrechtzuerhalten und gleichzeitig die finanziellen Belastungen zu minimieren. Kurzarbeit ermöglichte es den Betrieben, die Arbeitszeiten der Arbeitnehmer zu reduzieren und die daraus resultierenden Lohneinbußen durch Kurzarbeitergeld teilweise zu kompensieren. Dies schuf eine vorteilhafte Lösung für beide Seiten: Arbeitgeber konnten ihre Belegschaft trotz temporärer Einbrüche in der Auftragslage behalten, und Arbeitnehmer behielten ihre Arbeitsplätze sowie ein Mindestmaß an Einkommenssicherheit. Die Kurzarbeit wurde so zu einem unverzichtbaren Instrument, das half, die wirtschaftlichen Folgen der Pandemie abzufedern und die strukturelle Integrität des Arbeitsmarktes zu bewahren.

Die Einführung und die Beendigung von Kurzarbeit stellt sowohl für Arbeitgeber als auch für Arbeitnehmer eine Herausforderung dar, deren rechtliche und praktische Aspekte sorgfältig berücksichtigt werden müssen. Um diesen Herausforderungen zu begegnen, ist eine Prognose des Verlaufs vonseiten des Arbeitgebers unerlässlich. In einigen Fällen wird bei der Einführung von Kurzarbeit deshalb das Enddatum im Voraus festgelegt. Es gilt jedoch, dass je früher sich die Auftragslage verbessert, desto besser für den Betrieb. Eine vorzeitige Rückkehr zur Normalarbeit ist wünschenswert. Die Krise ist überwunden, die Auftragslage hat sich verbessert und es kann zur Normalarbeit zurückgekehrt werden. Gerade dieser Ausgang, dass die Kurzarbeit vorzeitig beendet werden kann, wird in den meisten Fällen aber nicht bedacht und dementsprechend nicht geregelt. Der Übergang zurück zur Normalarbeit oder die „Gestaltung der Landebahn“[1] der Kurzarbeit wird nicht antizipiert. Dabei ist von Anfang an beiden Seiten klar, dass die einmal eingeführte Kurzarbeit auch wieder beendet werden muss – idealerweise so früh wie möglich.

Die Covid-19-Pandemie hat deutlich gezeigt, dass die Rückkehr in die Vollarbeit zuweilen auch schneller erfolgen kann als erwartet. Teilweise änderte sich die Lage stündlich. Es wurden neue Meldungen zur Situation veröffentlicht, Pläne umgeworfen oder Prognosen neu aufgestellt.[2] Dennoch haben einige Arbeitgeber ihre Arbeitnehmer vorsorglich für längere Zeiträume,

---

1 *Dahl/Göpfert/Helm*, Arbeitsrechtlicher Umgang mit Pandemien, S. 245; eine ähnliche Metapher aufgreifend: *Petzold*, European state aid law quarterly 2020, 161 (161), welcher aber von dem fliegenden Start zurück in die Vollarbeit spricht.

2 *Dahl/Göpfert/Helm*, Arbeitsrechtlicher Umgang mit Pandemien, S. 38, Rn. 25.

stellenweise auch für mehr als ein Jahr, in Kurzarbeit (Null)[3] geschickt. Als sich die Auftragslage verbesserte, konnte der Betrieb wieder aufgenommen werden.

In einem solchen Fall möchte der Arbeitgeber verständlicherweise möglichst schnell wieder starten. Schließlich hat er die Kurzarbeit als besonders flexibles Instrument zur Krisenüberwindung gewählt. Auf der anderen Seite hat der Arbeitnehmer womöglich auf die zunächst eingeführte Kurzarbeit (Null) vertraut. Diese mitunter schützenswerten Interessen müssen mit dem flexiblen Kriseninstrument der Kurzarbeit in Einklang gebracht werden.

Der Frage, ob und wie die Kurzarbeit (vorzeitig) beendet werden kann und wie dabei im Hinblick auf schützenswerte individual- und kollektivrechtliche, aber auch tatsächliche Interessen der Parteien Rücksicht zu nehmen ist, geht diese Arbeit nach.

I. Problemstellung und Relevanz des Untersuchungsgegenstandes

Grundsätzlich gilt, dass jeder Arbeitnehmer einen Anspruch darauf hat, gemäß seiner arbeitsvertraglich vereinbarten Arbeitszeit beschäftigt zu werden.[4] Im Rahmen bestehender Arbeitsverhältnisse existiert aber auch fortlaufend das Bedürfnis, eben jenes an geänderte Rahmenbedingungen rechtlicher, wirtschaftlicher und politischer Natur anzupassen.[5] Krisen führen zu Phasen wirtschaftlicher Unsicherheiten. Aufträge und Nachfragen gehen zurück, Lieferketten stocken oder brechen weg und Unternehmen sehen sich gezwungen, darauf zu reagieren. Ein Betrieb kann gezwungen sein oder sich dazu entscheiden, die Arbeitszeit seiner Arbeitnehmer zu verkürzen oder einzuschränken.[6] Um den Rückgang des Arbeitsvolumens zu bewältigen[7], steht dem Arbeitgeber zur Veränderung oder Anpassung der Arbeitszeit das Instrument der Kurzarbeit zur Verfügung.[8] Mit der Kurzarbeit wird die betriebsübliche regelmäßige Arbeitszeit mit der Folge der entsprechenden Lohnkürzung verkürzt, vor allem um so dem Arbeitnehmer den

---

3 Definition und nähere Begriffserläuterungen, siehe S. 9 ff.

4 BAG, Beschluss vom 27.02.1985 – GS 1/84, NZA 1985, 702; BAG, Urteil vom 13.06.1985 – 2 AZR 410/84, NZA 1986, 562; *Schaub/Schindele*, Kurzarbeit, Rn. 21.

5 *Müller-Franken*, Die Befugnis zu Eingriffen in die Rechtsstellung des einzelnen durch Betriebsvereinbarungen, S. 318; *Fastrich*, RdA 1994, 129 (135); *Reuter*, RdA 1991, 193 (195).

6 *Jahn*, Die Beteiligung des Betriebsrats bei arbeitskampfbedingten Maßnahmen des Arbeitgebers, S. 96.

7 *Hahn*, Flexible Arbeitszeit, B, Rn. 274.

8 *Eckert*, in: Hohenstatt/Sittard, Arbeitsrecht in Zeiten von Corona, III, 1; *Helm/Göpfert*, top issues of German Labour Law, S. 180; *Schweiger*, NZS 2017, 135 (136).

Arbeitsplatz und dem Arbeitgeber das eingearbeitete Personal zu erhalten. Die Kurzarbeit ist gemeinsam mit dem Kurzarbeitergeld das vorgesehene arbeitsrechtliche Rettungsinstrument, um derart Krisen durchzustehen und danach, wenn der wirtschaftliche Aufschwung wieder da und die Krise damit überwunden ist, zu gewohnten Mustern zurückzukehren.

Die jüngst wohl überstandene Covid-19-Pandemie hat die Wirtschaft schwer belastet. Zur Pandemiebekämpfung staatlich angeordnete Schließungsverfügungen und andere Maßnahmen haben auch die Arbeitgeber gezwungen, sich schnell auf die Begebenheiten einzustellen. Dabei war die Kurzarbeit wieder einmal das Instrument der Stunde.[9] Die schnelle Reaktion der Unternehmen, Kurzarbeit einzuführen, die Anzahl der Arbeitnehmer, die sich dadurch in Kurzarbeit befanden oder auch die politischen Schrauben, die hinsichtlich des Kurzarbeitergeldes gedreht wurden, machten die Kurzarbeit mit einem Schlag wieder omnipräsent. Zuletzt wurde das erneut deutlich, als, ausgelöst durch den Ukrainekrieg, die erleichterten Zugangsvoraussetzungen zum Kurzarbeitergeld, die eigentlich als Reaktion auf die Covid-19-Pandemie festgesetzt wurden, abermals verlängert wurden.[10] Diese Verlängerung veranschaulicht, dass die Kurzarbeit weiterhin praktische Bedeutung hat. Der historische Überblick wird zeigen, dass Krisen immer wieder die Betriebe einzelner Branchen in die Kurzarbeit gedrängt haben und vermutlich auch in Zukunft drängen werden.

Insbesondere aus der Covid-19-Pandemie lässt sich lernen. Diese hat mit den aufeinanderfolgenden Infektionswellen wiederholt für Anpassungsbedarf in den Betrieben gesorgt. Bedingt durch den wellenartigen Verlauf der Inzidenzen und Positivraten, haben Verschärfungen und Lockerungen einander während der Pandemie abgelöst. Die Kurzarbeit zielt als Instrument der flexiblen Arbeitszeitanpassung darauf ab, dementsprechend reagieren zu können.[11] Wenn eine Zeit des Auftragsmangels herrscht, gilt es, durch Kurzarbeit die Arbeitszeit zu reduzieren und wenn Aufträge wieder verzeichnet werden, ist das Interesse hoch, auch darauf wieder schnell zu reagieren. Dabei ist es Aufgabe des Arbeitgebers stetig zu überprüfen, ob es Anpassungen der Arbeitszeit bedarf.[12] Die Bundesagentur für Arbeit fordert Arbeitgeber und Betriebsvertretungen aktiv dazu auf, sich „laufend darum zu bemühen, den Arbeitsausfall zu verringern oder zu beenden."[13] Schließlich ist es auch im Interesse des Staates, nicht weiter durch Kurzarbeitergeld finanziell un-

---

9 *Glombik*, WzS 2020, 267 (270); *Steiner*, NZW 2022, 687 (688).

10 *Brand*, NJW 2023, 128 (129).

11 *Pototzky/Gimmy*, BB 2021, 2292 (2293).

12 *Pototzky/Gimmy*, BB 2021, 2292 (2297).

13 Bundesagentur für Arbeit, Merkblatt Kurzarbeitergeld, S. 14, https://www.arbeitsagentur.de/datei/merkblatt-8a-kurzarbeitergeld_ba015385.pdf (zuletzt abgerufen am 06.02.2025).

terstützen zu müssen. In dieser Phase, in der der Arbeitnehmer sich noch in Kurzarbeit befindet und der Arbeitgeber wieder Arbeitsbedarf hat, setzt die vorliegende Arbeit an.

Denn genau an diesem Punkt herrscht Rechtsunsicherheit.[14] Unter Umständen liegt dies daran, dass bei der Kurzarbeit den Parteien vieles selbst überlassen wird. Der Gesetzgeber hat die arbeitsrechtlichen Fragen schlicht nicht geregelt. Das zeigt ein Blick auf die verschiedenen Ebenen der Normhierarchie: Das Grundgesetz erwähnt die Kurzarbeit nicht. Einfachgesetzlich sind Teilaspekte der Kurzarbeit geregelt. Zum einen findet sie sich im dritten Sozialgesetzbuch im sechsten Abschnitt, in welchem der Verbleib in Beschäftigung geregelt ist. Allerdings regelt das Recht zur Arbeitsförderung in den §§ 95 ff. SGB III in erster Linie die sozialrechtlichen Aspekte und damit das Kurzarbeitergeld und die Sonderformen des Kurzarbeitergeldes. Unter arbeitsrechtlichen Gesichtspunkten findet die Kurzarbeit an zwei Stellen Erwähnung: Zunächst im Zusammenhang mit dem Transferkurzarbeitergeld in § 19 KSchG. Der Gesetzgeber macht in § 19 Abs. 2 KSchG deutlich, dass Kurzarbeit im Arbeitsverhältnis mit einer Lohnkürzung einher geht. An anderer Stelle hält § 87 Abs. 1 Nr. 3 BetrVG fest, dass der Betriebsrat bei der vorübergehenden Verkürzung der betriebsüblichen Arbeitszeit mitzubestimmen hat. Insoweit gibt es kollektivrechtliche Regelungen. Die konjunkturelle Kurzarbeit findet in individualvertraglicher Hinsicht einfachgesetzlich keine weitere Erwähnung. Es bleibt die Ebene der vertraglichen Regelungen im Arbeitsverhältnis. Tarifverträge enthalten in Bezug auf die Thematik der Kurzarbeit regelmäßig lediglich Öffnungsklauseln für Betriebsvereinbarungen. Folglich ist man im Rangverhältnis in den Bereichen, in denen die Gestaltung den Arbeitsvertragsparteien überlassen wird. Dies führt zu Rechtsunsicherheit.

Diese wird weiter dadurch verstärkt, dass es zur Beendigung bislang nur eine höchstrichterliche Entscheidung des BAG von 1978 gibt, welche darüber hinaus nur die kollektivrechtliche Frage behandelt, ob der Abbau der Kurzarbeit der Mitbestimmung unterliegt.[15] Der erste Senat des Bundesarbeitsgerichts erkannte schon zu dieser Zeit, dass es sich um eine „kontrovers beurteilte betriebsverfassungsrechtliche Frage, die (...) in Zukunft jedenfalls inhaltlich wieder auftreten kann“,[16] handelt. Auch in der Literatur wurde die Frage, wie die Beendigung ablaufen kann, in Fachaufsätzen[17] und

14 *Heimann*, SPA 2021, 36 (38).

15 BAG, Beschluss vom 21.11.1978 – 1 ABR 67/76, AP BetrVG 1972 § 87 Arbeitszeit Nr. 2.

16 BAG, Beschluss vom 21.11.1978 – 1 ABR 67/76, AP BetrVG 1972 § 87 Arbeitszeit Nr. 2.

17 An dieser Stelle vor allem: *Bischof*, NZA 1995, 1021 (1021 ff.); *Ulber*, AiB 2007, 5 (12 f.); *Stoffels*, in: FS Henssler 2023, 643 (652 ff.).

Monographien[18] nur spärlich behandelt und dabei zumeist nur im Rahmen der soeben genannten Entscheidung kollektivrechtlich betrachtet. Wegen der aktuellen Brisanz und der Erkenntnis, dass die Kurzarbeit in ihrer internationalen Vorreiterrolle auch in Zukunft wieder herangezogen wird, besteht ein Bedürfnis an einer weiteren Studie, die sich den individual-, wie auch kollektivrechtlichen Fragestellungen widmet, die sich bei der Beendigung der Kurzarbeit stellen.

Bei der Einführung der Kurzarbeit ist in Betrieben mit Betriebsrat nicht nur die individualrechtliche, sondern auch die mitbestimmungsrechtliche Hürde zu beachten.[19] Auch der Frage, ob und wie es diese Hürden auch bei der Beendigung zu nehmen sind, geht diese Arbeit nach.

Auch aus Arbeitnehmersicht gilt es die Beendigung der Kurzarbeit zu beleuchten. So stellt sich für den Arbeitnehmer, der vorsorglich für einen längeren Zeitraum Kurzarbeit angekündigt bekommen hat, die Frage, inwiefern er sich für eine Rückkehr zur Vollarbeit jederzeit bereithalten muss. Es bleibt auch zu klären, wie der Arbeitnehmer erreichbar sein muss und wie kurzfristig er mit einer Rückholung rechnen muss. Diese eher praktische Problematik gilt es rechtlich zu untersuchen.

II. Gang der Untersuchung

Nach der Einführung in die Thematik bildet das Grundlagenkapitel den Ausgangspunkt der Untersuchung. Diese Arbeit behandelt die Beendigung der konjunkturellen Kurzarbeit. Daher werden die Besonderheiten zur Transferkurzarbeit allenfalls am Rande erwähnt und zur Abgrenzung und zu Argumentationszwecken angeführt. Nicht näher eingegangen werden soll indessen auf die streikbedingte Kurzarbeit.

Beginnend mit einer Begriffsklärung wird im Anschluss die historische Entwicklung der Kurzarbeit dargestellt. Bereits dort wird deutlich werden, dass die arbeitsrechtliche Kurzarbeit und das sozialrechtliche Kurzarbeitergeld untrennbar miteinander verbunden waren und es teilweise heute noch sind. Diese Verzahnung trägt sich durch die gesamte Arbeit und wird im darauffolgenden Unterkapitel erneut deutlich, wenn die Voraussetzungen für die Einführung von Kurzarbeit und das Beziehen von Kurzarbeitergeld beleuchtet werden. Bevor sich die Arbeit im weiteren Verlauf um die rechtlichen Aspekte der Beendigung der Kurzarbeit drehen wird, wird dem eine bei-

18 *Barnhofer*, Kurzarbeit zur Vermeidung betriebsbedingter Kündigung, S. 1 ff.; *Jene*, Kurzarbeit und betriebliche Mitbestimmung, S. 1 ff.; *Caspers*, Kurzarbeit, S. 1 ff.; *Conze*, Die Einführung von Kurzarbeit, S. 1 ff.; *Rumpff/Dröge*, Kurzarbeit, S. 1ff *Feindura*, Kurzarbeit, S. 1 ff.

19 *Patett*, Arbeitskampffernwirkungen, Lohnrisiko und Mitbestimmung, S. 383.

spielhafte Aufzählung vorangestellt, welche tatsächlichen Gründe zu einer (vorzeitigen) Beendigung der Kurzarbeit führen können. Dies bildet den Übergang in die rechtliche Betrachtung.

Die ersten Hauptkapitel widmen sich sodann den Rechtsgrundlagen der Kurzarbeit. Die umfassende Untersuchung beginnt in C. mit der Rechtsgrundlage für die Einführung von Kurzarbeit. Im Rahmen dessen wird nicht nur die individualvertragliche Möglichkeit der Einführung der Kurzarbeit behandelt. Es wird vor allem beleuchtet, was zu beachten ist, wenn Kurzarbeit durch Allgemeine Geschäftsbedingungen eingeführt wird, und die kollektivrechtlichen Instrumente zur Einführung der Kurzarbeit auf ihre Tauglichkeit untersucht.

Im Anschluss beschäftigt sich die Arbeit in Kapitel D mit der Gegenseite, also der Rechtsgrundlage für die Beendigung der Kurzarbeit. Zuerst wird die Frage beantwortet, ob der Arbeitgeber die Kurzarbeit nicht kraft seines Direktionsrechts beenden kann. Im Zusammenhang mit der Betrachtung der Konsequenzen dieser Diskussion wird der Versuch der dogmatischen Systembildung vorgenommen und es werden Institute wie die actus-contrarius-Theorie oder interdisziplinäre wie sozialrechtliche und rechtstatsächliche Ansätze verfolgt, bevor im Kapitel D.III. rechtsgestalterische Möglichkeiten der Beendigung der Kurzarbeit umfassend beleuchtet werden.

Während sich die Hauptkapitel C und D mit der arbeitgeberseitigen Möglichkeit der Beendigung beschäftigen, folgt in Kapitel E. die kritische Begutachtung eines womöglich notwendigen Arbeitnehmerschutzes vor allem im Rahmen der Ausübungskontrolle. Vor diesem Hintergrund werden zunächst die Rechte und Pflichten des Arbeitnehmers während der Kurzarbeit und im Hinblick auf deren Beendigung evaluiert. Unter Einbeziehung aktueller Rechtsprechung des Bundesarbeitsgerichtes werden dann die Notwendigkeit und die mögliche Ausgestaltung einer Ankündigungsfrist zur Rückholung des Arbeitnehmers aus der Kurzarbeit (null) untersucht. Um eine solche Ankündigungsfrist auch in Gang setzen zu können, wird anschließend näher auf die Frage der Erreichbarkeit des Arbeitnehmers vor allem während der Kurzarbeit Null eingegangen. Das Kapitel schließt mit Überlegungen, ob der Arbeitgeber bei einer Auswahlentscheidung zwischen mehreren Arbeitnehmern soziale Gesichtspunkte zu berücksichtigen hat.

Der letzte Teil der Arbeit (F.) ist den Mitbestimmungsfragen rund um die Beendigung der Kurzarbeit gewidmet. Dabei wird vor allem die einzige hierzu ergangene höchstrichterliche Entscheidung des 1. Senats des BAG vom 21. November 1978 untersucht und im Anschluss die Frage beantwortet, ob dem Betriebsrat bei der vorzeitigen Beendigung der Kurzarbeit ein Mitbestimmungsrecht zusteht. Sodann werden ausgewählte Folgefragen, die auch im Rahmen der Arbeit an anderen Stellen als Sonderkonstellationen aufkommen, im Hinblick auf das Kollektivrecht beantwortet. Beispielhaft sei hier die Frage genannt, ob es im Hinblick auf die Mitbestimmung bei der Beendigung einer anderen Bewertung bedarf, wenn die Kurzarbeit bereits über eine sehr lange Dauer bestand.

In Kapitel G werden abschließend die gewonnen Erkenntnisse thesenartig zusammengefasst. Aus den erarbeiteten Ergebnissen ergibt sich sodann die Antwort auf die aufgeworfene Forschungsfrage, wie die Kurzarbeit (vorzeitig) zu beenden ist, worauf zu achten ist und insbesondere, welche und inwiefern individual- und kollektivrechtliche Interessen zu berücksichtigen sind.

B. Grundlagen

Im Fokus der Untersuchung steht die (vorzeitige) Beendigung der konjunkturellen Kurzarbeit. Denn es ist sowohl denkbar, dass eine unbefristet eingeführte, als auch eine befristet eingeführte Kurzarbeit vorzeitig beendet werden soll. Zumeist wird die Kurzarbeit befristet eingeführt. Es ist aber nicht erforderlich, dass bei der Einführung der Kurzarbeit das Ende zeitlich genau bestimmt oder bestimmbar ist.[20] Im wohl unproblematischsten Fall treffen die Prognosen des Arbeitgebers genau zu und bei einer befristet eingeführten Kurzarbeit ist mit Erreichen der Frist auch kein Arbeitsausfall mehr zu verzeichnen. Es wird mithin zur Vollarbeit zurückgekehrt. Die Kurzarbeit ist beendet und hat in diesem Fall ihren Zweck vollständig erfüllt. Zudem fallen bei korrekter Prognose bei einer Befristung etwaig notwendige Ankündigungsfristen zur Rückholung weg.

Teilweise wird vertreten, dass eine unbefristete Einführung von konjunktureller Kurzarbeit nicht möglich sein soll.[21] Dafür soll schon der Zweck der Kurzarbeit als vorübergehendes Instrument sprechen.[22] Letztendlich kommt es auf den Einzelfall an. Beispielsweise ist bei Lieferschwierigkeiten eines bestimmten Bauteils möglicherweise eine exaktere Prognose möglich, wann dieses wieder lieferbar ist und somit wieder Arbeit anfällt, wohingegen der Fortgang einer Pandemie nur schwer zu prognostizieren ist. Demzufolge ist auch eine unbefristete Einführung der Kurzarbeit zuzulassen.[23]

Bei der unbefristeten Einführung von konjunktureller Kurzarbeit sind die Arbeitsvertragsparteien aber umso mehr gehalten, stetig zu überprüfen, ob die Kurzarbeit noch erforderlich ist. Allerdings wäre die vorzeitige Beendigung auch bei der befristet eingeführten Kurzarbeit ein wünschenswerter Fall, wenn sich die Auftragslage früher als erwartet wieder verbessert hat, oder auch eine Unterbrechung der Kurzarbeit wegen kurzfristig anstehender Mehrarbeit.

---

20 *Farthmann*, RdA 1974, 65 (69). Teilweise wird vertreten, dass eine Befristung nicht sinnvoll sei, da es dann für jede Verlängerung der erneuten Zustimmung der Gegenpartei bedürfe und eine Prognose mit einem festen Enddatum nur schwer anzustellen sei; dafür bietet die Befristung dem Arbeitnehmer und auch dem Arbeitgeber eine Form von Planungssicherheit, *Bauer/Günther*, NZA 2020, 419 (421).

21 *Meyer/Wall*, Kurzarbeit und Kurzarbeitergeld, S. 90.

22 *Schaub/Schindele*, Kurzarbeit, Rn. 36.

23 So auch: *Rumpff/Dröge*, Kurzarbeit, S. 104 ff.; *Hueck-Nipperdey*, Lehrbuch, Bd. 1, S. 216; *Elert/Raspels*, Flexible Einsatzformen von Arbeitnehmern, Kapitel 22, Rn. 105 f.

I. Begriff der Kurzarbeit

Der Begriff der Kurzarbeit ist gesetzlich nicht (mehr) definiert.[24] In älteren Gesetzen lassen sich noch Definitionen finden, wie zum Beispiel in § 130 Abs. 1 des Gesetzes über Arbeitslosenvermittlung und Arbeitslosenversicherung vom 16. Juli 1927.[25] Danach sind eben jene Arbeitnehmer von Kurzarbeit betroffen, die in einer Kalenderwoche infolge Arbeitsmangels die in ihrer Arbeitsstätte übliche Zahl von Arbeitsstunden nicht erreichen und deswegen Lohnkürzungen unterworfen sind. Dabei wird die Kurzarbeit lediglich aus dem sozialrechtlichen Blickwinkel betrachtet.[26]

Heute finden sich an diversen Stellen, wie bereits aufgezeigt, Regelungen zu Kurzarbeit und Kurzarbeitergeld, es fehlt indessen eine Definition oder Begriffsklärung.

Es ist zuerst darauf hinzuweisen, dass die Kurzarbeit grundsätzlich dem Arbeitsrecht und das Kurzarbeitergeld dem Sozialrecht zugewiesen ist.[27] Eine zwingende Verbindung besteht dabei nicht; es existieren jedoch starke faktische Wechselwirkungen.[28] Dies zeigt bereits der Sinn und Zweck des Kurzarbeitergeldes. Dieser liegt auf der einen Seite darin, den Betrieben die eingearbeiteten, miteinander und mit dem Betrieb verbundenen Arbeitnehmer zu erhalten. Auf der anderen Seite behalten Arbeitnehmer ihre Arbeitsplätze und ihnen wird ein Teil des durch die Kurzarbeit bedingten Lohnausfalls ersetzt.[29] Es herrscht indessen Einigkeit darüber, dass der arbeitsrechtliche Begriff der Kurzarbeit mit dem sozialrechtlichen identisch ist.[30] Aus diesem Grund können für die Begriffsklärung auch die Regelungen des Sozialrechts herangezogen werden.[31]

Die §§ 95 ff. SGB III zeigen auf, wann Arbeitnehmer einen Anspruch auf Kurzarbeitergeld haben und gehen sodann auf die einzelnen Voraussetzun-

---

24 *Hahn*, Flexible Arbeitszeit, B, Rn. 268; *Ulber*, AiB 2007, 5 (5).

25 Gesetz über Arbeitsvermittlung und Arbeitslosenversicherung, 16. Juli 1927, Bundesarchiv R 5201/83, Bl. 190 (212).

26 *Caspers*, Kurzarbeit, S. 48.

27 Ausführlich zu dem Verhältnis von Arbeits- und Sozialrecht: *Hanau/Peters-Lange*, NZA 1998, 785 (785 ff.); *Maydell*, in: FS Kissel 1994, 761 (761 ff.); *Seiter*, in: FS 25J. BSG 1979, Bd. 2, 515 (515 ff.); *Schmidt*, RdA 1999, 124 (124 ff.).

28 *Rumpff/Dröge*, Kurzarbeit, S. 41 f.; *Boecken*, RdA 2000, 7 (7 f.); *Dahl/Göpfert/Helm*, Arbeitsrechtlicher Umgang mit Pandemien, S. 12; *Cohnen/Röger*, BB 2009, 46 (49); *Voelzke*, jurisPR-SozR 8/2022 Anm. 1; *Klocke*, RdA 2020, 331 (332) spricht dabei von Verbindungslinien; andere bezeichnen es als Zusammenspiel, so *Zieglmeier*, DStR 2020, 729 (730).

29 BAG, Beschluss vom 04.03.1986 – 1 ABR 15/84, NZA 1986, 432 (433); *Steiner*, NZW 2022, 687 (688), Merkblatt der Bundesagentur für Arbeit zu Kurzarbeitergeld, Nr. 8a, Stand Juni 2020, S. 10.

30 *Bieback*, in: BeckOGK SGB III, § 95, Rn. 124.

31 *Conze*, Die Einführung von Kurzarbeit, S. 5.

gen ein. In §§ 95 S. 1 Nr. 1, 96 SGB III wird deutlich, dass es für einen Anspruch auf Kurzarbeitergeld eines erheblichen Arbeitsausfalls bedarf. Dieser erhebliche Arbeitsausfall ist die Verbindung zur arbeitsrechtlichen Kurzarbeit.

Die Europäische Kommission spricht im Rahmen der Kurzarbeit von einer Weiterbeschäftigung bei demselben Unternehmen, wobei die Tätigkeit vorübergehend unterbrochen ist.[32]

Im alltäglichen Sprachgebrauch versteht man unter Kurzarbeit den Zustand, in welchem die betriebsübliche Arbeitszeit herabgesetzt wird bei gleichzeitiger entsprechender Lohnkürzung.[33] Sie wird daher vielfach schlicht als arbeitszeitliches Pendant zur Mehrarbeit gesehen.[34] Es liegt mithin in der Natur der Sache, dass es bei der Kurzarbeit um die Verkürzung der Arbeitszeit mit entsprechender Lohnkürzung geht.

Zentrale Voraussetzung ist der vorübergehende Arbeitsmangel. Das Merkmal „vorübergehend" ist dabei sehr ähnlich wie bei den Voraussetzungen zum Kurzarbeitergeld auszulegen.[35] Danach kann ein Arbeitsausfall „so lange als vorübergehend bezeichnet werden, solange anhand der konkreten Umstände oder nach den Vorstellungen der Vertragspartner nach einem überschaubaren Zeitraum eine Rückkehr zur Vollarbeit zu erwarten ist."[36] Dabei ist zu beachten, dass eine vertraglich vereinbarte Teilzeit nicht vorübergehend, sondern vielmehr eine dauerhafte Reduzierung der Arbeitszeit ist.[37] Darüber hinaus ist das Merkmal „vorübergehend" nicht schon deshalb abzulehnen, weil ein Endtermin der Kurzarbeit noch nicht festgelegt wurde.[38]

Weiterhin gilt es jedoch herauszuarbeiten, auf welchen Arbeitszeitbegriff dabei Bezug genommen wird.[39] Vielfach wird dabei von der betriebsüblichen Arbeitszeit gesprochen.[40] Grundsätzlich wird darunter die im Betrieb regel-

---

32 Beschluss der Kommission Nr. 205 vom 17.10.2005, Amtsblatt der Europäischen Union, L 130/37 (38), Nr. 2; dazu: EuZW 2006, 388.

33 *Nikisch*, Arbeitsrecht, Bd. 1, 3. Aufl. 1961, S. 642; *Caspers*, Kurzarbeit, S. 3; *Linck*, in: Schaub, Arbeitsrechts-Handbuch, § 47, Rn. 1; *Farthmann*, RdA 1974, 65 (69).

34 *Hahn*, Flexible Arbeitszeit, B, Rn. 272.

35 Siehe dazu Kapitel zu den Voraussetzungen für das Kurzarbeitergeld, S. 29 ff.

36 *Hahn*, Flexible Arbeitszeit, B, Rn. 271; *Seidler/Josephs*, NZA 2020, 1227 (1227 f.); *Ulber*, AiB 2007, 5 (6); ausschlaggebend ist wiederum die Absicht zur Rückkehr zur Vollarbeit: *Farthmann*, RdA 1974, 65 (69).

37 *Hahn*, Flexible Arbeitszeit, B, Rn. 271.

38 *Rumpff/Dröge*, Kurzarbeit, S. 25; *Nikisch*, Arbeitsrecht, Bd. 1, 3. Aufl. 1961, S. 643.

39 *Bieback*, NZS 2011, 241 (242).

40 *Hinze*, Mildere Mittel zur Vermeidung betriebsbedingter Kündigung, S. 213; *Barnhofer*, Kurzarbeit zur Vermeidung betriebsbedingter Kündigung, S. 63; *Linck*, in: Schaub, Arbeitsrechts-Handbuch, § 47, Rn. 1; *Bieback*, in: BeckOGK SGB III, § 95, Rn. 124; *Bähringer/Spiegelhalter*, Kurzarbeit, S. 55; *Patett*, Arbeitskampffernwirkungen, Lohn-

mäßig geleistete Arbeitszeit verstanden.[41] Kritisiert wird das Heranziehen der betriebsüblichen Arbeitszeit mit dem Argument, dass diese ein Begriff aus dem Sozialrecht und damit für den arbeitsrechtlichen Kurzarbeitsbegriff untauglich sei, da das Sozialrecht dem öffentlichen Recht zuzuordnen, das Arbeitsrecht hingegen Teil des Privatrechts sei.[42] Aus diesem Grund wird teilweise der Begriff der vertraglichen Arbeitszeit bevorzugt, weil er den privatrechtlichen Aspekt verdeutlicht.[43] Allerdings spricht § 87 Abs. 1 Nr. 3 BetrVG, der zweifellos dem Privatrecht zuzuordnen ist, ebenso von der betriebsüblichen Arbeitszeit. Dabei wird der Begriff der betriebsüblichen Arbeitszeit arbeitsrechtlich vor allem im Sinne des Mitbestimmungstatbestandes verwendet. Wie aufgezeigt, sind der sozialrechtliche und der arbeitsrechtliche Kurzarbeitsbegriff nach dem heutigen Verständnis aber identisch, was zur Folge hat, dass zumeist von der betriebsüblichen beziehungsweise der arbeitsvertraglich vereinbarten Arbeitszeit gesprochen wird[44] und keine Differenzierung zu einem sozialrechtlichen Arbeitszeitbegriff vorgenommen wird.

Zu berücksichtigen ist, dass Kurzarbeit in diversen Erscheinungsformen zutage treten kann, dabei aber auch zu beachten ist, dass es ähnliche, aber nicht der Kurzarbeit unterzuordnende Erscheinungsformen gibt.[45] Um Klarheit zu schaffen ist der Begriff der Kurzarbeit weitergehender darzustellen und dabei zu potentiell vergleichbaren Abweichungen der ursprünglich vertraglich vereinbarten Arbeitszeit abzugrenzen.

1. Erscheinungsformen von Kurzarbeit

In einem ersten Schritt sollen diverse Erscheinungsformen der Kurzarbeit dargestellt werden.

Allen voran steht die Kurzarbeit Null als offensichtlichster Unterfall: Kurzarbeit Null liegt vor, wenn die betriebliche regelmäßige Arbeitszeit derart verkürzt wird, dass überhaupt keine Arbeit mehr zu leisten ist.[46] Dabei soll

risiko und Mitbestimmung, S. 376; *Jene*, Kurzarbeit und betriebliche Mitbestimmung, S. 12.

41 BAG, Beschluss vom 26.10.2004 – 1 ABR 31/03, NZA 2005, 538 (540); BAG, Beschluss vom 16.07.1991 – 1 ABR 69/90, NZA 1992, 70 (71); *Richardi/Maschmann*, in: Richardi, Betriebsverfassungsgesetz, § 87, Rn. 347.

42 *Caspers*, Kurzarbeit, S. 49 f.; *Conze*, Die Einführung von Kurzarbeit, S. 6 f.

43 *Caspers*, Kurzarbeit, S. 50.

44 *Schaub/Schindele*, Kurzarbeit, Rn. 2; ausführlich zu der Berechnung und Bestimmung der regelmäßigen Arbeitszeit: *Bähringer/Spiegelhalter*, Kurzarbeit, S. 55 f.

45 *Barnhofer*, Kurzarbeit zur Vermeidung betriebsbedingter Kündigung, S. 62 weist dahingehend auch auf Arbeitszeitverlegung hin.

46 BSG, Urteil vom 14.09.2010 – B 7 AL 21/09 R, SGb 2011, 231 (232); *Pristin*, AiB 2020, 10 (11).

der Arbeitsvertrag aufrecht erhalten werden, ist aber vorübergehend nicht mehr auf den Austausch von Arbeit und Lohn gerichtet.[47] Denn bei einer vollständigen Kürzung der Arbeitszeit verliert der Arbeitnehmer dementsprechend auch seinen Vergütungsanspruch.[48] Das ArbG Osnabrück hat jüngst definiert, dass unter Kurzarbeit Null „die Reduzierung der Arbeitszeit gänzlich für einen längeren Zeitraum, jedenfalls für einen Wochen- oder Monatszeitraum"[49] zu verstehen ist. Es war lange umstritten, ob Kurzarbeit Null überhaupt noch Kurzarbeit sein kann, weil schon nach dem Begriffsverständnis nicht verkürzt, sondern gar nicht gearbeitet wird.[50] Relevant war dieses Problem primär für die Frage, ob bei Kurzarbeit Null auch Kurzarbeitergeld gezahlt werden muss.[51] Spätestens mit der Änderung des § 96 Abs. 1 Nr. 4 2. Hs. SGB III im Jahr 2011 hat der Gesetzgeber jedoch klargestellt, dass der Entgeltausfall auch 100 Prozent betragen kann und somit Kurzarbeitergeld auch bei Kurzarbeit Null zu zahlen ist.[52] Deutlich wird dies auch daran, dass nicht Kurzarbeit der zentrale Begriff im SGB III ist, sondern der Arbeitsausfall im Mittelpunkt steht, bei dem denklogisch auch ein totaler Arbeitsausfall möglich ist. Insofern ist Kurzarbeit Null die extreme Form der Kurzarbeit und – wie dem Begriff zu entnehmen ist – auch der Kurzarbeit unterzuordnen.[53]

Ferner kann es für den Arbeitgeber sinnvoller sein, die Arbeitszeitverkürzung nicht durch eine Verkürzung der täglichen Arbeitszeit herbeizuführen, sondern dadurch, dass die tägliche Arbeitszeit gleichbleibt und stattdessen eine oder mehrere Schichten pro Woche vollständig ausfallen, sog. Feierschichten.[54] Diese stellen ebenfalls einen Unterfall der Kurzarbeit dar.[55] Der

---

47 *Klocke*, RdA 2020, 331 (335).

48 *Hahn*, Flexible Arbeitszeit, B, Rn. 269.

49 ArbG Osnabrück, Urteil vom 08.06.2021 – 3 Ca 108/21, juris, Rn. 45.

50 BSG, Urteil vom 14.09.2010 – B 7 AL 21/09 R, SGb 2011, 231 (232); *Bieback*, NZS 2011, 241 (242); *Fischinger*, SGb 2011, 231 (235).

51 *Bieback*, NZS 2011, 241 (241).

52 So auch schon der gesetzgeberische Gedanke 1991, deutlich wird dies in BT-Drs. 12/222, 1991, S. 8; dazu: *Zieglmeier/Rittweger*, NZA 2020, 685 (686); Kritik daran: *Klocke*, RdA 2020, 331 (332).

53 Einen Überblick über denkbare Durchführungsmodalitäten der Kurzarbeit Null bietet *Rumpff/Dröge*, Kurzarbeit, S. 33 f.

54 *Farthmann*, RdA 1974, 65 (69).

55 *Rumpff/Dröge*, Kurzarbeit, S. 29; *Patett*, Arbeitskampffernwirkungen, Lohnrisiko und Mitbestimmung, S. 377; *Farthmann*, RdA 1974, 65 (69); *Barnhofer*, Kurzarbeit zur Vermeidung betriebsbedingter Kündigung, S. 64; *Sprick*, Arbeitszeitbegriff und mitbestimmungspflichtige Tatbestände i. S. d. § 87 I Nr. 2, 3 BetrVG, S. 111; *Jene*, Kurzarbeit und betriebliche Mitbestimmung, S. 14; *Nikisch*, Arbeitsrecht, Bd. 1, 3. Aufl. 1961, S. 643.

Begriff „Feierschichten“ stammt aus der Bergbauindustrie.[56] Kritisiert wird teilweise der laienhafte Begriff; die korrekte juristische Terminologie wäre daher eine Reduzierung der Arbeitszeit auf Null an einigen Arbeitstagen.[57]

Das Aussetzen der Arbeit stellt einen weiteren Unterfall der Kurzarbeit dar.[58] Teilweise wird diese Zuordnung abgelehnt mit der Begründung, dass Kurzarbeit nur ein Herabsetzen der betriebsüblichen Arbeitszeit sei und ein Aussetzen der Arbeit eine vorübergehende Nichtbeschäftigung.[59] Dem ist jedoch entgegenzuhalten, dass Kurzarbeit auch in Form der Kurzarbeit Null bestehen kann.[60] Insofern ist das Aussetzen der Arbeit eine besondere Erscheinungsform der Kurzarbeit.

Vorübergehende Betriebsschließung bedeutet, dass die Arbeit für mehr als einen Tag ausfällt.[61] Sie ist eine Unterform der Kurzarbeit, sofern das Arbeitsverhältnis weiter besteht und bei gleichzeitigem Bestehenbleiben des geminderten Lohnanspruchs vorübergehend nicht gearbeitet wird.[62] Wenn die Betriebsstilllegung auf Dauer und nicht mehr nur vorübergehend durchgeführt werden soll, wird der Bereich der Kurzarbeit verlassen.[63]

2. Keine Erscheinungsform der Kurzarbeit

Auf den ersten Blick ähnliche, aber nicht der Kurzarbeit unterzuordnende Erscheinungsformen sind Betriebsferien, unbezahlter Urlaub, Zeiten des Überstundenabbaus, Teilzeit, Arbeitszeitverlegungen und in bestimmten Fällen auch Gleitzeitsysteme:

Betriebsferien sind gegeben, wenn Urlaub für alle Arbeitnehmer des Betriebes oder für bestimmte Arbeitnehmergruppen einheitlich in eine bestimmte Zeit gelegt werden soll.[64] Dafür müssen betriebstechnische oder

56 BAG, Urteil vom 30.01.1958 – 2 AZR 397/55, AP Nr. 9 zu § 611 BGB Lohnanspruch; *Rumpff/Dröge*, Kurzarbeit, S. 29.

57 *Patett*, Arbeitskampffernwirkungen, Lohnrisiko und Mitbestimmung, S. 377.

58 *Barnhofer*, Kurzarbeit zur Vermeidung betriebsbedingter Kündigung, S. 64; *Rumpff/Dröge*, Kurzarbeit, S. 29.

59 *Hueck/Nipperdey*, Lehrbuch des Arbeitsrechts, Bd. I, S. 213; im Prinzip so auch *Schaub/Schindele*, Kurzarbeit, Rn. 2.

60 *Bieback*, NZS 2011, 241 (244).

61 *Patett*, Arbeitskampffernwirkungen, Lohnrisiko und Mitbestimmung, S. 377.

62 *Rumpff/Dröge*, Kurzarbeit, S. 28; *Patett*, Arbeitskampffernwirkungen, Lohnrisiko und Mitbestimmung, S. 377; *Barnhofer*, Kurzarbeit zur Vermeidung betriebsbedingter Kündigung, S. 64; anderer Auffassung: *Jene*, Kurzarbeit und betriebliche Mitbestimmung, S. 14; *Ehmann*, Betriebsrisikolehre und Kurzarbeit, S. 46; *Caspers*, Kurzarbeit, S. 52.

63 *Patett*, Arbeitskampffernwirkungen, Lohnrisiko und Mitbestimmung, S. 377.

64 *Salamon*, in: Münchener Handbuch zum Arbeitsrecht, Bd. 4, § 324, Rn. 14; ausführlich zu Betriebsferien während einer Pandemie: *Dehmel/Hartmann*, BB 2020, 885 (889); abzugrenzen sind die Betriebsferien von der Werksbeurlaubung, dazu: *Rumpff/Dröge*,

branchenbezogene Gründe sprechen; beispielhaft sei hier die Schließung einer Arztpraxis während der Sommerferien genannt.[65] Betriebsferien sind dem Urlaubsrecht zuzuordnen.[66] Sie stellen mithin ein aliud zur Kurzarbeit dar.[67] Zudem müssen Betriebsferien mit ausreichendem Vorlauf angekündigt werden,[68] sodass sie (trotz der auch im Recht der Kurzarbeit bestehenden Ankündigungsfrist) häufig kein Mittel des Arbeitgebers sind, schnell und effektiv auf konjunkturelle Schieflagen zu reagieren.

Unbezahlter Urlaub liegt vor, wenn der Arbeitnehmer auf seinen eigenen Wunsch von der Arbeit freigestellt wird, weil er diese freie Zeit zu privaten Zwecken nutzen möchte.[69] Dabei werden die beiderseitigen Hauptleistungspflichten suspendiert.[70] Bei der Kurzarbeit bleibt der Lohnanspruch jedoch gemindert bestehen – anders bei der Kurzarbeit Null. Es besteht allerdings ein großer sozialversicherungsrechtlicher Unterschied: Während der Kurzarbeit bleibt der Sozialversicherungsschutz bestehen; während des unbezahlten Urlaubs wird das Fortbestehen der Beschäftigung dagegen lediglich für einen Monat zum Erhalt des Versicherungsschutzes fingiert, vgl. § 7 Abs. 3 S. 1 SGB IV.[71] Der unbezahlte Urlaub ist kein Unterfall der Kurzarbeit.[72]

Bei der Kurzarbeit wird die betriebsübliche regelmäßige Arbeitszeit gekürzt. Bei dem Abbau von Mehr- oder Überstunden wird nicht zeitgleich Kurzarbeit eingeführt.[73] Der Abbau von Überstunden stellt mithin auch keinen Fall der Kurzarbeit dar.[74]

Viele Ähnlichkeiten weist die Kurzarbeit mit der Teilzeitarbeit auf.[75] Beide haben gemeinsam, dass sie eine Herabsetzung der Arbeitszeit bei gleichzeitiger Minderung des Lohns vorsehen, § 2 TzBfG. Die zentralen Unterschiede sind jedoch die Dauer der Maßnahme sowie deren Zweck: Während die

---

Kurzarbeit, S. 27; *Jene*, Kurzarbeit und betriebliche Mitbestimmung, S. 14; BB 1947, 289; *Conze*, Die Einführung von Kurzarbeit, S. 13; BAG, Urteil vom 11.07.1990 – 5 AZR 557/89, NZA 1991, 67 (67); *Trittin*, AiB 1991, 94 (94 f.); *Feindura*, Kurzarbeit, S. 390b.

65 *Bayreuther*, NZA 2020, 1057 (1059).

66 *Rumpff/Dröge*, Kurzarbeit, S. 28.

67 *Barnhofer*, Kurzarbeit zur Vermeidung betriebsbedingter Kündigung, S. 64; *Rumpff/Dröge*, Kurzarbeit, S. 28.

68 *Bayreuther*, NZA 2020, 1057 (1060).

69 *Hoyningen-Huene*, NJW 1981, 713 (714).

70 *Röller*, in: Küttner Personalbuch, Ruhen des Arbeitsverhältnisses, Rn. 5; *Eckert/Reinbach/Burmeister*, GWR 2020, 216 (217); *Trabandt*, BB 1952, 863 (863 f.).

71 *Eckert/Reinbach/Burmeister*, GWR 2020, 216 (217).

72 *Barnhofer*, Kurzarbeit zur Vermeidung betriebsbedingter Kündigung, S. 64; *Rumpff/Dröge*, Kurzarbeit, S. 29; *Hoyningen-Huene*, NJW 1981, 713 (714).

73 *Rumpff/Dröge*, Kurzarbeit, S. 26.

74 *Bieback*, in: BeckOGK SGB III, § 95, Rn. 124.

75 *Hahn*, Flexible Arbeitszeit, B, Rn. 270.

Kurzarbeit eine vorübergehende Maßnahme zur Erhaltung von Arbeitsplätzen darstellt, ist die Teilzeit eine dauerhafte Regelung, die der außerbetrieblichen Freizeit zugutekommt.[76] Es handelt sich bei der Teilzeit um keinen Unterfall der Kurzarbeit.

Eine Verkürzung der Arbeitszeit kann weiterhin auch durch eine Arbeitszeitverlegung verursacht werden.[77] Eine Arbeitszeitverlegung und mithin keine Kurzarbeit liegt vor, wenn bei der Addierung der Arbeitszeit über einen längeren Zeitraum eine Verkürzung der betriebsüblichen Arbeitszeit nicht eingetreten ist.[78]

Eine Besonderheit stellen Arbeitszeitkonten und Gleitzeitsysteme dar. Haben nämlich Arbeitgeber und Arbeitnehmer ein Arbeitszeitkonto vereinbart, bei dem der Arbeitgeber beispielsweise ein Minus von 10 Stunden erreichen kann, liegt Kurzarbeit erst vor, wenn der Arbeitsausfall so hoch ist, dass die nach unten gesteckte Grenze unterschritten wird.[79] Bei Gleitzeitsystemen hat der Arbeitnehmer meist die Möglichkeit, Arbeitszeit anzusparen und nachzuholen.[80] Bei einem solchen System ist Kurzarbeit erst dann anzunehmen, wenn die Grenzen des zulässigen Zeitsaldos überschritten sind.[81]

3. Ergebnis

Zusammenfassend lässt sich sagen, dass es jedenfalls unzutreffend ist, jede Verkürzung der Arbeitszeit als Kurzarbeit zu bezeichnen.[82] Hinzukommen muss der vorübergehende Charakter.[83] Während der Kurzarbeit ist der Arbeitnehmer nicht mehr verpflichtet, aber auf der anderen Seite auch nicht mehr berechtigt, die Arbeitsleistung zu erbringen, während der Arbeitgeber in entsprechendem Umfang von seiner Vergütungspflicht frei wird.[84] Wenn

---

76 *Conze*, Die Einführung von Kurzarbeit, S. 12; *Caspers*, Kurzarbeit, S. 51.

77 *Barnhofer*, Kurzarbeit zur Vermeidung betriebsbedingter Kündigung, S. 62.

78 *Rumpff/Dröge*, Kurzarbeit, S. 24; *Barnhofer*, Kurzarbeit zur Vermeidung betriebsbedingter Kündigung, S. 63 weist aber darauf hin, dass einer einmal eingeführten Kurzarbeit der Kurzarbeitscharakter nicht dadurch genommen wird, dass durch die Anordnung von Überstunden wieder insgesamt die Durchschnittsarbeitszeit erreicht wird.

79 *Ulber*, AiB 2007, 5 (6); *Hahn*, Flexible Arbeitszeit, B, Rn. 272.

80 *Maschmann*, in: BeckOGK GewO, § 106, Rn. 203.

81 *Ulber*, AiB 2007, 5 (6).

82 *Jene*, Kurzarbeit und betriebliche Mitbestimmung, S. 13.

83 BAG, Urteil vom 30.11.2021 – 9 AZR 234/21, NZA 2022, 634 (636 Rn. 32), *Petrak*, NZA-Beil. 2010, 44 (46).

84 BAG, Urteil vom 11.07.1990 – 5 AZR 557/89, NZA 1991, 67; *Conze*, Die Einführung von Kurzarbeit, S. 13; *Feindura*, Kurzarbeit, S. 390b; *Sprick*, Arbeitszeitbegriff und mitbestimmungspflichtige Tatbestände i. S. d. § 87 I Nr. 2, 3 BetrVG, S. 111; *Jene*, Kurzarbeit und betriebliche Mitbestimmung, S. 14; dass die Lohnweiterzahlung mit entsprechender Kürzung wesentliches Merkmal der Kurzarbeit ist, zeigt sich auch im Gesetz.

die Kürzung der Arbeitszeit zu einer vorübergehenden Einstellung der Arbeit führt, liegt ein Fall der „Kurzarbeit Null" vor. Überdies wird die Kurzarbeit, anders als unbezahlter Urlaub, im Normalfall nicht auf Wunsch des Arbeitnehmers, sondern auf Betreiben des Arbeitgebers zur Arbeitsplatzerhaltung eingeführt, wobei sie gleichzeitig im Interesse von Arbeitnehmer, Betrieb (und Beitragszahler der Arbeitslosenversicherung) ist.[85]

Mithin kann man die Kurzarbeit als die vorübergehende Verkürzung der betriebsüblichen regelmäßigen Arbeitszeit – ohne Berücksichtigung der Überstunden – mit der Folge einer entsprechenden Lohnkürzung[86] bei anschließender, auch schrittweiser, Rückkehr zum status quo ante definieren.[87]

II. Historische Entwicklung der Kurzarbeit

Im Folgenden soll untersucht werden, wie sich die Kurzarbeit entwickelt hat.[88] Der historische Überblick verdeutlicht, dass die Kurzarbeit das arbeitsrechtliche Kriseninstrument schlechthin ist und davon auszugehen ist, dass auf die Kurzarbeit auch in Zukunft immer wieder zurückgegriffen werden wird. Gerade während der Covid-19-Pandemie hat die Kurzarbeit erneut einen dominierenden Stellenwert eingenommen.[89]

1. Ende der 19. Jahrhunderts

Der wohl erste Vorläufer des heutigen Kurzarbeitergeldes war das Wartegeld Ende des 19. Jahrhunderts.[90] Das Wartegeld verfolgte im Wesentlichen das gleiche Ziel wie das Kurzarbeitergeld. Bei Auftragsmangel und einem

Denn der § 19 Abs. 2 KSchG macht für einen speziellen Fall der Kurzarbeit deutlich, dass es zu einer entsprechenden Kürzung von Lohn oder Gehalt kommen kann.

85 BAG, Urteil vom 30.11.2021 – 9 AZR 234/21, NZA 2022, 634 (637 Rn. 34).

86 BAG, Urteil vom 10.10.2006 – 1 AZR 811/05, NZA 2007 637 (638); *Patett*, Arbeitskampffernwirkungen, Lohnrisiko und Mitbestimmung, S. 376; *Rumpff/Dröge*, Kurzarbeit, S. 24; *Schaub/Schindele*, Kurzarbeit, Rn. 1; *Barnhofer*, Kurzarbeit zur Vermeidung betriebsbedingter Kündigung, S. 62; *Hinze*, Mildere Mittel zur Vermeidung betriebsbedingter Kündigung, S. 213; *Petrak*, NZA-Beil. 2010, 44 (45); *Bauer/Rennpferdt*, BB 1993, 1078 (1078); *Jene*, Kurzarbeit und betriebliche Mitbestimmung, S. 12.

87 BAG, Urteil vom 30.11.2021 – 9 AZR 234/21, NZA 2022, 634 (636 Rn. 32).

88 Bei einem historischen Überblick zur Kurzarbeit ist es nahezu unmöglich, zwischen Kurzarbeit und Kurzarbeitergeld zu differenzieren, weil die Notwendigkeit einer Rechtsgrundlage für die Kurzarbeit und dadurch die Unterscheidung erst in der Nachkriegszeit an Bedeutung gewonnen hat, siehe auch: *Heinze*, RdA 1998, 14 (17).

89 Aktuelle Nachrichten, FD-ArbR 2021, 438786.

90 *Muth/Rützel/Schulten/Oerder*, Audiobeitrag: Kurzarbeit und Kurzarbeitergeld: Historische Erfahrungen und aktuelle Wirkungen vom 01.10.2020, Friedrich-Ebert-Stiftung, ab 07:50min; *Will*, Kurzarbeit als Flexibilisierungsinstrument, S. 4.

Aussetzen der Arbeit wurde den Arbeitnehmern zur Überbrückung dieser Phase vom Betrieb ein Wartegeld gezahlt, um diese vor der Arbeitslosigkeit zu bewahren und zugleich die angelernten Arbeitskräfte zu erhalten und an den Betrieb zu binden.[91] Auch dieses Geld musste von den Arbeitnehmern nicht zurückerstattet werden und es wurde keine Gegenleistung dafür verlangt.[92] Der größte Unterschied zum heutigen Kurzarbeitergeld ist, dass das Wartegeld keine staatliche Unterstützung war, sondern vom Betrieb bezahlt werden musste.[93]

2. Anfang des 20. Jahrhunderts

Anfang des 20. Jahrhunderts gab es dann Kurzarbeitsregelungen für einzelne Branchen.[94] Die erste gesetzliche Fixierung eines Vorläufers des Kurzarbeitergeldes fand sich 1909 in der Änderung zum Tabaksteuergesetz. Wegen einer Erhöhung der Tabaksteuer erwartete man einen Rückgang des Verbrauchs und der Produktion und dementsprechend Einbußen bei den Arbeitern im Tabakgewerbe.[95] Art. II a des Änderungsgesetzes sah deshalb eine Unterstützung geschädigter Arbeiter vor, sofern sie Einbußen nachweisen konnten.[96] Die Zahlung aus der Reichskasse hatte einen Schadensersatzcharakter und sollte zudem nicht die Armenkassen belasten.[97] Die Arbeitnehmer sollten nach Art. II a S. 1 des Änderungsgesetzes versuchen, anderweitig entsprechende Beschäftigung zu finden; dies bedeutete, dass die Zahlung des Kurzarbeitergeldes beendet war, sobald diese Suche erfolgreich gewesen war.

---

91 *Holzmayer*, Kurzarbeitergeld und Schlechtwettergeld, S. 6 ff.

92 *Bönnen*, Geschichte der Stadt Worms, S. 804; Der erste Betrieb in Deutschland, der Wartegeld bezahlt hat, war die Lederfabrik Cornelius Heyl in Worms, die für ihre Arbeit direkt vom Sonnenlicht abhängig war. Bei schlechterem Wetter wurde dann den betroffenen Arbeitergruppen Wartegeld ausgezahlt, um diese Arbeitnehmer vor der Entlassung zu bewahren.

93 *Imle*, Kritisches und Positives zur Frage der Arbeitslosenfürsorge, S. 54 f.; laut *Imle* auch gerechtfertigt, da die Arbeitgeber schließlich auch die „Hauptnutznießer" dieser Leistung sind; so auch *Goerrig*, Die Rechte des Arbeiters im neuen Deutschland, S. 29; Kritik von *Holzmayer*, Kurzarbeitergeld und Schlechtwettergeld, S. 9: Die heute zentrale arbeitsplatzbewahrende Funktion dieses Wartegeldes hat *Imle* dabei völlig außer Acht gelassen.

94 *Goerrig*, Die Rechte des Arbeiters im neuen Deutschland, S. 26 ff.; *Goerrig* sieht in der Entstehung der Arbeitslosenversicherungen die Verwirklichung des sicheren Rechts auf Arbeit.

95 *Holzmayer*, Kurzarbeitergeld und Schlechtwettergeld, S. 9.

96 Deutsches Reichsgesetzblatt, Bd. 1909, Nr. 40, S. 713.

97 *Holzmayer*, Kurzarbeitergeld und Schlechtwettergeld, S. 10 f.; *Holzmayer* sieht darin dogmatisch Ähnlichkeiten mit einem öffentlich-rechtlichen Aufopferungsanspruch.

Ferner trat 1910 das Gesetz über den Absatz von Kalisalzen in Kraft,[98] welches die Kompensation des Arbeits- und Verdienstausfalles im Kalibergbau regelte. Dabei wurde eine Kurzarbeiterfürsorge an die Arbeitnehmer gezahlt. Weil es damals Produktionsquoten gab,[99] war es im Grunde eine Sanktionsnorm für die Arbeitgeber, damit diese die Kapazitätsreduzierungen auf ein Minimum beschränkten, und eine Schutznorm für die Gemeinden, um diese vor wirtschaftlichen Schäden zu bewahren.[100]

Im Rahmen von Sonderregelungen während des 1. Weltkrieges wurde sodann erstmals der Begriff der Kurzarbeiter verwendet.[101]

3. Die Entwicklung von 1918 bis 1945

Nach dem Ende des Ersten Weltkriegs wurde eine branchenübergreifende Verordnung über Erwerbslosenfürsorge beschlossen.[102] Bei Nichterreichen der üblichen Arbeitszeit zahlten die Gemeinden eine Erwerbslosenunterstützung.[103] Der Anspruch auf die Unterstützungszahlung bei teilweiser Erwerbslosigkeit war nicht abhängig von einer Bedürftigkeit.[104]

In § 12 der Verordnung über die Einstellung und Entlassung von Arbeitern und Angestellten während der Zeit der wirtschaftlichen Demobilmachung vom 12.02.1920 wurde erstmals geregelt, dass der Arbeitgeber arbeitsrechtlich Kurzarbeit mit Lohnkürzungen einführen kann.[105] Diese Regelung war unabhängig von den fürsorgerechtlichen Vorschriften.[106]

Die Folgeregelung, § 2 Abs. 2 und 3 der Verordnung über Betriebsstilllegungen und Arbeitsstreckung vom 08.11.1920[107] in der Fassung vom

98 Reichsgesetzblatt 1910, Nr. 27, S. 775 ff.

99 Bundesagentur für Arbeit, Arbeitsmarktinstrument mit Tradition, S. 1.

100 *Holzmayer*, Kurzarbeitergeld und Schlechtwettergeld, S. 13 f.; Bundesagentur für Arbeit, Arbeitsmarktinstrument mit Tradition, S. 1; *Voelkel*, Deutsche Juristen-Zeitung 1910, 1384 (1387).

101 *Holzmayer*, Kurzarbeitergeld und Schlechtwettergeld, S. 15.

102 Deutsches Reichsgesetzblatt, 1918, S. 1305; Ziel der Verordnung war zwar nach *Holzmayer*, Kurzarbeitergeld und Schlechtwettergeld, S. 24 f. die Erhaltung der Arbeitsplätze, jedoch sollte dies die gesamtwirtschaftliche Produktivität fördern und hatte noch nicht die Förderung der Arbeitnehmerbelange im Fokus. Dies wandelte sich erst als der verhoffte wirtschaftliche Aufschwung ausblieb und das Kurzarbeitergeld verfolgte sodann fürsorgerische Motive.

103 *Holzmayer*, Kurzarbeitergeld und Schlechtwettergeld, S. 21 f.

104 *Goerrig*, Die Rechte des Arbeiters im neuen Deutschland, S. 78; *Holzmayer*, Kurzarbeitergeld und Schlechtwettergeld, S. 23.

105 Reichsgesetzblatt 1920, Nr. 33, S. 218 (221); *Heinze*, RdA 1998, 14 (16).

106 *Heinze*, RdA 1998, 14 (16).

107 Reichsgesetzblatt 1920, Nr. 223, S. 1901.

13.10.1923 sah dann in gewissen Fällen eine von der Behörde angeordnete Arbeitsstreckung vor.[108]

Anfang der Zwanzigerjahre wurde der Vorgänger des Kurzarbeitergeldes teilweise als versteckte Subventionierung von Unternehmen ausgenutzt. Der Arbeitgeber konnte auf diese Weise Löhne sparen, während der Staat zahlte.[109] Unternehmen, die sich in dauerhaften wirtschaftlichen Schwierigkeiten befanden, zögerten so notwendige Betriebsschließungen hinaus. Das Institut wurde daraufhin kurzzeitig vollständig beseitigt.[110] Im Verlauf der Weltwirtschaftskrise wurde es wieder eingeführt, die Bezugsvoraussetzungen wurden verschärft und die Ausgestaltung den Ländern überlassen.[111]

1927 wurde die Kurzarbeiterunterstützung dann als fakultative Leistung der Arbeitslosenversicherung mit einer gesetzlichen Definition in § 130 des Gesetzes über Arbeitsvermittlung und Arbeitslosenversicherung vom 16.07.1927 verankert.[112] Anfang der Dreißigerjahre konnte man eine Fortentwicklung des Kurzarbeitergeldes beobachten, welches sich weg von einer Versicherungsleistung und hin beziehungsweise zurück zu einer Fürsorgeleistung entwickelte.[113] Im Rahmen der Weltwirtschaftskrise 1932 waren bis zu 20 % der Arbeitnehmer in Kurzarbeit.[114]

Zur Zeit des Nationalsozialismus hielt man an dem Institut der Kurzarbeit vor allem aus kriegstaktischen Gründen fest, es verlor aber weitgehend an Bedeutung.[115]

4. Nachkriegsentwicklung und Wiedervereinigung

Unmittelbar nach Ende des Zweiten Weltkrieges wurden zunächst die Kurzarbeitergeldzahlungen des Staates ausgesetzt.[116] Nach verschiedenen Rege-

108 Reichsgesetzblatt 1923, Teil I, Nr. 98, S. 945; *Heinze*, RdA 1998, 14 (16) unterscheidet sodann zwischen „zwangsweiser“ – diese hoheitliche Zulassung von Kurzarbeit vergleicht er mit dem heutigen § 19 KSchG – und „freiwilliger Arbeitsstreckung“, was entsprechend einer Änderungskündigung wirkte.

109 *Holzmayer*, Kurzarbeitergeld und Schlechtwettergeld, S. 29.

110 Schmuhl, Arbeitsmarktpolitik und Arbeitsverwaltung in Deutschland 1871–2002, S. 133.

111 *Holzmayer*, Kurzarbeitergeld und Schlechtwettergeld, S. 30 f.

112 Reichsgesetzblatt 1927, Teil I, Nr. 32, S. 187 (202); *Holzmayer*, Kurzarbeitergeld und Schlechtwettergeld, S. 37.

113 *Schmuhl*, Arbeitsmarktpolitik und Arbeitsverwaltung in Deutschland 1871–2002, S. 188.

114 *Brenke/Rinne/Zimmermann*, Kurzarbeit, Wochenbericht des DIW Berlin Nr. 16/2010, S. 4.

115 *Holzmayer*, Kurzarbeitergeld und Schlechtwettergeld, S. 50 ff.; *Will*, Kurzarbeit als Flexibilisierungsinstrument, S. 5.

116 *Holzmayer*, Kurzarbeitergeld und Schlechtwettergeld, S. 57.

lungen der Militärregierungen und später auch der Länder wurde 1957 auf Bundesebene die Kurzarbeiterunterstützung gesetzlich festgesetzt.[117] Die Unterstützungszahlung heißt seither Kurzarbeitergeld.[118] Sie wurde dabei an strenge Voraussetzungen geknüpft und zudem zeitlich begrenzt.[119] 1969 folgte sodann das Arbeitsförderungsgesetz, welches sich vom Gesetz über Arbeitsvermittlung und Arbeitslosenversicherung insofern unterschied, als dass das Kurzarbeitergeld eine Pflichtleistung der Arbeitslosenversicherung wurde.[120]

Nach dem Zweiten Weltkrieg wurde zudem die Wichtigkeit einer arbeitsrechtlichen Grundlage für die Einführung der Kurzarbeit in den Fokus gerückt.[121] Das BAG hat in der Folge Arbeitsvertrag, Betriebsvereinbarung und Tarifvertrag als taugliche Rechtsgrundlagen für die Einführung der Kurzarbeit in Betracht gezogen.[122]

Mitte der Siebzigerjahre und Anfang der Achtzigerjahre wurde die Kurzarbeit sodann „neu entdeckt".[123] 1975 waren fast eine Million Arbeitnehmer in Kurzarbeit.[124] Im Rahmen der Ölpreiskrisen wurde unter anderem die Bezugsfrist auf 24 Monate verlängert,[125] in der Hoffnung, dass die Kurzarbeit die Krise abfedern würde.

Im Laufe der Jahre wurden auch die Modalitäten des Kurzarbeitergeldes für den Arbeitgeber verändert. Beispielsweise wurden bis 1988 die Sozialversicherungsbeiträge dem Arbeitgeber erstattet.[126] Sukzessive ging die Entwicklung dahin, dass der Arbeitgeber diese vollständig tragen musste.[127]

Einen deutlichen Höhepunkt erlebte die Kurzarbeit kurz nach der deutschen Wiedervereinigung: Zu dieser Zeit erhielten knapp 1,8 Millionen Arbeit-

117 *Holzmayer*, Kurzarbeitergeld und Schlechtwettergeld, S. 57 ff.
118 BT-Drs. 1274, 1955, S. 94.
119 BT-Drs. 1274, 1955, S. 95; *Holzmayer*, Kurzarbeitergeld und Schlechtwettergeld, S. 62 ff.
120 *Holzmayer*, Kurzarbeitergeld und Schlechtwettergeld, S. 76.
121 *Nikisch*, BB 1949, 103 (103 f.); *Bührig*, BB 1949, 249 (249 f.); darstellend: *Heinze*, RdA 1998, 14 (17).
122 BAG AP BGB § 615 Kurzarbeit Nr. 1; BAG AP BGB § 615 Kurzarbeit Nr. 2.
123 *Blanke*, Kurzarbeit, S. 15.
124 *Will*, Kurzarbeit als Flexibilisierungsinstrument, S. 20; *Schulten/Müller*, Kurzarbeitergeld in der Corona-Krise, WSI Policy Brief Nr. 38, 04/2020, S. 4; *Brenke/Rinne/Zimmermann*, Kurzarbeit, Wochenbericht des DIW Berlin Nr. 16/2010, S. 4.
125 *Holzmayer*, Kurzarbeitergeld und Schlechtwettergeld, S. 103 f.; *Holzmayer* kritisiert solche Fristverlängerungen scharf.
126 *Bieback*, in: BeckOGK SGB III, Vorbemerkung zu § 95, Rn. 3; *Brenke/Rinne/Zimmermann*, Kurzarbeit, Wochenbericht des DIW Berlin Nr. 16/2010, S. 5.
127 *Bach/Spitznagel*, Betriebe zahlen mit – und haben was davon, IAB-Kurzbericht 17/2009, S. 4.

nehmer in Deutschland Kurzarbeitergeld.[128] Kurzarbeit war zu dieser Zeit das Instrument der Stunde, vor allem um den Anstieg der Arbeitslosigkeit zu begrenzen, aber auch um Zeit für die Etablierung anderer Arbeitsmarktinstrumente im vereinten Deutschland zu gewinnen.[129] Das Instrument der Kurzarbeit hatte den Vorteil, direkt umsetzbar zu sein, da es keine besonderen Verwaltungsstrukturen voraussetzte.[130] Vor allem für den Umbruch der volkseigenen Betriebe der ehemaligen DDR hin zur Privatisierung hatte die Kurzarbeit als erste Hilfe eine Brückenfunktion.[131] Kurz darauf nahm die Zahl der Kurzarbeiter schnell wieder ab.[132]

Die Regelungen zum Kurzarbeitergeld fanden 1998 sodann Eingang in das SGB III[133] und waren fortan Bestandteil der aktiven Arbeitsförderung.[134]

5. Wirtschafts- und Finanzkrise 2008/2009

Im Rahmen der Weltwirtschaftskrise 2008/2009 wurde die Kurzarbeit als wesentlicher Grund für das „deutsche Beschäftigungswunder" gesehen.[135] Durch den Einsatz der Kurzarbeit fiel der Anstieg der Arbeitslosenzahlen weitaus weniger dramatisch aus als man erwartet hatte.[136] Der Schwerpunkt lag dabei vor allem in den exportorientierten Branchen, da durch die Wirt-

---

128 *Schulten/Müller*, Kurzarbeitergeld in der Corona-Krise, WSI Policy Brief Nr. 38, 04/2020, S. 4; *Schmuhl*, Arbeitsmarktpolitik und Arbeitsverwaltung in Deutschland 1871–2002, S. 558; Bundesagentur für Arbeit, Arbeitsmarktinstrument mit Tradition, S. 1.

129 *Schmuhl*, Arbeitsmarktpolitik und Arbeitsverwaltung in Deutschland 1871–2002, S. 553; *Brenke/Rinne/Zimmermann*, Kurzarbeit, Wochenbericht des DIW Berlin Nr. 16/2010, S. 5; *Will*, Kurzarbeit als Flexibilisierungsinstrument, S. 17.

130 *Schmuhl*, Arbeitsmarktpolitik und Arbeitsverwaltung in Deutschland 1871–2002, S. 558.

131 *Schliemann*, ZTR 2010, 110(116); *Crimmann/Wießner*, Verschnaufpause dank Kurzarbeit, IAB-Kurzbericht 14/2009, S. 3; *Peters*, Kurzarbeit, S. 3.

132 *Brenke/Rinne/Zimmermann*, Kurzarbeit, Wochenbericht des DIW Berlin Nr. 16/2010, S. 5.

133 *Will*, Kurzarbeit als Flexibilisierungsinstrument, S. 5.

134 *Bieback*, in: BeckOGK SGB III, § 95, Rn. 10; wird zudem deutlich durch die Systematik, siehe Überschriften: Arbeitsförderung – Verbleib in Beschäftigung.

135 *Schulten/Müller*, Kurzarbeitergeld in der Corona-Krise, WSI Policy Brief Nr. 38, 04/2020, S. 5; *Will*, Kurzarbeit als Flexibilisierungsinstrument, S. 6; *Bogedan/Herzog-Stein/Klenner/Schäfer*, Vom Schutzschirm zum Bahnbrecher: Anforderungen an die Arbeitsmarkt- und Beschäftigungspolitik in der Wirtschaftskrise, WSI-Diskussionspapier, No. 167, S. 3; *Oberthür*, ArbRB 2010, 148 (148); *Dahl/Göpfert/Helm*, Arbeitsrechtlicher Umgang mit Pandemien, S. 11; *Klocke*, RdA 2020, 331 (331).

136 *Bogedan/Herzog-Stein/Klenner/Schäfer*, Vom Schutzschirm zum Bahnbrecher: Anforderungen an die Arbeitsmarkt- und Beschäftigungspolitik in der Wirtschaftskrise, WSI-Diskussionspapier, No. 167, S. 44; *Pristin*, AiB 2020, 10 (11).

schaftskrise die Nachfrage aus dem Ausland zurückgegangen war.[137] Dabei wurde Kurzarbeit in dieser Krise auch sehr langfristig eingesetzt.[138] Die Bezugsdauer wurde zeitweise auf 24 Monate verlängert und die Schwelle der von Entgeltausfall betroffenen Arbeitnehmer herabgesetzt.[139] Damit hatte die Kurzarbeit den Charakter eines Instruments zur kurzfristigen Stabilisierung größtenteils abgelegt.

6. Covid-19-Pandemie 2020–2022

Aufgrund der positiven Erfahrungen, die man mit der Kurzarbeit während der Krise an den Finanzmärkten gemacht hatte, griff man gerade zu Beginn der Covid-19-Pandemie[140] wieder auf dieses Mittel zurück.[141] Auch in Zeiten der Pandemie erwies sich die Kurzarbeit als wesentliches Stabilisierungsinstrument.[142] Grund dafür war die durch die erleichterten Voraussetzungen für das Kurzarbeitergeld[143] mögliche, effektive Soforthilfe.[144] Der Bezugszeitraum für das Kurzarbeitergeld war dabei zeitweise auf bis zu

---

137 *Brenke/Rinne/Zimmermann*, Kurzarbeit, Wochenbericht des DIW Berlin Nr. 16/2010, S. 7.

138 *Bogedan/Herzog-Stein/Klenner/Schäfer*, Vom Schutzschirm zum Bahnbrecher: Anforderungen an die Arbeitsmarkt- und Beschäftigungspolitik in der Wirtschaftskrise, WSI-Diskussionspapier, No. 167, S. 20; *Brenke/Rinne/Zimmermann*, Kurzarbeit, Wochenbericht des DIW Berlin Nr. 16/2010, S. 9; *Will*, Kurzarbeit als Flexibilisierungsinstrument, S. 27 f.

139 *Brenke/Rinne/Zimmermann*, Kurzarbeit, Wochenbericht des DIW Berlin Nr. 16/2010, S. 11.

140 Auch sonst musste sich die Arbeitswelt anpassen, bspw. zu der Möglichkeit, Betriebsratssitzungen während der Pandemie auch digital abzuhalten, § 129 BetrVG, um z. B. Kurzarbeit-Betriebsvereinbarung mit dem Arbeitgeber abzuschließen; kritisch dazu: *Däubler/Klebe*, NZA 2020, 545 (546 ff.).

141 *Brune*, in: Heinrich, Coronakrise, S. 79; *Dehmel/Hartmann*, BB 2020, 885 (890); *Stoffels*, in: FS Henssler 2023, 643 (643).

142 *Romers/Krings*, Bundesrechnungshof, Bericht nach § 88 Absatz 2 BHO, S. 3; Aktuelle Nachrichten, FD-ArbR 2021, 438786.

143 BAG, Urteil vom 13.10.2021 – 5 AZR 211/21, NZA 2022, 182 (186 f., Rn. 35 f.); *Schubert*, in: Helm/Bundschuh/Wulff, § 1, Rn. 14; *Fuhlrott*/Fischer, NZA2020, 345 (345 f.); *Sagan/Brockfeld*, NJW 2020, 1112 (1115); *Brune*, in: Heinrich, Coronakrise, 75 (79); *Schütt/Böhm*, SPA 2020, 97 (97); *Eckert*, in: Hohenstatt/Sittard, Arbeitsrecht in Zeiten von Corona, III, Einleitung; *Klein*, NJ 2020, 377 (385 f.); *Zieglmeier*, DStR 2020, 729 (729 f.); *Klocke*, RdA 2020, 331 (331 f.); *Bauer/Günther*, NZA 2020, 419 (419); *Oehme*, in: Kroiß, Rechtsprobleme durch COVID-19, § 1, Rn. 32; ausführlich zu den Sonderregelungen während der Covid-19-Pandemie: *Voelzke*, in: Küttner Personalbuch, Kurzarbeit, Rn. 29 ff.; *Klebe*, in: Däubler/Klebe/Wedde, § 87 BetrVG, Rn. 133.

144 *Schütt/Böhm*, SPA 2020, 97 (97).

28 Monate ausgelegt.[145] Die Zahl der Leistungsbezieher von Kurzarbeitergeld während der Pandemie überstieg die Zahl jener während der Finanzkrise deutlich.[146] Neu war allerdings einerseits, dass Branchen betroffen waren, die in der Vergangenheit kaum je von Kurzarbeit Gebrauch machen mussten[147] und andererseits, dass die Kurzarbeit schubweise notwendig war, da sich Infektionswellen und damit Schärfungen und Lockerungen der Regelungen ständig abwechselten.

Im Rahmen der Pandemie wurde gefordert, für betriebsratslose Betriebe die Einführung der Kurzarbeit kraft Direktionsrechts zuzulassen, um im Vergleich zu Betrieben mit Betriebsrat nicht schlechter dazustehen; etwaige Korrekturen seien dabei durch das billige Ermessen im Rahmen von § 106 GewO, bzw. § 315 BGB vorzunehmen.[148] Es ist aber *Bonin/Walser* zuzustimmen, dass auch das Gesetz der befristeten Erleichterungen zum Bezug des Kurzarbeitergelds nichts daran ändert, dass weiterhin keine einseitige Anordnung der Kurzarbeit möglich ist.[149] Einer solchen Forderung ist der Gesetzgeber nicht nachgekommen, und auch bei der nochmaligen befristeten Erleichterung zum Bezug des Kurzarbeitergeldes ist er diesbezüglich nicht tätig geworden.

Zum Ende des Jahres 2022 ist der Anteil der in Kurzarbeit Beschäftigten auf unter 1 % gesunken,[150] wobei die Zugangserleichterungen zum Kurzarbeitergeld bis zum 30.06.2023 verlängert wurden.[151]

7. Zwischenergebnis

Bei der Betrachtung der historischen Entwicklung der Kurzarbeit wird deutlich, dass diese stark abhängig ist von wirtschaftlichen und politischen, sowie in der jüngsten Krise auch Ereignissen der öffentlichen Gesundheit.[152] Es wird zu Recht behauptet, dass die Zahl der Kurzarbeiter „ein Spiegelbild

---

145 *Sprenger*, RdA 2022, 374 (375); *Röder/Günther/Gerigk*, NZA 2021, 91 (91); *Brand*, NJW 2024, 126 (126).

146 *Voelzke*, jurisPR-SozR 8/2022 Anm.1; *Brune*, in: Heinrich, Coronakrise, 75 (79); *Fuhlrott*, ArbRAktuell 2021, 231 (231 f.).

147 *Pusch/Seifert*, Kurzarbeit in der Corona-Krise mit neuen Schwerpunkten, WSI Policy Brief Nr. 47, 09/2020, S. 10.

148 *Thüsing*, BB 2020, I.

149 *Bonin/Walser*, in: Däubler/Deinert/Walser, § 307, Rn. 181.

150 *Link/Sauer*, ifo Schnelldienst digital, 2/2022, S. 1 ff.

151 Gesetz zur Anpassung der Verordnungsermächtigungen beim Kurzarbeitergeld, BT-Drs. 20/3721, S. 1 f.; BR-Drs. 475/22, S. 1 ff.; DStR-Aktuell 2022, 208.

152 *Barnhofer*, Kurzarbeit zur Vermeidung betriebsbedingter Kündigung, S. 18; Eine tabellarische Übersicht über die institutionelle Entwicklung der Kurzarbeit in Deutschland bis 2010 findet sich in *Will,* Kurzarbeit als Flexibilisierungsinstrument, Anhang A, Tabelle A.1.

der Wirtschaftslage eines Landes" ist.[153] Es wird offensichtlich, dass die Voraussetzungen zur Einführung der Kurzarbeit geringer und die Regeln zur Kurzarbeit in den Krisen großzügiger wurden.[154]

Es ist festzuhalten, dass sozialrechtliches Kurzarbeitergeld und arbeitsrechtliche Kurzarbeit untrennbar miteinander verknüpft waren. Diese Verknüpfung wird auch heute noch immer wieder für Argumentationen herangezogen, gerade im Hinblick auf Koppelungen im Rahmen von Kurzarbeitsklauseln oder der Auslegung von „vorübergehend" im Hinblick auf die sozialrechtlichen Bezugszeiträume.

8. Exkurs: Kurzarbeit im Rechtsvergleich

Deutschland gilt als ein Land mit einer langen Tradition an sozialer öffentlicher Kurzarbeitsunterstützung.[155] Durch die Vorreiterrolle und die guten Erfahrungen Deutschlands mit der Kurzarbeit in der Wirtschaftskrise 2008/2009 wurde in einigen mittel- und osteuropäischen Ländern ebenfalls ein Kurzarbeitsmodell eingeführt.[156] Alle diese Modelle eint im Großen und Ganzen das Ziel der Arbeitsplatzerhaltung in wirtschaftlich schwierigen Zeiten.[157] Die Ausgestaltung der Kurzarbeit weist jedoch gravierende Unterschiede auf.[158] So variiert schon die Einordnung des Kurzarbeitergeldes: Während das Kurzarbeitergeld in Deutschland als Versicherungsleistung Teil der Arbeitslosenversicherung ist, wird es beispielsweise in Österreich mit einem Qualifizierungsaspekt verbunden und als Förderleistung ange-

---

153 *Conze*, Die Einführung von Kurzarbeit, S. 149.

154 *Holzmayer*, Kurzarbeitergeld und Schlechtwettergeld, S. 104; *Brenke/Rinne/Zimmermann*, Kurzarbeit, Wochenbericht des DIW Berlin Nr. 16/2010, S. 11.

155 *Mandl/Mascherini*, Potenziale der Kurzarbeit, WSI Mitteilungen 7/2011, 363(365); *Geulen/Vogt*, ArbRAktuell 2020, 181 (182); *Schulten/Müller*, Kurzarbeitergeld in der Corona-Krise, WSI Policy Brief Nr. 38, 04/2020, S. 6.

156 *Schulten/Müller*, Kurzarbeitergeld in der Corona-Krise, WSI Policy Brief Nr. 38, 04/2020, S. 6; Bundesagentur für Arbeit, Arbeitsmarktinstrument mit Tradition, S. 2; *v. Bockelmann*, in: Tödtmann/v. Bockelmann, Arbeitsrecht in Not- und Krisenzeiten, A., Rn. 60.

157 *Mandl/Mascherini*, Potenziale der Kurzarbeit, WSI Mitteilungen 7/2011, 363(366); *v. Bockelmann*, in: Tödtmann/v. Bockelmann, Arbeitsrecht in Not- und Krisenzeiten, A., Rn. 60 mit einigen Beispielen zu den verschiedenen Ausgestaltungen.

158 Zu anderen europäischen Kurzarbeitergeldsystemen: *Glombik*, WzS 2020, 267 (267 ff.); zum Vorschlag der europäischen Kommission eines europäischen Instruments der Kurzarbeit („SURE") aus dem Jahr 2020: *Meyer*, EuZW 2021, 16 (18); Pressemittelung der Europäischen Kommission vom 01.04.2020 mit dem Titel: Von der Leyen schlägt europäisches Instrument für Kurzarbeit vor.

sehen.[159] Auch ist nicht in jedem Land eine „Kurzarbeit Null" möglich.[160] Zentraler Unterschied bei der Ausgestaltung ist die Frage, wie viel Einkommensverlust die Beschäftigten hinnehmen müssen.[161] In einigen nordischen Ländern muss zum Beispiel gar kein Verlust hingenommen werden, da bis zu 100 Prozent gezahlt werden.[162] In Deutschland ist mit 60, bzw. 67% der Nettoentgeltdifferenz nach § 105 SGB III im europäischen Vergleich eine größere Einbuße hinzunehmen; es ist zu berücksichtigen, dass sich die Leistungssätze in der Höhe an den Leistungen des Arbeitslosengeldes orientieren.[163] Zudem wird in Deutschland vielfach im Tarifvertrag geregelt, dass der Arbeitgeber das Kurzarbeitergeld aufzustocken hat. In einigen Ländern, wie zum Beispiel Frankreich, Polen oder Portugal, wird das Kurzarbeitergeld an den gesetzlichen Mindestlohn gekoppelt.[164]

In USA oder China gibt es bislang keine vergleichbaren Instrumente.[165] Im Rahmen der Covid-19-Pandemie 2020 versuchte die USA eine wenig erfolgreiche Abfederung mit der Zahlung eines einmaligen Helikoptergeldes.[166]

---

159 *Bieback*, in: BeckOGK SGB III, Vorbemerkung zu § 95, Rn. 36; zum österreichischen System im europäischen Vergleich: *Huemer/Kogler/Mahringer,* Kurzarbeit als Kriseninstrument in der COVID-19-Pandemie, v. a. S. 10 ff.; kurz auch *Steiner*, NZW 2022, 687 (688); zu den Problemen von EU-Bürgern, die im Ausland wohnen und in Deutschland arbeiten und KUG beziehen: *Bieback*, ZESAR 2021, 10 (10 ff.).

160 In Österreich bspw. müssen weiterhin zehn Prozent der Arbeitszeit geleistet werden, so *Schulten/Müller*, Kurzarbeitergeld in der Corona-Krise, WSI Policy Brief Nr. 38, 04/2020, S. 7.

161 *Muth/Rützel/Schulten/Oerder*, Audiobeitrag: Kurzarbeit und Kurzarbeitergeld: Historische Erfahrungen und aktuelle Wirkungen vom 01.10.2020, Friedrich-Ebert-Stiftung, ab 16:32min.

162 *Schulten/Müller*, Kurzarbeitergeld in der Corona-Krise, WSI Policy Brief Nr. 38, 04/2020, S. 8.

163 *Bieback*, in: BeckOGK SGB III, § 105, Rn. 13; dieser Regelung zustimmend: *Thüsing*, BB 2020, I.

164 *Schulten/Müller*, Kurzarbeitergeld in der Corona-Krise, WSI Policy Brief Nr. 38, 04/2020, S. 8.

165 Ausführlich zum Vergleich Europa-USA: *Fischer/Schmid*, Arbeitslosigkeit in Europa und den USA unter Covid-19: Besser im Korsett einer Versicherungslogik eingeengt oder den Launen eines Präsidialsystems ausgeliefert?, S. 5 ff.; ausführlich zu mit der Kurzarbeit vergleichbaren Alternativen in Frankreich, Italien, Japan, USA u. v. m.: *Scarpetta/Pearson/Jijzen/Salvatori,* Job retention schemes during COVID-19 lockdown and beyond, S. 3 ff.

166 *Geulen/Vogt*, ArbRAktuell 2020, 181 (182).

III. Einführung von Kurzarbeit mit Kurzarbeitergeld

Aufgrund des Arbeitsvertrages ist der Arbeitgeber grundsätzlich verpflichtet, den Arbeitnehmer im vereinbarten Umfang zu beschäftigen[167] und die vereinbarte Vergütung zu bezahlen, § 611a Abs. 2 BGB. Ist der Arbeitnehmer arbeitswillig, kann der Arbeitgeber diesen aber nicht beschäftigen, kommt der Arbeitgeber in Annahmeverzug, §§ 293 ff. BGB. Die Rechtsfolge dieses Annahmeverzuges regelt § 615 S. 1 BGB. Wenn der Grund für das Beschäftigungsproblem aus der Sphäre des Arbeitgebers herrührt, muss er seinen Arbeitnehmer dennoch bezahlen; der Lohnanspruch aus dem Arbeitsvertrag bleibt aufrechterhalten.[168] Dementsprechend trägt der Arbeitgeber das Betriebs- und Wirtschaftsrisiko.[169] Infolgedessen ist der Arbeitnehmer grundsätzlich bei Beschäftigungsproblemen insofern geschützt, als dass er seinen Lohnanspruch behält, obwohl er nicht arbeitet und nicht zur Nachleistung verpflichtet ist.

Die Kurzarbeit stellt davon eine Abweichung dar. Der Arbeitgeber wird von seiner Zahlungspflicht entlastet. Das Entgelt und damit der Lebensunterhalt des Arbeitnehmers werden gesichert, indem der Arbeitgeber Kurzarbeitergeld erhält.[170]

1. Formen der Kurzarbeit

Die bisherigen Ausführungen beziehen sich schwerpunktmäßig auf die konjunkturelle Kurzarbeit. Die konjunkturelle Kurzarbeit und das dazugehörige konjunkturelle Kurzarbeitergeld ist die mit Abstand wichtigste Erscheinungsform der Kurzarbeit und soll daher auch für den weiteren Gang der Untersuchung im Zentrum stehen. Daneben gibt es aber noch zwei andere Formen der Kurzarbeit, die knapp dargestellt werden sollen:

a) Saison-Kurzarbeit(ergeld)

Die Saison-Kurzarbeit, beziehungsweise das Saisonkurzarbeitergeld nach § 101 SGB III ist Nachfolger des Schlechtwettergeldes.[171] Wenn es witte-

---

167 BAG, Beschluss vom 27.02.1985 – GS 1/84, NJW 1985, 2968 (2969 ff.).

168 *Preis/Greiner*, in: ErfK, § 615 BGB, Rn. 2.

169 Speziell zum Betriebsrisiko während der Covid-19-Pandemie: *Schneider*, in: FS Preis 2021, 1199 (1199 ff.); zum Betriebsrisiko bei staatlich angeordnetem „Lockdown": BAG, Urteil vom 13.10.2021 – 5 AZR 211/21, NZA 2022, 182 (182 ff.); *Eckert*, DStR 2021, 2703 (2705).

170 *Ulber*, AiB 2007, 5 (6).

171 *Brenke/Rinne/Zimmermann*, Kurzarbeit, Wochenbericht des DIW Berlin Nr. 16/2010, S. 4; zur historischen Entwicklung des Schlechtwettergeldes: *Holzmayer*, Kurzarbeitergeld und Schlechtwettergeld, S. 110 ff.

rungsbedingt zu Arbeitsausfällen kommt, und dabei reicht an einem Arbeitstag schon eine Stunde aus (vgl. § 101 Abs. 6 S. 1 Nr. 2 SGB III), soll dieses Institut saisonale Arbeitslosigkeit vermeiden.[172] Gebrauch gemacht wird davon vor allem im Baugewerbe und anderen Branchen, die saisonalen Schwankungen ausgesetzt sind.[173] Das Saison-Kurzarbeitergeld unterscheidet sich vom konjunkturellen Kurzarbeitergeld dahingehend, dass bestimmte Ursachen bei bestimmten Branchen regelmäßig zu bestimmten Zeiten auftreten.[174]

b) Transfer-Kurzarbeit(ergeld)

Die strukturelle Kurzarbeit und das dazugehörige Transfer-Kurzarbeitergeld nach § 111 SGB III wurden für Fälle betrieblicher Restrukturierungsmaßnahmen geschaffen, in denen dauerhaft Arbeitsplätze abgebaut werden sollen.[175] Eingeführt wurde es vor dem Hintergrund, dass Entlassungen vermieden und Arbeitsvermittlungschancen erhöht werden sollen.[176] Grundlegender Unterschied zur konjunkturellen Kurzarbeit ist, dass die Rückkehr des Arbeitnehmers zur Vollarbeit nicht beabsichtigt ist[177] und somit der Arbeitsausfall nicht nur vorübergehend ist.[178] Dafür wird zumeist eine eigene Transfergesellschaft gegründet, das Arbeitsverhältnis mit dem „alten" Arbeitgeber gekündigt und ein Arbeitsvertrag mit der Transfer- beziehungsweise Beschäftigungsgesellschaft geschlossen.[179]

2. Ursachen für die Einführung von Kurzarbeit

Die Ursachen für die Einführung von konjunktureller Kurzarbeit können vielfältig sein und dabei auch Ähnlichkeiten zu den Ursachen einer Kün-

---

172 *Günter/Meergans/Wheeler,* in: Helm/Bundschuh/Wulff, § 7, Rn. 3; *Brenke/Rinne/Zimmermann*, Kurzarbeit, Wochenbericht des DIW Berlin Nr. 16/2010, S. 4; *Suschitz*, Kurzarbeit, S. 239 f.

173 *Will,* Kurzarbeit als Flexibilisierungsinstrument, S. 6; *Ulber*, AiB 2007, 5 (10); *Pristin*, AiB 2020, 10 (13).

174 Vgl. § 101 Abs. 1 und 4 SGB III; *Bieback*, NZS 2011, 241 (243).

175 *Crimmann/Wießner*, Verschnaufpause dank Kurzarbeit, IAB-Kurzbericht 14/2009, S. 1; Brenke/*Rinne/Zimmermann*, Kurzarbeit, Wochenbericht des DIW Berlin Nr. 16/2010, S. 4; zur Kurzarbeit Null beim Transfer-Kurzarbeitergeld: *Bieback*, NZS 2011, 241 (243); *Kühl*, in: Brand, SGB III, § 96, Rn. 3; *Suschitz*, Kurzarbeit, S. 241 ff.

176 *Brenke/Rinne/Zimmermann*, Kurzarbeit, Wochenbericht des DIW Berlin Nr. 16/2010, S. 4; *Ulber*, AiB 2007, 5 (10); *Günter/Meergans/Wheeler,* in: Helm/Bundschuh/Wulff, § 7, Rn. 3; *Feindura*, Kurzarbeit, S. 390e; *Peters*, Kurzarbeit, S. 37.

177 *Ulber*, AiB 2007, 5 (6).

178 *Bieback*, NZS 2011, 241 (243).

179 *Ulber*, AiB 2007, 5 (10); *Lindemann/Simon*, BB 2008, 2795 (2803).

digung aufweisen.[180] Die Ursache für Kurzarbeit kann unter anderem wirtschaftlicher Natur sein. Beispiele dafür sind Absatzmangel[181], sonstige Probleme bei Zulieferungen und Produktion[182], Auftragsmangel[183] oder Markt- und/oder Konjunkturprobleme.[184] Abgesehen davon können auch betriebliche Strukturveränderungen Ursache der Kurzarbeit sein; beispielhaft seien dafür Produktionsveränderungen, Stillstand infolge von Reparaturen[185] oder sonstige Betriebsstörungen genannt.[186] Ursache für Kurzarbeit können zudem sonstige unabwendbare Ereignisse sein, wie z.B. ein Energieausfall[187] oder eine Pandemie.[188] Zudem können Störungen im Mitarbeiterbereich ursächlich für die Kurzarbeit sein.[189] Es kann zum Beispiel während eines Arbeitskampfes dazu kommen, dass ein nichtstreikender Betriebsteil von dem streikenden Betriebsteil abhängig ist und deshalb nur verkürzt arbeiten kann oder die Anzahl der streikenden Arbeitnehmer so hoch ist, dass mit den noch vorhandenen nichtstreikenden Arbeitnehmern der Betrieb nicht fortgeführt werden kann.[190]

Welche Ursache zur Einführung der Kurzarbeit führt, spielt im Grunde arbeitsrechtlich keine Rolle.[191] Es ist arbeitsrechtlich nicht geregelt, welche Gründe für die Einführung von konjunktureller Kurzarbeit ausreichen, bzw. die Einführung von Kurzarbeit rechtfertigen.[192] Dass die Kurzarbeit auf eine bestimmte Ursache zurückzuführen ist, ist grundsätzlich nicht notwendig. Es kann vereinbart werden, dass die Einführung der Kurzarbeit an bestimmte Ursachen geknüpft werden soll.[193] Zu beachten ist auch, dass Kurzarbeit im Zusammenhang mit Arbeitskämpfen gesonderte Rechtsfolgen hervorrufen kann.[194]

---

180 *Barnhofer*, Kurzarbeit zur Vermeidung betriebsbedingter Kündigung, S. 64.
181 *Patett*, Arbeitskampffernwirkungen, Lohnrisiko und Mitbestimmung, S. 376.
182 *Barnhofer*, Kurzarbeit zur Vermeidung betriebsbedingter Kündigung, S. 64.
183 *Jene*, Kurzarbeit und betriebliche Mitbestimmung, S. 15.
184 *Rumpff/Dröge*, Kurzarbeit, S. 31.
185 *Barnhofer*, Kurzarbeit zur Vermeidung betriebsbedingter Kündigung, S. 64.
186 *Patett*, Arbeitskampffernwirkungen, Lohnrisiko und Mitbestimmung, S. 376.
187 *Barnhofer*, Kurzarbeit zur Vermeidung betriebsbedingter Kündigung, S. 64.
188 *Geulen/Vogt*, ArbRAktuell 2020, 181 (181).
189 *Rumpff/Dröge*, Kurzarbeit, S. 31; *Barnhofer*, Kurzarbeit zur Vermeidung betriebsbedingter Kündigung, S. 65.
190 *Jahn*, Die Beteiligung des Betriebsrats bei arbeitskampfbedingten Maßnahmen des Arbeitgebers, S. 96; *Kalb*, Rechtsgrundlage und Reichweite der Betriebsrisikolehre, S. 144; vgl. auch *Farthmann*, RdA 1974, 65 (70).
191 *Simitis*/Weiss, DB 1973, 1240 (1244); *Rumpff/Dröge*, Kurzarbeit, S. 31; Jene, Kurzarbeit und betriebliche Mitbestimmung, S. 15.
192 *Schaub/Schindele*, Kurzarbeit, Rn. 3.
193 *Rumpff/Dröge*, Kurzarbeit, S. 31.
194 *Jahn*, Die Beteiligung des Betriebsrats bei arbeitskampfbedingten Maßnahmen des Arbeitgebers, S. 96; *Rumpff/Dröge*, Kurzarbeit, S. 32.

Festhalten kann man aber, dass die Einführung von Kurzarbeit nur dann überhaupt Sinn ergibt, wenn in dem Betrieb für die betroffenen Arbeitnehmer eine längerfristige Beschäftigungsperspektive besteht.[195] Insofern ist eine Prognose anzustellen, ob der Arbeitsausfall dauerhaft oder vorübergehend ist.[196]

3. Voraussetzungen für das sozialrechtliche Kurzarbeitergeld

Diskutiert wird die Frage, ob bei der Einführung von arbeitsrechtlicher Kurzarbeit und sozialrechtlichem Kurzarbeitergeld einheitliche Voraussetzungen gelten müssen. Ursprung dieser Diskussion ist, dass die Voraussetzungen für die arbeitsrechtliche Kurzarbeit im Gegensatz zu denen für das Kurzarbeitergeld nicht gesetzlich normiert sind und auch, dass sozialrechtliches Kurzarbeitergeld und arbeitsrechtliche Kurzarbeit vielfach vermischt oder verwechselt werden.[197] Um diese Diskussion führen zu können, sind in einem ersten Schritt die gesetzlich normierten sozialrechtlichen Voraussetzungen für das Kurzarbeitergeld darzulegen:

Es wird behauptet, dass jeder verantwortungsbewusste Arbeitgeber in betrieblichen oder wirtschaftlichen Schwierigkeiten die Voraussetzungen für einen Anspruch auf Kurzarbeit zu prüfen habe[198], um so finanzielle Einschnitte und soziale Härten, die sich für seine Beschäftigten beispielsweise durch eine betriebsbedingte Kündigung ergeben würden, zu vermeiden.[199]

Das Kurzarbeitergeld stellt nach § 3 Abs. 4 Nr. 4 SGB III eine Entgeltersatzleistung dar. Es soll den durch die Kurzarbeit entstehenden Entgeltausfall kompensieren.[200]

Nach § 95 SGB III haben Arbeitnehmer einen Anspruch auf Kurzarbeitergeld, wenn ein erheblicher Arbeitsausfall mit Entgeltausfall vorliegt, die be-

---

195 *Büchel/Pannenberg*, Erwerbsbiographische Folgerisiken von Kurzarbeit und Arbeitslosigkeit, S. 166.

196 Ausführlich zu dieser Prognoseentscheidung: *Husemann*, jM 2021, 19 (20 ff.); ausführlich zu der Abgrenzung Kurzarbeit und betriebsbedingte Kündigung: *Barnhofer*, Kurzarbeit zur Vermeidung betriebsbedingter Kündigung, S. 19 ff.; *Seidler/Josephs*, NZA 2020, 1227 (1228); *Hinze*, Mildere Mittel zur Vermeidung betriebsbedingter Kündigung, S. 213 ff.; *Löwisch*, in: FS Wiese 1998, 249 (249 ff.); *Wahlig/Jeschke*, NZA 2010, 607 (608); *Husemann*, jM 2021, 19 (25); *Preis*, Prinzipien des Kündigungsrechts bei Arbeitsverhältnissen, S. 170.

197 So auch in der Einleitung von *Husemann*, jM 2021, 19 (19), der vom sozialrechtlichen Instrument der konjunkturellen Kurzarbeit spricht; sprachlich inkorrekt, da das sozialrechtliche das Kurzarbeitergeld ist.

198 *Rumpff/Dröge*, Kurzarbeit, S. 143.

199 *Bauer/Günther*, BB 2009, 662 (662); *Linke*, Kurzarbeit im Strukturwandel, S. 9.

200 *Günter/Meergans/Wheeler*, in: Helm/Bundschuh/Wulff, § 7, Rn. 7.

trieblichen und persönlichen Voraussetzungen erfüllt sind und der Arbeitsausfall der Agentur für Arbeit angezeigt worden ist.

a) Erheblicher Arbeitsausfall mit Entgeltausfall

Die erste Voraussetzung für einen Anspruch auf Kurzarbeitergeld ist ein erheblicher Arbeitsausfall mit Entgeltausfall. Damit wird deutlich, dass der Anspruch nach § 95 SGB III die wirksame Einführung von Kurzarbeit voraussetzt; ohne diese würden die Arbeitnehmer ihren vollen Lohnanspruch behalten, da sich der Arbeitgeber in Annahmeverzug befindet, vgl. § 615 BGB.[201]

§ 96 Abs. 1 S. 1 SGB III konkretisiert weiter, dass ein Arbeitsausfall[202] erheblich ist, wenn er auf wirtschaftlichen Gründen oder einem unabwendbaren Ereignis beruht, vorübergehend, nicht vermeidbar ist und zudem ein gewisser Mindestausfall gegeben ist.

aa) Wirtschaftliche Gründe oder unabwendbares Ereignis

Der Arbeitsausfall muss auf wirtschaftlichen Gründen oder einem unabwendbaren Ereignis beruhen. § 96 Abs. 1 Nr. 1 SGB III zeigt, dass das Kurzarbeitergeld lediglich den Arbeitsausfall kompensieren soll, der nicht in den Verantwortungsbereich des Betriebs fällt, sondern von außen einwirkt.[203] Damit wird auch deutlich, dass die Ursache für die Kurzarbeit im Rahmen des Anspruchs auf Kurzarbeitergeld relevant wird.[204] Bei den wirtschaftlichen Gründen geht es vor allem um konjunkturelle und strukturelle

---

201 BAG, Urteil vom 18.11.2015 – 5 AZR 491/14, NZA 2016, 565; *Kühl*, in: Brand, SGB III, § 95, Rn. 9; *Günter/Meergans/Wheeler,* in: Helm/Bundschuh/Wulff, § 7, Rn. 2; *Schweiger*, NZS 2017, 135 (136); *Schlegel*, in: Schlegel/Meßling/Bockholdt, COVID-19, § 6, Rn. 15; anderer Meinung hingegen: *Lieb*, in: FS 25 Jahre BAG, 1979, 327 (342 ff.); *Bauer/Günther*, BB 2009, 662 (662).

202 Das SGB III knüpft beim Kurzarbeitergeld nicht zentral an die Kurzarbeit, sondern viel mehr an den Arbeitsausfall an: *Ehmann*, Betriebsrisikolehre und Kurzarbeit, S. 42; *Rumpff/Dröge*, Kurzarbeit, S. 144 betont, dass das Gesetz von Arbeitsausfall und nicht von Arbeitsmangel spricht, um klar zu machen, dass sich der Arbeitgeber nicht des Kurzarbeitergeldes und damit an dem Geld der Allgemeinheit bedienen soll, um seine Arbeitnehmer in wirtschaftlichen Schwierigkeiten für bessere Zeiten zu „horten“; diesen Gedanken aufgreifend auch *Säcker*, BB 1973, 1217 (1222); zum Begriff des Arbeitsausfalls, der auch bei Fernwirkungen von Arbeitskämpfen vorliegen kann, und einer Abgrenzung zur Arbeitslosigkeit: *Lieb*, in: FS 25 Jahre BAG, 1979, 327 (341 f.) und *Säcker*, Gruppenparität, S. 70.

203 BSG, Urteil vom 29.04.1998 – B 7 AL 102/97R, NZA – RR 1999, 48 (49); *Beck*, Kurzarbeit, S. 44 macht dies deutlich mit der klaren Abgrenzung von wirtschaftlichen zu betriebsspezifischen Gründen.

204 *Rumpff/Dröge*, Kurzarbeit, S. 31; so im Prinzip auch Argumentation von *Säcker*, BB 1973, 1217 (1218 ff.).

Störungen,[205] der Arbeitsausfall kann aber nach § 96 Abs. 2 SGB III auch durch eine Veränderung der betrieblichen Strukturen verursacht werden.

bb) Vorübergehender Arbeitsausfall

Nach § 96 Abs. 1 Nr. 2 SGB III muss der Arbeitsausfall für einen Anspruch auf Kurzarbeitergeld zudem vorübergehend sein. Vorübergehend ist der Arbeitsausfall, wenn nach den Umständen des Einzelfalls mit einer gewissen Wahrscheinlichkeit voraussehbar ist, dass binnen absehbarer Zeit zur Vollarbeit zurückgekehrt wird.[206]

Für diese absehbare Zeit muss eine Prognose angestellt werden.[207] Die Länge des Prognosezeitraums ist gesetzlich nicht vorgeschrieben und dementsprechend umstritten.[208] Einigkeit herrscht lediglich darüber, dass ein vorübergehender Arbeitsausfall nicht gegeben ist, wenn ein Betrieb endgültig stillgelegt werden soll.[209] Es leuchtet zudem ein, dass die finanzielle Lage des Betriebs zumindest so stabil sein muss, dass damit zu rechnen ist, die Periode, in der Kurzarbeitergeld bezogen werden soll, überbrücken zu können.[210] Andernfalls ist nicht mehr von einem vorübergehenden Arbeitsausfall, sondern viel mehr von einer Subventionierung eines Unternehmens „ohne realistische eigenständige Überlebenschance“ auszugehen.[211]

Die Rechtsprechung[212] und die herrschende Meinung in der Literatur[213] orientieren sich für den Prognosezeitraum an der maximalen Bezugsdauer des Kurzarbeitergeldes nach § 104 Abs. 1 S. 1 SGB III. Dabei ist zu beachten, dass der Bezugszeitraum im Laufe der Geschichte des Kurzarbeitergeldes

---

205 *Günter/Meergans/Wheeler*, in: Helm/Bundschuh/Wulff, § 7, Rn. 11.

206 BSG, Urteil vom 17.05.1983 – 7 RAr 13/82, SozR 4100, § 63 Nr. 2; *Kühl*, in: Brand, SGB III, § 96, Rn. 3; *Bieback*, in: BeckOGK SGB III, § 96, Rn. 73.

207 *Feindura*, Kurzarbeit, S. 376; *Husemann*, jM 2021, 19 (21); im Rahmen der Prognose sind dementsprechend auch nur Wahrscheinlichkeiten zu erwarten: *Bieback*, in: BeckOGK SGB III, § 96, Rn. 103; *Gebel*, BB 2015, 2485 (2488); *Husemann*, jM 2021, 19 (22 f.).

208 *Beck*, Kurzarbeit, S. 47; *Gebel*, BB 2015, 2485 (2487); *Hinze*, Mildere Mittel zur Vermeidung betriebsbedingter Kündigung, S. 236 f.; *Dahl/Göpfert/Helm*, Arbeitsrechtlicher Umgang mit Pandemien, S. 49.

209 *Ulber*, AiB 2007, 5 (9).

210 *Feindura*, Kurzarbeit, S. 376.

211 *Holzmayer*, Kurzarbeitergeld und Schlechtwettergeld, S. 65.

212 BSG, Urteil vom 17.05.1983 – 7 RAr 13/82, SozR 4100, § 63 Nr. 2.

213 *Cohnen*/Röger, BB 2009, 46 (50); *Hinze*, Mildere Mittel zur Vermeidung betriebsbedingter Kündigung, S. 236 f.; *Beck*, Kurzarbeit, S. 47 (Beck weist zudem zutreffend darauf hin, dass im Falle einer Verlängerung der Bezugsdauer aufgrund Verordnung z. B. im Rahmen der Corona-Pandemie die entsprechend verlängerte Bezugsdauer heranzuziehen ist); *Seidler/Josephs*, NZA 2021, 97 (98).

stetig verlängert wurde[214] und auch in Krisenzeiten häufig ausgedehnt wird. Insofern ist in Zeiten der kurzfristigen Verlängerung der Bezugsdauer auf diesen verlängerten Zeitraum abzustellen.[215] Andere Stimmen in der Literatur möchten die Bezugsdauer lediglich als rechtlichen Anhaltspunkt sehen.[216] Das Merkmal „vorübergehend" wird dann abgelehnt, wenn keine Schritte in Richtung Vollarbeit unternommen werden[217] oder sogar eine Insolvenz droht.[218] Die vorliegende Untersuchung orientiert sich für den Prognosezeitraum an den gesetzlichen Vorgaben des SGB III.

cc) Unvermeidbarer Arbeitsausfall

Der Arbeitsausfall muss nach § 96 Abs. 1 Nr. 3 SGB III überdies unvermeidbar sein.[219] Ein Arbeitsausfall gilt dann als unvermeidbar, wenn in einem Unternehmen alle zumutbaren Vorkehrungen getroffen wurden, um den Arbeitsausfall zu verhindern. Dabei ist ein objektiver Maßstab anzulegen.[220] § 96 Abs. 4 SGB III gibt dabei Beispiele für Arbeitsausfälle, die nicht vermeidbar sind.[221]

In der Praxis stellt diese Voraussetzung eine erhebliche Hürde dar.[222] Bei der Bewertung kommt dem Arbeitgeber nahezu kein Beurteilungsspielraum zu.[223] Er hat alle ihm möglichen und zumutbaren Mittel vorher zu prüfen[224] und zu begründen, warum das Kurzarbeitergeld zu diesem Zeitpunkt alternativlos ist.[225] In Betracht kommen dabei das Anbieten von unbezahltem

---

214 *Holzmayer*, Kurzarbeitergeld und Schlechtwettergeld, S. 65: Die Höchstbezugsdauer betrug unter Geltung des AVAVG 14 Wochen.

215 *Seidler/Josephs*, NZA 2021, 97 (98); *Bieback*, in: BeckOK SozialR, § 96 SGB III, Rn. 16; Bundesagentur für Arbeit, Fachliche Weisungen Kurzarbeitergeld, Stand 20.12.2018, 2.5 (1), S. 18.

216 *Bieback*, in: BeckOGK SGB III, § 96, Rn. 75; *Gebel*, BB 2015, 2485 (2488).

217 *Cohnen*/Röger, BB 2009, 46 (50); *Bieback*, in: BeckOGK SGB III, § 96, Rn. 79; ausführlich zum Merkmal „Rückkehr zur Vollarbeit": *Gebel*, BB 2015, 2485 (2488).

218 *Cohnen*/Röger, BB 2009, 46 (50); anderes gilt nach *Günter/Meergans/Wheeler*, in: Helm/Bundschuh/Wulff, § 7, Rn. 16 bei begründeter Erwartung neuer Liquidität.

219 Bei den Regelungen zur Unvermeidbarkeit kam es zuletzt im Rahmen der Corona-Pandemie 2020/2021 zu Lockerungen, dazu mehr: *Günter/Meergans/Wheeler*, in: Helm/Bundschuh/Wulff, § 7, Rn. 18 ff.; *Brenke/Rinne/Zimmermann*, Kurzarbeit, Wochenbericht des DIW Berlin Nr. 16/2010, S. 11 („In der Krise wurden die Regeln immer großzügiger").

220 BSG, Urteil vom 15.12.2005 – B 7a AL 10/05 R –, SGb 2006, 745 (748).

221 Weitere Beispiele und Anzeichen für Vermeidbarkeit bietet: *Beck*, Kurzarbeit, S. 49.

222 *Cohnen*/Röger, BB 2009, 46 (50).

223 *Schütt/Böhm*; SPA 2020, 97 (97); *Günter/Meergans/Wheeler*, in: Helm/Bundschuh/Wulff, § 7, Rn. 18.

224 *Linke*, Kurzarbeit im Strukturwandel, S. 10; *Ulber*, AiB 2007, 5 (9); *Günter/Meergans/Wheeler*, in: Helm/Bundschuh/Wulff, § 7, Rn. 18; *Brötzmann/Koll*, Kurzarbeit, S. 25.

225 *Ulber*, AiB 2007, 5 (11).

Urlaub,[226] das Abschmelzen von Arbeitszeitguthaben[227] oder der Abbau von Urlaub.[228] Sinn und Zweck dieser Zumutbarkeitsregel ist es, dass die Nichtbeachtung der anderen Mittel schlussendlich darauf hinauslaufen würde, die Last auf die Solidargemeinschaft abzuwälzen.[229]

dd) Volumen des Arbeitsausfalls

Darüber hinaus muss der Arbeitsausfall nach § 96 Abs. 1 Nr. 4 SGB III ein gewisses Volumen erreichen. Sind diese gesetzlichen Schwellen nicht überschritten, handelt es sich um ein Risiko, welches der Arbeitgeber zu tragen hat.[230] Auch diese Voraussetzung wurde in Krisenzeiten herabgesetzt, um den Zugang zu Kurzarbeitergeld zu erleichtern.[231] Der Arbeitsausfall darf nicht wegfallen, da sonst wiederum die Gefahr besteht, dass es zu einer „Privatisierung der Gewinne und Sozialisierung der Verluste“[232] kommt. Die Diskussion wird im Hinblick auf die Beendigung erneut relevant, weil umstritten ist, ab welchem Zeitpunkt der Arbeitsausfall und damit die Kurzarbeit überhaupt als beendet gilt. Sie wird aber lediglich im sozialrechtlichen Bereich geführt.[233]

b) Betriebliche Voraussetzungen, § 97 SGB III

Zudem müssen die betrieblichen Voraussetzungen nach § 97 SGB III erfüllt sein. Diese sind bereits erfüllt, wenn in einem Betrieb ein Arbeitnehmer be-

---

226 *Cohnen*/Röger, BB 2009, 46 (50).

227 *Hahn*, Flexible Arbeitszeit, B, Rn. 283 f.; *Geulen/Vogt*, ArbRAktuell 2020, 181 (183).

228 *Geulen/Vogt*, ArbRAktuell 2020, 181 (183): Beim Abbau von Urlaub ist allerdings zum einen § 7 Abs. 1 S. 1 BUrlG zu beachten und zum anderen, dass der Arbeitnehmer für die Zeit des Urlaubs seinen ungekürzten Urlaubsanspruch behält.

229 BSG, Urteil vom 29.04.1998 – B 7 AL 102/97R, NZA-RR 1999, 48 (50); *Schweiger*, NZS 2017, 135 (139).

230 *Kühl*, in: Brand, SGB III, § 96, Rn. 8 ff.

231 *Geulen/Vogt*, ArbRAktuell 2020, 181 (183); *Crimmann/Wießner*, Verschnaufpause dank Kurzarbeit, IAB-Kurzbericht 14/2009, S. 9.

232 *Blanke*, Kurzarbeit, S. 15 f.; *Holzmayer*, Kurzarbeitergeld und Schlechtwettergeld, S. 65.

233 Zentrum der Auseinandersetzung sind die Anforderungen, die an die Anzahl der wieder arbeitenden Arbeitnehmer zu stellen sind; ausführlich dazu: *Seidler/Josephs*, NZA 2021, 97 (98 f.); *Gebel*, BB 2015, 2485 (2488); *Gebel* weist zu Recht daraufhin, dass dieses Merkmal schon bei der Antragstellung relevant ist, dort aber in erster Linie eine Prognose ist; dabei reicht das Meinungsspektrum von der Rückkehr eines Arbeitnehmers bis hin zur Rückkehr aller im Betrieb beschäftigten Arbeitnehmer. Die wohl herrschende Ansicht vertritt, dass es zumindest eine „arbeitsmarktpolitisch vertretbare Anzahl“ sein muss; näher dazu: *Gebel*, BB 2015, 2485 (2488); *Bieback*, in: BeckOGK SGB III, § 96, Rn. 81 ff.,90; *Bieback*, in: BeckOK SozialR, § 96 SGB III, Rn. 17; auf die Beantwortung dieser Frage kommt es vorliegend nicht an.

schäftigt ist. Eine Betriebsabteilung ist dabei ausreichend. Es gilt der arbeitsrechtliche Betriebsbegriff.[234] Zudem muss der Betriebssitz des Unternehmens in Deutschland liegen.[235]

c) Persönliche Voraussetzungen, § 98 SGB III

Daneben ist der Anspruch auf Kurzarbeitergeld gemäß § 98 SGB III an persönliche Voraussetzungen geknüpft. Für den Bezug von Kurzarbeitergeld muss es sich nach § 98 Abs. 1 SGB III um eine versicherungspflichtige Person handeln, deren Arbeitsverhältnis nicht gekündigt oder durch Aufhebungsvertrag aufgelöst ist, und der Arbeitnehmer darf auch nicht vom Kurzarbeitergeldbezug ausgeschlossen sein.[236] Die folgenden Absätze regeln darüber hinaus Unterfragen zu den persönlichen Voraussetzungen. Das Erfordernis des ungekündigten Arbeitsverhältnisses dient dem Zweck des Kurzarbeitergeldes; schließlich würde ein gekündigtes Arbeitsverhältnis der Erhaltung des Arbeitsplatzes und damit dem Hauptzweck des Kurzarbeitergeldes diametral entgegenlaufen.[237] Das Erfordernis „ungekündigt" ist auch bei einer fristgerecht erhobenen Kündigungsschutzklage erfüllt.[238]

d) Sonstige Voraussetzungen

Weitere Voraussetzung ist die Anzeige des Arbeitsausfalls bei der Bundesagentur für Arbeit nach § 99 SGB III[239] und ein Antrag auf Kurzarbeitergeld nach §§ 323, 325 SGB III. Obwohl der Arbeitnehmer anspruchsberechtigt ist, kann er den Antrag nicht selbst stellen; nach § 323 Abs. 2 S. 1 f. SGB III muss dies der Arbeitgeber oder der Betriebsrat tun.[240] Der Arbeitgeber ist aufgrund seiner Fürsorgepflicht verpflichtet, bei Vorliegen der Voraussetzungen rechtzeitig Kurzarbeitergeld zu beantragen, um so soziale Härten für seine Arbeitnehmer abzuwenden.[241] In der Konstellation des Kurzarbeiter-

---

234 *Beck*, Kurzarbeit, S. 62; *Cohnen*/Röger, BB 2009, 46 (50); *Ohle*, ArbRB 2009, 19 (20); *Zieglmeier*, DStR 2020, 729 (732); weitergehend zum Begriff des Betriebs *Rumpff/Dröge*, Kurzarbeit, S. 145 und *Günter/Meergans/Wheeler*, in: Helm/Bundschuh/Wulff, § 7, Rn. 44.

235 *Stier*, Kurzarbeit, S. 24; kritisch zum (bisher nicht gewährten) Kurzarbeitergeld für Arbeitnehmer ausländischer Arbeitgeber: *Weiss-Bölz*, DStR 2021, 736 (736 ff.).

236 *Sondermann*, Personal 1979, Vol. 31, Nr. 4, 157 (157 ff.) diskutiert ausführlich, ob auch Betriebsratsmitglieder die persönlichen Voraussetzungen erfüllen.

237 *Günter/Meergans/Wheeler*, in: Helm/Bundschuh/Wulff, § 7, Rn. 55; *Geulen/Vogt*, ArbRAktuell 2020, 181 (184).

238 *Haußmann/Schwab*, ArbRAktuell 2010, 84 (86).

239 *Stoffels*, in: FS Henssler 2023, 643 (652).

240 *Cohnen*/Röger, BB 2009, 46 (51 f.); *Beck*, Kurzarbeit, S. 36; *Kellner*, NZS 2023, 630 (630).

241 *Beck*, Kurzarbeit, S. 36; *Cohnen*/Röger, BB 2009, 46 (49).

geldanspruchs fungiert der Arbeitgeber als Treuhänder der Arbeitnehmer.[242] Verstößt der Arbeitgeber gegen die Anzeigepflicht, kann er sich dem Arbeitnehmer gegenüber schadensersatzpflichtig machen.[243]

Regelungen zur Höhe des Kurzarbeitergeldes finden sich in den §§ 105 ff. SGB III. Die Höhe entspricht im Wesentlichen dem Arbeitslosengeld.[244] Dabei werden häufig Regelungen zur Aufstockung durch den Arbeitgeber getroffen.[245]

Als negatives Tatbestandsmerkmal ist noch zu nennen, dass der Arbeitsausfall nicht Folge von arbeitskampfbedingtem Ruhen sein darf nach § 100 SGB III. Über den Verweis auf § 160 SGB III wird dadurch allen voran die Neutralitätspflicht der Bundesagentur für Arbeit deutlich.[246]

e) Zusammenfassung

Es zeigt sich, dass der Bezug von Kurzarbeitergeld an klare Voraussetzungen geknüpft ist. In der Krise kann dieses vorübergehende Instrument entscheidend sein, um den Betrieb und die Belegschaft zu retten. Unternehmen werden so in erheblichem Umfang von Personalkosten befreit.[247] Zugleich ist aber zu bedenken, dass diese wirtschaftliche Entlastung nur ein Reflex ist, da das Kurzarbeitergeld primär dem Erhalt des Arbeitsplatzes dienen soll.[248]

Schlussendlich ist festzuhalten, dass das Kurzarbeitergeld, obwohl es an den Arbeitgeber gezahlt und von diesem ausgezahlt wird, eine sozialversiche-

---

242 BSG, Urteil vom 25.05.2005 – B 11a/11 AL 15/04 R, NZA-RR 2006, 102 (103).

243 LAG Berlin-Brandenburg, Urteil vom 26.08.2022 – 12 Sa 297/22, BeckRS 2022, 29835; *Linck*, in: Schaub, Arbeitsrechts-Handbuch, § 47, Rn. 13; *Weber*, DB 2023, 263 (263).

244 *Schulten/Müller*, Kurzarbeitergeld in der Corona-Krise, WSI Policy Brief Nr. 38, 04/2020, S. 4; im Gegensatz zum ALG I wird jedoch für das Kurzarbeitergeld keine Erfüllung einer Anwartschaft vorausgesetzt, ausführlich dazu: *Linke*, Kurzarbeit im Strukturwandel, S. 10.

245 *Geulen/Vogt*, ArbRAktuell 2020, 181 (185); *Stoffels*, in: FS Henssler 2023, 643 (643).

246 *Bieback*, in: BeckOK SozialR, § 100 SGB III, Rn. 1; *Cohnen*/Röger, BB 2009, 46 (51); *Brötzmann/Koll*, Kurzarbeit, S. 32 f.; hingegen zu Fernwirkungen bei Arbeitskämpfen: *Lieb*, in: FS 25 Jahre BAG, 1979, 327 (341).

247 *Schulten/Müller*, Kurzarbeitergeld in der Corona-Krise, WSI Policy Brief Nr. 38, 04/2020, S. 4; der Sozialversicherungsbeitrag ist regelmäßig (von Sonderregeln während z. B. der Weltwirtschaftskrise abgesehen) aber noch vom Arbeitgeber zu zahlen, so: *Ohle*, ArbRB 2009, 19 (20).

248 BSG, Urteil vom 21.11.2002 – B 11 AL 17/02 R –, SozR 3-4300 § 172 Nr. 1, Rn. 15; *Hahn*, Flexible Arbeitszeit, B, Rn. 285; *Oberthür*, ArbRB 2010, 148 (148); *Geulen/Vogt*, ArbRAktuell 2020, 181 (182).

rungsrechtliche Leistung der Bundesagentur für Arbeit an den Arbeitnehmer ist.[249]

4. Interdependenzen/Verbindung zwischen Arbeits- und Sozialrecht

Wie aufgezeigt, ist es Voraussetzung für das Kurzarbeitergeld nach § 95 Nr. 1 SGB III, dass ein erheblicher Arbeitsausfall mit Entgeltausfall vorliegt. Einigkeit herrscht insoweit, dass dies bedeutet, dass arbeitsrechtlich wirksam Kurzarbeit eingeführt wurde.[250] Somit ist zumindest eine Abhängigkeit des Sozialrechts vom Arbeitsrecht nicht von der Hand zu weisen. Es steht daher fest, dass es einen Anspruch auf Kurzarbeitergeld nur mit wirksam eingeführter Kurzarbeit geben kann.[251] Infolgedessen wird die Bundesagentur für Arbeit auch als arbeitsrechtliche Kontrollinstanz bezeichnet.[252] Die verbleibende Frage ist mithin, ob es arbeitsrechtliche Kurzarbeit auch ohne einen Anspruch auf Kurzarbeitergeld geben kann.

Das Bundesarbeitsgericht hat sich insofern dazu geäußert, als es in einem Fall, in dem das Kurzarbeitergeld rückwirkend entzogen wurde, dem Arbeitnehmer den Lohnanspruch in der durch die Kurzarbeitsvereinbarung geminderten Höhe zugesprochen hat.[253] Wenn die Agentur für Arbeit kein Kurzarbeitergeld zahlt, so verliert lediglich der Arbeitgeber die staatlichen Hilfen zur Abmilderung seines Wirtschaftsrisikos.[254] Beim Wegfall der sozialrechtlichen Komponente sind somit keine Auswirkungen auf die arbeitsrechtlich wirksam eingeführte Kurzarbeit zu konstatieren. Grundsätzlich ist für die arbeitsrechtliche Kurzarbeit auch unerheblich, ob der Arbeitgeber bei der Bundesagentur für Arbeit Kurzarbeitergeld beantragt.[255] Das ist laut Bundesarbeitsgericht „eine Frage, die mit der arbeitsrechtlichen Zulässigkeit der Kurzarbeit nichts zu tun hat".[256] Im Grundsatz gilt folglich, dass

---

249 *Hahn*, Flexible Arbeitszeit, B, Rn. 285.

250 BAG, Urteil vom 18.11.2015 – 5 AZR 491/14, NZA 2016, 565; *Kühl*, in: Brand, SGB III, § 95, Rn. 9; *Günter/Meergans/Wheeler*, in: Helm/Bundschuh/Wulff, § 7, Rn. 2; *Schweiger*, NZS 2017, 135 (136); *Zieglmeier*, DStR 2020, 729 (730).

251 *Rumpff/Dröge*, Kurzarbeit, S. 41; *Meyer*/Wall, Kurzarbeit und Kurzarbeitergeld, S. 31.

252 *Zieglmeier/Rittweger*, NZA 2020, 685 (686).

253 BAG, Urteil vom 11.07.1990 – 5 AZR 557/89, NZA 1991, 67 (67 f.); dieses Urteil kritisierend: ArbG Berlin, Urteil vom 17.03.2004 – 7 Ca 25174/03, juris Rn. 55.

254 *Trittin*, AiB 1991, 94 (94), Anmerkung zu BAG, Urteil vom 11.07.1990 – 5 AZR 557/89, NZA 1991, 67 (67 f.).

255 *Hahn*, Flexible Arbeitszeit, B, Rn. 273; *Oehme*, in: Kroiß, Rechtsprobleme durch COVID-19, § 1, Rn. 33; zum Verfahren ausführlicher: *Zieglmeier/Rittweger*, NZA 2020, 685 (686 f.).

256 BAG, Urteil vom 27.01.1994 – 6 AZR 541/93, AP-BAT-O § 15 Nr. 1.

es Kurzarbeit ohne Kurzarbeitergeld geben kann, aber nie Kurzarbeitergeld ohne Kurzarbeit.[257]

Allerdings zieht das Bundesarbeitsgericht in einer aktuelleren Entscheidung im Rahmen des Kurzarbeitsrechts immer wieder Strukturen des Sozialrechts als Argumentationsstützen heran; demzufolge ist auch an dieser Stelle ein Wechselspiel deutlich zu erkennen.[258] Auch ist gerade im Rahmen einer AGB-Kontrolle zu beachten, dass eine arbeitsvertragliche Kurzarbeitsklausel ohne jegliche Bezugnahme auf Kurzarbeitergeldbezug regelmäßig eine unangemessene Benachteiligung des Arbeitnehmers darstellt und dieser dementsprechend nicht standhält.[259]

Abgesehen davon können die Betriebsparteien zudem rechtliche Gründe für eine Wechselwirkung schaffen, indem sie etwa die Einführung von Kurzarbeit auch an die Beantragung von Kurzarbeitergeld koppeln.[260] Dabei ist die Möglichkeit zu berücksichtigen, dass die Voraussetzungen für Kurzarbeit arbeitsrechtlich vorliegen, während zugleich jedoch die Voraussetzungen für einen Anspruch auf Kurzarbeitergeld nach §§ 95 ff. SGB III nicht vorliegen.[261]

5. Voraussetzungen für arbeitsrechtliche Kurzarbeit

Ein Gleichlauf der Voraussetzungen der sozialrechtlichen und arbeitsrechtlichen Voraussetzungen ist abzulehnen. Zentrale Voraussetzung für die Einführung der Kurzarbeit im arbeitsrechtlichen Sinne ist der vorübergehende Arbeitsmangel.[262]

Folge der Einführung der Kurzarbeit für den Arbeitnehmer ist die Lohnkürzung durch den Arbeitgeber. Dadurch befreit sich der Arbeitgeber von dem ihm grundsätzlich zugewiesenen Betriebs- und Wirtschaftsrisiko.[263] Dies stellt einen erheblichen Eingriff in das Austauschverhältnis der synallag-

---

257 *Rumpff/Dröge*, Kurzarbeit, S. 41 f.; *Ehmann*, Betriebsrisikolehre und Kurzarbeit, S. 43; *Oehme*, in: Kroiß, Rechtsprobleme durch COVID-19, § 1, Rn. 33.

258 BAG, Urteil vom 30.11.2021 – 9 AZR 225/21, NZA 2022, 629 (631, Rn. 18 und 25 f.).

259 Dazu ausführlich siehe Kapitel zu den inhaltlichen Voraussetzungen an die arbeitsvertragliche Kurzarbeitsklausel, siehe S. 54 ff.

260 *Rumpff/Dröge*, Kurzarbeit, S. 42; *Ulber*, AiB 2007, 5 (11); *Ehmann*, Betriebsrisikolehre und Kurzarbeit, S. 43; *Seidler/Josephs*, NZA 2020, 1227 (1228); *Oehme*, in: Kroiß, Rechtsprobleme durch COVID-19, § 1, Rn. 33.

261 *Ulber*, AiB 2007, 5 (6); *Rumpff/Dröge*, Kurzarbeit, S. 41; *Bauer/Günther*, BB 2009, 662 (662); *Schlegel*, in: Schlegel/Meßling/Bockholdt, COVID-19, § 6, Rn. 15.

262 *Hinze*, Mildere Mittel zur Vermeidung betriebsbedingter Kündigung, S. 222; zum Arbeitsmangel, bzw. Ausfall aus arbeitsrechtlicher Perspektive ausführlich *Rumpff/Dröge*, Kurzarbeit, S. 25 f.; weiterhin ist auf die Ausführungen bei der Begriffsklärung zu verweisen, siehe oben S. 9 ff.

263 *Oberthür*, ArbRB 2010, 148 (148).

matischen Hauptleistungspflichten aus dem Arbeitsverhältnis dar.[264] Diese Lohnkürzung ist der Grund, warum der Arbeitgeber Kurzarbeit nicht ohne Rechtsgrundlage einführen darf.[265] Auf die Rechtsgrundlagen bei der Einführung der Kurzarbeit und den dabei zu beachtenden Arbeitnehmerschutz wird an späterer Stelle ausführlich eingegangen.[266]

6. Zwischenergebnis

Im Ergebnis ist festzuhalten, dass die Kurzarbeit aus zwei Blickwinkeln betrachtet werden kann: die arbeitsrechtliche Kurzarbeit und das von der Bundesagentur für Arbeit gezahlte Kurzarbeitergeld. Die unbestreitbaren Ähnlichkeiten sowie die vertraglich geschaffenen Verbindungen rechtfertigen es, das Kurzarbeitergeld und die zugrunde liegenden Strukturen in Diskussionen über die arbeitsrechtliche Kurzarbeit heranzuziehen.

Die Ursachen für die Kurzarbeit können dabei vielfältig sein und spielen in arbeitsrechtlicher Hinsicht bei der konjunkturellen Kurzarbeit keine Rolle. Die Voraussetzungen für die arbeitsrechtliche Kurzarbeit liegen schnell vor – es bleibt aber zu beachten, dass die Kurzarbeit auf einer fundierten Rechtsgrundlage beruhen muss, weil sie einen tiefen Eingriff in das Austauschverhältnis des Arbeitsvertrages darstellt. Die Kurzarbeit kann, wenn sie wirksam und gezielt eingeführt wurde, krisenüberwältigendes Instrument der Stunde für ein Unternehmen sein, um dessen konjunkturelle Schieflage zu überbrücken.

IV. Gründe für eine Beendigung der Kurzarbeit

Da die Kurzarbeit ein Instrument der Beschäftigungssicherung[267] ist, welches nur überbrückende Funktion hat, kann es sinnvoll oder notwendig sein, die Kurzarbeit zu beenden.[268] *Jene* beschreibt sehr treffend, dass Kurzarbeit nie mehr als eine Übergangslösung sein darf.[269] Das Ziel der Beschäftigungssicherung soll aber nicht nur für den Kurzarbeitszeitraum, sondern

---

264 ArbG Herford, Urteil vom 19.02.2010 – 1 Ca 975/09, juris Rn. 32; *Cohnen*/Röger, BB 2009, 46 (46); *Gebel*, BB 2015, 2485 (2485).

265 *Nikisch*, Arbeitsrecht, Bd. 1, 3. Aufl. 1961, S. 643.

266 Ausführlich zur Rechtsgrundlage bei der Einführung der Kurzarbeit, siehe S. 48 ff.

267 *Ulber*, AiB 2007, 5 (5).

268 *Husemann*, jM 2021, 19 (21); *v. Bockelmann*, in: Tödtmann/v. Bockelmann, Arbeitsrecht in Not- und Krisenzeiten, A., Rn. 60; Arbeitsrecht in Not- und Krisenzeiten, Rn. 67 beschreibt den Fall, dass es sinnvoll sein kann, den Kurzarbeitergeldbezug vorzeitig abzubrechen, um nach der dreimonatigen Unterbrechung einen neuen Bezugszeitraum zu beginnen.

269 *Jene*, Kurzarbeit und betriebliche Mitbestimmung, S. 13.

dauerhaft erreicht werden.[270] Die Kurzarbeit darf nicht dafür genutzt werden, einen bevorstehenden Strukturwandel des Unternehmens und damit die Arbeitslosigkeit hinauszuzögern[271] oder die notwendigen Überlegungen zur Verbesserung der Auftragslage und Wettbewerbsfähigkeit oder eventuellen Strukturanpassungen durch Missmanagement gar nicht erst nicht anzustellen.[272] Es darf nicht Aufgabe der Kurzarbeit werden, in den „natürlichen Ausleseprozess in der Wirtschaft“[273] einzugreifen.

Kritik wird dabei am Gesetzgeber geübt, der im Laufe der Geschichte[274] und besonders in Krisensituation[275] die Bezugsdauer für das mit der Kurzarbeit verbundene Kurzarbeitergeld oftmals verlängert hat. Es wird behauptet, dass der Gesetzgeber diese Regelungen eingeführt habe, um der Verschlechterung der Arbeitslosenstatistiken entgegenzuwirken.[276] Zudem besteht durch die Verbundenheit mit dem Kurzarbeitergeld die Gefahr des Missbrauchs durch die Unternehmen.[277]

Abgesehen davon haben die Kurzarbeit und das Kurzarbeitergeld auch Auswirkungen auf den Arbeitsmarkt. Für die arbeitsmarktpolitische Lage kann die Kurzarbeit den womöglich sonst auf Kündigungen folgenden Problemen entgegenwirken, wie z. B. der Reintegration in den Arbeitsmarkt oder der Langzeitarbeitslosigkeit,[278] und somit zur Stabilisierung des Arbeitsmarktes beitragen.[279] Die Kurzarbeit darf allerdings nicht dazu führen, dass die Kasse der Bundesagentur für Arbeit als „Selbstbedienungsladen“[280] betrachtet wird.

---

270 *Holzmayer*, Kurzarbeitergeld und Schlechtwettergeld, S. 195; *Blanke*, Kurzarbeit, S. 16.

271 *Crimmann/Wießner*, Verschnaufpause dank Kurzarbeit, IAB-Kurzbericht 14/2009, S. 1; *Gebel*, BB 2015, 2485 (2488); *Säcker*, BB 1973, 1217 (1217); *Holzmayer*, Kurzarbeitergeld und Schlechtwettergeld, S. 195; vgl. *Ulber*, AiB 2007, 5 (12).

272 *Brenke/Rinne/Zimmermann*, Kurzarbeit, Wochenbericht des DIW Berlin Nr. 16/2010, S. 12; *Blanke*, Kurzarbeit, S. 16.

273 *Säcker*, BB 1973, 1217 (1217).

274 *Holzmayer*, Kurzarbeitergeld und Schlechtwettergeld, S. 65.

275 *Schlegel*, in: Schlegel/Meßling/Bockholdt, COVID-19, § 6, Rn. 26; *Stier*, Kurzarbeit, S. 29 f.; *Günter/Meergans/Wheeler*, in: Helm/Bundschuh/Wulff, § 7, Rn. 86; *Peters*, Kurzarbeit, S. 30, 55; *Brenke/Rinne/Zimmermann*, Kurzarbeit, Wochenbericht des DIW Berlin Nr. 16/2010, S. 11; auf diese Höchstfrist auch eingehend: ArbG Stuttgart, Urteil vom 06.12.2022 – 25 Ca 7031/21, Rn. 76.

276 *Brenke/Rinne/Zimmermann*, Kurzarbeit, Wochenbericht des DIW Berlin Nr. 16/2010, S. 12; *Holzmayer*, Kurzarbeitergeld und Schlechtwettergeld, S. 104; *Holzmayer* bezeichnet es deshalb als „kosmetischen Effekt“.

277 *Blanke*, Kurzarbeit, S. 15 f.; *Brenke/Rinne/Zimmermann*, Kurzarbeit, Wochenbericht des DIW Berlin Nr. 16/2010, S. 13.

278 *Linke*, Kurzarbeit im Strukturwandel, S. 21.

279 *Holzmayer*, Kurzarbeitergeld und Schlechtwettergeld, S. 195.

280 *Blanke*, Kurzarbeit, S. 16.

Wenn offensichtlich ist, dass der bezeichnete Zweck nicht erreicht wird, wird die Zahlung des Kurzarbeitergeldes versagt.[281] Spätestens dann liegt es nahe, auch die arbeitsrechtliche Kurzarbeit zu beenden.[282]

Es ist Sinn und Zweck der Kurzarbeit, dass bei steigender Auftragslage die Produktion ohne Weiteres wieder erhöht werden kann.[283] Dabei muss eine flexible Anpassung der Kurzarbeitszeit an den jeweiligen Bedarf praktisch und auch rechtlich möglich sein.[284]

Eine Rückkehr zur Vollarbeit, wie sie diese Arbeit versteht, ist nur gegeben, wenn diese vollständig ist. Soll lediglich der Arbeitsausfall prozentual verringert werden, ist nicht von einer Beendigung der Kurzarbeit zu sprechen.[285] Gleiches gilt für den Fall, wenn trotz Kurzarbeit Mehrarbeit geleistet wird.[286]

Im Folgenden sollen Konstellationen beschrieben werden, die eine Beendigung der Kurzarbeit mit sich bringen können oder eine solche notwendig machen. Sofern die Kurzarbeit mit einer Frist eingeführt wurde, endet sie, wenn die Frist abgelaufen ist.[287] Wird die Dauer der Frist überschritten, muss eine neue Regelung getroffen werden.[288]

1. Wegfall der Voraussetzungen oder der Anlassbestimmung

Wie bereits festgestellt, ist der vorübergehende Arbeitsausfall die einzige Voraussetzung für die arbeitsrechtliche Kurzarbeit.[289] Wenn diese Voraussetzung wegfällt, müsste auch die Kurzarbeit beendet werden.[290]

Die Kurzarbeit kann auch auf unbestimmte Dauer angelegt, aber an eine bestimmte Anlassbestimmung gekoppelt werden. Fällt diese weg, müsste die Kurzarbeit ebenso beendet werden.[291] Für diesen Fall wird vertreten, dass sodann beide Parteien das Recht haben, die Kurzarbeit jederzeit zu been-

281 *Blanke*, Kurzarbeit, S. 16; *Stier*, Kurzarbeit, S. 15.

282 *Feindura*, Kurzarbeit, S. 390h.

283 *Röder/Chakrabarti*, DB 2020, 1960 (1960); *Hold*, Brennpunkt Kurzarbeit, S. 19.

284 *Pototzky/Gimmy*, BB 2021, 2292 (2293); *Klocke*, RdA 2020, 331 (337).

285 *Ulber*, AiB 2007, 5 (13).

286 *Hahn*, Flexible Arbeitszeit, B, Rn. 313.

287 *Schaub/Schindele*, Kurzarbeit, Rn. 280; *Barnhofer*, Kurzarbeit zur Vermeidung betriebsbedingter Kündigung, S. 75; *Feindura*, Kurzarbeit, S. 390h; *Linck*, in: Schaub, Arbeitsrechts-Handbuch, § 47, Rn. 11; *Schmidt*, Erste Hilfe bei Kurzarbeit, II., 11.

288 *Barnhofer*, Kurzarbeit zur Vermeidung betriebsbedingter Kündigung, S. 76.

289 *Husemann*, jM 2021, 19 (21 ff.).

290 *Barnhofer*, Kurzarbeit zur Vermeidung betriebsbedingter Kündigung, S. 75; *Feindura*, Kurzarbeit, S. 390h; gleiches gilt selbstverständlich auch für das Kurzarbeitergeld, so *Günter/Meergans/Wheeler*, in: Helm/Bundschuh/Wulff, § 7, Rn. 17; *Linck*, in: Schaub, Arbeitsrechts-Handbuch, § 47, Rn. 11; *Schmidt*, Erste Hilfe bei Kurzarbeit, II., 11.

291 *Röhsler*, Die Arbeitszeit, S. 123.

den.[292] Wenn der Arbeitnehmer dies verlange, müsse er nach *Rumpff/Dröge* aber jederzeit mit einer Kündigung rechnen;[293] dies gelte vor allem in dem Fall, in dem der Arbeitgeber den Arbeitnehmer noch nicht wieder beschäftigen kann.[294] Praxisnäher ist es jedoch, wenn man davon ausgeht, dass der Arbeitgeber den Zeitpunkt der Zweckerreichung besser absehen kann und somit dieser die Beendigung der Kurzarbeit anordnet. Einigkeit herrscht wohl aber dahingehend, dass von einer solchen Koppelung an die Anlassbestimmung nicht einfach ausgegangen werden kann, sondern diese vielmehr besonders vereinbart sein muss.[295] Ob im Fall einer wirksamen Koppelung an die Bedingung eine spezielle Form der Mitteilung und eine Ankündigungsfrist analog § 21 TzBfG in Verbindung mit § 15 Abs. 2 TzBfG[296] zu fordern ist, ist im Rahmen des Arbeitnehmerschutzes zu diskutieren.[297]

2. Wegfall des Kurzarbeitergeldes

Während die arbeitsrechtliche Kurzarbeit als Voraussetzung nur den vorübergehenden Arbeitsausfall hat, kann das Kurzarbeitergeld trotz Weiterbestehens der arbeitsrechtlichen Kurzarbeit wegfallen, da es wie aufgezeigt an andere, bzw. weitere Voraussetzungen gekoppelt ist. Liegen diese nicht (mehr) vor, kann die Agentur für Arbeit die Bewilligung der Kurzarbeitergeldzahlung auch rückwirkend widerrufen. Das Bundesarbeitsgericht hat dazu ausgeführt, dass damit nicht die Kurzarbeit wegfällt; es ist vielmehr darauf eingegangen, dass der Arbeitnehmer den Lohnanspruch in Höhe des Kurzarbeitergeldbezuges behält und nunmehr der Arbeitgeber diesen selbst zu leisten hat.[298] Mithin ist zumindest eine dadurch bedingte Beendigung der Kurzarbeit abzulehnen. Wie aufgezeigt, sind die Wechselwirkungen zwischen Kurzarbeit und Kurzarbeitergeld vor allem einseitig dahingehend gegeben, dass es kein Kurzarbeitergeld ohne Kurzarbeit, andersherum aber Kurzarbeit ohne Kurzarbeitergeld geben kann. Eine solche Koppelung ist aber durch vertragliche Abreden denkbar und könnte – je nach Vereinbarung – dann zu einer Beendigung der Kurzarbeit führen.

292 *Nikisch*, Arbeitsrecht, Bd. 1, 3. Aufl. 1961, S. 653.
293 *Rumpff/Dröge*, Kurzarbeit, S. 106.
294 *Nikisch*, Arbeitsrecht, Bd. 1, 3. Aufl. 1961, S. 653.
295 Ausdrücklich: *Rumpff/Dröge*, Kurzarbeit, S. 106.
296 *Backhaus*, in: Ascheid/Preis/Schmidt, § 21 TzBfG, Rn. 28; BAG, Urteil vom 25.08.1999, NZA 2000, 656 (657).
297 Siehe dazu Kapitel zum Arbeitnehmerschutz, siehe S. 153 ff.
298 BAG, Urteil vom 11.07.1990 – 5 AZR 557/89, NZA 1991, 67 (67 f.); *Bispinck/Laßmann/Rupp*, Konjunkturbedingte Kurzarbeit, S. 8.

3. Beendigung, wenn Arbeitgeber neue Arbeitnehmer einstellt

Man könnte zudem auf die Idee kommen, dass die Kurzarbeit automatisch beendet ist, wenn der Arbeitgeber neue Arbeitnehmer einstellt.[299] Es spricht dafür, dass wieder ausreichend Arbeit da ist, wenn der Arbeitgeber neue Arbeitnehmer einstellt. Dieser Missstand könnte auch durch die Beendigung der Kurzarbeit und der Rückkehr zur Vollarbeit behoben werden. Das BAG sah in der Einstellung neuer Arbeitnehmer während eines ruhenden Arbeitsverhältnisses, vergleichbar mit der heutigen „Kurzarbeit Null", eine Verletzung der Fürsorgepflicht des Arbeitgebers.[300] Dies gilt selbstredend nur für den Fall, dass aus dem Kreis der in Kurzarbeit befindlichen Arbeitnehmer geeignete Arbeitskräfte zu finden gewesen wären. Die Wiedereinstellung hätte damit ein Wiederaufleben der suspendierten Arbeitspflichten zur Folge und der Arbeitgeber würde folglich in Annahmeverzug geraten, beziehungsweise schadensersatzpflichtig werden.[301]

Heute wird vermehrt vertreten, dass das Einstellen neuer Arbeitnehmer nicht zu einem automatischen Wegfall der Kurzarbeit führt,[302] sondern vielmehr ein außerordentliches Kündigungsrecht der Kurzarbeitsvereinbarung bei Neueinstellungen bestehen soll.[303] Am überzeugendsten ist es jedoch Neueinstellungen lediglich als Indiz für den Wegfall der wirtschaftlichen Schieflage zu sehen. Schließlich ist aus Arbeitnehmersicht nicht jede unternehmerische Entscheidung zur Einstellung neuer Mitarbeiter nachvollziehbar. Es sind beispielsweise Fälle denkbar, in denen ein Arbeitnehmer befristet und als Ersatz für eine Arbeitnehmerin im Mutterschutz eingestellt wird, welche ihrerseits nicht in Kurzarbeit war. Wenn der in Kurzarbeit befindliche Arbeitnehmer davon nicht Kenntnis erlangt und sich über den Einstellungsprozess wundert, kann allein die Einstellung des neuen Arbeitnehmers nicht automatisch zur Beendigung der Kurzarbeit führen. Vor allem im Hinblick auf die unternehmerische Entscheidungsfreiheit kommt der Einstellung neuer Arbeitnehmer lediglich Indizwirkung in Bezug auf den Wegfall des Auftragsmangels zu.

---

299 *Nikisch*, Arbeitsrecht, Bd. 1, 3. Aufl. 1961, S. 653; *Linck*, in: Schaub, Arbeitsrechts-Handbuch, § 47, Rn. 11.

300 BAG, Urteil vom 26.01.1959 – 1 AZR 355/55, BAGE 7, 207, juris Rn. 22.

301 *Rumpff/Dröge*, Kurzarbeit, S. 109.

302 *Meyer/Wall*, Kurzarbeit und Kurzarbeitergeld, S. 89; *Linck*, in: Schaub, Arbeitsrechts-Handbuch, § 47, Rn. 11; *Heimann*, SPA 2021, 36 (38), der im Zusammenhand von Neueinstellungen und Kurzarbeit von einer Inkompatibilität spricht.

303 *Schaub/Schindele*, Kurzarbeit, Rn. 287; *Schaub/Schindele* beachtet dabei nicht die Neueinstellungen, für die kein in Kurzarbeit befindlicher Arbeitnehmer vorhanden war oder eben solche, für die es einen sachlichen Grund gab.

4. Beendigung durch Anbieten der Arbeitskraft durch Arbeitnehmer

Ein weiterer Punkt ist, dass der Arbeitnehmer die Kurzarbeit beenden könnte, indem er seine Arbeitskraft wieder anbietet. Dabei wird vertreten, dass der Arbeitnehmer dies nicht könne, wenn die Kurzarbeit durch Tarifvertrag oder Betriebsvereinbarung eingeführt wurde; dem stehe die normative Wirkung der Betriebsvereinbarung entgegen.[304] Im Umkehrschluss müsste dies bedeuten, dass diese Autoren die Kurzarbeit als beendet ansehen, wenn der Arbeitnehmer seine Arbeitskraft anbietet und die Kurzarbeit nicht durch Tarifvertrag oder Betriebsvereinbarung eingeführt wurde. Dies ist nicht nachvollziehbar. Denn in den allermeisten Fällen hat der Arbeitnehmer nicht den vollen Überblick über die anfallende Arbeit und kann so nicht aus eigenen Stücken entscheiden, wann seine Arbeitskraft wieder gebraucht wird. Selbst wenn der Arbeitnehmer wüsste, dass der vorübergehende Arbeitsmangel nicht mehr besteht, sollte die Entscheidung, ob er genau diesen Arbeitnehmer „reaktivieren" will, in der Hand des Arbeitgebers liegen.[305] Man könnte aber das Anbieten der Arbeitskraft, sofern die Kurzarbeit nicht durch Betriebsvereinbarung oder Tarifvertrag eingeführt wurde, als Angebot zur vertraglichen Beendigung der Kurzarbeit interpretieren. Allein die genannten unterschiedlichen Konstellationen machen deutlich, dass eine pauschale Antwort untauglich ist und jeweils die Umstände des Einzelfalls betrachtet werden müssen.

5. Beendigung durch Kündigung des Arbeitgebers

Grundsätzlich ist der Arbeitgeber auch während der Kurzarbeit berechtigt, personen-, verhaltens- und betriebsbedingt[306] sowie außerordentlich[307] zu

---

304 *Linck*, in: Schaub, Arbeitsrechts-Handbuch, § 47, Rn. 11; *Schmidt*, Erste Hilfe bei Kurzarbeit, II., 11; *Schaub/Schindele*, Kurzarbeit, Rn. 290; *Schmidt*, Kurzarbeit in Zeiten von Corona, II., 11.

305 Zur Auswahlentscheidung bei mehreren Arbeitnehmern im Rahmen der Beendigung der Kurzarbeit, siehe S. 181 ff.

306 *Peters*, Kurzarbeit, S. 70; *Zobel*, in: Personal-Lexikon, Kurzarbeit – Beendigungstatbestände; *Zieglmeier*, DStR 2020, 729 (734); *Schlegel*, in: Schlegel/Meßling/Bockholdt, COVID-19, § 6, Rn. 17; *Nikisch*, Arbeitsrecht, Bd. 1, 3. Aufl. 1961, S. 654; *Schmidt*, Erste Hilfe bei Kurzarbeit, II., 10; *Kreitner*, in: Küttner Personalbuch, Kurzarbeit, Rn. 17; *Gerlach*, SPA 2021, 29 (29 ff.); *Schmidt*, Kurzarbeit in Zeiten von Corona, II., 10.

307 *Bähringer/Spiegelhalter*, Kurzarbeit, S. 84; *Rumpff/Dröge*, Kurzarbeit, S. 108 nennen als Beispiel zu einem Fall der außerordentlichen Kündigung während Kurzarbeit, dass der Arbeitgeber in aller Regel dann ein außerordentliches Kündigungsrecht hat, wenn sich der Arbeitnehmer durch Drittverpflichtungen endgültig bindet und so eine Vertragsverletzung begeht.

kündigen. Mit Ablauf der Kündigungsfrist – oder im Falle der außerordentlichen fristlosen Kündigung sofort – ist in solchen Fällen auch die Kurzarbeit beendet.[308] Im Rahmen des Personalabbaus mithilfe betriebsbedingter Kündigungen während der Kurzarbeit sind allerdings einige Besonderheiten zu beachten:[309]

Auf den ersten Blick widersprechen sich die Grundideen von Kurzarbeit und betriebsbedingter Kündigung.[310] Während bei der Kurzarbeit der Arbeitsausfall vorübergehender Natur sein muss, ist für eine betriebsbedingte Kündigung ein dauerhafter Arbeitsausfall erforderlich.[311] Dass in einem Betrieb Kurzarbeit eingeführt wurde, ist mithin klares Indiz für einen lediglich vorübergehenden Arbeitsausfall.[312] Es war demzufolge lange umstritten, ob der Arbeitgeber während der Kurzarbeit berechtigt ist, betriebsbedingte Kündigungen auszusprechen.[313] Bei der Einführung der Kurzarbeit beruht die Annahme eines vorübergehenden Arbeitsausfalls auf einer Prognose.[314] Es liegt in der Natur der Sache, dass sich diese nach erneuter Prüfung etwaig geänderter oder hinzugekommener inner- oder außerbetrieblicher Umstände als unzutreffend erweisen kann.[315] Insofern sind auch Mitarbeiter in Kurzar-

---

308 Bei *Nikisch*, Arbeitsrecht, Bd. 1, 3. Aufl. 1961, S. 654 wird deutlich, dass die Kurzarbeit und damit die Suspendierung der Hauptleistungspflichten nicht mit Ausspruch der Kündigung beendet ist, sondern erst mit Ende der Kündigungsfrist.

309 Ausführlicher vor allem aus der Praxis-Perspektive: *Bonanni*, ArbRB 2020, 243 (243 ff.); auch *Benkert*, NJW-Spezial 2020, 690 (690 f.).

310 *Dahl/Göpfert/Helm*, Arbeitsrechtlicher Umgang mit Pandemien, S. 48 f.; *Seidler/Josephs*, NZA 2020, 1227 (1227); *Wahlig/Jeschke*, NZA 2010, 607 (608 f.); *Schmädicke/Stark*, ArbRAktuell 2020, 278 (278) weist explizit darauf hin, dass es keinen generellen Grundsatz gibt, dass sich Kurzarbeit und betriebsbedingte Kündigung gegenseitig ausschließen; zur Darstellung der gegenteiligen, mittlerweile verworfenen Darstellung der Rechtsprechung: *Caspers*, Kurzarbeit, S. 105 ff.

311 *Schmädicke/Stark*, ArbRAktuell 2020, 278 (278 f.) geht dabei ausführlich auf die denkbaren Szenarien des dauerhaften Wegfalls des Beschäftigungsbedarfs hinsichtlich abgrenzbarer Betriebe, desselben Betriebs und keiner abgrenzbaren Betriebsabteilungen ein.

312 BAG, Urteil vom 23.02.2012 – 2 AZR 548/10, NZA 2012, 852 (854); BAG, Urteil vom 26.06.1997 – 2 AZR 494/96, NZA 1997, 1286 (1287); *Schmädicke/Stark*, ArbRAktuell 2020, 278 (279); *Cohnen*/Röger, BB 2009, 46 (48); *Linck*, in: Schaub, Arbeitsrechts-Handbuch, § 47, Rn. 12; *Haußmann/Schwab*, ArbRAktuell 2010, 84 (86).

313 *Eckert*, DStR 2012, 2235 (2240); *Wahlig/Jeschke*, NZA 2010, 607 (608); *Kiel*, in: Ascheid/Preis/Schmidt, § 1 KSchG, Rn. 538; *Brune*, in: Heinrich, Coronakrise, S. 82 ff.; dies als Wegfall der Geschäftsgrundlage der Kurzarbeit betrachtend: *Rumpff/Dröge*, Kurzarbeit, S. 106; dagegen: *Linck*, in: Schaub, Arbeitsrechts-Handbuch, § 47, Rn. 12.

314 *Feindura*, Kurzarbeit, S. 376; *Gebel*, BB 2015, 2485 (2488); *Husemann*, jM 2021, 19 (21 f.); *Brune*, in: Heinrich, Coronakrise, 75 (82 ff.).

315 *Seidler/Josephs*, NZA 2020, 1227 (1227); *Peters*, Kurzarbeit, S. 70; *Schmädicke/Stark*, ArbRAktuell 2020, 278 (279); *Schlegel*, in: Schlegel/Meßling/Bockholdt,

beit nicht vor betriebsbedingten Kündigungen geschützt.[316] Allerdings trifft den Arbeitgeber die Beweislast dafür, dass sich die Umstände geändert haben und er muss mittels konkreten Sachvortrages darlegen, dass sich die Umstände in Richtung eines dringenden betrieblichen Erfordernisses für eine betriebsbedingte Kündigung geändert haben.[317] Je näher die Einführung der Kurzarbeit und der Entschluss zum Ausspruch betriebsbedingter Kündigung zeitlich und sachlich beieinander liegen, desto schwerer ist für den Arbeitgeber die nachvollziehbare Begründung für den Personalabbau.[318]

Bei gleichzeitigem Bezug von Kurzarbeitergeld in der Kurzarbeit ist zu beachten, dass mit Ausspruch der betriebsbedingten Kündigung der Anspruch auf Kurzarbeitergeld entfällt, da dieser ein ungekündigtes Arbeitsverhältnis voraussetzt, vgl. § 98 Abs. 1 Nr. 2 SGB III. Zudem ist dann das Ziel des Kurzarbeitergeldes, die Erhaltung des Arbeitsplatzes, nicht mehr erreichbar.[319] Je nachdem, ob die arbeitsrechtliche Kurzarbeit mit dem sozialrechtlichen Kurzarbeitergeld gekoppelt ist, wäre der Arbeitgeber sodann zur Zahlung des vollen Arbeitsentgeltes verpflichtet.[320]

In Bezug auf die betriebsbedingte Kündigung finden sich in den vertraglichen Vereinbarungen häufig Regelungen zu kürzeren Kündigungsfristen bei

---

COVID-19, § 6, Rn. 17; *Wahlig/Jeschke*, NZA 2010, 607 (612); *Dahl/Göpfert/Helm*, Arbeitsrechtlicher Umgang mit Pandemien, S. 49; *Seidel/Herrmann*, BB 2020, 2932 (2933 ff.); *Seidler/Josephs*, NZA 2021, 97 (100 f.); *Preis*, Prinzipien des Kündigungsrechts bei Arbeitsverhältnissen, S. 406.

316 *Haußmann/Schwab*, ArbRAktuell 2010, 84 (86); anders verhält sich dies selbstverständlich, wenn kollektive Vereinbarungen einen Ausschluss betriebsbedingter Kündigungen während der Zeit der Kurzarbeit vorsehen, dahingehend *Seidler/Josephs*, NZA 2020, 1227 (1227) und *Oberthür*, ArbRB 2010, 148 (149).

317 BAG, Urteil vom 23.02.2012 – 2 AZR 548/10, NZA 2012, 852 (854); *Zobel*, in: Personal-Lexikon, Kurzarbeit – Beendigungstatbestände; *Schmädicke/Stark*, ArbRAktuell 2020, 278 (279); *Peters*, Kurzarbeit, S. 71; *Oberthür*, ArbRB 2010, 148 (149); *Linck*, in: Schaub, Arbeitsrechts-Handbuch, § 47, Rn. 12; Differenzieren zwischen außer- und innerbetrieblichen Ursachen: *Seidler/Josephs*, NZA 2020, 1227 (1227 f.); *Haußmann/Schwab*, ArbRAktuell 2010, 84 (86); *Wahlig/Jeschke*, NZA 2010, 607 (612); *Fuhlrott*, ArbRAktuell 2021, 231 (233).

318 *Schmädicke/Stark*, ArbRAktuell 2020, 278 (281).

319 *Gebel*, BB 2015, 2485 (2489); *Gebel* bespricht zudem den Fall, dass der Arbeitgeber schon bei Beantragung des Kurzarbeitergeldes die unternehmerische Entscheidung zum Personalabbau getroffen hat, diese aber der Bundesagentur für Arbeit vorenthalten hat; *Bähringer/Spiegelhalter*, Kurzarbeit, S. 84, bespricht den Ausnahmefall, dass Kurzarbeitergeld trotzdem weitergezahlt werden kann, wenn dadurch der überwiegenden Mehrheit der Arbeitnehmer der Arbeitsplatz erhalten bleibt; *Röder/Günther/Gerigk*, NZA 2021, 91 (94 ff.), bespricht den Wegfall des Kurzarbeitergeldes bei digitalisierungsgetriebenen Restrukturierungen.

320 *Seidler/Josephs*, NZA 2020, 1227 (1228); *Bispinck*, Tarifliche Regelungen zur Kurzarbeit, S. IXf.

Kurzarbeit, um dem Arbeitnehmer zu ermöglichen, schneller den Betrieb verlassen und in ein neues Arbeitsverhältnis eintreten zu können.[321]

Die Problematik, inwiefern Kurzarbeit als Alternativmaßnahme zu betriebsbedingten Kündigungen das mildere Mittel darstellt, ist bei der bereits eingeführten Kurzarbeit und einer zeitlich darauffolgenden betriebsbedingten Kündigung nicht relevant.[322]

6. Beendigung durch Kündigung des Arbeitnehmers

Auch der Arbeitnehmer kann während der Kurzarbeit kündigen und damit die Kurzarbeit beenden.[323] Manche Autoren wollen dem Arbeitnehmer „unter sinngemäßer Anwendung der Gedanken über das Betriebsrisiko das Recht zubilligen, das Arbeitsverhältnis ohne Einhaltung einer Kündigungsfrist dann zu kündigen, wenn er anderweit Arbeit bekommen kann."[324] Hiergegen wird zu Recht angeführt, dass – sofern eine taugliche Rechtsgrundlage für die Kurzarbeit besteht und die Kurzarbeit rechtlich zulässig eingeführt wurde – der Arbeitnehmer sich mit der Kurzarbeit einverstanden erklärt hat und ihm folglich kein außerordentliches Kündigungsrecht zugebilligt werden kann.[325]

V. Zwischenergebnis

Zusammenfassend ist zu sagen, dass nicht jede Verkürzung der Arbeitszeit Kurzarbeit ist. Kurzarbeit ist also zu definieren als die vorübergehende Verkürzung der betriebsüblichen regelmäßigen Arbeitszeit mit der Folge einer entsprechenden Lohnkürzung bei geplanter anschließender Rückkehr zum vereinbarten Zeitumfang.

Im Hinblick auf die historische Entwicklung der Kurzarbeit zeigt sich, dass diese stark abhängig ist von wirtschaftlichen und politischen sowie in der

321 *Bispinck*, Tarifliche Regelungen zur Kurzarbeit, S. X.

322 Ausführlich dazu: *Barnhofer*, Kurzarbeit zur Vermeidung betriebsbedingter Kündigung, S. 19 ff.; *Seidler/Josephs*, NZA 2020, 1227 (1228); *Hinze*, Mildere Mittel zur Vermeidung betriebsbedingter Kündigung, S. 213 ff.; *Löwisch*, in: FS Wiese 1998, 249 (249 ff.); *Wahlig/Jeschke*, NZA 2010, 607 (608); *Husemann*, jM 2021, 19 (25); *Preis*, Prinzipien des Kündigungsrechts bei Arbeitsverhältnissen, S. 170.

323 *Linck*, in: Schaub, Arbeitsrechts-Handbuch, § 47, Rn. 12; *Nikisch*, Arbeitsrecht, Bd. 1, 3. Aufl. 1961, S. 654; zu einem etwaigen außerordentlichen Kündigungsrechts des Arbeitnehmers während der Durchführung der Kurzarbeit: *Rumpff/Dröge*, Kurzarbeit, S. 109 f.

324 *Trabandt*, BB 1952, 863 (863); bejahend ebenso: *Rohlfing*, JW 1932, 1235 (1237); dagegen: *Nikisch*, Arbeitsrecht, Bd. 1, 3. Aufl. 1961, S. 654, Fn. 26.

325 *Rumpff/Dröge*, Kurzarbeit, S. 110.

jüngsten Krise auch Ereignissen der öffentlichen Gesundheit. Zudem wurde die enge Verzahnung von Kurzarbeit und Kurzarbeitergeld im geschichtlichen Überblick deutlich.

Die Kurzarbeit ist demzufolge aus zwei Blickwinkeln zu betrachten; die Kurzarbeit und das von der Bundesagentur für Arbeit gezahlte Kurzarbeitergeld sind nach dem heutigen Verständnis zu trennen. Die Ursachen für die Kurzarbeit können dabei vielfältig sein und spielen in arbeitsrechtlicher Hinsicht keine Rolle. Die Voraussetzungen für die arbeitsrechtliche Kurzarbeit stellen keine große Hürde dar – es bleibt aber zu beachten, dass die Kurzarbeit auf einer Rechtsgrundlage beruhen muss, weil sie einen tiefen Eingriff in das Austauschverhältnis des Arbeitsvertrages darstellt. Die Kurzarbeit kann, wenn sie wirksam und gezielt eingeführt wurde, krisenüberwindendes Instrument der Stunde für ein Unternehmen sein, um dessen konjunkturelle Schieflage zu überbrücken.

C. Rechtsgrundlage für die Einführung der Kurzarbeit durch den Arbeitgeber

Nach der Feststellung der Voraussetzungen für die Kurzarbeit und den vielseitigen Gründen für eine Beendigung ist es von enormer Bedeutung, die Rechtsgrundlage für die Beendigung zu untersuchen. Sofern die Kurzarbeit wirksam befristet ist, endet sie denklogisch, wenn die Frist abgelaufen ist.[326] Abgesehen von diesen Fällen hat der Arbeitgeber bei einer Verbesserung der wirtschaftlichen Lage ein großes Interesse daran, die Arbeitszeiten wieder auf ein Vorkrisenniveau „hochzufahren".[327] Deshalb soll in Kapitel D. der Fokus auf die Rechtsgrundlage der Beendigung der Kurzarbeit durch den Arbeitgeber gelegt werden. Um dies möglich zu machen, ist in einem ersten Schritt zu prüfen, welche Rechtsgrundlagen für eine Einführung von Kurzarbeit in Betracht kommen.

Die Einführung der Kurzarbeit führt – wie aufgezeigt – dazu, dass die Hauptpflichten aus dem Arbeitsvertrag reduziert oder sogar suspendiert werden. Dies hat zur Folge, dass das Betriebs- und Wirtschaftsrisiko, welches grundsätzlich der Arbeitgeber zu tragen hat[328], im jeweiligen Umfang der eingeführten Kurzarbeit auf den Arbeitnehmer verlagert wird.[329] Dem Arbeitnehmer steht jedoch ein Schutz vor Lohnminderungen zu.[330] Dieser „einschneidende Eingriff in das Vertragsgefüge"[331] macht deutlich, dass der Rechtsgrundlage für die Einführung eine entscheidende Rolle zukommt.[332]

Hinzu kommt, dass in Betrieben mit Betriebsrat diesem nach § 87 Abs. 1 Nr. 3 BetrVG ein Mitbestimmungsrecht bei der vorübergehenden Verkürzung der betriebsüblichen Arbeitszeit, also der Einführung von Kurzarbeit, zusteht.[333] Diese notwendige Mitwirkung bei der Einführung der Kurzarbeit

---

326 *Schaub/Schindele*, Kurzarbeit, Rn. 280; *Barnhofer*, Kurzarbeit zur Vermeidung betriebsbedingter Kündigung, S. 75; *Feindura*, Kurzarbeit, S. 390h; *Linck*, in: Schaub, Arbeitsrechts-Handbuch, § 47, Rn. 11; *Schmidt*, Erste Hilfe bei Kurzarbeit, II., 11.

327 *Bauer/Günther*, NZA 2020, 419 (421).

328 *Blanke*, Kurzarbeit, S. 21.

329 *Boecken*, RdA 2000, 7 (8); *Dahl/Göpfert/Helm*, Arbeitsrechtlicher Umgang mit Pandemien, S. 12; *Stebut*, RdA 1974, 332 (336); *Patett*, Arbeitskampffernwirkungen, Lohnrisiko und Mitbestimmung, S. 379; *Kalb*, Rechtsgrundlage und Reichweite der Betriebsrisikolehre, S. 145.

330 *Farthmann*, RdA 1974, 65 (69).

331 *Hinze*, Mildere Mittel zur Vermeidung betriebsbedingter Kündigung, S. 213.

332 *Conze*, Die Einführung von Kurzarbeit, S. 133; *Heinze*, RdA 1998, 14 (15).

333 BAG, Urteil vom 10.10.2006 – 1 AZR 811/05, NZA 2007, 637 (639); *Kania*, in: ErfK, § 87 BetrVG, Rn. 35 f.; *Richardi/Maschmann*, in: Richardi, Betriebsverfassungsgesetz, § 87, Rn. 364; *Hahn*, Flexible Arbeitszeit, B, Rn. 292 ff.; *Bauer/Günther*, BB 2009, 662 (662); *Patett*, Arbeitskampffernwirkungen, Lohnrisiko und Mitbestimmung, S. 386 ff.; *Conze*, Die Einführung von Kurzarbeit, S. 117 f.; *Pristin*, AiB 2020, 10 (12).

dient dem zusätzlichen Schutz der Arbeitnehmer und der Wahrung der Arbeitnehmerinteressen, und dabei allen voran der Sicherung der Entgeltansprüche und des Arbeitsplatzes.[334]

I. Weisungsrecht des Arbeitgebers

Nach § 106 S. 1 GewO kann der Arbeitgeber Inhalt, Ort und Zeit der Arbeitsleistung nach billigem Ermessen näher bestimmen, wenn diese Arbeitsbedingungen nicht durch den Arbeitsvertrag oder auf sonstige Weise festgelegt sind. Dem Weisungsrecht kommt somit als Konkretisierung der in Arbeits- oder Tarifvertrag vereinbarten Rahmenbedingungen eine zentrale Funktion zu.[335] Die jeweilige Arbeitsleistung und der entsprechende Arbeitslohn werden durch Arbeitsvertrag festgelegt.[336] Arbeitsleistung und Lohnzahlung stellen die Hauptpflichten des Arbeitsvertrages dar.[337] Auf dieses Synallagma erstreckt sich das Weisungsrecht nicht.[338] Das Direktionsrecht ist somit untauglich, um die Beschäftigungs- und Vergütungspflicht zu verkürzen.[339] Der Arbeitgeber kann nicht kraft seines Direktionsrechts die Kurzarbeit anordnen.[340]

---

334 *Bischof*, NZA 1995, 1021 (1026).

335 *Kamanabrou*, Jura 2018, 457 (457); *Barnhofer*, Kurzarbeit zur Vermeidung betriebsbedingter Kündigung, S. 65; *Maties*, in: BeckOGK BGB, § 611a, Rn. 776; *Suschitz*, Kurzarbeit, S. 219.

336 *Stebut*, RdA 1974, 332 (333); *Bischof*, NZA 1995, 1021 (1022); *Barnhofer*, Kurzarbeit zur Vermeidung betriebsbedingter Kündigung, S. 65; *Hinze*, Mildere Mittel zur Vermeidung betriebsbedingter Kündigung, S. 216 f.

337 *Preis*, in: ErfK, § 611a BGB, Rn. 421; *Spinner*, in: MünchKomm, § 611a BGB, Rn. 615, 926; *Fauth*, Arbeitszeitrecht, S. 84.

338 *Hromadka*, DB 1995, 2601 (2601 ff.); *Maties*, in: BeckOGK BGB, § 611a, Rn. 774; *Patett*, Arbeitskampffernwirkungen, Lohnrisiko und Mitbestimmung, S. 378.

339 BAG, Urteil vom 18.10.1994 – 1 AZR 503/93, NZA 1995, 1064 (1065); BAG, Urteil vom 10.10.2006 – 1 AZR 811/05, NZA 2007, 637 (638); *Wank*, RdA 2023, 330 (340).

340 BAG, Urteil vom 16.12.2008 – 9 AZR 164/08, NZA 2009, 689 (691); BAG, Urteil vom 10.07.1969 – 5 AZR 323/68, AP BGB § 615 Kurzarbeit Nr. 2; BAG, Urteil vom 14.02.1991 – 2 AZR 415/90, NZA 1991, 607 (607); BAG, Urteil vom 18.10.1994 – 1 AZR 503/93, NZA 1995, 1064 (1065); BAG, Urteil vom 10.10.2006 – 1 AZR 811/05, NZA 2007, 637 (638); *Schmidt*, Erste Hilfe bei Kurzarbeit, II., 1; *Peters*, Kurzarbeit, S. 5; *Blanke*, Kurzarbeit, S. 21; *Conze*, Die Einführung von Kurzarbeit, S. 133; *Tödtmann/Hartmann*, in: Tödtmann/v. Bockelmann, Arbeitsrecht in Not- und Krisenzeiten, B., Rn. 44; *Patett*, Arbeitskampffernwirkungen, Lohnrisiko und Mitbestimmung, S. 377 ff.; *Schlegel*, in: Schlegel/Meßling/Bockholdt, COVID-19, § 6, Rn. 15; *Bauer/Günther*, BB 2009, 662 (662); *Preis/Greiner*, in: ErfK, § 611a BGB, Rn. 750; *Barnhofer*, Kurzarbeit zur Vermeidung betriebsbedingter Kündigung, S. 65 f.; *Hinze*, Mildere Mittel zur Vermeidung betriebsbedingter Kündigung, S. 216 f.; *Bischof*, NZA 1995, 1021 (1022); *Rumpff/Dröge*, Kurzarbeit, S. 48; *Schaub/Schindele*, Kurzarbeit, Rn. 29; *Stebut*, RdA 1974, 332 (333); *Spinner*, in: MünchKomm, § 611a BGB, Rn. 946; *Fauth*,

Sollte der Arbeitgeber doch unter Berufung auf sein Direktionsrecht und gegen den Willen des Arbeitnehmers Kurzarbeit anordnen, hat dies zur Folge, dass der Arbeitnehmer seinen Vergütungsanspruch aus § 611a Abs. 2 BGB nach § 615 BGB behält, weil der Arbeitgeber schon nach einem wörtlichen Angebot des Arbeitnehmers nach § 295 S. 1 BGB in Annahmeverzug gerät und weiterhin das Wirtschaftsrisiko trägt.[341] Eine einseitige Einführung der Kurzarbeit ist damit unwirksam.

II. Individualvertragliche Rechtsgrundlagen

Die Kurzarbeit kann individualvertraglich eingeführt werden.[342] Im Rahmen der Gestaltungsfreiheit steht es den Parteien grundsätzlich frei, was sie zum Inhalt eines Vertrages machen.[343] Im Grundsatz kann der Arbeitgeber Kurzarbeit vorbehaltlich etwaiger günstigerer entgegenstehender Regelungen aus Tarifvertrag und Betriebsvereinbarung[344] mit dem Arbeitnehmer auch eine einzelvertragliche Vereinbarung zur Einführung treffen. Dabei sind zwei Konstellationen denkbar: Zum einen kann man die Kurzarbeit aus konkretem Anlass individualvertraglich einführen; daneben gibt es die Möglichkeit

---

Arbeitszeitrecht, S. 84; *Bähringer/Spiegelhalter*, Kurzarbeit, S. 19; *Beck*, Kurzarbeit, S. 9; *Cohnen*/Röger, BB 2009, 46 (47); *Ulber*, AiB 2007, 5 (7); *Manhart*, SPA 2021, 7 (7); *Klocke*, RdA 2020, 331 (331); *Fuhlrott*, ArbRAktuell 2021, 231 (232); *Stoffels*, in: FS Henssler 2023, 643 (644).

341 BAG, Urteil vom 18.11.2015 – 5 AZR 491/14, NZA 2016, 565 (567); BAG, Urteil vom 10.07.1969 – 5 AZR 323/68, AP BGB § 615 Kurzarbeit Nr. 2; LAG Baden-Württemberg, Urteil vom 17.10.2023 – 15 Sa 5/23, BeckRS 2023, 45435; ArbG Siegburg, Urteil vom 11.11.2020 – 4 Ca 1240/20, GWR 2021, 153 (153); *Barnhofer*, Kurzarbeit zur Vermeidung betriebsbedingter Kündigung, S. 66; *Blanke*, Kurzarbeit, S. 21; *Patett*, Arbeitskampffernwirkungen, Lohnrisiko und Mitbestimmung, S. 378; *Rumpff/Dröge*, Kurzarbeit, S. 48; *Linck*, in: Schaub, Arbeitsrechts-Handbuch, § 47, Rn. 8; *Hinze*, Mildere Mittel zur Vermeidung betriebsbedingter Kündigung, S. 217; *Zieglmeier*, DStR 2020, 729 (730); zum gleichen Ergebnis kommend: *Conze*, Die Einführung von Kurzarbeit, S. 134 ff., welcher aber die rechtliche Begründung des Weiterbestehens des Lohnanspruchs genauer untersucht.

342 BAG, Urteil vom 14.02.1991 – 2 AZR 415/90, NZA 1991, 607 (607).

343 *Caspers*, Kurzarbeit, S. 83; *Busche*, in: MünchKomm, Vor § 145 BGB, Rn. 2; *Preis*, in: ErfK, § 611a BGB, Rn. 399; *Bischof*, NZA 1995, 1021 (1022); *Weller*, Arbeitslosigkeit und Arbeitsrecht, S. 192; Grenze ist aber das Ausnutzen der sozialen Abhängigkeit des Arbeitnehmers, so: *Geulen/Vogt*, ArbRAktuell 2020, 181 (182) und im Kern auch *Weller*, Arbeitslosigkeit und Arbeitsrecht, S. 193.

344 *Linck*, in: Schaub, Arbeitsrechts-Handbuch, § 47, Rn. 7; nicht tarifgebunden und oder betriebsratslos als andere Option, so zu Recht: LAG Düsseldorf, Entscheidung vom 14.10.1994 – 10 Sa 1194/94, DB 1995, 682 (682).

von Kurzarbeitsklauseln im Arbeitsvertrag.[345] Im Rahmen dessen sind einige Besonderheiten zu beachten.

Die Einführung der Kurzarbeit über den Einzelarbeitsvertrag kann auch konkludent erfolgen.[346] Besondere Anforderungen an das konkludente Verhalten sind dabei nicht zu stellen.[347] Nach § 623 BGB gilt das Schriftformerfordernis im individuellen Arbeitsrecht nur für Kündigung und Aufhebungsvertrag. Leistet der Arbeitnehmer also widerspruchslos Kurzarbeit, ist von einer konkludenten arbeitsvertraglichen Vereinbarung auszugehen.[348]

1. Bedeutung der individualrechtlichen Vereinbarung

Die individualrechtliche Vereinbarung mit dem einzelnen Arbeitnehmer ist nicht in jedem Fall das probateste Mittel zur Einführung der Kurzarbeit. Vielmehr ist die einzelvertragliche Einigung im Wesentlichen in zwei Fällen relevant.[349]

---

345 *Bauer/Günther*, BB 2009, 662 (663 f.); *Rumpff/Dröge*, Kurzarbeit, S. 50; *Dahl/Göpfert/Helm*, Arbeitsrechtlicher Umgang mit Pandemien, S. 12; *Conze*, Die Einführung von Kurzarbeit, S. 94 ff.; *Caspers*, Kurzarbeit, S. 85; *Gebel*, BB 2015, 2485 (2485); *Schmidt*, Erste Hilfe bei Kurzarbeit, II., 6.; *Schmidt*, Kurzarbeit in Zeiten von Corona, II., 6; *Stoffels*, in: FS Henssler 2023, 643 (645).

346 *Tödtmann/Hartmann*, in: Tödtmann/v. Bockelmann, Arbeitsrecht in Not- und Krisenzeiten, B, Rn. 46; *Bauer/Günther*, BB 2009, 662 (664); *Bähringer/Spiegelhalter*, Kurzarbeit, S. 19; *Lindemann/Simon*, BB 2008, 2795 (2796); *Preis/Greiner*, in: ErfK, § 611a BGB, Rn. 749; *Schmidt*, Erste Hilfe bei Kurzarbeit, II., 6; *Ulber*, AiB 2007, 5 (7); kritisch dazu: *Hennige*, NZA 1999, 281 (284 f.); *Schmidt*, Kurzarbeit in Zeiten von Corona, II., 6; *Meyer/Wall*, Kurzarbeit und Kurzarbeitergeld, S. 45 weist zudem darauf hin, dass die individualvertragliche Grundlage zur Einführung der Kurzarbeit auch durch negative Betriebliche Übung geschaffen werden kann.

347 Andere Auffassung und dabei deutlich zu streng: ArbG Marburg, Urteil vom 17.12.1999 – 2 Ca 203/99, NZA-RR 2001, 144 (144 f.); dem zustimmend: *Dahl/Göpfert/Helm*, Arbeitsrechtlicher Umgang mit Pandemien, S. 41.

348 LAG Düsseldorf, Entscheidung vom 14.10.1994 – 10 Sa 1194/94, DB 1995, 682 (682); *Tödtmann/Hartmann*, in: Tödtmann/v. Bockelmann, Arbeitsrecht in Not- und Krisenzeiten, B., Rn. 46; *Bauer/Günther*, BB 2009, 662 (664); *Lindemann/Simon*, BB 2008, 2795 (2796); *Preis/Greiner*, in: ErfK, § 611a BGB, Rn. 749; *Bischof*, NZA 1995, 1021 (1022); *Hahn*, Flexible Arbeitszeit, B, Rn. 307; ausführlich zu der konkludenten Annahmeerklärung: *Klocke*, RdA 2020, 331 (334); kritisch: *Pototzky/Gimmy*, BB 2021, 2292 (2293 f.); die konkludente Einführung ist nur möglich, wenn die Parteien keine doppelte Schriftformklausel vereinbart haben.

349 Mehr Beispiele zählt *Bauer/Günther*, NZA 2020, 419 (420) auf.

a) Betriebsratsloser Betrieb

Relevanz hat die Einführung der Kurzarbeit durch individualrechtliche Vereinbarung vor allem in Betrieben, welche betriebsratslos sind.[350] Grund dafür ist, dass in Betrieben mit Betriebsrat eine Betriebsvereinbarung zur Einführung von Kurzarbeit gängiger ist; bei jenen Betrieben muss das Mitbestimmungsrecht nach § 87 Abs. 1 Nr. 3 BetrVG beachtet werden.[351] In einem betriebsratslosen Betrieb stellt die individualvertragliche Vereinbarung somit mangels eines die Belegschaft vertretenden Partners die tauglichste Möglichkeit zur Einführung der Kurzarbeit dar.[352] Die Möglichkeit, Kurzarbeit aufgrund eines Tarifvertrages einzuführen, bleibt davon unberührt.[353]

b) Leitende Angestellte

Neben betriebsratslosen Betrieben hat eine individualvertragliche Einführung der Kurzarbeit zudem Relevanz bei leitenden Angestellten, weil sie gemäß § 5 Abs. 3 BetrVG keine Arbeitnehmer im Sinne des Betriebsverfassungsgesetzes sind und Betriebsvereinbarungen dementsprechend keine Auswirkungen auf sie haben.[354] Bei leitenden Angestellten kommen für die Einführung der Kurzarbeit zwar zwischen Arbeitgeber und Sprecherausschuss vereinbarte Richtlinien im Sinne von § 18 Abs. 1 SprAuG[355] in Betracht.[356] Sollte von dieser Möglichkeit aber kein Gebrauch gemacht worden sein, muss die Kurzarbeit einzelvertraglich mit den leitenden Angestellten vereinbart werden.[357]

---

350 *Barnhofer*, Kurzarbeit zur Vermeidung betriebsbedingter Kündigung, S. 67; *Stebut*, RdA 1974, 332 (333); *Röder/Chakrabarti*, DB 2020, 1960 (1960); *Rumpff/Dröge*, Kurzarbeit, S. 49; welcher noch einmal differenziert zwischen Betrieben, welche nicht betriebsfähig sind und Betrieben, in denen kein Betriebsrat gebildet wurde.

351 *Bähringer/Spiegelhalter*, Kurzarbeit, S. 19; *Bauer/Günther*, BB 2009, 662 (663); *Rumpff/Dröge*, Kurzarbeit, S. 49; *Ehmann*, Betriebsrisikolehre und Kurzarbeit, S. 37; *Hässler*, AuR 1965, 289 (289 ff.); *Barnhofer*, Kurzarbeit zur Vermeidung betriebsbedingter Kündigung, S. 68; *Hinze*, Mildere Mittel zur Vermeidung betriebsbedingter Kündigung, S. 233.

352 *Bischof*, NZA 1995, 1021 (1022 f.).

353 Dazu: BAG, Urteil vom 25.11.1981 – 4 AZR 274/79, DB 1982, 909 (909).

354 Vgl. *Röder/Chakrabarti*, DB 2020, 1960 (1960).

355 Zu Richtlinien bei Einführung der Kurzarbeit ausführlicher: *Bauer/Günther*, BB 2009, 662 (663).

356 Dazu auch: *Stoffels*, in: FS Henssler 2023, 643 (646).

357 *Bauer/Günther*, BB 2009, 662 (663); *Bauer/Rennpferdt*, BB 1993, 1078 (1079); *Ehmann*, Betriebsrisikolehre und Kurzarbeit, S. 38; *Barnhofer*, Kurzarbeit zur Vermeidung betriebsbedingter Kündigung, S. 67 f.; *Säcker/Oetker*, ZfA 1991, 131 (135).

2. Vertrag aus konkretem Anlass

Einzelvertragliche Kurzarbeitsklauseln sind in der Praxis nur selten bereits Bestandteil der Arbeitsverträge.[358] Insofern wird von der individualrechtlichen Vereinbarung aus konkretem Anlass, vielfach auch ad-hoc-Vereinbarung genannt, häufiger Gebrauch gemacht. Das bedeutet, dass erst dann überhaupt Vereinbarungen getroffen werden, wenn die Ursache für die Kurzarbeit schon eingetreten ist und der Arbeitgeber aktiv wird, um Kurzarbeit einzuführen.[359] Arbeitgeber und Arbeitnehmer einigen sich im besten Fall auf die Einführung der Kurzarbeit. *Wall* weist explizit darauf hin, dass dabei die Begleitumstände der Unterzeichnungssituation auf ein täuschendes Verhalten des Arbeitgebers hin zu untersuchen sind.[360]

Als zusätzliche Motivation für den Arbeitnehmer, sich auf die Kurzarbeit und damit die Lohneinbuße einzulassen, können sich die beiden Parteien auf etwaige Zuschüsse zum Kurzarbeitergeld oder eine befristete Beschäftigungssicherung einigen.[361] Es ist aber nicht zu vernachlässigen, dass der Vertrag aus konkretem Anlass einen erheblichen Mehraufwand darstellt, da sich der Arbeitgeber mit jedem einzelnen Arbeitnehmer einigen muss.[362] Sollte sich der Arbeitgeber dabei einer Klausel bedienen, die (regelmäßig) für eine Vielzahl von Arbeitnehmern vorformuliert wurde, ist diese einer AGB-Kontrolle zu unterziehen, § 305 BGB.[363] Da in einer solchen Situation der Arbeitnehmer über die betriebliche Situation und die konkrete konjunkturelle Schieflage Bescheid weiß, ist es möglich, dass auf eine Ankündigungsfrist bis zur Einführung von Kurzarbeit verzichtet wird.[364]

Als Vorteil für eine Vereinbarung aus konkretem Anlass wird genannt, dass der Arbeitnehmer in der konkreten Situation viel eher das Für und Wider der Einführung der Kurzarbeit abwägen kann. Insbesondere in Fällen, in denen

---

358 *Barnhofer*, Kurzarbeit zur Vermeidung betriebsbedingter Kündigung, S. 66; *Geulen/Vogt*, ArbRAktuell 2020, 181 (182); *Preis/Greiner*, in: ErfK, § 611a BGB, Rn. 749; *Nikisch*, Arbeitsrecht, Bd. 1, 3. Aufl. 1961, S. 645; *Weller/König*, BB 2020, 953 (953 f.).

359 *Tödtmann/Hartmann*, in: Tödtmann/v. Bockelmann, Arbeitsrecht in Not- und Krisenzeiten, B., Rn. 46; *Patett*, Arbeitskampffernwirkungen, Lohnrisiko und Mitbestimmung, S. 382; *Rumpff/Dröge*, Kurzarbeit, S. 50; *Günter/Meergans/Wheeler*, in: Helm/Bundschuh/Wulff, § 7, Rn. 83; *Kalb*, Rechtsgrundlage und Reichweite der Betriebsrisikolehre, S. 144.

360 *Meyer/Wall*, Kurzarbeit und Kurzarbeitergeld, S. 41 f.

361 *Geulen/Vogt*, ArbRAktuell 2020, 181 (182).

362 *Conze*, Die Einführung von Kurzarbeit, S. 95; *Bischof*, NZA 1995, 1021 (1022) zählt dabei einige Möglichkeiten zur praktischen Umsetzung auf; *Cohnen*/Röger, BB 2009, 46 (47) äußert erhebliche Zweifel an der praktischen Möglichkeit der Einzelverhandlungen.

363 So auch zu Recht: *Schmidt*, Erste Hilfe bei Kurzarbeit, II., 6; *Schmidt*, Kurzarbeit in Zeiten von Corona, II., 6.

364 *Fuhlrott*, ArbRAktuell 2021, 231 (232 f.).

die Kurzarbeit voraussichtlich kürzer wäre als eine Kündigungsfrist, kann das Ansporn für eine Zustimmung sein. Zudem kann der Arbeitnehmer in der konkreten Situation seinen finanziellen Bedarf besser einschätzen, um so womöglich seine Argumentation für höhere Zuschüsse zum Kurzarbeitergeld mit genauen Anhaltspunkten zu stützen.[365] Darüber hinaus wäre, wenn man auf eine weitreichende Ankündigungsfrist verzichtet,[366]ein schnelles Reagieren für den Arbeitgeber möglich. Einigen sich Arbeitgeber und Arbeitnehmer nicht, bleibt der Arbeitsvertrag in seiner ursprünglichen Form erhalten; der Lohnanspruch bleibt bestehen und der Arbeitgeber gerät gegebenenfalls in Annahmeverzug,[367] wenn der Arbeitnehmer seine Arbeit anbietet und der Arbeitgeber die Dienste nicht annimmt.

3. Kurzarbeitsklausel im Arbeitsvertrag

Weniger umständlich ist im Eilfall hingegen die zweite Möglichkeit für eine individualrechtliche Vereinbarung zur Einführung der Kurzarbeit: die arbeitsvertragliche Kurzarbeitsklausel.[368] Hierbei wird schon im Arbeitsvertrag eine Klausel als „Vorratsvereinbarung"[369] zur Einführung der Kurzarbeit aufgenommen.

Weller geht darauf ein, dass sich der Arbeitnehmer von einer im Vertrag enthaltenen Kurzarbeitsklausel, „sollte er das Formular lesen, in der Regel nicht vom Vertragsabschluss abhalten lassen dürfte, weil er sich bei der Einstellung die Konsequenzen in ihrer ganzen Tragweite nicht klar macht, schließlich wird voll gearbeitet – sonst würde er ja nicht eingestellt".[370] Dementsprechend kann man davon ausgehen, dass der Arbeitnehmer im Rahmen des Abschlusses des Arbeitsvertrages einer darin enthaltenen Kurzarbeitsklausel keine oder nicht die nötige Aufmerksamkeit schenkt. Dies ist

365 *Weller*, Arbeitslosigkeit und Arbeitsrecht, S. 193.

366 Wie *Fuhlrott*, ArbRAktuell 2021, 231 (232 f.).

367 *Caspers*, Kurzarbeit, S. 85; *Schmidt*, Erste Hilfe bei Kurzarbeit, II., 6.; BAG, Urteil vom 18.11.2015 – 5 AZR 491/14, NZA 2016, 565 (567); BAG, Urteil vom 10.07.1969 – 5 AZR 323/68, AP BGB § 615 Kurzarbeit Nr. 2; *Barnhofer*, Kurzarbeit zur Vermeidung betriebsbedingter Kündigung, S. 66; *Blanke*, Kurzarbeit, S. 21; *Patett*, Arbeitskampffernwirkungen, Lohnrisiko und Mitbestimmung, S. 378; *Rumpff/Dröge*, Kurzarbeit, S. 48; *Linck*, in: Schaub, Arbeitsrechts-Handbuch, § 47, Rn. 8; *Hinze*, Mildere Mittel zur Vermeidung betriebsbedingter Kündigung, S. 217; *Zieglmeier*, DStR 2020, 729 (730).

368 *Barnhofer*, Kurzarbeit zur Vermeidung betriebsbedingter Kündigung, S. 67; *Säcker/Oetker*, ZfA 1991, 131 (135); *Stebut*, RdA 1974, 332 (333); *Bauer/Rennpferdt*, BB 1993, 1078 (1080); a. A.: *Canaris*, AuR 1966, 129 (135 f.); *Dahl/Göpfert/Helm*, Arbeitsrechtlicher Umgang mit Pandemien, S. 33 f.

369 *Schmidt*, Erste Hilfe bei Kurzarbeit, II., 5; *Schmidt*, Kurzarbeit in Zeiten von Corona, II., 5.

370 *Weller*, Arbeitslosigkeit und Arbeitsrecht, S. 192.

insofern problematisch, da eine solche Klausel dem Arbeitgeber tiefgreifende Rechte einräumt.

Die arbeitsvertragliche Kurzarbeitsklausel beinhaltet im Regelfall die Befugnis für den Arbeitgeber, bei einem vorübergehenden Arbeitsmangel die Kurzarbeit einseitig einzuführen.[371] Dabei handelt es sich um eine vertragliche Erweiterung des Weisungsrechts des Arbeitgebers[372] und damit eine echte Direktionsrechtserweiterung.[373]

Solche Kurzarbeitsklauseln sind häufig in Formulararbeitsverträge eingebettet, werden nicht von den Arbeitsvertragsparteien ausgehandelt und müssen damit gemäß § 310 Abs. 3 Nr. 1 BGB auch bei nur einmaliger Verwendung als Allgemeine Geschäftsbedingungen insbesondere den Transparenz- und Angemessenheitsvoraussetzungen nach § 307 Abs. 1 BGB entsprechen.[374]

a) Verortung im Arbeitsvertrag

Da nach § 305c Abs. 1 BGB überraschende Klauseln nicht Vertragsbestandteil werden, ist auf die richtige Verortung der Kurzarbeitsklausel im Arbeits-

---

371 *Bischof*, NZA 1995, 1021 (1022); *Gebel*, BB 2015, 2485 (2485); *Patett*, Arbeitskampffernwirkungen, Lohnrisiko und Mitbestimmung, S. 379.

372 So auch: *Stebut*, RdA 1974, 332 (333); *Barnhofer*, Kurzarbeit zur Vermeidung betriebsbedingter Kündigung, S. 67; dass dies grds. zulässig ist, so: *Preis*, Prinzipien des Kündigungsrechts bei Arbeitsverhältnissen, S. 314; Es ist aber umstritten, ob es sich um ein einseitiges Leistungsbestimmungsrecht oder um die Erweiterung des Direktionsrechts handelt. Weite Teile der Rechtsprechung (BAG, Urteil vom 18.10.1994 – 1 AZR 503/93, NZA 1995, 1064 (1066)) und Teile der Literatur (*Stebut*, RdA 1974, 332 (333); *Gebel*, BB 2015, 2485 (2486); *Bauer/Rennpferdt*, BB 1993, 1078 (1079) mit Beispielen für Kriterien für die (Un-)Billigkeit; *Säcker/Oetker*, ZfA 1991, 131 (135,145);ausführlich zum Leistungsbestimmungsrecht im Arbeitsvertrag: *Hromadka*, DB 1995, 1609 (1609 ff.); dazu auch *Conze*, Die Einführung von Kurzarbeit, S. 96 f.) gehen davon aus, dass Kurzarbeitsklauseln im Arbeitsvertrag ein einseitiges Leistungsbestimmungsrechts nach § 315 BGB darstellen. Teilweise wird aber auch vertreten, dass es sich bei ihnen um eine Erweiterung des Direktionsrechts handelt, mit der Folge, dass der für das Direktionsrecht geltende § 106 GewO angewendet wird (so LAG Berlin-Brandenburg, Urteil vom 07.10.2010 – 2 Sa 1230/10, NZA-RR 2011, 65 (67)). Im Ergebnis laufen sowohl § 106 GewO als auch § 315 BGB darauf hinaus, dass die Entscheidung des Arbeitgebers dahingehend kontrolliert wird, ob der Arbeitgeber bei dieser Entscheidung billiges Ermessen eingehalten hat. Deswegen werden beide Normen teilweise zusammen zitiert (*Thüsing*, in: Westphalen, Vertragsrecht und AGB-Klauselwerke, Klauselwerke, Arbeitsverträge, Rn. 156).

373 *Preis*, in: ErfK, § 106 GewO, Rn. 17.

374 BAG, Urteil vom 18.03.2008 – 9 AZR 186/07, NZA 2008, 1004 (1006); BAG, Urteil vom 18.10.1994 – 1 AZR 503/93, NZA 1995, 1064 (1065 f.); *Bauer/Günther*, BB 2009, 662 (664); *Tödtmann/Hartmann*, in: Tödtmann/v. Bockelmann, Arbeitsrecht in Not- und Krisenzeiten, B., Rn. 44; *Linck*, in: Schaub, Arbeitsrechts-Handbuch, § 47, Rn. 7.

vertrag zu achten, d.h. die Klausel ist nicht an einer unerwarteten Stelle aufzuführen oder sogar zu verstecken.[375] Insofern bietet es sich an, diese entweder unter einem separaten Punkt „Kurzarbeit“[376] oder im Rahmen des Absatzes über die „Arbeitszeit“[377] zu verorten.

b) Unzulässigkeit bedingungsloser Direktionsrechtserweiterung

Die Kurzarbeitsklausel erweitert das Weisungsrecht des Arbeitgebers in großem Umfang. Durch die spätere einseitige Einführung von Kurzarbeit werden Hauptleistungspflichten suspendiert und das Betriebs- und Wirtschaftsrisiko in einem erheblichen Maß auf den Arbeitnehmer abgewälzt. Es ist somit auf den ersten Blick nicht fernliegend, zu behaupten, dass Kurzarbeitsklauseln den wesentlichen Kernelementen des Arbeitsvertrages als Austausch- und Gemeinschaftsverhältnis widersprechen[378] mit der Folge eines Verstoßes gegen § 307 Abs. 2 Nr. 2 BGB. Dagegen wird aber zu Recht argumentiert, dass das Bedürfnis für eine Eingriffsmöglichkeit besteht, wenn die Existenz des Dauerschuldverhältnisses an sich bedroht ist.[379] Zudem ist § 615 S. 3 BGB, wonach das Wirtschafts- und Betriebsrisiko grundsätzlich vom Arbeitgeber zu tragen ist, dispositiv.[380] Demzufolge besteht zumindest kein generelles Verbot der Vereinbarung eines einseitigen Rechts zur Einführung der Kurzarbeit durch den Arbeitgeber.

Dennoch ist der tiefe Eingriff in das Vertragsgefüge nicht von der Hand zu weisen. Es kann also nicht rechtmäßig sein, dass der Arbeitgeber sich diese Befugnisse unbekümmert über eine Vorratsvereinbarung einräumt, der der Arbeitnehmer bei Abschluss des Arbeitsvertrages keine oder wenig Beachtung geschenkt hat oder deren Tragweite er sich nicht bewusst war. Weiter darf es nicht zu einer Umgehung des Kündigungsschutzes führen. § 2 KSchG schützt vor Änderungen der Arbeitsbedingungen. Eine Regelung, die dem Arbeitgeber ohne jede Vorgabe und Einschränkung die Suspendierung des Arbeitsverhältnisses überlässt, stellt eine Umgehung der Voraussetzungen für eine Änderungskündigung dar.[381]

---

375 *Linck*, in: Schaub, Arbeitsrechts-Handbuch, § 35, Rn. 23; *Bauer/Günther*, BB 2009, 662 (665); a.A. *Klocke*, RdA 2020, 331 (334), welcher der Meinung ist, dass Klauseln die Kurzarbeit betreffend im Arbeitsleben nicht ungewöhnlich und deshalb nicht überraschend sind.

376 *Müller/Deeg*, ArbRAktuell 2010, 209 (209); *Gebel*, BB 2015, 2485 (2486); *Reufels*, in: Hümmerich/Reufels, Gestaltung von Arbeitsverträgen, § 1, Rn. 3145.

377 *Bauer/Günther*, BB 2009, 662 (665).

378 *Reufels*, in: Hümmerich/Reufels, Gestaltung von Arbeitsverträgen, § 1, Rn. 3142.

379 *Meyer/Wall*, Kurzarbeit und Kurzarbeitergeld, S. 31.

380 *Henssler*, in: MünchKomm, § 615 BGB, Rn. 10; *Klocke*, RdA 2020, 331 (333).

381 BAG, Urteil vom 18.10.1994 – 1 AZR 503/93, NZA 1995, 1064 (1066); LAG Düsseldorf, Urteil vom 30.08.2002 – 9 Sa 709/02, NZA-RR 2003, 407 (408); *Stebut*,

Im Rahmen einer Kurzarbeitsklausel im Tarifvertrag wurde höchstrichterlich entschieden, dass, wenn eine einseitige Einführung von Kurzarbeit durch den Arbeitgeber gewollt ist, diese zumindest an weitere Voraussetzungen gekoppelt werden muss.[382] Das muss erst recht bei Allgemeinen Geschäftsbedingungen gelten, da arbeitsvertraglichen Regelungen keine Richtigkeitsgewähr[383] wie bei einem Tarifvertrag zugesprochen werden.[384] Für die einzelvertragliche Kurzarbeitsklausel mangelt es bislang hinsichtlich ihrer Konkretisierung, insbesondere hinsichtlich ihrer Voraussetzungen, an höchstrichterlicher Rechtsprechung.[385] Das Arbeitsgericht Frankfurt an der Oder hat sich dazu geäußert, dass eine formularvertragliche Vereinbarung zur Kurzarbeit unangemessen sein kann und notwendige Inhalte, wie zum Beispiel eine Ankündigungsfrist, Umfang und Ausmaß der Kurzarbeit und den betroffenen Personenkreis beinhalten muss. Bei dieser Vereinbarung handelte es sich eher um eine ad-hoc-Vereinbarung, da die Kurzarbeit bereits drei Tage nach getroffener Vereinbarung gelten sollte.[386]

Einige Autoren in der Literatur lehnen die Möglichkeit der einseitigen Einführung der Kurzarbeit aufgrund einer Kurzarbeitsklausel generell ab.[387] *Hümmerich* hält Kurzarbeitsklauseln wegen der Suspendierung der Hauptleistungspflichten generell für unvereinbar mit § 307 Abs. 2 Nr. 1 BGB und damit für unwirksam.[388] Das Flexibilisierungsinstrument der Kurzarbeit entspricht aber, wie man den §§ 95 ff. SGB III entnehmen kann, dem Leitbild des Gesetzes.[389] Denn ohne eine wirksam eingeführte Kurzarbeit kann auch kein Kurzarbeitergeld bezogen werden.[390] Dagegen wird wiederum einge-

---

RdA 1974, 332 (333); *Weller*, Arbeitslosigkeit und Arbeitsrecht, S. 193; *Schmidt*, Erste Hilfe bei Kurzarbeit, II., 5 und 6; *Schmidt*, Kurzarbeit in Zeiten von Corona, II., 5 ff.

382 BAG, Urteil vom 27.01.1994 – 6 AZR 541/93, NZA 1995, 134 (135); BAG, Urteil vom 18.10.1994 – 1 AZR 503/93, NZA 1995, 1064 (1066); *Bauer/Günther*, BB 2009, 662 (664).

383 *Klumpp*, in: Münchener Handbuch zum Arbeitsrecht, Bd. 3, § 230, Rn. 9.

384 *Stoffels*, in: FS Henssler 2023, 643 (648).

385 Bisher nur generell genannt als Möglichkeit zur Kurzarbeitseinführung, so z. B. BAG, Urteil vom 15.12.1961 – 1 AZR 310/60, NJW 1962, 932 (931); BAG, Urteil vom 15.12.1961 – 1 AZR 207/59, NJW 1962, 654 (654); wobei BAG, Urteil vom 14.02.1991 – 2 AZR 415/90, NZA 1991, 607 (607) von einer „Vereinbarung (…) einzelvertraglichen Charakters" spricht.

386 ArbG Frankfurt/Oder, Urteil vom 10.02.2021 – 1 Ca 1076/20, BeckRS 2021, 5755.

387 *Weller/König*, BB 2020, 953 (953); *Preis/Greiner*, in: ErfK, § 611a BGB, Rn. 750.

388 *Hümmerich*, NZA 2003, 753 (764).

389 *Stoffels*, in: FS Henssler 2023, 643 (648).

390 *Reufels*, in: Hümmerich/Reufels, Gestaltung von Arbeitsverträgen, § 1, Rn. 3148; die Entwicklung der letzten Jahre, die das Instrument der Kurzarbeit gefördert hat, zeigt, dass es sozialpolitisch erwünscht ist, näher dazu: *Reufels*, in: Hümmerich/Reufels, Gestaltung von Arbeitsverträgen, § 1, Rn. 3147.

wandt, dass die bloße Bezugnahme auf die Vorschriften des Sozialgesetzbuches die Klausel nicht legitimieren.[391]

Im Rahmen der Diskussion wird im Wesentlichen auf zwei Urteile verwiesen, eines vom Bundesarbeitsgericht und eines vom LAG Berlin-Brandenburg. In dem höchstrichterlichen Urteil[392] geht das Gericht nicht von einer generellen Unwirksamkeit solcher Klauseln aus, sondern sieht die Umgehung des Kündigungsschutzrechts darin, dass der Arbeitgeber den Umfang der Kurzarbeit einseitig bestimmen könne. Die streitgegenständliche Klausel § 15 V BAT-O lautete nämlich lediglich wie folgt: „Die Einführung von Kurzarbeit ist zulässig."[393] Das Gericht argumentiert weiter, dass die Regelungen des Kündigungsschutzgesetzes nicht vollständig ausgeschaltet werden dürften, da diese die einfachgesetzliche Umsetzung der gesetzgeberischen Schutzpflicht aus Art. 12 Abs. 1 S. 1 GG darstellen; denn die Berufsfreiheit umfasse neben der freien Wahl des Berufes auch die freie Wahl des Arbeitsplatzes und damit auch den Willen, diesen zu behalten oder aufzugeben. Das BAG geht zu Recht darauf ein, dass der grundrechtliche Schutz keine Bestandsgarantie für den Arbeitsplatz darstellt, der Gesetzgeber aber zumindest Schutzvorkehrungen treffen muss, die im Kündigungsschutzgesetz zu finden sind und die nun durch die Kurzarbeitsklausel nicht vollständig ausgehöhlt werden dürfen.[394]

Der Punkt des Bundesarbeitsgerichts, dass die Klausel dem Arbeitgeber nicht einfach die einseitige Bestimmung von Umfang und Dauer der Kurzarbeit vollständig überlassen werden darf, ließe sich in der Praxis umgehen, indem beispielsweise der Umfang der Kurzarbeit in seinen wesentlichen Umrissen bereits in die Kurzarbeitsklausel aufgenommen wird oder die Kurzarbeit an weitere Voraussetzungen wie zum Beispiel die des Kurzarbeitergeldbezuges gekoppelt wird.[395]

Das zweite Urteil stammt vom Landesarbeitsgericht Berlin-Brandenburg[396] und sieht in Kurzarbeitsklauseln zu Recht grundsätzlich eine Abweichung von § 611a BGB und § 2 KSchG. Zudem sieht es eine Kurzarbeitsklausel ohne Regelung von Umfang und Ausmaß der Kurzarbeit, Festlegung des

391 LAG Berlin-Brandenburg, Urteil vom 07.10.2010 – 2 Sa 1230/10, NZA-RR 2011, 65 (66); *Meyer/Wall,* Kurzarbeit und Kurzarbeitergeld, S. 68 f.

392 BAG, Urteil vom 18.10.1994 – 1 AZR 503/93, NZA 1995, 1064 (1065 f.); es ist zu beachten, dass das Urteil (und die meisten, die die Kurzarbeitsklausel als grundsätzlich unzulässig eingestuft haben) von vor der Schuldrechtsreform stammt und heute einer Inhaltskontrolle nach § 307 BGB unterzogen wird, ausführlicher dazu: *Klumpp*, in: Clemenz/Kreft/Krause, § 307, Rn. 115.

393 BAG, Urteil vom 18.10.1994 – 1 AZR 503/93, NZA 1995, 1064 (1064).

394 BAG, Urteil vom 18.10.1994 – 1 AZR 503/93, NZA 1995, 1064 (1066).

395 Vgl. *Klocke*, RdA 2020, 331 (333).

396 LAG Berlin-Brandenburg, Urteil vom 07.10.2010 – 2 Sa 1230/10, NZA-RR 2011, 65 (65 ff.).

betroffenen Personenkreises, Art und Weise der Einbeziehung und Ankündigungsfrist für unwirksam an und möchte eine reine Bezugnahme auf die sozialrechtlichen Vorschriften nicht ausreichen lassen. Das bedeutet aber keine generelle Absage an die Möglichkeit der einseitigen Einführung von Kurzarbeit durch den Arbeitgeber; es stellt lediglich zutreffend klar, dass die Kurzarbeitsklausel keine bedingungslose Direktionsrechtserweiterung sein darf. Im Umkehrschluss der Argumentation des Landesarbeitsgerichts ist die Wirksamkeit von Kurzarbeitsklauseln im Arbeitsvertrag bei Koppelung an die genannten Voraussetzungen oder gegebenenfalls auch an weniger strenge Voraussetzungen zu konstatieren.

Schlussendlich ist festzuhalten, dass die Klausel, die den Arbeitgeber zur Anordnung der Kurzarbeit berechtigt, nicht voraussetzungslos sein darf.[397] Insofern sind im Rahmen einer Kontrolle der Allgemeinen Geschäftsbedingungen besonders im Hinblick auf § 307 Abs. 1 BGB Voraussetzungen für eine angemessene Klausel herauszuarbeiten.

c) Inhaltliche Anforderungen an die Klausel

Echte Direktionserweiterungen unterliegen der Inhaltskontrolle nach den §§ 307 ff. BGB.[398] Die Inhaltskontrolle nach § 307 Abs. 1 BGB ist nach § 307 Abs. 3 BGB nur für Bestimmungen in den Allgemeinen Geschäftsbedingungen eröffnet, durch die von Rechtsvorschriften abweichende oder ergänzende Regelungen vereinbart werden. Bei einer Klausel zur Einführung von Kurzarbeit wird nicht nur von der Regelung des § 611a Abs. 1 S. 1 BGB, sondern auch von § 2 KSchG abgewichen, da § 2 KSchG die Änderungskündigung für die Fortsetzung des Arbeitsverhältnisses zu geänderten Arbeitsbedingungen vorsieht.[399] Zudem ist die Einführung der Kurzarbeit, wie bereits dargelegt, nicht vom Direktionsrecht des Arbeitgebers umfasst. Als Hauptleistungspflicht ist die Arbeitszeit eigentlich der Inhaltskontrolle nach § 307 Abs. 3 BGB entzogen.[400] Eine Ausnahme gilt jedoch für einseitige Leistungsbestimmungsrechte, die Hauptleistungspflichten einschränken, verändern, ausgestalten oder modifizieren.[401] Kurzarbeitsklauseln sind so-

---

397 Vgl. *Klumpp*, in: Clemenz/Kreft/Krause, § 307, Rn. 115.

398 BAG, Urteil vom 25.08.2010 – 10 AZR 275/09, AP GewO § 106 Nr. 11; *Preis*, in: ErfK, § 106 GewO, Rn. 17.

399 LAG Berlin-Brandenburg, Urteil vom 07.10.2010 – 2 Sa 1230/10, NZA-RR 2011, 65 (66); *Stoffels*, in: FS Henssler 2023, 643 (648); *Klocke*, RdA 2020, 331 (335) sieht in der Kurzarbeit auch ein Abweichen vom Leitbild des § 615 BGB.

400 *Jacobs*, in: BeckOK ArbR, § 307 BGB, Rn. 13.

401 BAG, Urteil vom 23.03.2011 – 10 AZR 831/09, NZA 2012, 396 (399); BAG, Urteil vom 07.12.2005 – 5 AZR 535/04, NZA 2006, 423 (426); BAG, Urteil vom 27.07.2005 – 7 AZR 486/04, NZA 2006, 40 (45); *Linck*, in: Schaub, Arbeitsrechts-Handbuch, § 35, Rn. 40; *Klocke*, RdA 2020, 331 (335).

mit der Inhaltskontrolle zugänglich. Die Kurzarbeitsklausel müsste angemessen im Sinne von § 307 Abs. 1 BGB sein.[402]

aa) Erheblicher Arbeitsausfall als Voraussetzung

Worzalla ist der Auffassung, dass es notwendig (und ausreichend) sei, wenn die Voraussetzungen für die Anordnung der Kurzarbeit in der Kurzarbeitsklausel bezeichnet werden. Sein Formulierungsbeispiel lautet deshalb: „Der Arbeitgeber ist berechtigt, bei einem Arbeitsausfall aus wirtschaftlichen Gründen oder in Folge eines unabwendbaren Ereignisses oder von Strukturveränderungen Kurzarbeit anzuordnen".[403] Die Kurzarbeit lediglich an den Arbeitsausfall als Voraussetzung zu knüpfen, ist letztendlich keine zusätzliche Voraussetzung, sondern nur der Grund, warum Kurzarbeit überhaupt gebraucht wird. Insofern würde eine solche Klausel eine bedingungslose Direktionsrechtserweiterung bedeuten und wäre damit untauglich und unangemessen.

bb) Machtüberlegenheit des Arbeitgebers

Es wird teilweise vertreten, dass eine Kurzarbeitsklausel als Allgemeine Geschäftsbedingung der Inhaltskontrolle nicht standhält und sogar nichtig ist: der Arbeitnehmer lasse sich nur auf die Kurzarbeitsklausel zur Einführung der Kurzarbeit ein, weil er sich der „Machtüberlegenheit des Arbeitgebers beugt".[404] Es handele sich also um eine „unkontrollierte Unterwerfung aufgrund des Machtunterschiedes".[405] Darin wird ein Verstoß gegen den Kündigungsschutz und damit gegen das Sozialstaatsprinzip gesehen. Daher sei wegen Verstoßes gegen Art. 20 GG eine Nichtigkeit gemäß § 134 BGB gegeben.[406] Das Bundesarbeitsgericht ist in einer älteren Entscheidung ebenso von der Nichtigkeit einer Klausel zur späteren einseitigen Reduzierung der Arbeitszeit ausgegangen, allerdings nicht wegen eines Verstoßes gegen das Sozialstaatsprinzip; vielmehr sah es darin eine objektive Umgehung der Vorschriften des Kündigungsschutzrechts.[407] Dem ist entgegenzuhalten, dass durch die Koppelung der Klausel an obengenannte Voraussetzungen, dabei insbesondere mit Blick auf die Kündigungsfrist, mit der Festsetzung einer

402 *Klocke*, RdA 2020, 331 (335) sieht hingegen eine Bewertung der Klausel nach § 308 Nr. 4 BGB vor; dass dem besonderen Klauselverbot des § 308 Nr. 4 BGB kaum praktische Relevanz zukommt, vertritt *Stoffels*, in: FS Henssler 2023, 643 (647).

403 *Worzalla*, NZA-Beilage Heft 3/2006, 122 (129).

404 *Weller*, Arbeitslosigkeit und Arbeitsrecht, S. 193.

405 *Weller*, Arbeitslosigkeit und Arbeitsrecht, S. 193.

406 *Weller*, Arbeitslosigkeit und Arbeitsrecht, S. 193; es ist zu beachten, dass diese Ausführungen von vor der Schuldrechtsreform sind.

407 BAG, Urteil vom 12.12.1984 – 7 AZR 509/83, NZA 1985, 321 (321 f.).

Ankündigungsfrist dem Schutzgedanken des Kündigungsschutzrechts genüge getan ist. Zudem wird das Verhältnis von Arbeitszeit und Arbeitslohn bei der Kurzarbeit gewahrt; von einer Umgehung des Kündigungsschutzrechts kann man vielmehr bei einer Störung dieses Verhältnisses ausgehen.[408]

Generell ist der Auffassung der drohenden Machtüberlegenheit nicht zu folgen, da der Arbeitgeber die Kurzarbeit nur in konjunkturellen Schieflagen einsetzt, beziehungsweise einsetzen darf; die Kurzarbeit stellt damit im Vergleich zu einer betriebsbedingten Kündigung das mildere Mittel dar, erst recht wenn sie an das Kurzarbeitergeld gekoppelt ist und damit die finanziellen Einbußen des Arbeitnehmers gemindert werden.[409] Zudem ist die Einführung der Kurzarbeit an sich einer Ausübungskontrolle unterworfen.[410] *Conze* weist ferner darauf hin, dass der Arbeitnehmer durch das Mitbestimmungsrecht des Betriebsrates ausreichend geschützt ist;[411] er übersieht dabei jedoch, dass die einzelvertragliche Kurzarbeitsklausel die größte Relevanz in betriebsratslosen Betrieben hat und dieses Argument damit weitestgehend ins Leere läuft. Andere gesetzliche Verbote im Sinne von § 134 BGB sind nicht ersichtlich.[412]

cc) Koppelung an das Kurzarbeitergeld

Es wird daher teilweise gefordert, dass die Einführung der Kurzarbeit an das Vorliegen der Anspruchsvoraussetzungen für das Kurzarbeitergeldes gekoppelt wird.[413] Dagegen spricht, dass das Kurzarbeitergeld selbst als Voraussetzung die wirksame Einführung der Kurzarbeit hat. Zudem beachtet das Sozialrecht nicht den tiefgreifenden Einschnitt in das Vertragsgefüge durch die Suspendierung der Hauptleistungspflichten.[414] *Klocke* betont, dass das Kurzarbeitergeld auf den Lohnausfall sozialstaatlich reagieren soll, ihn aber nicht legitimieren darf. Die §§ 95 ff. SGB III sollen nicht zu arbeitsrechtlichen Vorgaben für die Kurzarbeit werden, sondern als Abfederung der Folgen von Kurzarbeit eingesetzt werden.[415]

---

408 BAG, Urteil vom 07.10.1982 – 2 AZR 455/80, AP BGB § 620 Teilkündigung Nr. 5.

409 Ausführlich dazu: *Barnhofer*, Kurzarbeit zur Vermeidung betriebsbedingter Kündigung, S. 1 ff.

410 *Conze*, Die Einführung von Kurzarbeit, S. 96 f.

411 *Conze*, Die Einführung von Kurzarbeit, S. 97.

412 So auch *Klocke*, RdA 2020, 331 (333).

413 *Bauer/Günther*, BB 2009, 662 (664); *Linck*, in: Schaub, Arbeitsrechts-Handbuch, § 47, Rn. 7; *Stoffels*, in: FS Henssler 2023, 643 (648).

414 *Müller/Deeg*, ArbRAktuell 2010, 209 (210); *Weller/König*, BB 2020, 953 (955); *Müller/Deeg* zustimmend auch: LAG Berlin-Brandenburg, Urteil vom 07.10.2010 – 2 Sa 1230/10, NZA-RR 2011, 65 (67).

415 *Klocke*, RdA 2020, 331 (337).

Müller/Deeg argumentieren zu Recht, dass der Gesetzgeber mit § 615 BGB eine Regelung geschaffen hat, die aufzeigt, dass der Arbeitgeber grundsätzlich das Wirtschaftsrisiko zu tragen hat. Der Arbeitgeber muss selbst dann den Lohn zahlen, wenn er die Dienste des Arbeitnehmers nicht in Anspruch nehmen konnte und obwohl der Arbeitnehmer nicht zur Nachleistung verpflichtet ist. Dieses Risiko wird bei der Kurzarbeit auf den Arbeitnehmer abgewälzt. Zweck der Kurzarbeit ist aber der Erhalt des Arbeitsplatzes und damit die Vermeidung einer Kündigung. Eine solche wäre wesentlich tiefgreifender als eine vorübergehende Kurzarbeit mit ihren Folgen. Das Kurzarbeitergeld hilft dem Arbeitnehmer schließlich finanziell über die Einkommenseinbußen hinweg und ist damit primär in seinem Interesse. Nach Abwägung dieser Umstände trägt eine Koppelungsklausel mit dem Kurzarbeitergeld zur Angemessenheit im Sinne des § 307 Abs. 1 BGB bei.[416]

Dabei ist auch zu beachten, dass für eine vollständige Anknüpfung an das Kurzarbeitergeld die Möglichkeit besteht, auch die Versagung des Kurzarbeitergeldes als eine auflösende Bedingung für die Kurzarbeit festzuhalten.[417]

Teilweise wird von Literaturstimmen statt einer Koppelung an die Kurzarbeitergeldvoraussetzungen gefordert, dass der Arbeitgeber mit Einführung von Kurzarbeit jene anzeigt und Anträge für Kurzarbeitergeld stellt.[418] Dies führt letztlich zum gleichen Ergebnis, da für einen Antrag auf Kurzarbeitergeld auch die Voraussetzungen der §§ 95 ff. SGB III vorliegen müssen. Auf die tatsächliche Zahlung des bzw. den Anspruch auf Kurzarbeitergeld im Einzelfall soll es dabei nicht ankommen.[419] Dass es zu einem Anspruch auf Kurzarbeitergeld im Einzelfall jedoch nicht kam, wäre bei der Ausübungskontrolle zu beachten.[420]

dd) Begrenzung der prozentualen Reduzierung

Wall hält die Anknüpfung an das Kurzarbeitergeld durch die Klausel für dringend notwendig und fordert darüber hinaus, dass der Arbeitgeber gleichzeitig einen Kurzarbeitergeldzuschuss zahlt, sodass der Verlust des Einkom-

---

416 *Müller/Deeg*, ArbRAktuell 2010, 209 (210); *Gebel*, BB 2015, 2485 (2486); *Klocke*, RdA 2020, 331 (335 ff.).

417 *Klocke*, RdA 2020, 331 (337).

418 *Schmidt*, Erste Hilfe bei Kurzarbeit, II., 6; *Schmidt*, Kurzarbeit in Zeiten von Corona, II., 6; *Bauer/Günther*, BB 2009, 662 (665) untersucht die Anzeigepflicht separat; kommt aber letztlich zu demselben Ergebnis, da er so jedenfalls Schadensersatzansprüche durch die Arbeitnehmer wegen unterlassener Anzeige verhindern kann.

419 *Bauer/Günther*, BB 2009, 662 (664 f.); *Linck*, in: Schaub, Arbeitsrechts-Handbuch, § 47, Rn. 7; *Bonin/Walser*, in: Däubler/Deinert/Walser, § 307, Rn. 181.

420 *Bonin/Walser*, in: Däubler/Deinert/Walser, § 307, Rn. 181; *Stoffels*, in: FS Henssler 2023, 643 (652).

mens für den Arbeitnehmer sich auf höchstens 20 Prozent des Brutto-Sollentgelts beläuft.[421] Hintergrund ist, dass das Kurzarbeitergeld nach § 105 SGB III – wie auch das Arbeitslosengeld – 60, bzw. 67 Prozent[422] der Nettoentgeltdifferenz beträgt.[423] Und *Wall* sieht die Kurzarbeitsklausel nur dann als wirksam an, wenn der Arbeitgeber in der Klausel zusagt, den Betrag auf 80 Prozent aufzustocken. Eine weitergehende Begründung für die geforderte Erhöhung führt der Autor nicht an.[424]

Aufstockende Leistungen durch den Arbeitgeber sind häufig bei Betrieben mit Betriebsrat oder Tarifbindung zu finden und hängen zudem von der Branchenzugehörigkeit ab.[425] Ein prozentual höherer Leistungssatz durch die Aufstockung durch den Arbeitgeber ist für den Arbeitnehmer augenscheinlich ein finanzieller Vorteil, welcher den Einkommensverlust dämpft[426] und damit eine Annehmlichkeit in der womöglich belastenden Situation; es sind keine rechtlichen Gründe ersichtlich, weshalb die Wirksamkeit einer Kurzarbeitsklausel von einer Aufstockungszusage des Arbeitgeber abhängen sollte.[427] Vor allem drängt sich zumindest für diese starre Grenze der 20-Prozent-Verlustmarke keine Begründung auf. Ein ähnliches Modell sieht aber auch *Stindt* in seiner „80-plus-Formel" vor.[428] In dieser sieht er für den Arbeitsvertrag eine verlässliche Basis von 80 Prozent der Normalarbeitszeit samt der entsprechenden Vergütung vor, aber mit einer Option, 20 Prozent mehr zu arbeiten, wenn und solange es die betriebliche Situation zulässt; diese Option könne in Krisen aber auch entfallen.[429] Im Rahmen der Kurzarbeit kann der Arbeitsausfall aber noch erheblicher sein als eben diese 20 Prozent. Aus diesem Grund mag die Regel für den normalen Arbeitsalltag ein adäquates Flexibilisierungsinstrument sein, aber nicht

---

421 *Meyer/Wall,* Kurzarbeit und Kurzarbeitergeld, S. 64.

422 Für Arbeitnehmer, die beim Arbeitslosengeld die Voraussetzungen für den erhöhten Leistungssatz erfüllen würden, § 105 Nr. 1 SGB III.

423 s. § 105 SGB III; *Bieback*, in: BeckOGK SGB III, § 105, Rn. 13; ausgenommen, aber hingewiesen wird auf die bspw. während der Covid 19-Pandemie geltende Regelung der erhöhten Staffelung in § 421c Abs. 2 SGB III; dazu, dass aufstockende Leistungen durch den Arbeitgeber bei längerer Kurzarbeitsdauer immer wichtiger werden: *Pusch/Seifert*, Kurzarbeit – mehr als eine Beschäftigungsbrücke, WSI Policy Brief Nr. 53, 03/2021, S. 6 ff.

424 *Wall* weist aber darauf hin, dass dies höchstrichterlich noch nicht entschieden sei; *Meyer/Wall,* Kurzarbeit und Kurzarbeitergeld, S. 64.

425 *Pusch/Seifert*, Kurzarbeit – mehr als eine Beschäftigungsbrücke, WSI Policy Brief Nr. 53, 03/2021, S. 6 f.

426 *Pusch/Seifert*, Kurzarbeit – mehr als eine Beschäftigungsbrücke, WSI Policy Brief Nr. 53, 03/2021, S. 8.

427 So auch: *Stoffels*, in: FS Henssler 2023, 643 (648).

428 *Stindt*, in: Reichold/Löhr/Blickle, Wirtschaftsbürger oder Marktopfer?, S. 85 ff.; mit Hinweis darauf: *Reichold*, RdA 2002, 321 (332), insb. Fn. 147.

429 *Stindt*, in: Reichold/Löhr/Blickle, Wirtschaftsbürger oder Marktopfer?, S. 96.

für eine Krisensituation, die die Kurzarbeit oder eben auch die Kurzarbeit Null erst notwendig macht.

Eine 20-Prozent-Grenze lässt sich zwar nicht in Bezug auf das Entgelt beziehungsweise den Entgeltverlust, wohl aber in Bezug auf Regelungen zur wöchentlichen Arbeitszeit in § 12 Abs. 2 S. 2 TzBfG finden. Bei den Regelungen zur Arbeit auf Abruf hat der Gesetzgeber in § 12 Abs. 1 S. 1 TzBfG grundsätzlich festgehalten, dass Arbeitgeber und Arbeitnehmer vereinbaren können, dass der Arbeitnehmer seine Arbeitsleistung entsprechend dem Arbeitsanfall zu erbringen hat. Dabei muss die Vereinbarung die bestimmte Dauer der wöchentlichen und täglichen Arbeitszeit festlegen, § 12 Abs. 1 S. 2 TzBfG. Wenn nichts festgelegt ist, gilt eine Arbeitszeit von 20 Stunden als vereinbart, siehe § 12 Abs. 1 S. 3 TzBfG. Weiterhin ist in § 12 Abs. 2 S. 2 TzBfG geregelt, dass wenn für die Dauer der wöchentlichen Arbeitszeit eine Höchstarbeitszeit vereinbart ist, der Arbeitgeber nur bis zu 20 Prozent der wöchentlichen Arbeitszeit weniger abrufen darf.[430] Wenn Regelungen getroffen werden, die darüber hinaus gehen, sind diese grundsätzlich unwirksam.[431] Diesen Grundsatz wollen *Bonin/Walser* auch für die Kurzarbeitsklausel gelten lassen.[432] Mithin geht es bei der Diskussion, wie bei *Wall*, um den Umfang der Absenkung und damit um die Höhe der finanziellen Einbußen für den Arbeitnehmer. Entweder der Arbeitnehmer erhält, wie gesetzlich vorgesehen, 60 beziehungsweise 67 Prozent seines Arbeitsentgelts durch den Kurzarbeitergeldbezug oder der Arbeitgeber wird durch die Kurzarbeitsklausel gedrängt, das Kurzarbeitergeld auf 80 Prozent des Einkommens zu erhöhen.

Das Kurzarbeitergeld hat wie das Arbeitslosengeld weder die Aufgabe noch das Ziel, dem Empfänger den bisherigen Lebensstandard in vollem Umfang auch weiterhin zu ermöglichen.[433] Die mögliche Alternative zur Kurzarbeit wäre die betriebsbedingte Kündigung und damit hätte der Arbeitnehmer bei Bezug von Arbeitslosengeld I auch nur die 60 beziehungsweise 67 Prozent der Nettoentgeltdifferenz des Lohnes zuvor erhalten. Bei Durchführung der Kurzarbeit behält er darüber hinaus seinen Arbeitsplatz. Zudem ist die Kurzarbeit auch nur ein vorübergehendes Mittel, um eine Krise zu bewältigen. Der Arbeitnehmer ist durch die vom SGB III vorgesehenen 60 beziehungs-

430 Novellierung des § 12 TzBfG zum 01.01.2019, welcher die bisherige Rechtsprechung bestätigt und umsetzt: BAG, Urteil vom 07.12.2005 – 5 AZR 535/04, NZA 2006, 423 (428); ausführlicher dazu: *Bonin/Walser*, in: Däubler/Deinert/Walser, § 307, Rn. 180 ff.; *Stoffels/Hultzsch*, NZA 2020, 977 (977ff); *Stoffels*, AGB-Recht, § 46, Rn. 1112.

431 *Bayreuther*, in: BeckOK ArbR, § 12 TzBfG, Rn. 10; *Stoffels*, AGB-Recht, § 46, Rn. 1112.

432 *Bonin/Walser*, in: Däubler/Deinert/Walser, § 307, Rn. 181.

433 *Müller*, in: BeckOK SozialR, § 149 SGB III, Rn. 2.

weise 67 Prozent der Nettoentgeltdifferenz finanziell genug abgefedert und seine finanziellen Interessen sind ausreichend gewahrt.

Wenn also die Kurzarbeit in der Kurzarbeitsklausel an die Voraussetzungen des Kurzarbeitergeldes, bzw. dessen Bezug, gekoppelt wird, besteht kein Grund, die prozentuale Reduzierung zu begrenzen; der Arbeitnehmer wird durch das Kurzarbeitergeld aufgefangen und hat so nur verhältnismäßig geringe finanzielle Einbußen.[434] Die Koppelung an das Kurzarbeitergeld ist mithin als interessengerecht anzusehen.[435]

ee) Bezugnahme oder Benennung

Zu klären ist aber noch, ob die Bezugnahme auf die Voraussetzungen des Kurzarbeitergeldes ausreicht oder ob die Voraussetzungen der §§ 95 ff. SGB III explizit zu nennen sind, wie also die Klausel konkret auszugestalten ist. Nach dem Transparenzgebot gemäß § 307 Abs. 3 S. 2 i. V. m. Abs. 1 S. 2 BGB ist der Verwender von Allgemeinen Geschäftsbedingungen angehalten, die Rechte und Pflichten für den Vertragspartner möglichst klar und durchschaubar darzustellen.[436] Teilweise wird die Bezugnahme auf die Voraussetzungen für ausreichend erachtet und mit einem Verweis auf § 2 Abs. 1 S. 2 Nr. 15 NachwG begründet, der auch einen in allgemeiner Form gehaltenen Hinweis auf die auf das Arbeitsverhältnis anwendbaren Tarifverträge, Betriebs- oder Dienstvereinbarungen ausreichen lässt und für zumutbar erachtet.[437]

Es wird aber auch gefordert, dass die Voraussetzungen für den Bezug von Kurzarbeitergeld in der Kurzarbeitsklausel zumindest stichwortartig benannt werden.[438] *Lindemann* beschreibt detailliert, dass sie eine stichwortartige Benennung mit Verweis auf die Regelungen im Sozialgesetzbuch im Hinblick auf das Transparenzgebot für ausreichend hält und fordert somit

---

434 *Stoffels*, in: Wolf/Lindacher/Pfeiffer, AGB-Recht, ArbR, Rn. 98; ausführlicher in *Stoffels*, AGB-Recht, § 46, Rn. 1113.

435 *Klumpp*, in: Clemenz/Kreft/Krause, § 307, Rn. 115; *Bonin/Walser*, in: Däubler/Deinert/Walser, § 307, Rn. 181; es halte sich in den durch § 307 BGB gezogenen Grenzen, so *Stoffels*, AGB-Recht, § 46, Rn. 1113; *Stoffels*, in: Wolf/Lindacher/Pfeiffer, AGB-Recht, ArbR, Rn. 98.

436 BGH, Urteil vom 09.05.2001 – IV ZR 121/00, NJW 2001, 2014 (2016); *Jacobs*, in: BeckOK ArbR, § 307 BGB, Rn. 59.

437 *Hromadka*, Der unbefristete Arbeitsvertrag, S. 80; *Stoffels*, in: FS Henssler 2023, 643 (648 f.); dagegen: *Linde/Lindemann*, NZA 2003, 649 (654 f.), da die Norm des § 2 Abs. 1 S. 2 Nr. 15 NachwG nicht über den Wortlaut der Norm hinaus direkt oder entsprechend anzuwenden sei.

438 *Bonin/Walser*, in: Däubler/Deinert/Walser, § 307, Rn. 181; so auch der Vorschlag von *Stoffels*, in: FS Henssler 2023, 643 (649) für den Kautelarjuristen.

nicht, dass die Voraussetzungen im Einzelnen ausformuliert werden wie in den §§ 95 ff. SGB III.[439]

Im Hinblick auf das Transparenzgebot ist ein bloßer Verweis auf die sozialrechtlichen Vorschriften oder die Bezugnahme lediglich durch Nennung der §§ 95 ff. SGB III womöglich nicht hinreichend klar und durchschaubar. Letztendlich läuft die Diskussion auf die Frage hinaus, inwiefern es dem Arbeitnehmer zuzumuten ist, durch den Verweis auf die sozialrechtlichen Normen die Lektüre selbst vorzunehmen und die Voraussetzungen herauszuarbeiten. Die sozialrechtlichen Voraussetzungen für das Kurzarbeitergeld sind in den §§ 95 ff. SGB III durchaus weit verteilt. Auch durch das ff. wird womöglich nicht hinreichend klar, bis zu welchem Paragrafen die Einbeziehung gehen soll. Wären alle Voraussetzungen in einem Absatz oder jedenfalls in einer Norm zu finden, wäre es für den Arbeitnehmer jedenfalls leichter. Eine zweifelsohne klare Regelung wäre gegeben, wenn die Voraussetzungen zumindest stichwortartig aufgelistet werden. Dies führt aber zu einer Überfrachtung der Kurzarbeitsklausel und damit einer Überforderung des Vertragspartners. Eine explizite Auflistung ist auch nicht notwendig.

Eine ausreichende Lösung ist höchstens die stichwortartige Benennung der Voraussetzung des Kurzarbeitergeldes, mindestens aber die Nennung der Normen im Sozialgesetzbuch über den Verbleib in Beschäftigung und damit jedenfalls die §§ 95–106a SGB III. Damit sind die Voraussetzungen klar und anschaulich für den Arbeitnehmer und zudem zumutbar.

ff) Festlegung von Umfang, Dauer und Ausmaß der Kurzarbeit

Neben diesen Voraussetzungen wird vielfach gefordert, dass für das Recht zur einseitigen Anordnung der Kurzarbeit durch den Arbeitgeber auch Umfang, Dauer, Maßgaben zur personellen Konkretisierung und das Ausmaß der Kurzarbeit festgelegt werden.[440] Eine Regelung, die diese Informationen nicht enthält, könnte also womöglich gegen die Regelungen der §§ 305 ff. BGB verstoßen.

In Bezug auf Dauer und Lage der Kurzarbeit wird aber zu Recht angeführt, dass es für die Parteien im Zeitpunkt des Abschlusses des Arbeitsvertrages im Hinblick auf die gegebenenfalls erst Jahre später eintretende Ursache für die Kurzarbeit noch völlig unklar ist, warum diese eingeführt werden muss.[441] Gleiches gilt für die Regelungen in Bezug auf den Umfang der

---

439 *Lindemann*, Flexible Gestaltung von Arbeitsbedingungen nach der Schuldrechtsreform, S. 169 f.

440 LAG Berlin-Brandenburg, Urteil vom 07.10.2010 – 2 Sa 1230/10, NZA-RR 2011, 65 (66 f.); *Gebel*, BB 2015, 2485 (2486); *Müller/Deeg*, ArbRAktuell 2010, 209 (210); *Schmidt*, Erste Hilfe bei Kurzarbeit, II., 5 und 6; *Weller/König*, BB 2020, 953 (954).

441 *Klocke*, RdA 2020, 331 (338); *Stoffels*, in: FS Henssler 2023, 643 (649).

Kurzarbeit und die weitergehenden personellen Konkretisierungen. Der von der Kurzarbeit betroffene Personenkreis kann erst festgelegt werden, wenn klar ist, welcher Betriebsteil oder wieviel Personal überhaupt von dem vorübergehenden Arbeitsmangel betroffen sind. Gleiches gilt für die Nennung des Grundes für die Kurzarbeit.[442]

Schlussendlich bringt die zusätzliche Regelung von Umfang, Dauer und Ausmaß für den Mitarbeiter keinen Mehrwert und keinen Gewinn an Transparenz. Vergleichbares gilt für den betroffenen betrieblichen Bereich. Die vom Landesarbeitsgericht Berlin-Brandenburg geforderten Regelungen sind damit nicht nur zu streng,[443] sondern auch eher praxisuntauglich. Insofern ist es im ersten Schritt, in welchem die Klausel im Arbeitsvertrag generell überprüft werden muss, ausreichend, dass die Klausel keine abschließenden Regelungen dahingehend enthält.[444] Diese Angaben sind vielmehr auf der zweiten Stufe im Rahmen der Billigkeitskontrolle bei Anordnung der Kurzarbeit zu überprüfen.[445]

gg) Ankündigungsfrist

Es wird behauptet, eine einseitige Änderung der Hauptpflichten käme von der Ausgestaltung her einer Änderungskündigung gleich. Deshalb sei im Rahmen der AGB-Kontrolle der Wertungsgesichtspunkt des § 622 BGB zu beachten.[446] Diese Vorschrift regelt die Kündigungsfristen. Insofern könnte man auch im Rahmen der Kurzarbeitsklausel im Arbeitsvertrag eine Frist in Form einer Ankündigungsfrist fordern.[447] Konkret bedeutet dies, dass der Arbeitgeber den Arbeitnehmer informiert, in wie vielen Tagen oder Wochen die Kurzarbeit beginnt. In dieser Zeit soll sich der Arbeitnehmer auf die be-

---

442 *Schmidt*, Erste Hilfe bei Kurzarbeit, II., 6.; *Schmidt*, Kurzarbeit in Zeiten von Corona, II., 6; *Klocke*, RdA 2020, 331 (338); *Stoffels*, in: FS Henssler 2023, 643 (649).

443 So auch ArbG München eine ad-hoc-Vereinbarung betreffend, Urteil vom 19.07.2021 – 33 Ca 13634/20, juris; *Stoffels*, AGB-Recht, § 46, Rn. 1113, Fn. 9.

444 *Meyer/Wall,* Kurzarbeit und Kurzarbeitergeld, S. 69.

445 So auch *Stoffels*, in: FS Henssler 2023, 643 (649).

446 *Patett*, Arbeitskampffernwirkungen, Lohnrisiko und Mitbestimmung, S. 378; *Barnhofer*, Kurzarbeit zur Vermeidung betriebsbedingter Kündigung, S. 66; dagegen: *Stoffels*, in: FS Henssler 2023, 643 (650, 652).

447 LAG Berlin-Brandenburg, Urteil vom 07.10.2010 – 2 Sa 1230/10, NZA-RR 2011, 65 (66 f.); LAG Berlin-Brandenburg, Urteil vom 19.01.2011 – 17 Sa 2153/10, juris Rn. 24; *Tödtmann/Hartmann*, in: Tödtmann/v. Bockelmann, Arbeitsrecht in Not- und Krisenzeiten, B., Rn. 44; *Stebut*, RdA 1974, 332 (333); *Schmidt*, Erste Hilfe bei Kurzarbeit, II., 5.; *Weller/König*, BB 2020, 953 (954); *Fuhlrott*, ArbRAktuell 2021, 231 (232).

vorstehende Kurzarbeit vorbereiten; dabei geht es vor allem um Planung hinsichtlich der finanziellen Einbußen und der dazugewonnenen Freizeit.[448]

Kritisch betrachtet wird dies dahingehend, dass durch eine Ankündigungsfrist ein kurzfristiger Start von Kurzarbeit oder eine Flexibilität der arbeitgeberseitigen Planung schwierig bis unmöglich wird.[449] Aus diesem Grund hat das Arbeitsgericht Stuttgart jüngst entschieden, dass bei einer unübersichtlichen Lage, wie es in der Anfangszeit der Pandemie 2020 der Fall war, eine solche Frist dem Arbeitgeber nicht zumutbar sei und dass in dem zugrunde liegenden Fall die Anordnung sofort erfolgen durfte.[450] Zudem spricht sich *Stoffels* gegen eine Ankündigungsfrist aus und zieht dabei den Vergleich zu ähnlich gelagerten Fällen: Für Versetzungsvorbehalten und auch Widerrufsvorbehalte sei eine Ankündigungsfrist auch nicht Wirksamkeitsvoraussetzung;[451] er spricht sich dafür aus, dass der Arbeitnehmer durch den Verweis auf die Voraussetzungen für den Kurzarbeitergeldbezug hinreichend vorgewarnt sei.[452] Jedenfalls sei die Frage der Ankündigungsfrist systematisch keine der Angemessenheitskontrolle, sondern viel mehr der Ausübungskontrolle.[453]

Wie lange diese Frist sein muss, um angemessen zu sein, ist wiederum umstritten; hierbei reicht das Meinungsspektrum von zwei Wochen in Anlehnung an § 626 Abs. 2 S. 1 BGB bis hin zu drei Wochen in Anlehnung an § 4

448 *Müller/Deeg*, ArbRAktuell 2010, 209 (210); auch LAG Berlin-Brandenburg, Urteil vom 07.10.2010 – 2 Sa 1230/10, NZA-RR 2011, 65 (66); *Bonin/Walser*, in: Däubler/Deinert/Walser, § 307, Rn. 181.

449 *Pototzky/Gimmy*, BB 2021, 2292 (2293); kritisch auch: *Fuhlrott*, ArbRAktuell 2021, 225 (225); so letztendlich auch: *Stoffels*, in: FS Henssler 2023, 643 (650).

450 ArbG Stuttgart, Urteil vom 06.12.2022 – 25 Ca 7031/21, juris Rn. 76; ähnlich auch ArbG München, Urteil vom 19.07.2021 – 33 Ca 13634/20, juris: In einem Urteil zur AGB-Kontrolle einer Klausel zur Einführung von Kurzarbeit ging es davon aus, dass das Fehlen einer Ankündigungsfrist nicht zur Unangemessenheit der Kurzarbeitsklausel führt, juris Rn. 32. Begründet wurde dies mit der Krise, die Ursache für die Kurzarbeit war – in jenem Fall die Covid-19-Pandemie („Im vorliegenden Fall führt daher das Fehlen einer Ankündigungsfrist nicht zur Unangemessenheit der Klausel, weil die geschilderten Umstände der Covid-19 Pandemie ein anerkennenswertes Interesse für den Arbeitgeber darstellen, schnell auf die sich rasant ändernde Lage ab März 2020 zu reagieren und die Beklagte sich zudem darauf beschränkt hat, die kurzfristig einführbare Kurzarbeit auf die Monate bis zum Jahresende zu begrenzen.“, ArbG München, Urteil vom 19.07.2021 – 33 Ca 13634/20, juris Rn. 32); Dagegen spricht aber, dass für die Auslegung von Allgemeinen Geschäftsbedingungen die Grundsätze der objektiven Auslegung herangezogen werden, siehe LG Köln, Urteil vom 17.10.2017 – 11 S 349/16, NJOZ 2018, 430 (430 f.); *Linck*, in: Schaub, Arbeitsrechts-Handbuch, § 35, Rn. 29; im Ergebnis wohl auch *Klocke*, RdA 2020, 331 (334).

451 *Stoffels*, in: FS Henssler 2023, 643 (650).

452 *Stoffels*, in: FS Henssler 2023, 643 (650 f.).

453 *Stoffels*, in: FS Henssler 2023, 643 (651).

KSchG.[454] Die Länge einer solchen Ankündigungsfrist kann nicht generell vorgeschrieben werden; sie hängt von den Umständen des Einzelfalls ab, allen voran branchen- und betriebsspezifischen Besonderheiten. Im Zweifel ist aber – um auch die Zumutbarkeit und Praxistauglichkeit der Klausel für den Arbeitgeber zu berücksichtigen – eher eine kürzere Ankündigungsfrist von maximal zwei Wochen angemessen. Etwaige Unangemessenheiten wegen schutzwürdiger Interessen im Einzelfall wären dann im Rahmen der Billigkeitskontrolle zu beachten.

Abschließend ist festzuhalten, dass die Kurzarbeit innerhalb einer Ankündigungsfrist dem Arbeitnehmer mitgeteilt werden muss. Die Wirksamkeitsklausel setzt voraus, dass die Pflicht zur Einhaltung einer Frist durch den Arbeitgeber in die Kurzarbeitsklausel aufgenommen wird, sodass der Arbeitnehmer sicher sein kann, dass er genügend Zeit zur Anpassung haben wird. Es ist jedoch ausreichend die Länge der Frist im Rahmen der Ausübungskontrolle festzulegen, um den Umständen des Einzelfalls gerecht zu werden.

hh) Zwischenergebnis

Der vorübergehende Arbeitsmangel kann nicht die einzige Voraussetzung sein, an welche die Einführung der Kurzarbeit in der Kurzarbeitsklausel geknüpft ist.[455] Die Einführung von Kurzarbeit im Rahmen von Allgemeinen Geschäftsbedingungen ist an die §§ 95 ff. SGB III zu koppeln, indem jedenfalls auf den Abschnitt über den Verbleib in Beschäftigung im SGB III verwiesen wird; zudem muss die Kurzarbeitsklausel mit einer angemessenen Ankündigungsfrist versehen sein. Arbeitgeberseitige Beigaben wie die Aufstockung des Kurzarbeitergeldes oder Vereinbarungen über eine Beschäftigungssicherung[456] sind möglich und werden häufig vereinbart, sie sind aber nicht notwendig.

Wenn die Klausel diese Regelungen in klarer und verständlicher Art und Weise umfasst, ist diese als angemessen im Sinne von § 307 Abs. 1 BGB anzusehen.[457] Bei Vorhandensein der entsprechenden Klausel ist auch eine

---

454 *Gebel*, BB 2015, 2485 (2486); *Müller/Deeg*, ArbRAktuell 2010, 209 (210); *Bauer/Günther*, BB 2009, 662 (665); *Weller/König*, BB 2020, 953 (957); eine Ankündigungsfrist in der Kurzarbeitsklausel ablehnend: *Klocke*, RdA 2020, 331 (339); die ausdrückliche Fixierung der Ankündigungsfrist ablehnend: *Thüsing*, in: Westphalen, Vertragsrecht und AGB-Klauselwerke, Klauselwerke, Arbeitsverträge, Rn. 156.

455 *Schmidt*, Erste Hilfe bei Kurzarbeit, II., 5.

456 *Müller/Deeg*, ArbRAktuell 2010, 209 (211); *Bauer/Günther*, BB 2009, 662 (665).

457 *Linck*, in: Schaub, Arbeitsrechts-Handbuch, § 47, Rn. 7; *Gebel*, BB 2015, 2485 (2486); *Klocke*, RdA 2020, 331 (333).

Einführung der Kurzarbeit kraft erweiterten Direktionsrechts rechtmäßig, sofern dies im Einzelfall billigem Ermessen entspricht.[458]

d) Billigkeitskontrolle

Bei der tatsächlichen Einführung der Kurzarbeit aufgrund der Kurzarbeitsklausel herrscht Einigkeit, dass der Arbeitgeber diese Entscheidung nach billigem Ermessen zu treffen hat. Dabei hat er im Zeitpunkt der Ausübung der Regelung vor allem zu prüfen, ob die Kurzarbeit auch wirklich erforderlich ist.[459] Wenn er sich für die Einführung von Kurzarbeit entscheidet, sind im Hinblick auf den Kurzarbeitergeldbezug der Arbeitnehmer, Anzeige des Arbeitsausfalls bei der Bundesagentur für Arbeit nach § 99 SGB III zu erstatten[460] und ein Antrag auf Kurzarbeitergeld nach §§ 323, 325 SGB III zu stellen. Im Rahmen der Ausübungskontrolle sind, wie bereits ausgeführt, der Umfang, die Dauer, die Maßgaben zur personellen Konkretisierung und das Ausmaß der Kurzarbeit sowie die Länge der Ankündigungsfrist festzulegen. Dabei muss der Arbeitgeber die individuellen Umstände des Einzelfalls sorgfältig abwägen und und dabei auf eine ausgewogene Berücksichtigung der beiderseitigen Interessen achten.[461]

Berücksichtigungsfähig sind dabei beispielhaft die Dringlichkeit der finanziellen Lage und der wirtschaftlichen Situation des Arbeitgebers, die Absicherung des Arbeitnehmers durch das Kurzarbeitergeld, die private Situation des Arbeitnehmers und, wie jüngst die Corona-Pandemie gezeigt hat, auch Gründe des Gesundheitsschutzes. Pauschale Aussagen darüber, welche Interessen dabei besonders schwer wiegen, sind nicht angebracht; vielmehr kommt es in hohem Maße auf die Umstände des jeweiligen Einzelfalls an.

Die Prüfung, ob die Einführung der Kurzarbeit billigem Ermessen entsprochen hat, obliegt den Arbeitsgerichten.[462] Das Gericht muss in einem ersten Schritt die Kurzarbeitsklausel im Arbeitsvertrag ihrem Inhalt nach überprüfen und sodann prüfen, ob die Einführung der Kurzarbeit im konkreten Fall der Ausübungskontrolle standhält.[463]

---

458 *Schaub/Schindele*, Kurzarbeit, Rn. 10, 30.

459 *Stebut*, RdA 1974, 332 (333); *Barnhofer*, Kurzarbeit zur Vermeidung betriebsbedingter Kündigung, S. 67.

460 *Stoffels*, in: FS Henssler 2023, 643 (652).

461 Im Hinblick auf eine Auswahlentscheidungen unter mehreren Arbeitnehmern wird auf das entsprechend zu übertragene Kapitel, siehe S. 181, und hinsichtlich der generellen Interessenlage bei der Einführung der Kurzarbeit auf den Abschnitt, S. 102 ff., verwiesen.

462 *Bauer/Rennpferdt*, BB 1993, 1078 (1080); *Stebut*, RdA 1974, 332 (333); *Barnhofer*, Kurzarbeit zur Vermeidung betriebsbedingter Kündigung, S. 67.

463 BAG, Urteil vom 12.01.2005 – 5 AZR 364/04, NZA 2005, 465 (469); *Bauer/Günther*, BB 2009, 662 (665); *Klocke*, RdA 2020, 331 (335).

4. Änderungskündigung

Geht der Arbeitnehmer bei Abschluss des Arbeitsvertrages oder im Rahmen von Verhandlungen zu einem Vertrag aus konkretem Anlass nicht auf eine individualvertragliche Vereinbarung ein, hat der Arbeitgeber im Rahmen des individuellen Arbeitsrechts noch die Möglichkeit, eine Änderungskündigung zu dem Zeitpunkt auszusprechen, in welchem die Kurzarbeit akut nötig ist. Die Änderungskündigung ist als Möglichkeit zur Einführung der Kurzarbeit in Rechtsprechung[464] und Literatur[465] anerkannt. Zumeist wird dabei die Änderungskündigung mit dem Inhalt ausgesprochen, dass der Arbeitsvertrag in der Form abgeändert wird, dass sich der Arbeitnehmer in einem benannten Zeitraum in Kurzarbeit befinden wird.[466]

Im Rahmen dessen ist zuerst die grundsätzliche Zulässigkeit der Änderungskündigung zur Einführung der Kurzarbeit zu erörtern, um dann jeweils die ordentliche und die außerordentliche Änderungskündigung zu beleuchten. Zum Abschluss werden sodann die Nachteile der Einführung der Kurzarbeit mithilfe der Änderungskündigung aufgezeigt.

a) Grundsätzliche Zulässigkeit

Im Zusammenhang mit der Diskussion der Einführung der Kurzarbeit durch Änderungskündigungen stößt man vielfach zuerst auf Kritik an der Formulierung selbst.[467] Es wird gefordert, anstatt einer Einführung von Kurzarbeit durch Änderungskündigung viel eher von einem „Fall der Einführung von Kurzarbeit durch vereinbarte Vertragsabänderung“[468] zu sprechen. Entgegen den Ausführungen, die *Weller* zur Kurzarbeitsklausel im Arbeitsvertrag gemacht hat, drängt den Arbeitnehmer im Fall der Änderungskündigung der drohende Arbeitsplatzverlust eher zu einem Einverständnis zur Vertragsabänderung.[469] Der Arbeitgeber darf dabei nicht einzig den Umfang der vertraglich vereinbarten Vergütung und Arbeitszeit abändern und ansonsten am

464 BAG, Urteil vom 14.02.1991 – 2 AZR 415/90, NZA 1991, 607 (607 f.); BAG, Urteil vom 15.12.1961 – 1 AZR 207/59, NJW 1962, 654 (654); *Peters*, Kurzarbeit, S. 40 weist aber darauf hin, dass es noch keine gefestigte Rechtsprechung zu der Thematik gibt.

465 *Schlegel*, in: Schlegel/Meßling/Bockholdt, COVID-19, § 6, Rn. 16; *Caspers*, Kurzarbeit, S. 87 ff.; *Barnhofer*, Kurzarbeit zur Vermeidung betriebsbedingter Kündigung, S. 74; *Nikisch*, Arbeitsrecht, Bd. 1, 3. Aufl. 1961, S. 644; kritisch: *Oehme*, in: Kroiß, Rechtsprobleme durch COVID-19, § 1, Rn. 57 ff.; speziell zu Änderungskündigungen zur Einführung der Kurzarbeit im Profisport: *Fischinger*, SpuRt 2020, 158 (161).

466 So z. B. auch: ArbG Stuttgart, Urteil vom 22.10.2020 – 11 Ca 2950/20, COVuR 2021, 59 (59 f.).

467 *Caspers*, Kurzarbeit, S. 89; *Hueck-Nipperdey*, Lehrbuch, Bd. 1, S. 551, Fn. 35.

468 *Caspers*, Kurzarbeit, S. 89.

469 Vgl. *Caspers*, Kurzarbeit, S. 90.

Vertrag festhalten, denn dabei würde es sich um eine unzulässige Teilkündigung handeln.[470] Die Änderungskündigung besteht aus der Kündigung und dem Angebot zur Fortsetzung des Arbeitsverhältnisses zu geänderten Vertragsbedingungen. Sofern der Arbeitnehmer das Änderungsangebot annimmt, beginnt die Kurzarbeit mit Ende der Kündigungsfrist zu laufen.[471]

b) Ordentliche Änderungskündigung

Eine ordentliche Änderungskündigung ist sozial gerechtfertigt, wenn dringende betriebliche Erfordernisse nach § 1 Abs. 2 KSchG für die Einführung der Kurzarbeit gegeben sind. Der Arbeitgeber hat sich darauf zu beschränken, nur solche Änderungen vorzuschlagen, die der Arbeitnehmer billigerweise hinnehmen muss.[472]

Teilweise wird vertreten, die Änderungskündigung zur Einführung der Kurzarbeit denselben Vorgaben zu unterwerfen, welche das BAG für Entgeltreduzierungen aufgestellt hat, da bei der Kurzarbeit das Entgelt jedenfalls vorübergehend reduziert werde.[473] Eine solche ist nach den Grundsätzen des Bundesarbeitsgerichtes nur wirksam, wenn bei einer Aufrechterhaltung der bisherigen Personalstruktur weitere, betrieblich nicht mehr auffangbare Verluste entstehen würden, die absehbar zu einer Reduzierung der Belegschaft oder sogar zu einer Schließung des Betriebs führen würden.[474] Da diese Anforderungen sehr streng sind, wird oftmals von der Möglichkeit der Änderungskündigung Abstand genommen.[475]

Dass die Maßstäbe für die Änderungskündigung zur Entgeltreduzierung auch zur Einführung der Kurzarbeit verwendet werden, wird in der Literatur aber vielfach kritisiert.[476] Argument der Kritiker ist, dass im Fall der Einführung von Kurzarbeit auch die Arbeitszeit reduziert wird, was bei einer bloßen Entgeltreduzierung gerade nicht der Fall ist; zudem zeigen die Regelungen des Sozialrechts, dass die Einführung von Kurzarbeit möglich ist und

---

470 *Barnhofer*, Kurzarbeit zur Vermeidung betriebsbedingter Kündigung, S. 74; *Caspers*, Kurzarbeit, S. 89, *Schaub/Schindele*, Kurzarbeit, Rn. 41.

471 *Schaub/Schindele*, Kurzarbeit, Rn. 44; *Peters*, Kurzarbeit, S. 40.

472 BAG, Urteil vom 23.06.2005 – 2 AZR 642/04, NZA 2006, 92 (92 ff.); *Weller*/König, BB 2020, 953 (956) weisen zu Recht darauf hin, dass die Verhältnismäßigkeitsprüfung des Änderungsangebots in der Praxis mit Unwägbarkeiten verbunden ist, da die Dauer und der Umfang der Kurzarbeit auf einer Prognose beruht, der das Risiko des Irrtums anhaftet.

473 *Weller/König*, BB 2020, 953 (955); darstellend: *Oehme*, in: Kroiß, Rechtsprobleme durch COVID-19, § 1, Rn. 57.

474 BAG, Urteil vom 12.01.2006 – 2 AZR 126/052, NZA 2006, 587 (587 ff.); BAG, Urteil vom 20.10.2017 – 2 AZR 783/16, NZA 2018, 440 (440).

475 *Bauer/Günther*, BB 2009, 662 (665); *Bauer/Günther*, NZA 2020, 419 (420).

476 *Peters*, Kurzarbeit, S. 41.

die finanziellen Einbußen teilweise durch das Kurzarbeitergeld kompensiert werden.[477] Vor diesem Hintergrund sei auch die gesetzgeberische Wertung der §§ 95 ff. SGB III zu berücksichtigen, welche als Voraussetzungen für den Kurzarbeitergeldbezug neben einem erheblichen Arbeitsausfall auch ein dringendes betriebliches Erfordernis, welches eine Änderungskündigung rechtfertige, vorsehen. Im Interesse der Rechtsklarheit sei daher ein Gleichlauf der Voraussetzungen zu fordern.[478] Einigkeit herrscht aber darüber, dass es sich bei der Einführung von Kurzarbeit um einen tiefgehenden Einschnitt in das vertragliche Synallagma handelt.[479]

Als Argument für die Heranziehung der Grundsätze zur Änderungskündigung zur Entgeltreduzierung wird vorgebracht, dass die (vorübergehenden) Einkommenseinbußen bei langfristiger Nutzung des Instruments der Kurzarbeit einer dauerhaften Entgeltabsenkung gleichkommen, weshalb es richtig sei, diese Grundsätze heranzuziehen.[480] In einer Entscheidung des BAG selbst wird aber angeführt, dass der Arbeitnehmer keine Entgeltsenkung auf Dauer hinnehmen muss, wenn eine mit der Änderungskündigung gewollte Entgeltkürzung nur mit vorübergehenden wirtschaftlichen Verlusten begründet wird.[481] Da die Kurzarbeit aber vorübergehend eingesetzt werden soll, wird von Kritikern vertreten, dass die Grundsätze zur Änderungskündigung bei Entgeltreduzierung gerade wegen des vorübergehenden Elementes der Kurzarbeit nicht herangezogen werden können.[482] Schließlich sei genau das auch der Kritikpunkt, den das Bundesarbeitsgericht bei der Änderungskündigung zur Lohnkostenreduzierung herangezogen hat, um eine solche zu verneinen. Es wird zudem vertreten, dass ein anderer Maßstab für die Änderungskündigung zur Einführung von Kurzarbeit anzulegen ist, wenn der Ar-

---

477 *Peters*, Kurzarbeit, S. 41; *Bauer/Günther*, NZA 2020, 419 (420 f.); *Stoffels*, in: FS Henssler 2023, 643 (645); *Bauer/Günther*, BB 2009, 662 (666); *Bauer/Günther* gehen sogar so weit, dass sie die Voraussetzungen für die Änderungskündigung schon bei Vorliegen der sozialrechtlichen Voraussetzungen für das Kurzarbeitergeld annehmen; diese Koppelung scharf kritisierend: *Weller/König*, BB 2020, 953 (955).

478 ArbG Stuttgart, Urteil vom 22.10.2020 – 11 Ca 2950/20, COVuR 2021, 59 (61).

479 BAG, Urteil vom 20.10.2017 – 2 AZR 783/16, NZA 2018, 440 (440ff); *Weller/König*, BB 2020, 953 (955).

480 *Weller/König*, BB 2020, 953 (955).

481 BAG, Urteil vom 20.08.1998 – 2 AZR 84/98, NZA 1999, 255 (256); *Seel/Rabe*, öAT 2011, 171 (174); zur Dauer bei mittels Änderungskündigung eingeführten Kurzarbeit: *Peters*, Kurzarbeit, S. 41 f.; zu beachten sei, dass das Änderungsangebot das Ende der Kurzarbeit konkret angeben muss, so: *Weller/König*, BB 2020, 953 (956); um Verhältnismäßigkeit zu bewahren, empfehlen *Bauer/Günther*, NZA 2020, 419 (421) ein befristetes Änderungsangebot.

482 *Bauer/Günther*, NZA 2020, 419 (420).

beitgeber einen Zuschuss zum Kurzarbeitergeld zahlt und der Arbeitnehmer dadurch keine finanziellen Nachteile erleidet.[483]

Die Auffassung der Kritiker, welche die Grundsätze des Bundesarbeitsgerichts für eine Änderungskündigung zur Entgeltreduzierung nicht heranziehen wollen, überzeugt: Die Situation bei der Einführung der Kurzarbeit ist mit der dauerhaften Entgeltreduzierung nicht vergleichbar. Bei der Einführung der Kurzarbeit wird nicht nur das Entgelt, sondern auch die Arbeitszeit reduziert und damit gerade nicht in das Äquivalenzinteresse eingegriffen. Darüber hinaus ist die angestrebte Nutzungszeit der Kurzarbeit nur vorübergehend und nicht dauerhaft. Daneben sieht das Sozialrecht eine Kompensation für die Entgeltreduzierung vor und ist gleichzeitig ein deutliches Signal des Gesetzgebers, dass die Kurzarbeit in Krisensituationen eingesetzt werden soll.

Eine Einführung der Kurzarbeit durch Ausspruch der ordentlichen Änderungskündigung mit dem Inhalt, dass der Arbeitsvertrag in der Form abgeändert wird, dass sich der Arbeitnehmer ab einem bestimmten Zeitpunkt in Kurzarbeit befinden soll, ist nichtsdestotrotz durch ordentliche Änderungskündigung möglich.

c) Außerordentliche Änderungskündigung

Gerade in Situationen, die die Einführung von Kurzarbeit bedingen, ist es denkbar, dass es angesichts der drohenden wirtschaftlichen Nachteile für den Arbeitgeber nicht zumutbar ist, die teilweise monatelangen Kündigungsfristen abzuwarten, weshalb an eine außerordentliche Kündigung zu denken ist.[484] Die außerordentliche Kündigung bedarf gemäß § 626 Abs. 1 BGB eines wichtigen Grundes. Die durch die Änderungskündigung gewollten Änderungen müssen nicht nur für den Arbeitgeber unabweisbar notwendig, sondern auch dem Arbeitnehmer zumutbar, also von ihm billigerweise

483 *Schlegel*, in: Schlegel/Meßling/Bockholdt, COVID-19, § 6, Rn. 16; *Weller/König*, BB 2020, 953 (956); nach *Weller/König* reicht für eine Rechtfertigung der ordentlichen Änderungskündigung bei Bezuschussung des Kurzarbeitergeldes durch den Arbeitgeber das Vorliegen der Voraussetzungen für den Kurzarbeitergeldanspruch.

484 *Heise/Schwald*, NZA 2009, 753 (756), insb. Fn. 22; *Oehme*, in: Kroiß, Rechtsprobleme durch COVID-19, § 1, Rn. 63 ff.; zu denken ist auch an Arbeitnehmer, bei denen ordentliche Kündbarkeit durch Tarifvertrag ausgeschlossen ist, so *Weller/König*, BB 2020, 953 (956); ablehnend, weil wohl schon unverhältnismäßig *Schaub/Schindele*, Kurzarbeit, Rn. 52; anders: *Schlegel*, in: Schlegel/Meßling/Bockholdt, COVID-19, § 6, Rn. 16 und *Bauer/Günther*, NZA 2020, 419 (421), welche die außerordentliche Änderungskündigung für zulässig halten, vor allem unter dem Aspekt der Koppelung mit den Regelungen des SGB III.

hinzunehmen sein.[485] In Fällen der Entgeltreduzierung durch eine Änderungskündigung hat das BAG dabei die konkrete Gefahr der drohenden Insolvenz des Betriebs als unabweisbar notwendig erachtet.[486] Dass auch die außerordentliche Änderungskündigung zur Einführung von Kurzarbeit in gewissen Fällen gerechtfertigt sein kann, bestätigt eine aktuelle Entscheidung des ArbG Stuttgart.[487] Dabei hat die erkennende Kammer ausgeführt, dass längere Kündigungsfristen durch eine ordentliche Kündigung „bei der Einführung von Kurzarbeit aufgrund drohendem Zeitablauf für den Arbeitgeber zu einer nicht möglichen sinnvollen Nutzung der Regelungsinstrumentarien der Kurzarbeit"[488] geführt hätten. Dies gelte „zudem gerade in der coronabedingten Situation, bei der die Schließung der Einrichtungen wie hier ohne längere Ankündigung (und damit ohne Planbarkeit) vollzogen wurde und dies sich unvorhersehbar kurzfristig auf den Arbeitsbedarf ausgewirkt ha(be). Würde man dies anders sehen, wäre im Ergebnis bei Verweigerung einzelner Arbeitnehmer die Einführungsmöglichkeit von Kurzarbeit gerade bei längeren Kündigungsfristen (sinnvoll) ausgeschlossen, obwohl die Kurzarbeit primär den Zweck (habe), einen Arbeitsplätzeabbau zu verhindern."[489] Dem ist vollumfänglich zuzustimmen. Die Dringlichkeit der Situation kann es bei Ablehnung der Arbeitnehmer erfordern, dass der Arbeitgeber die Möglichkeit hat, eine außerordentliche Änderungskündigung auszusprechen. Gerade das Beispiel der Coronakrise zeigte die kurzfristigen und unvorhersehbaren Änderungen im Arbeitsbedarf. Nur durch die außerordentliche Änderungskündigung als Ausweg kann der Arbeitgeber noch schnell genug und flexibel reagieren. Ohne diese Möglichkeit würde der Arbeitsplatzverlust für den Arbeitnehmer das weitaus größere Übel darstellen. Auf diese Weise kann die Kurzarbeit ihrem eigentlichen Zweck dienen: der Erhaltung von Arbeitsplätzen.

d) Nachteile der Änderungskündigung

Der primäre Nachteil der ordentlichen Änderungskündigung ist, mit Verweis auf die soeben angeführte Argumentation des ArbG Stuttgart[490], dass deren Umsetzung in vielen Fällen zu spät kommen würde.[491] Obwohl bei der Ein-

---

485 *Niemann*, in: ErfK, § 626 BGB, Rn. 191; *Dahl/Göpfert/Helm*, Arbeitsrechtlicher Umgang mit Pandemien, S. 42.

486 BAG, Urteil vom 20.10.2017 – 2 AZR 783/16, NZA 2018, 440 (445); *Weller/König*, BB 2020, 953 (957).

487 ArbG Stuttgart, Urteil vom 22.10.2020 – 11 Ca 2950/20, COVuR 2021, 59 (59 ff.); *Lunk*, ArbRB 2021, 7 (7 f.); *Fuhlrott*, ArbRAktuell 2021, 231 (232).

488 ArbG Stuttgart, Urteil vom 22.10.2020 – 11 Ca 2950/20, COVuR 2021, 59 (62).

489 ArbG Stuttgart, Urteil vom 22.10.2020 – 11 Ca 2950/20, COVuR 2021, 59 (62).

490 ArbG Stuttgart, Urteil vom 22.10.2020 – 11 Ca 2950/20, COVuR 2021, 59 (59 ff.).

491 *Zieglmeier*, DStR 2020, 729 (731); *Schaub/Schindele*, Kurzarbeit, Rn. 53; *Bähringer/Spiegelhalter*, Kurzarbeit, S. 20; *Gebel*, BB 2015, 2485 (2485); *Bauer/Rennpferdt*,

führung von Kurzarbeit durch das erweiterte Direktionsrecht eine Ankündigungsfrist einzuhalten ist, sind die Fristen des § 622 BGB wesentlich länger, als es die Ankündigungsfrist zur Einführung von Kurzarbeit zu sein hat, um angemessen im Sinne des § 307 Abs. 1 BGB zu sein.

Zudem muss der Arbeitgeber bei der Einführung von Kurzarbeit durch ordentliche Änderungskündigung bis zum Ablauf der jeweils in § 622 Abs. 2 BGB vorgesehenen Kündigungsfrist noch den vollen Lohn zahlen.[492] Für die Praxis wird daher vielfach empfohlen, eine außerordentliche und nur hilfsweise eine ordentliche auszusprechen.[493] Bei der Änderungskündigung ist zudem der besondere Kündigungsschutz, z. B. schwerbehinderter Arbeitnehmer, zu beachten.[494] Es ist auch darauf hinzuweisen, dass die Änderungskündigung nicht dafür benutzt werden darf, Mitbestimmungsrechte des Betriebsrates zu umgehen.[495] Bei der Änderungskündigung ist dabei nicht nur an § 87 Abs. 1 Nr. 3 BetrVG, sondern vor allem auch an § 102 BetrVG, die betriebsverfassungsrechtliche Mitbestimmung bei Kündigungen, zu denken.[496]

Überdies hat der Arbeitnehmer verschiedene Möglichkeiten, auf die Änderungskündigung zu reagieren: Er kann das Angebot ablehnen, was zur Beendigung des Arbeitsverhältnisses führt und der Intention des Arbeitgebers widerspricht, der mit der Kurzarbeit den Arbeitnehmer im Betrieb halten wollte.[497] Zudem kann der Arbeitnehmer die Änderungskündigung gemäß § 2 S. 1 KSchG unter dem Vorbehalt annehmen, dass die Änderung der Vertragsbedingungen nicht sozial ungerechtfertigt ist (§ 1 Abs. 2 S. 1–3, Abs. 3 S. 1 und 2 KSchG) und die Rechtmäßigkeit der Änderungskündigung gemäß § 4 S. 2 KSchG gerichtlich kontrollieren lassen.[498] Bei einem größeren Betrieb kann es bei vielen Änderungskündigungen zu Massenkündigungen kommen, womit wiederum die Anzeigepflichten und Konsultation des Be-

---

BB 1993, 1078 (1081); *Seel/Rabe*, öAT 2011, 171 (174); *Peters*, Kurzarbeit, S. 40; *Stoffels*, in: FS Henssler 2023, 643 (645).

492 *Weller*, Arbeitslosigkeit und Arbeitsrecht, S. 194; *Veit*, Die funktionelle Zuständigkeit des Betriebsrats, S. 325.

493 *Peters*, Kurzarbeit, S. 40; *Bauer/Günther*, NZA 2020, 419 (422).

494 BAG, Urteil vom 07.04.1970 – 2 AZR 201/69, BB 1970, 846 (846 f.); *Bauer/Rennpferdt*, BB 1993, 1078 (1081); *Schmidt*, Erste Hilfe bei Kurzarbeit, II., 7; *Caspers*, Kurzarbeit, S. 91; *Veit*, Die funktionelle Zuständigkeit des Betriebsrats, S. 325.

495 *Rumpff/Dröge*, Kurzarbeit, S. 51.

496 *Schaub/Schindele*, Kurzarbeit, Rn. 42; bei leitenden Angestellten ist an § 105 BetrVG und § 31 SprAuG zu denken.

497 *Schmidt*, Erste Hilfe bei Kurzarbeit, II., 7; *Caspers*, Kurzarbeit, S. 88; *Bauer/Günther*, BB 2009, 662 (667).

498 *Barnhofer*, Kurzarbeit zur Vermeidung betriebsbedingter Kündigung, S. 74; *Linck*, in: Schaub, Arbeitsrechts-Handbuch, § 47, Rn. 8; *Bauer/Rennpferdt*, BB 1993, 1078 (1080); *Stoffels*, in: FS Henssler 2023, 643 (645).

triebsrates bei Massenkündigungen gemäß § 17 KSchG zu beachten wären.[499]

Es ist festzuhalten, dass die Änderungskündigung zur Einführung der Kurzarbeit grundsätzlich in Betracht kommt und gegebenenfalls auch die letzte Handlungsalternative für den Arbeitgeber darstellen kann. Wie aufgezeigt, kann dies den Arbeitgeber mit einigen Hürden konfrontieren; es ist aber falsch, die Einführung der Kurzarbeit mittels Änderungskündigung lediglich als „theoretisches Konstrukt" zu bezeichnen.[500] *Stück* empfiehlt wegen der erheblichen Risiken, von der Einführung der Kurzarbeit mithilfe einer Änderungskündigung abzusehen und zu versuchen, den das Änderungsangebot ablehnenden Arbeitnehmer anderweitig sinnvoll einzusetzen.[501] Das ist nur ein schwaches Argument, ist doch die Kurzarbeit überhaupt nur erforderlich, wenn ein Arbeitsausfall besteht.

5. Kritik an individualrechtlichen Vereinbarungen

Besonders in Betrieben ohne Betriebsrat und Tarifvertrag stellt die individualrechtliche Vereinbarung die einzige Möglichkeit zur Einführung der Kurzarbeit dar. Im Hinblick auf den arbeitsrechtlichen Gleichbehandlungsgrundsatz kann man aber durchaus hinterfragen, ob die Regelungen zur Kurzarbeit überhaupt individualvertraglich getroffen werden können. Bei der Einführung der Kurzarbeit hat der Arbeitgeber den arbeitsrechtlichen Gleichbehandlungsgrundsatz[502] zu beachten. Vor dem Hintergrund des arbeitsrechtlichen Gleichbehandlungsgrundsatzes sind verschiedene Facetten zu beleuchten: zunächst geht es um die Einführung der Kurzarbeit für alle Arbeitnehmer oder zumindest für die ganze Betriebsabteilung, weiter um die einheitliche Einführung beziehungsweise Durchführung der Kurzarbeit. Bei der Durchführung wird hauptsächlich auf die divergierenden Ankündigungsfristen hingewiesen. Unterschiedliche Fristen können sich im Rahmen der ordentlichen Änderungskündigungen aus § 622 Abs. 2 BGB ergeben oder im Rahmen der Anordnung der Kurzarbeit im Hinblick auf die Billigkeit der Anordnung, bei letzterem aber nicht länger als die bereits dargestellten drei Wochen. Als Vorschlag hinsichtlich der Wahrung des Gleichbehandlungsgrundsatzes wird vorgebracht, dass sich der Beginn der Kurzarbeit nach der

---

499 *Weller*, Arbeitslosigkeit und Arbeitsrecht, S. 194; *Schaub/Schindele*, Kurzarbeit, Rn. 49; *Barnhofer*, Kurzarbeit zur Vermeidung betriebsbedingter Kündigung, S. 74.

500 So aber *Weller/König*, BB 2020, 953 (953ff, insb. 958).

501 Als Beispiele nennt er Wartungs-, Erhaltungs-, Aufräum- und Ablagearbeiten: *Stück*, CCZ 2020, 205 (213).

502 LAG Hamburg, Urteil vom 07.01.2008 – 5 Sa 93/06, juris Rn. 44 ff.; *Dahl/Göpfert/Helm*, Arbeitsrechtlicher Umgang mit Pandemien, S. 13; den Gedanken ebenso aufgreifend: *Bauer/Rennpferdt*, BB 1993, 1078 (1081) und *Schaub/Schindele*, Kurzarbeit, Rn. 51; zur Einheitlichkeit dabei: *Nikisch*, Arbeitsrecht, Bd. 1, 3. Aufl. 1961, S. 644.

jeweils längsten Frist richten müsste.[503] Dann kann es aber dazu kommen, dass die Einführung erst einige Monate später stattfinden kann – dies widerspricht wiederum dem Eilcharakter, den die Einführung der Kurzarbeit häufig mit sich bringt.[504] Um dem präventiv entgegenzuwirken, ist für den Abschluss neuer Arbeitsverträge zu empfehlen, diese mit Kurzarbeitsklauseln zu versehen, welche bereits eine Ankündigungsfrist beinhalten.

III. Tarifvertrag

Auf kollektivvertraglicher Ebene steht in erster Linie der Tarifvertrag zur Einführung von Kurzarbeit zur Verfügung. Die Tarifparteien können sich auf tarifliche Kurzarbeitsklauseln einigen.[505] Solche tariflichen Kurzarbeitsklauseln stellen eine Ermächtigung für den Arbeitgeber dar, die Kurzarbeit einseitig anzuordnen[506] oder – wenn vorhanden – mit dem Betriebsrat gemeinsam eine Betriebsvereinbarung zur Kurzarbeit abzuschließen.

Diese Klauseln dürfen kein uneingeschränktes Anordnungsrecht für den Arbeitgeber zur Einführung der Kurzarbeit enthalten.[507] Ein solches wäre we-

---

503 *Nikisch*, Arbeitsrecht, Bd. 1, 3. Aufl. 1961, S. 644 f.; im Prinzip auch *Peters*, Kurzarbeit, S. 41, Rn. 30; mit Reformüberlegungen für die Einführung der Kurzarbeit in betriebsratslosen Betrieben im Hinblick auf die Gleichbehandlung aller Arbeitnehmer: *Bauer/Günther*, NZA 2020, 419 (422).

504 Siehe dazu die Ausführungen des ArbG Stuttgart zur Rechtmäßigkeit der fristlosen Änderungskündigung: ArbG Stuttgart, Urteil vom 22.10.2020 – 11 Ca 2950/20, COVuR 2021, 59 (59 ff.).

505 Die Zulässigkeit der Tarifnormen ist weitestgehend unumstritten (wobei *Bischof*, NZA 1995, 1021 (1023) darauf hinweist, dass in der Praxis tarifvertragliche Öffnungsklauseln häufiger sind) – Gestritten wird aber über Ihre Wirkung – ausführlich dazu: *Boecken*, RdA 2000, 7 (9 ff.); Kurzarbeit als Betriebsnorm einstufend: *Conze*, Die Einführung von Kurzarbeit, S. 74; *Ulber*, AiB 2007, 5 (7); dagegen: *Hahn*, Flexible Arbeitszeit, B, Rn. 288; *Ehmann*, Betriebsrisikolehre und Kurzarbeit, S. 36; *Barnhofer*, Kurzarbeit zur Vermeidung betriebsbedingter Kündigung, S. 72; *Patett*, Arbeitskampffernwirkungen, Lohnrisiko und Mitbestimmung, S. 380; *Boecken*, RdA 2000, 7 (9); *Suschitz*, Kurzarbeit, S. 222 ff. (ausführlicher auch zur Verfassungsmäßigkeit); grundsätzlich gegen tarifliche Kurzarbeitsklauseln: *Heinze*, RdA 1998, 14 (17 ff.); Kritik an Heinze: *Fitting*, Betriebsverfassungsrecht Handkommentar, § 87 BetrVG, Rn. 160.

506 BAG, Urteil vom 25.11.1981 – 4 AZR 274/79, DB 1982, 909 (909); *Rumpff/Dröge*, Kurzarbeit, S. 48; *Ehmann*, Betriebsrisikolehre und Kurzarbeit, S. 35; *Barnhofer*, Kurzarbeit zur Vermeidung betriebsbedingter Kündigung, S. 70; *Patett*, Arbeitskampffernwirkungen, Lohnrisiko und Mitbestimmung, S. 436; *Fauth*, Arbeitszeitrecht, S. 82; *Conze*, Die Einführung von Kurzarbeit, S. 23, dieser auch S. 40 ff. ausführlich zu den Bedenken gegen die tarifliche Kurzarbeitsklauseln, bzw. der Entkräftung dieser.

507 BAG, Urteil vom 27.01.1994 – 6 AZR 541/93, NZA 1995, 134 (135); BAG, Urteil vom 18.10.1994 – 1 AZR 503/93, NZA 1995, 1064 (1066); *Heimann*, SPA 2021, 36

gen des Verstoßes gegen tariflich unabdingbares Kündigungsschutzrecht unwirksam.[508] Die Erweiterung des Direktionsrechts, welches der Tarifvertrag dem Arbeitgeber einräumt, unterliegt wegen § 310 Abs. 4 S. 3 BGB nicht der AGB-Kontrolle nach §§ 307 ff. BGB.[509]

Die Voraussetzungen zur Einführung der Kurzarbeit müssten in der tariflichen Kurzarbeitsklausel genau bestimmt sein.[510] Dabei ist Regelungsgegenstand der Klausel in der Regel die Bestimmung der sachlichen Voraussetzungen der Kurzarbeit, der personelle und zeitliche Umfang sowie Bestimmungen zum Verfahren.[511] Darüber hinaus muss eine Ankündigungsfrist festgelegt werden.[512] Generell ist die Ausgestaltung der tariflichen Kurzarbeitsklauseln aber sehr vielfältig.[513] Wenn es sich um eine Tarifklausel handelt, die die Vereinbarung einer Betriebsvereinbarung vorsieht, ist es sinnvoll, die genauen Modalitäten der Kurzarbeit im Rahmen der Betriebsvereinbarung zu klären. Theoretisch denkbar ist daneben auch eine ad-hoc-Regelung im Tarifvertrag.[514]

IV. Betriebsvereinbarung

Existieren weder eine tarifliche Kurzarbeitsklausel noch sonstige tarifliche Regelungen hinsichtlich der Einführung von Kurzarbeit, kann sie mittels einer Betriebsvereinbarung eingeführt werden.[515] Dabei geht es um eine förm-

(37); *Boecken*, RdA 2000, 7 (9); *Schmidt*, Erste Hilfe bei Kurzarbeit, II., 3.; *Zieglmeier*, DStR 2020, 729 (730).

508 *Linck*, in: Schaub, Arbeitsrechts-Handbuch, § 47, Rn. 3; *Schmidt*, Erste Hilfe bei Kurzarbeit, II., 3.

509 *Tillmanns*, in: BeckOK ArbR, § 106 GewO, Rn. 36a.

510 *Linck*, in: Schaub, Arbeitsrechts-Handbuch, § 47, Rn. 3; *Pototzky/Gimmy*, BB 2021, 2292 (2293).

511 *Rumpff/Dröge*, Kurzarbeit, S. 65 ff.; *Patett*, Arbeitskampffernwirkungen, Lohnrisiko und Mitbestimmung, S. 380; *Suschitz*, Kurzarbeit, S. 221.

512 BAG, Urteil vom 12.10.1994 – 7 AZR 398/93, NZA 1995, 641 (642 f.); *Linck*, in: Schaub, Arbeitsrechts-Handbuch, § 47, Rn. 5; *Fauth*, Arbeitszeitrecht, S. 82; *Caspers*, Kurzarbeit, S. 78 f.; *Heimann*, SPA 2021, 36 (37); *Bauer/Günther*, BB 2009, 662 (663); *Blanke*, Kurzarbeit, S. 44 f.; *Röder/Chakrabarti*, DB 2020, 1960 (1960).

513 Mit verschiedenen Beispielen: *Schmidt*, Erste Hilfe bei Kurzarbeit, II., 3.; ausführlich zu den verschiedenen Regelungsgegenständen bei tarifvertraglichen Kurzarbeitsklauseln: *Rumpff/Dröge*, Kurzarbeit, S. 65 ff.; *Conze*, Die Einführung von Kurzarbeit, S. 55 ff.; *Ulber*, AiB 2007, 5 (8).

514 *Patett*, Arbeitskampffernwirkungen, Lohnrisiko und Mitbestimmung, S. 387; welche aber den Vorteil hätte, dass dieser nach dem Eingangssatz des § 87 Abs. 1 BetrVG das Mitbestimmungsrecht ausschließt.

515 Zu den Einzelheiten bei Betriebsvereinbarungen in Bereichen, in denen Tarifverträge existieren oder nicht oder nur partielle tarifliche Regelungen: *Rumpff/Dröge*, Kurzarbeit, S. 83 ff. und *Hahn*, Flexible Arbeitszeit, B, Rn. 294 f.; zudem wird noch einmal

liche Betriebsvereinbarung und nicht um eine Regelungsabrede; eine solche genügt in keinem Fall als Rechtsgrundlage, da sie keine normative Wirkung hat, § 77 BetrVG.[516]

Die Betriebsvereinbarung stellt das „übliche Regelungsinstrument" zur Einführung von Kurzarbeit dar.[517] Klarer Vorteil der Betriebsvereinbarung ist, dass diese nach § 77 Abs. 4 S. 1 BetrVG unmittelbar und zwingend gilt, anders als die einzelvertraglichen Regelungen keiner AGB-Kontrolle unterliegt und dass sich der Arbeitgeber mit nur einem Verhandlungspartner einigen muss.[518]

In Frage gestellt wird aber die grundsätzliche Tauglichkeit der Betriebsvereinbarung als Rechtsgrundlage zur Einführung von Kurzarbeit. Zudem sind auch bei der Betriebsvereinbarung gewisse Inhalte in jedem Fall festzulegen.

1. Grundsätzliche Tauglichkeit der Betriebsvereinbarung als Rechtsgrundlage zur Einführung von Kurzarbeit

In der vorherrschenden arbeitsrechtlichen Lehre und in der Rechtsprechung des Bundesarbeitsgerichts ist die Betriebsvereinbarung als taugliche Rechtsgrundlage für die Einführung von Kurzarbeit anerkannt.[519] Es gibt aber

---

differenziert zwischen der Einführung durch Betriebsvereinbarung und einer Betriebsvereinbarung, die den Arbeitgeber ermächtigt, durch einseitige Anordnung Kurzarbeit einzuführen, dazu näher: *Patett*, Arbeitskampffernwirkungen, Lohnrisiko und Mitbestimmung, S. 380 f. (insb. S. 381, Fn. 1) und *Rumpff/Dröge*, Kurzarbeit, S. 49 f.

516 BAG, Urteil vom 14.02.1991 – 2 AZR 415/90, NZA 1991, 607 (607 f.); *Preis/Greiner*, in: ErfK, § 611a BGB, Rn. 753; *Barnhofer*, Kurzarbeit zur Vermeidung betriebsbedingter Kündigung, S. 68, 73; *Blanke*, Kurzarbeit, S. 26; *Weller/König*, BB 2020, 953 (954); *Säcker/Oetker*, ZfA 1991, 131 (144, insb. Fn. 48); *Bertz*, NJW-Spezial 2020, 242 (242).

517 *Bispinck/Laßmann/Rupp*, Konjunkturbedingte Kurzarbeit, S. 41; *Caspers*, Kurzarbeit, S. 86.

518 *Dahl/Göpfert/Helm*, Arbeitsrechtlicher Umgang mit Pandemien, S. 13.

519 BAG, Urteil vom 18.11.2015 – 5 AZR 491/14, NZA 2016, 565 (566); BAG, Urteil vom 12.10.1994 – 7 AZR 198/93, NZA 1995, 641 (642); BAG, Urteil vom 14.02.1991 – 2 AZR 415/90, NZA 1991, 607 (607); *Gutzeit*, in: GK-BetrVG, § 87, Rn. 388; Schlegel, in: Schlegel/Meßling/Bockholdt, COVID-19, § 6, Rn. 15; *Schmidt*, Erste Hilfe bei Kurzarbeit, II., 4; *Maschke*, Kurzarbeit in Betriebsvereinbarungen, I. M.U. Nr. 31, April 2020, S. 6 ff.; *Bispinck/Laßmann/Rupp*, Konjunkturbedingte Kurzarbeit, S. 9, 41; im Grunde auch zustimmend: *Säcker/Oetker*, ZfA 1991, 131 (157 f.); *Bähringer/Spiegelhalter*, Kurzarbeit, S. 12 f.; *Rumpff/Dröge*, Kurzarbeit, S. 83; *Blanke*, Kurzarbeit, S. 26; *Kalb*, Rechtsgrundlage und Reichweite der Betriebsrisikolehre, S. 144; *Conze*, Die Einführung von Kurzarbeit, S. 75 ff.; *Weller*, Arbeitslosigkeit und Arbeitsrecht, S. 185; *Caspers*, Kurzarbeit, S. 81 ff.; *Hinze*, Mildere Mittel zur Vermeidung betriebsbedingter Kündigung, S. 220; *Schaub/Schindele*, Kurzarbeit, Rn. 124 f.; *Ehmann*, Be-

durchaus Gegenstimmen, die die Betriebsvereinbarung zur Einführung von Kurzarbeit kritisch betrachten. Dabei wird nicht nur die rechtliche Ermächtigung aus § 87 Abs. 1 Nr. 3 BetrVG hinterfragt, sondern es werden auch Bedenken hinsichtlich des Günstigkeitsprinzips geäußert.[520] Der Einleitungssatz des § 87 Abs. 1 BetrVG sieht vor, dass der Betriebsrat, soweit eine gesetzliche oder tarifliche Regelung nicht besteht, in den dort numerisch aufgelisteten Angelegenheiten mitzubestimmen hat. In § 87 Abs. 1 Nr. 3 BetrVG wird dann die vorübergehende Verkürzung oder Verlängerung der betriebsüblichen Arbeitszeit, worunter auch die Kurzarbeit fällt, genannt.

a) Die rechtliche Ermächtigung aus § 87 Abs. 1 Nr. 3 BetrVG

Bei den Stimmen, die § 87 Abs. 1 Nr. 3 BetrVG keine rechtliche Ermächtigung für den Abschluss einer Betriebsvereinbarung entnehmen, ist zu beachten, dass diese nicht zugleich behaupten, dass im Rahmen der Einführung von Kurzarbeit eine Betriebsvereinbarung völlig fehl am Platz wäre. Es wird vielmehr differenziert: Die Anordnung durch Betriebsvereinbarung setzt ein einseitiges Recht des Arbeitgebers zur Einführung von Kurzarbeit aus Individualvertrag, Tarifvertrag oder Zulassung durch die Bundesagentur für Arbeit im Sinne von § 19 KSchG[521] vor.[522] Kritisch beäugt wird schließlich nur der Fall, in welchem dem Arbeitgeber keine einseitige Befugnis zur Anordnung zusteht. Vertreter dieser Ansicht sehen in § 87 Abs. 1 Nr. 3 BetrVG keine Ermächtigungsnorm zu autonomer Regelung durch Betriebsvereinbarung.[523] Denn § 87 Abs. 1 Nr. 3 BetrVG enthalte keine Ermächtigung dahingehend, dass der Arbeitgeber, der nicht kraft Weisung, einzelvertraglich oder tariflich zur Anordnung von Kurzarbeit berechtigt ist, dies gemeinsam mit dem Betriebsrat tun könne.[524]

---

triebsrisikolehre und Kurzarbeit, S. 37; *Fauth*, Arbeitszeitrecht, S. 83; *Windhorst/Lange*, in: Helm/Bundschuh/Wulff, § 20, Rn. 1 ff.; *Bauer/Günther*, BB 2009, 662 (663); *Dahl/Göpfert/Helm*, Arbeitsrechtlicher Umgang mit Pandemien, S. 12; *Stebut*, RdA 1974, 332 (346); *Bischof*, NZA 1995, 1021 (1023); *Miersch*, Die Rechtsfolgen mitbestimmungswidriger Maßnahmen für das Arbeitsverhältnis, S. 128 f.

520 Die Betriebsvereinbarung als taugliches Mittel ebenso ablehnend, aber mit anderer Begründung: *Canaris*, AuR 1966, 129 (135 f.).

521 Siehe Ausführungen zur Einführung von Kurzarbeit aufgrund gesetzlicher Bestimmungen, S. 88 ff.

522 Ausführlicher dazu: *Waltermann*, NZA 1993, 679 (680 f.); *Waltermann*, RdA 2007, 257 (266).

523 *Waltermann*, NZA 1993, 679 (680 ff.).

524 *Waltermann*, NZA 1996, 357 (362); *Waltermann*, RdA 2007, 257 (266); Waltermann, ZfA 2005, 505 (516); *Heinze*, RdA 1998, 14 (19); *Schoof*, AiB 2003, 199 (209); den Grundgedanken ebenso bejahend: *Reichold*, Betriebsverfassung als Sozialprivatrecht, S. 546; *Müller-Franken*, Die Befugnis zu Eingriffen in die Rechtsstellung des einzelnen durch Betriebsvereinbarungen, S. 349; *Veit*, Die funktionelle Zuständigkeit des Betriebsrats, S. 332; *Söllner*, in: Änderung von Arbeitsbedingungen 1990, 13 (27);

Waltermann sieht keine umfassende Regelungskompetenz der Betriebsparteien aus §§ 77 Abs. 3, 88 BetrVG. Während § 87 BetrVG diejenigen sozialen Angelegenheiten regelt, bei denen dem Betriebsrat ein erzwingbares Mitbestimmungsrecht zusteht, regelt § 88 BetrVG weitere soziale Angelegenheiten, die zwar nicht mitbestimmungspflichtig sind, wohl aber eine Betriebsvereinbarung freiwillig geschlossen werden kann.[525] *Waltermann* kommt zu dem Ergebnis, dass § 88 BetrVG nicht zu belastenden Eingriffen in Individualrechte der Arbeitnehmer ermächtigt.[526] Er sieht sich bestätigt von *Richardi*, der die grundsätzliche Aussage trifft, dass die Betriebsvereinbarung nicht in das Verhältnis von Arbeitsleistung und Arbeitsentgelt eingreifen kann.[527] Er missachtet aber, dass *Richardi* die Betriebsvereinbarung zur Einführung von Kurzarbeit in dem bestimmten Fall explizit als Ausnahme benennt.[528] *Lobinger* sieht in der Möglichkeit, Kurzarbeit durch Betriebsvereinbarung einzuführen, einen Verstoß gegen die Grundprinzipien der Privatrechtsordnung, allen voran gegen das Prinzip der Selbstbestimmung und den Grundsatz *pacta sunt servanda*.[529]

Veit vertritt einen vertragsrechtsakzessorischen Ansatz, indem sie die betriebliche Regelungsmacht auf die Fälle beschränkt, in welchen der Arbeitgeber im konkreten Fall durch individualvertraglich, tarifvertraglich oder gesetzlich vorgesehene Regelungen die Einführung von Kurzarbeit anord-

---

Richardi, ZfA 1992, 307 (314); *Rieble*, Arbeitsmarkt und Wettbewerb, Rn. 1437; *Weitnauer*, in: FS Duden 1977, 705 (708), insb. Anmerkung 15; *Boecken*, RdA 2000, 7 (11 f.); *Franzen*, NZA-Beil. 2006, 107 (107 ff.); mit verfassungsrechtlichen Bedenken hinsichtlich der durch Art. 12 I GG „statuierten Gewährleistung der materiellen Existenzsicherung durch die berufliche Arbeit“: *Waltermann*, NZA 1993, 679 (680), der ausdrücklich darauf hinweist, dass an diesem Ergebnis auch die Kompensation durch das Sozialrecht nichts ändert; *Waltermann* zustimmend *Heinze*, RdA 1998, 14 (19) und *Boecken*, RdA 2000, 7 (12); kritisch zu den Grenzen der Beteiligung des Betriebsrats bei der Einführung der Kurzarbeit generell: *Veit*, Die funktionelle Zuständigkeit des Betriebsrats, S. 318 ff.

525 *Kania*, in: ErfK, § 88 BetrVG, Rn. 1.

526 *Waltermann*, NZA 1993, 679 (681 ff.); *Waltermann*, in: FS 100 Jahre BetrVR 2020, 765 (767 f.).

527 *Richardi*, Kollektivgewalt und Individualwille bei der Gestaltung des Arbeitsverhältnisses, S. 316 ff., 319 f.; die Aussage Waltermanns dazu: *Waltermann*, NZA 1993, 679 (682).

528 *Richardi*, Kollektivgewalt und Individualwille bei der Gestaltung des Arbeitsverhältnisses, S. 321.

529 *Lobinger*, Anmerkung zu BAG, Urteil vom 03.06.2003 – 1 AZR 349/02, AP BetrVG 1972 § 77 Tarifvorbehalt Nr. 19, das Urteil selbst bezieht sich zwar auf die Einführung von Überstunden durch Betriebsvereinbarung, *Lobinger* sieht in der Einführung der Kurzarbeit durch Betriebsvereinbarung aber eine Komplementärproblematik; grundsätzlicher zu seinem Verständnis des Systemdenkens im Betriebsverfassungsrecht: *Lobinger*, RdA 2011, 76 (bzgl. Kurzarbeit insb. 78 f., 85, 89).

nen kann.[530] Laut *Veit* sei nur so der Eingriff in die Vertragsfreiheit zu verhindern.[531] Auch sei ein solcher nicht mit Praktikabilitätserwägungen zu rechtfertigen.[532] Ihre Empfehlung für den Fall, dass der Arbeitsvertrag ein einseitiges Recht zur Einführung nicht vorsieht, ist, dafür zu sorgen, dass zukünftige Arbeitsverträge so ausgestaltet werden, und für die bereits bestehenden Massenänderungskündigungen auszusprechen.[533] Sie erkennt zwar schon selbst, dass dies aufwendig, unpraktisch und wenig sinnvoll ist,[534] rechtfertigt es aber dennoch.

Die Vertreter der ablehnenden Meinung verkennen die umfassende Regelungskompetenz der Betriebsparteien.[535] § 77 Abs. 3 BetrVG besagt, dass Arbeitsentgelte und sonstige Arbeitsbedingungen, die durch Tarifvertrag geregelt sind oder üblicherweise geregelt werden, nicht Gegenstand einer Betriebsvereinbarung sein können. Die negative Formulierung des § 77 Abs. 3 BetrVG ins Positive gewendet zeigt, dass jede durch Tarifvertrag regelbare Angelegenheit auch Gegenstand einer Betriebsvereinbarung sein kann.[536] § 87 Abs. 1 Nr. 3 BetrVG enthält insoweit eine Ermächtigungsnorm hinsichtlich der Anordnung von Kurzarbeit durch Betriebsvereinbarung.[537] Dem Argument, § 87 Abs. 1 Nr. 3 BetrVG beraube als Ermächtigungsnorm den Arbeitnehmer seiner im Arbeits- beziehungsweise Tarifvertrag gründenden Freiheit vor einseitiger Abänderung der vereinbarten regelmäßigen Arbeitszeit,[538] ist nicht nur entgegenzuhalten, dass der Eingriff auszuhalten ist; es handelt sich bei der Kurzarbeit nur um eine vorübergehende Maßnahme.[539]

---

530 *Veit,* Die funktionelle Zuständigkeit des Betriebsrats, S. 322 ff.

531 *Veit,* Die funktionelle Zuständigkeit des Betriebsrats, S. 332.

532 *Veit,* Die funktionelle Zuständigkeit des Betriebsrats, S. 331.

533 *Veit,* Die funktionelle Zuständigkeit des Betriebsrats, S. 330 f.

534 *Veit,* Die funktionelle Zuständigkeit des Betriebsrats, S. 331.

535 *Fitting*, Betriebsverfassungsrecht Handkommentar, § 87 BetrVG, Rn. 160; *Barnhofer*, Kurzarbeit zur Vermeidung betriebsbedingter Kündigung, S. 73; *Säcker/Oetker*, ZfA 1991, 131 (146) betont dabei die *originäre*, durch das BetrVG verliehene Macht zur autonomen Rechtsetzung; eine Übersicht der Rechtsprechungsentwicklung zur umfassenden Regelungskompetenz der Betriebsparteien bietet *Waltermann*, RdA 2007, 257 (259 f.).

536 BAG, Beschluss vom 07.11.1989 – GS 3/85, NZA 1990, 816 (818); BAG, Urteil vom 09.04.1991 – 1 AZR 406/90, NZA 1991, 734 (735).

537 Vielfach wird es auch so formuliert, dass § 87 Abs. 1 Nr. 3 BetrVG die Möglichkeiten erweitert, die der Arbeitgeber hat, um auf den Arbeitsvertrag einzuwirken, so z. B.: *Barnhofer*, Kurzarbeit zur Vermeidung betriebsbedingter Kündigung, S. 73.

538 *Lobinger*, RdA 2011, 76 (78 f.); dem zustimmend mit dem Argument, dass die Einführung der Kurzarbeit mit dem Verlust an Einkommen sogar schwerwiegender sei als die Einführung von Überstunden mit dem damit verbundenen Verlust an Freizeit: *Linsenmaier*, RdA 2008, 1 (12).

539 *Barnhofer*, Kurzarbeit zur Vermeidung betriebsbedingter Kündigung, S. 73; *Kania*, in: ErfK, § 87 BetrVG, Rn. 33; *Fitting*, Betriebsverfassungsrecht Handkommentar, § 87

Der Eingriff ist daneben aber auch notwendig, um so die Kurzarbeit einheitlich im Betrieb oder Betriebsteil einzuführen.[540] Zudem ist anzuführen, dass § 77 Abs. 4 S. 1 BetrVG die unmittelbare und zwingende Wirkung regelt. Der Zusammenhang mit Satz 2[541] zeigt sodann, dass auch Verschlechterungen Gegenstand einer Betriebsvereinbarung sein können.[542] Weiterhin ist zu beachten, dass der Betriebsrat Interessenvertretung der Arbeitnehmer ist und der Einführung von Kurzarbeit nur zustimmen wird, wenn dies unbedingt nötig ist[543] und der Entgeltausfall der Arbeitnehmer durch Kurzarbeitergeld kompensiert wird.[544] Zudem ist wiederum anzumerken, dass die Einführung von Kurzarbeit nicht nur im Sinne des Arbeitgebers ist, da dieser eingearbeitete Arbeitskräfte behalten kann, sondern zugleich auch im Sinne der Arbeitnehmer, die ihren Arbeitsplatz behalten.[545] Zuletzt ist anzumerken, dass eine Betriebsvereinbarung aus praktischen Gründen vorzugswürdig ist, da andernfalls der Arbeitgeber zu zeitintensiven und umständlichen Vereinbarungen mit jedem einzelnen Arbeitnehmer gezwungen ist.[546]

b) Bedenken im Hinblick auf das Günstigkeitsprinzip

Darüber hinaus werden Bedenken bei der Einführung von Kurzarbeit durch eine Betriebsvereinbarung im Hinblick auf das Günstigkeitsprinzip geäußert. Im Verhältnis von vertraglich begründeten Ansprüchen und Normen einer Betriebsvereinbarung besteht neben dem Rangprinzip auch das Günstigkeitsprinzip.[547] Zwar ist dieses in § 77 Abs. 4 S. 1 BetrVG nicht ausdrücklich normiert, wohl aber handelt es sich um einen umfassenden arbeitsrechtli-

---

BetrVG, Rn. 136; *Gutzeit*, in: GK-BetrVG, § 87, Rn. 392; *Stoffels*, in: FS Henssler 2023, 643 (644).

540 *Barnhofer*, Kurzarbeit zur Vermeidung betriebsbedingter Kündigung, S. 73; *Caspers*, Kurzarbeit, S. 81; *Schmidt*, Erste Hilfe bei Kurzarbeit, II., 4 weist zutreffend darauf hin, dass ein Vorteil der Betriebsvereinbarung zudem ist, dass sie auch Mitarbeiter, die dem MuSchG unterfallen, und Schwerbehinderte erfasst.

541 § 77 Abs. 4 S. 2 BetrVG: Werden Arbeitnehmern durch die Betriebsvereinbarung Rechte eingeräumt, so ist ein Verzicht auf sie nur mit Zustimmung des Betriebsrats zulässig.

542 *Bähringer/Spiegelhalter*, Kurzarbeit, S. 14; zustimmend: BAG, Urteil vom 15.12.1961 – 1 AZR 207/59, NJW 1962, 654 (654).

543 *Fitting*, Betriebsverfassungsrecht Handkommentar, § 87 BetrVG, Rn. 160.

544 *Stoffels*, in: FS Henssler 2023, 643 (644).

545 *Worzalla*, in: HWGNRH, § 87 BetrVG, Rn. 233.

546 *Rühle*, ZIP 1984, 411 (415), der explizit darauf hinweist, dass dies Unternehmen in „große organisatorische und möglicherweise wirtschaftliche Probleme stürzen" würde; *Stoffels*, in: FS Henssler 2023, 643 (644); dies als Argument (auch generell) scharf kritisierend: *Müller-Franken*, Die Befugnis zu Eingriffen in die Rechtsstellung des einzelnen durch Betriebsvereinbarungen, S. 306 ff.

547 BAG, Urteil vom 19.07.2016 – 3 AZR 134/15, NZA 2016, 1475 (1480) m. w. N.

chen Grundsatz, der in die Norm hineinzulesen ist.[548] Das Günstigkeitsprinzip besagt, dass die im Rang niedrigere Rechtsquelle dann einer ranghöheren vorgeht, wenn diese für den Arbeitnehmer günstiger und die ranghöhere Regelung nicht zwingend ist.[549] Wenn man die Kurzarbeit als weniger günstig ansieht, würde die Betriebsvereinbarung mit der entsprechenden Vereinbarung als ranghöhere, aber ungünstigere Rechtsquelle gegenüber dem Arbeitsvertrag zurücktreten und bei jenem Arbeitnehmer nicht gelten.[550]

Die vorzugswürdigere Gegenmeinung geht davon aus, dass sich der Arbeitnehmer bei der Einführung von Kurzarbeit nicht auf das Günstigkeitsprinzip berufen kann.[551] *Rumpff/Dröge* argumentieren, dass dies aus der Existenz des Mitbestimmungsrechts folgt. Eine Umgehung dieser Regelungsebene durch einzelvertragliche Vereinbarungen sei nicht zulässig.[552] *Löwisch* ist der Meinung, dass das Günstigkeitsprinzip auch für das Verhältnis von Arbeitsvertrag und Betriebsvereinbarung gilt; er sieht aber in der Situation der vorübergehenden Verkürzung der Arbeitszeit – also der Einführung von Kurzarbeit – in § 87 Abs. 1 Nr. 3 BetrVG eine Ermächtigung und damit eine Ausnahme.[553] *Nikisch* behauptet dazu, der Arbeitnehmer habe sich der Situation „zu fügen“.[554]

Im Rahmen dessen ist zusätzlich auf die in der Praxis häufig genutzte Möglichkeit der Betriebsvereinbarungsoffenheit zu achten. In diesem Fall haben Arbeitgeber und Arbeitnehmer vereinbart, dass eine betriebliche Regelung

---

548 BAG, Urteil vom 19.07.2016 – 3 AZR 134/15, NZA 2016, 1475 (1480) m. w. N.

549 *Arnold*, in: Münchener Handbuch zum Arbeitsrecht, Bd. 4, § 316, Rn. 41 ff.

550 Daraus wird gefolgert, dass das Günstigkeitsprinzip dazu führen kann, dass die Einführung von Kurzarbeit auf jene einzelnen Arbeitnehmer sodann keine Anwendung findet, siehe: *Linsenmaier*, RdA 2008, 1 (12); ebenso Bedenken äußernd: *Lobinger*, Anmerkung zu BAG, Urteil vom 03.06.2003 – 1 AZR 349/02, AP BetrVG 1972 § 77 Tarifvorbehalt Nr. 19; *Richardi*, ZfA 1992, 307 (314); *Heinze*, RdA 1998, 14 (19, mit Verweis auf 18); *Canaris*, AuR 1966, 129 (135 f.); im wohl vergleichbaren Fall der Einführung von Überstunden durch Betriebsvereinbarung hat sich die Rechtsprechung im Hinblick auf das Günstigkeitsprinzip so geäußert, dass bei der Einführung von Überstunden der Verlust an Freizeit für den verständigen Arbeitnehmer schwerwiegender sei als das höhere Entgelt, siehe LAG Baden-Württemberg, Urteil vom 14.06.1989 – 9 Sa 145/88, DB 1989, 2028 (2029 f.).

551 BAG, Urteil vom 01.02.1957 – 1 AZR 195/55, NJW 1957, 966 (967) ohne weitere Begründung; Literaturstimmen, die ausdrücklich darauf hinweisen, dass keine Bedenken hinsichtlich des Günstigkeitsprinzips bestehen: *Rumpff/Dröge*, Kurzarbeit, S. 87; *Blanke*, Kurzarbeit, S. 26; *Hinze*, Mildere Mittel zur Vermeidung betriebsbedingter Kündigung, S. 2220; *Bauer/Günther*, BB 2009, 662 (663); *Bischof*, NZA 1995, 1021 (1023); *Oehme*, in: Kroiß, Rechtsprobleme durch COVID-19, § 1, Rn. 31.

552 *Rumpff/Dröge*, Kurzarbeit, S. 87; dazu auch: BAG, Urteil vom 07.09.1956 – 1 AZR 646/54, juris Rn. 22.

553 *Löwisch*, BB 1993, 2371 (2371).

554 *Nikisch*, Arbeitsrecht, Bd. 1, 3. Aufl. 1961, S. 648.

der einzelvertraglichen vorgeht.[555] Die Betriebsvereinbarungsoffenheit stellt eine wichtige Einschränkung des Günstigkeitsprinzips dar.[556] Das Landesarbeitsgericht Hessen hat entschieden, dass eine Betriebsvereinbarung Kurzarbeit anordnen kann, wenn der Arbeitsvertrag dahingehend offen ist. Dies sei schon der Fall, wenn im Arbeitsvertrag die Einführung von Kurzarbeit nicht ausgeschlossen ist,[557] beziehungsweise wenn der Arbeitsvertrag keine Vorschrift für die vorübergehende Kürzung der Arbeitszeit enthält, sodass kein Günstigkeitsvergleich zwischen einzelvertraglicher und betrieblicher Regelung durchgeführt werden kann.[558] *Preis/Ulber* sehen dies kritisch und betonen, dass im Fall der Kurzarbeit das Betriebsverfassungsgesetz die Eingriffsmöglichkeit in die Kernelemente des Arbeitsvertrages als Annexkompetenz zwingend voraussetzt.[559]

Man sollte schließlich hinsichtlich der Günstigkeit anstatt der möglicherweise vorübergehenden belastenden Situation vielmehr die den Arbeitnehmer auf lange Sicht begünstigende Lage betrachten. Denn die Kurzarbeit wird schließlich mit der Intention eingeführt, den Arbeitsplatz zu erhalten. Dies stellt sich für den Arbeitnehmer günstiger dar als ein Arbeitsplatzverlust.[560]

2. Regelungen in der Betriebsvereinbarung

Hinsichtlich der in einer Betriebsvereinbarung zu treffenden Regelungen ist vor allem der Bestimmtheitsgrundsatz zu beachten.[561] Das Bundesarbeitsgericht hat dahingehend festgelegt, dass die Rechte und Pflichten so deutlich geregelt sein müssen, dass „diese für die Arbeitnehmer zuverlässig zu erken-

---

555 *Linsenmaier*, RdA 2008, 1 (9).

556 *Linsenmaier*, RdA 2008, 1 (9).

557 LAG Hessen, Urteil vom 17.09.2012 – 16 Sa 1741/11, BeckRS 2012, 75509; hinsichtlich der vergleichbaren Situation bei der Einführung von Überstunden: BAG, Urteil vom 03.06.2003 – 1 AZR 349/02, NZA 2003, 1155 (1159); dass es nicht selbstverständlich ist, dass Arbeitsverträge hinsichtlich der Einführung der Kurzarbeit regelmäßig „betriebsoffen" sind, betont: *Linsenmaier*, RdA 2008, 1(12), bejaht aber bzgl. Kurzarbeit im Grunde die Betriebsvereinbarungsoffenheit *Linsenmaier*, RdA 2020, 193 (201); kritisch dahingehend: *Preis/Ulber*, RdA 2013, 211 (217).

558 ArbG Berlin, Urteil vom 17.03.2004 – 7 Ca 25174/03, juris Rn. 88 ff.; *Kania*, in: ErfK, § 87 BetrVG, Rn. 36; *Zieglmeier*, DStR 2020, 729 (730 f.).

559 *Preis/Ulber*, RdA 2013, 211 (216 ff.).

560 Dagegen: *Heinze*, RdA 1998, 14 (18), der darauf verweist, dass, wenn der Arbeitnehmer „aus Sorge um seinen Arbeitsplatz die Kurzarbeit für besser hält", er diese mit dem Arbeitgeber via Änderungskündigung einführen kann. Würde man die Betriebsvereinbarung für zulässig erklären, beraube man den Arbeitnehmer um dieses Wahlrecht.

561 BAG, Urteil vom 18.11.2015 – 5 AZR 491/14, NZA 2016, 565 (566); *Zieglmeier*, DStR 2020, 729 (730).

nen sind."[562] Einigkeit herrscht dahingehend, dass in den Betriebsvereinbarungen Bestimmungen hinsichtlich des Beginns und des voraussichtlichen Endes der Kurzarbeit, der Lage und Verteilung der Arbeitszeit, der Auswahl der betroffenen Mitarbeiter und der Festlegung der Zeiträume getroffen werden müssen, in denen die Arbeit ganz oder teilweise ausfallen soll.[563]

Die wohl herrschende Meinung in der Literatur spricht sich dafür aus, dass eine Betriebsvereinbarung zur Einführung von Kurzarbeit immer befristet sein muss.[564] Auch die Gerichte halten Beginn und Dauer der Kurzarbeit für eine erforderliche Bestimmung.[565] Grundsätzlich ist diesem Ansatz etwas abzugewinnen, da er vor allem den Arbeitnehmern Planungssicherheit bietet. Allerdings hat beispielsweise die Corona-Pandemie 2020–2022 gezeigt, dass eine Planbarkeit in gewissen Situationen nur sehr bedingt möglich ist. Es gibt die Möglichkeit die Kurzarbeit befristet einzuführen und sie je nach Bedarf immer weiter zu verlängern. In diesem Fall ist dem Arbeitnehmer mit der Befristung in Sachen Planbarkeit zwar nicht viel geholfen; jedoch führt die unbefristete Einführung noch zu wesentlich mehr Unsicherheiten dahingehend, wann und ob wieder zur Vollarbeit zurückgekehrt werden kann. Darüber hinaus wird die Befristung von vielen Stimmen empfohlen, da dies dem Betriebsrat die Möglichkeit gebe, die wirtschaftliche Notwendigkeit der Kurzarbeit regelmäßig zu kontrollieren.[566] Im Ergebnis kommt es auch bei dieser Frage auf die Umstände des Einzelfalls an.

Vergleicht man diese Regelungen mit dem Inhalt der Kurzarbeitsklausel bei der individualvertraglichen Regelung, fällt direkt ins Auge, dass die Koppelung an das Kurzarbeitergeld bisher lediglich ein Problem im Rahmen der Kontrolle der Allgemeinen Geschäftsbedingungen zu sein scheint. Da-

---

562 BAG, Urteil vom 18.11.2015 – 5 AZR 491/14, NZA 2016, 565 (566); der Konkretheit der Regelungen zustimmend: *Bähringer/Spiegelhalter*, Kurzarbeit, S. 13.

563 BAG, Urteil vom 30.11.2021 – 9 AZR 234/21, NZA 2022, 634 (637, Rn. 48); BAG, Urteil vom 18.11.2015 – 5 AZR 491/14, NZA 2016, 565 (566); *Schmidt*, Erste Hilfe bei Kurzarbeit, II., 4; *Maschke*, Kurzarbeit in Betriebsvereinbarungen, I. M.U. Nr. 31, April 2020, S. 5 ff.; LAG Hessen, Urteil vom 17.09.2012 – 16 Sa 1741/11, BeckRS 2012, 75509; *Hahn*, Flexible Arbeitszeit, B, Rn. 300; *Zieglmeier*, DStR 2020, 729 (730); *Klocke*, RdA 2020, 331 (338); *Sievers*, jM 2020, 189 (195); *Pristin*, AiB 2020, 10 (14) formuliert dahingehend „Eckpunkte" einer Betriebsvereinbarung.

564 *Dahl/Göpfert/Helm*, Arbeitsrechtlicher Umgang mit Pandemien, S. 26, 37; *Schmidt*, Erste Hilfe bei Kurzarbeit, II., 4; *Maschke*, Kurzarbeit in Betriebsvereinbarungen, I. M.U. Nr. 31, April 2020, S. 5 ff.; *Hahn*, Flexible Arbeitszeit, B, Rn. 300; *Zieglmeier*, DStR 2020, 729 (730); *Klocke*, RdA 2020, 331 (338); *Pristin*, AiB 2020, 10 (14); dagegen bspw.: *Barnhofer*, Kurzarbeit zur Vermeidung betriebsbedingter Kündigung, S. 75.

565 BAG, Urteil vom 18.11.2015 – 5 AZR 491/14, NZA 2016, 565 (566); LAG Hessen, Urteil vom 17.09.2012 – 16 Sa 1741/11, BeckRS 2012, 75509.

566 *Blanke*, Kurzarbeit, S. 38 f., der im Rahmen dessen auch einen Widerruf der Zustimmung des Betriebsrats anspricht; dieses Recht steht diesem aber nicht zu.

her stellt sich die Frage, ob eine Koppelung an das Kurzarbeitergeld nicht ebenso für die Betriebsvereinbarung gelten müsste. Eine Angemessenheitskontrolle oder eine an Zweckmäßigkeitsgesichtspunkten orientierte Billigkeitskontrolle werden bei Betriebsvereinbarungen nicht durchgeführt.[567] Insoweit kann eine Gleichstellung von Betriebs- und individualvertraglicher Vereinbarung nicht auf diesem Weg erfolgen. Sinn und Zweck der Angemessenheitskontrolle im Recht der Allgemeinen Geschäftsbedingungen ist vor allem der Arbeitnehmerschutz.[568] Es ist aber bei der Verhandlung einer Betriebsvereinbarung davon auszugehen, dass der Betriebsrat die Interessen und Rechte der Arbeitnehmer insoweit durchsetzt, dass enorme finanzielle Einbußen für den Arbeitnehmer abgewendet werden und häufig sogar Aufstockungen des Kurzarbeitergeldes mit dem Arbeitgeber ausgehandelt werden.[569] Es ist Sache der Betriebsparteien zu vereinbaren, wie der Arbeitnehmerschutz gestaltet wird. Nahe liegt es zwar eine solche Verknüpfung zu dem sozialrechtlichen Kurzarbeitergeld herzustellen; grundsätzlich vorzuschreiben ist sie allerdings nicht.

V. Einführung von Kurzarbeit aufgrund gesetzlicher Bestimmungen

Ein Sonderfall ist § 19 KSchG, welcher die Kurzarbeit bei Massenentlassungen im Sinne des § 17 KSchG regelt. Bei dieser Regelung handelt es sich um eine gesetzliche Ermächtigung zur Einführung von Kurzarbeit.[570] Nach § 19 Abs. 1 KSchG kann die Bundesagentur für Arbeit, wenn der Arbeitgeber nicht in der Lage ist, die Arbeitnehmer bis zu dem in § 18 Abs. 1 und 2 KSchG bezeichneten Zeitpunkt voll zu beschäftigen, zulassen, dass der Arbeitgeber für die Zwischenzeit Kurzarbeit einführt.[571] Der Arbeitgeber muss

567 *Stoffels*, in: Wolf/Lindacher/Pfeiffer, AGB-Recht, ArbR, Rn. 13; *Stoffels*, AGB-Recht, § 6, Rn. 176.

568 *Preis*, in: ErfK, § 310 BGB, Rn. 5.

569 Die Einführung der Kurzarbeit kann aber betriebsratsseitig nicht von der Aufstockungsleistung abhängig gemacht werden, so: *Kleinebrink*, ArbRB 2020, 155 (157).

570 Historisch dazu: *Ehmann*, Betriebsrisikolehre und Kurzarbeit, S. 33; *Conze*, Die Einführung von Kurzarbeit, S. 111.

571 Dazu auch: *Kiel*, in: ErfK, § 19 KSchG, Rn. 1 ff.; *Rinck*, in: Schaub, Arbeitsrechts-Handbuch, § 142, Rn. 1 ff.; *Fauth*, Arbeitszeitrecht, S. 85; *Patett*, Arbeitskampffernwirkungen, Lohnrisiko und Mitbestimmung, S. 381 f.; *Blanke*, Kurzarbeit, S. 47; *Bähringer/Spiegelhalter*, Kurzarbeit, S. 23; *Hinze*, Mildere Mittel zur Vermeidung betriebsbedingter Kündigung, S. 217; *Zobel*, in: Personal-Lexikon, Kurzarbeit – Beendigungstatbestände.

dann die Kurzarbeit noch entsprechend anordnen.[572] Dies stellt aber keinen Fall der konjunkturellen Kurzarbeit dar.

Weiterhin wird diskutiert, ob das Arbeitsförderungsrecht als Teil des Sozialrechts eine arbeitsrechtliche Rechtsgrundlage des Arbeitgebers für die Einführung von Kurzarbeit darstellt. Teilweise wird vertreten, dass die Möglichkeit der Gewährung von Kurzarbeitergeld den Arbeitgeber ermächtigt, einseitig Kurzarbeit anzuordnen. Eine einheitliche sozial- und arbeitsrechtliche Bewertung der Einführung von Kurzarbeit fordert *Heinze*, der seine Auffassung auf die persönliche Voraussetzung des ungekündigten Arbeitsverhältnisses nach § 98 Abs. 1 Nr. 2 SGB III stützt.[573] Sehe man, so *Heinze*, als mögliche Rechtsgrundlage für die Einführung von Kurzarbeit wie die herrschende Ansicht auch die Änderungskündigung, „die exakt auf den Wegfall des Arbeitseinkommens für die gekürzte Arbeitszeit zielt", stehe das im Widerspruch mit dem sozialrechtlichen Erfordernis des ungekündigten Arbeitsverhältnisses.[574] Insofern fordert er einen Gleichlauf der Voraussetzungen und damit bei deren Vorliegen die Möglichkeit für den Arbeitgeber, die Kurzarbeit arbeitsrechtlich einseitig einzuführen.

Das überzeugt nicht. Gegen eine einheitliche arbeits- und sozialrechtliche Bewertung wird zu Recht angeführt, dass mit dem ungekündigten Arbeitsverhältnis eine Beendigungskündigung und nicht eine Änderungskündigung gemeint sei.[575] *Boecken* sieht in einem systematischen Vergleich mit dem ebenso in § 98 Abs. 1 Nr. 2 SGB III genannten Aufhebungsvertrag die gesetzgeberische Wertung, dass es um die Beendigung und nicht die Änderung des Arbeitsverhältnisses geht; er sieht seine Auffassung durch die Zielsetzung des Kurzarbeitergeldes gestützt.[576]

Zudem wird gegen eine einheitliche Bewertung vorgebracht, dass die arbeitsrechtlichen Folgen der Einführung von Kurzarbeit derart gravierend sind, dass auch ihre Voraussetzungen arbeitsrechtlicher Natur sein müssen.[577] Die §§ 95 ff. SGB III reichen deshalb als Rechtsgrundlage für die

---

572 *Suschitz*, Kurzarbeit, S. 220 f.; Zu den Tatbestandsvoraussetzungen, den Rechtsfolgen, sowie verfahrensrechtlichen Besonderheiten: *Rumpff/Dröge*, Kurzarbeit, S. 51 ff.; *Conze*, Die Einführung von Kurzarbeit, S. 110 ff.; zu einem etwaigen Mitbestimmungsrecht des Betriebsrats bei einer auf eine gemäß § 19 KSchG erteile Zustimmung gestützte Kurzarbeit: *Patett*, Arbeitskampffernwirkungen, Lohnrisiko und Mitbestimmung, S. 390 ff. und *Bähringer/Spiegelhalter*, Kurzarbeit, S. 23 f.

573 *Heinze*, RdA 1998, 14 (20 f.).

574 *Heinze*, RdA 1998, 14 (21, 23); *Heinze* sieht zudem in den Kurzarbeitergeldvorschriften eine Ablösung des § 615 BGB, *Heinze*, RdA 1998, 14 (20).

575 *Boecken*, RdA 2000, 7 (13 f.); *Hinze*, Mildere Mittel zur Vermeidung betriebsbedingter Kündigung, S. 223.

576 *Boecken*, RdA 2000, 7 (14).

577 So im Grunde auch: *Klocke*, RdA 2020, 331 (337).

einseitige Einführung von Kurzarbeit nicht aus.[578] Überschneidungen der Voraussetzungen, wie den vorübergehenden Arbeitsmangel, liegen zwar vor, reichen aber nicht für eine vollständig einheitliche Bewertung. Das Kurzarbeitergeld mit seiner Entgeltersatzfunktion ist Konsequenz der Einführung von Kurzarbeit.[579] Das Kurzarbeitergeld ist Folge der Kurzarbeit – es legitimiert sie aber nicht. Dabei ist letzten Endes aber nicht von der Hand zu weisen, dass das Kurzarbeitergeld eine stabilisierende Wirkung auf das Arbeitsverhältnis hat.[580]

Überzeugend ist im Ergebnis, dass keine Notwendigkeit für eine einheitliche Bewertung besteht. Die arbeitsrechtliche Kurzarbeit ist rechtlich unabhängig vom sozialrechtlichen Kurzarbeitergeld zu betrachten.[581] Das Arbeitsförderungsrecht stellt damit keine taugliche Rechtsgrundlage für die Einführung von Kurzarbeit dar.

VI. Zwischenergebnis

Es ist zusammenfassend zu sagen, dass es viele Möglichkeiten gibt, die Kurzarbeit einzuführen. Dabei kommt es stark auf die Gegebenheiten im Betrieb an – wie zum Beispiel, ob der Betrieb einen Betriebsrat hat oder nicht. Zu betonen gilt es aber nochmals, dass die Kurzarbeit nicht durch das Direktionsrecht des Arbeitgebers eingeführt werden kann.

578 So auch: *Stoffels*, in: FS Henssler 2023, 643 (644).

579 *Hinze*, Mildere Mittel zur Vermeidung betriebsbedingter Kündigung, S. 223 f.

580 *Klocke*, RdA 2020, 331 (337).

581 *Rumpff/Dröge*, Kurzarbeit, S. 41; *Richardi*, ZfA 1992, 307 (313); *Suschitz*, Kurzarbeit, S. 232; *Spinner*, in: MünchKomm, § 611a BGB, Rn. 946; *Säcker/Oetker*, ZfA 1991, 131 (182 f.); *Hahn*, Flexible Arbeitszeit, B, Rn. 273; *Beck*, Kurzarbeit, S. 9.

D. Rechtsgrundlage für die Beendigung der Kurzarbeit durch den Arbeitgeber

Nach der Rechtsgrundlage für die Einführung von Kurzarbeit wird im nächsten Schritt die Rechtsgrundlage für die Beendigung der Kurzarbeit untersucht. Der vermutlich häufigste Grund für die (vorzeitige) Beendigung der Kurzarbeit dürfte der Wegfall der Voraussetzungen für die Einführung der Kurzarbeit sein – dabei allen voran der nicht mehr vorhandene Arbeitsmangel, sei es durch eine unvorhergesehene Änderung oder Besserung der Umstände beziehungsweise Auftragslage. Da sich die bisher bestehende Literatur nicht umfassend mit der Beendigung der Kurzarbeit befasst, wird häufig pauschal formuliert, dass die Kurzarbeit entweder bei „Ablauf der vereinbarten Zeit oder bei Wegfall ihrer Voraussetzungen“[582] endet. Dass die Kurzarbeit bei Ablauf der vereinbarten Zeit endet, ist nachvollziehbar und logisch, da diese auch nur befristet eingeführt wurde. Jedoch ist es vorschnell, eine (vorzeitige) Beendigung der Kurzarbeit bereits anzunehmen, wenn lediglich die Voraussetzungen für die Einführung der Kurzarbeit weggefallen sind. Aus rein praktischer Sicht stellt sich etwa die Frage, woher der Arbeitnehmer wissen soll, dass die Voraussetzungen weggefallen sind. Und selbst wenn er hiervon „rein zufällig“ Kenntnis genommen hat, ist dennoch und vor allem bei einer vorangegangen Kurzarbeit Null eine Kontaktaufnahme des Arbeitgebers mit dem Arbeitnehmer zu fordern. Im Rahmen dieser Kontaktaufnahme ist zu fragen, ob eine rechtsgeschäftliche Erklärung des Arbeitgebers erforderlich ist oder ob ein schlichter Hinweis für die Beendigung der Kurzarbeit ausreicht.

Um diese Frage zu beantworten, muss zunächst geklärt werden, was die Kurzarbeit an sich ist, beziehungsweise wie und ob sie Vertragsbestandteil wurde. Vor allem bei der individualvertraglichen Vereinbarung muss beleuchtet werden, welche Rechtsnatur die Vereinbarung der Kurzarbeit hat.

Man könnte auf die Idee kommen, dass die individualvertraglich vereinbarte Kurzarbeit öffentlich-rechtlicher Natur ist. Schließlich zahlt der Staat, wenn Kurzarbeitergeld beantragt wurde, dieses aus. Ein Zusammenhang mit dem öffentlichen Recht ist dann nicht zu leugnen. Abgesehen davon ist die Differenzierung zwischen Kurzarbeit und Kurzarbeitergeld aus Laienperspektive weithin unbekannt. Dagegen spricht aber klar, dass – wie bereits dargestellt – Kurzarbeit auch ohne Kurzarbeitergeldbezug bestehen kann. Die Abhängigkeit ist einseitig. Denn es kann Kurzarbeit ohne Kurzarbeitergeld geben, nie aber Kurzarbeitergeld ohne Kurzarbeit. Der ursprünglich vereinbarte Arbeitsvertrag und somit die Basis, von der mit der Einführung von Kurzarbeit durch Gebrauchmachen von der Ermächtigung abgewichen

---

582 *Linck*, in: Schaub, Arbeitsrechts-Handbuch, § 47, Rn. 11.

wird, ist dem Privatrecht zuzuordnen. Die Kurzarbeit ist somit eindeutig nicht öffentlich-rechtlicher Natur.

Die Kurzarbeit ist dementsprechend (jedenfalls) privatrechtlicher Natur. Im Rahmen dessen könnte man sich überlegen, ob es sich bei der vereinbarten Kurzarbeit um ein eigenes Schuldverhältnis handelt. Ein Schuldverhältnis ist eine zwischen zwei bestimmten Personen bestehende rechtliche Sonderverbindung, durch die Ansprüche begründet werden.[583] Zwischen Arbeitgeber und Arbeitnehmer werden bei der Einführung von Kurzarbeit durch individualvertragliche Vereinbarung zwar Willenserklärungen abgegeben. Diese haben jedoch nicht den Zweck eine Sonderverbindung zu schaffen, durch die Ansprüche begründet werden. Vielmehr wird durch die Einführung von Kurzarbeit eine Änderung der arbeitsvertraglichen Hauptleistungspflichten herbeigeführt. Es gibt somit kein „Kurzarbeit-Schuldverhältnis“. Es wird teilweise so formuliert, dass die Kurzarbeit eine Zusatzvereinbarung zum Arbeitsvertrag ist.[584] Diese Zusatzvereinbarung wird Vertragsbestandteil und ist folglich Teil des Arbeitsvertrages.[585]

Da die Einführung von Kurzarbeit eine Rechtsänderung zur Folge hatte, muss auch die rechtsgeschäftliche Erklärung zur Beendigung eine Erklärung mit Rechtsfolgewillen sein.[586] Infolgedessen kann ein schlichter Hinweis darauf, dass die Voraussetzungen nicht mehr vorliegen, nicht zur Beendigung ausreichen. Denn ein solcher Hinweis hätte rechtlich keine Auswirkungen. Es ist also eine rechtsgeschäftliche Erklärung zur Beendigung der Kurzarbeit mit konstitutiver Wirkung zu verlangen.

I. Beendigung der Kurzarbeit durch den Arbeitgeber kraft seines Direktionsrechts

Sofern keine Frist bei der Einführung vereinbart wurde und/oder der Arbeitgeber die Kurzarbeit vorzeitig beenden möchte, ist es grundsätzlich denkbar, dass die Kurzarbeit einseitig durch den Arbeitgeber beendet werden kann.

583 *Mansel*, in: Jauernig, § 241 BGB, Rn. 1.

584 *Müller/Deeg*, ArbRAktuell 2010, 209 (209).

585 *Duhnkrack/Hellmann*, ZIP 2003, 1425 (1425 ff.); ebenso von der Prämisse ausgehend, dass Zusatzvereinbarungen Vertragsbestandteil werden: LAG Berlin-Brandenburg, Urteil vom 27.02.2009 – 6 SA 2164/08, juris Rn. 34 ff.

586 Vgl. *Reimer*, Juristische Methodenlehre, Rn. 127; so im Prinzip auch: *Stoffels*, in: FS Henssler 2023, 643 (652); *Bischof*, NZA 1995, 1021 (1026); *Wiedemann/Moll*, Anmerkung zu BAG, Beschluss vom 25.10.1977 – 1 AZR 67/76, AP BetrVG 1972 § 87 Arbeitszeit Nr. 1.

Schließlich stellt die Beendigung die Aufhebung der außerordentlichen Regelung zugunsten des Normalzustandes dar.[587]

Da die Beendigung der Kurzarbeit zu dem ursprünglich arbeitsvertraglich vereinbarten Zustand zurückführt, könnte man also davon ausgehen, dass die Beendigung der Kurzarbeit einseitig durch den Arbeitgeber erklärt werden kann, sofern sie nicht bereits im Rahmen der Einführung geregelt worden ist. Ob der Arbeitgeber einseitig kraft seines Direktionsrechts zur Beendigung der Kurzarbeit befugt ist, ist allerdings umstritten.

1. Meinungsspektrum

Die verschiedenen Standpunkte hinsichtlich der Befugnis des Arbeitgebers zur jederzeitigen Beendigung der Kurzarbeit und weitere Argumentationsmöglichkeiten diesbezüglich sollen im Folgenden dargestellt werden.

a) Beendigung kraft Weisungsrechts möglich

Teilweise wird im Schrifttum vertreten, dass der Arbeitgeber die Kurzarbeit durch einseitige Erklärung die Kurzarbeit vorzeitig beenden kann.[588] Eine Begründung oder Argumentation wird dabei, soweit ersichtlich, nicht angeführt. Begründen ließe sich diese Auffassung aber damit, dass die Beendigung der Kurzarbeit schlussendlich nur zu dem Zustand zurückführt, der arbeitsvertraglich vereinbart wurde und somit der ursprüngliche Status quo wiederhergestellt wird. Da nur zum Status quo ante zurückgekehrt wird, könnte man eine Änderung des Umfangs der Arbeits- und Vergütungspflicht somit wohl ablehnen. Die Grenzen des Weisungsrechts wären mithin nicht überschritten und der Arbeitgeber könnte von seinem Direktionsrecht Gebrauch machen. Zudem wird allgemein im Rahmen des Weisungsrechts nach § 106 GewO davon ausgegangen, dass der Arbeitgeber eine einmal erteilte Weisung auch wieder zurücknehmen kann.[589] Dabei ist jedoch zu beachten, dass der Arbeitgeber aufgrund des Weisungsrechts nach § 106 GewO die im Arbeitsvertrag nur rahmenmäßig umschriebene Leistungspflicht nach Inhalt, Ort und Zeit bestimmen kann.[590] Der entscheidende Unterschied zur Direktionsrechtserweiterung bei der Kurzarbeit ist jedoch, dass dem Arbeitgeber vertraglich nur die Einführung der Kurzarbeit zugesagt wurde, aber

587 BAG, Beschluss vom 21.11.1978 – 1 ABR 67/76, AP BetrVG 1972 § 87 Arbeitszeit Nr. 2.

588 *Röhsler*, Die Arbeitszeit, S. 123; *Meyer/Wall*, Kurzarbeit und Kurzarbeitergeld, S. 89; die Formulierung von *Peters*, Kurzarbeit, S. 42 deutet ebenso auf die Einschätzung hin, dass die jederzeitige Beendigung allein von Arbeitgeberseite möglich sein soll; *Feindura*, Kurzarbeit, S. 390h.

589 *Preis*, in: ErfK, § 106 GewO, Rn. 2.

590 BAG, Urteil vom 25.10.1989 – 2 AZR 633/88, NZA 1990, 561 (561 ff.).

nicht das generelle Weisungsrecht zur Thematik Kurzarbeit. Somit hinkt der allgemeine Vergleich zum dem Arbeitsvertrag immanenten Weisungsrecht aus § 106 GewO.

Vertreter der genannten Auffassung sehen sich aber durch ein Urteil des Bundesarbeitsgerichts bestätigt, in welchem der 1. Senat über Mitbestimmungsrechte beim Abbau der Kurzarbeit zu entscheiden hatte.[591] Das Gericht formulierte hierbei, dass darüber gestritten wird, ob der Arbeitgeber Kurzarbeit einseitig abbauen konnte und kann oder ob diese Änderungen der Mitbestimmung des Betriebsrates unterliegen. Streitgegenstand war somit primär die Frage, ob die Beendigung der Kurzarbeit der mitbestimmten oder der mitbestimmungsfreien Sphäre zuzuordnen ist. Bei der Begründung wird der bereits in einem Urteil zur Frage der Mitbestimmung beim Abbau von Überstunden[592] vertretene Standpunkt, dass der Fortfall von Überstunden nicht dem Mitbestimmungsrecht nach § 87 Abs. 1 Nr. 3 BetrVG unterliegt, auf die Kurzarbeit erweitert. Im Rahmen dessen stimmen die Vertreter der hier geschilderten Meinung dem Senat zu, dass der Auffassung, jede Veränderung der Arbeitszeit sei dem alleinigen Dispositionsrecht des Arbeitgebers entzogen, nicht zuzustimmen ist. Da der Senat im Ergebnis entschied, dass der Abbau der Kurzarbeit mitbestimmungsfrei ist, könnte man die Argumentation des Bundesarbeitsgerichts auch dahingehend fortführen, dass die Beendigung der Kurzarbeit kraft Direktionsrechts möglich sein soll. Man könnte aber auch davon auszugehen haben, dass das Gericht mit der Formulierung des „einseitigen Abbauens der Kurzarbeit, das heißt die Arbeitszeit dem Volumen nach zu verändern“[593] durch den Arbeitgeber lediglich die Beendigung der Kurzarbeit ohne die Mitbestimmung des Betriebsrates im Sinne von § 87 BetrVG meint, nicht dagegen ein einseitiges Vorgehen des Arbeitgebers auf Grundlage seines Direktionsrechts.

Im weiteren Verlauf der Begründung heißt es, dass es dem Arbeitgeber nicht „verwehrt war, die Kurzarbeit ohne erneute Einigung mit dem Antragsteller (insgesamt oder für Teile der Belegschaft) auf die betriebsübliche Arbeitszeit zurückzuführen.“[594] Wiederum erweckt es den Anschein, dass der Arbeitgeber ohne erneute Einigung, also einseitig kraft seines Direktionsrechts, die Kurzarbeit beenden könne. Aber auch an dieser Stelle ist zu beachten, dass der Antragsteller im zugrundeliegenden Fall der Betriebsrat ist; diese Aussage des Bundesarbeitsgerichts ist im Hinblick auf die Streitfrage

591 BAG, Beschluss vom 21.11.1978 – 1 ABR 67/76, AP BetrVG 1972 § 87 Arbeitszeit Nr. 2.

592 BAG, Urteil vom 25.10.1977 – 1 AZR 452/74, AP BetrVG 1972 § 87 Arbeitszeit Nr. 1.

593 BAG, Beschluss vom 21.11.1978 – 1 ABR 67/76, AP BetrVG 1972 § 87 Arbeitszeit Nr. 2.

594 BAG, Beschluss vom 21.11.1978 – 1 ABR 67/76, AP BetrVG 1972 § 87 Arbeitszeit Nr. 2.

also so zu verstehen, dass das Bundesarbeitsgericht dem Betriebsrat nur das Mitbestimmungsrecht absprechen möchte und nicht dem Arbeitgeber die Beendigung der Kurzarbeit kraft Weisungsrechts erlaubt.

Dagegen spricht jedoch, dass das Bundesarbeitsgericht im Juli 1990 in einer Entscheidung über den Lohnanspruch während der Kurzarbeitsperiode[595] das Urteil von 1978 in einem Satz bestätigend wiederaufgegriffen hat. Das Gericht bezog sich darauf, dass „die Beklagte die früher als vorgesehen beendete Kurzarbeit auch ohne förmliche Aufkündigung der Betriebsvereinbarung einseitig aufheben (konnte) mit der Folge, dass die betriebliche Arbeitszeit wiederhergestellt wird."[596] Im Rahmen dessen ging es nicht um die Mitbestimmung des Betriebsrates, sondern einzig um die Beendigung der Kurzarbeit an sich. Die einseitige Aufhebung durch die Beklagte, den Arbeitgeber, würde eine Beendigung kraft Weisungsrechts darstellen.

Insofern kann man festhalten, dass sich das Bundesarbeitsgericht bisher – wenn auch nur in etwas undeutlichen Nebensätzen – auf den Standpunkt gestellt hat, dass die Kurzarbeit einseitig durch den Arbeitgeber beendet werden kann. Eine Begründung, die diesen Standpunkt untermauert, wird nicht angeführt.

Bei den der höchstrichterlichen Rechtsprechung zugrundliegenden Sachverhalten ist zu beachten, dass jeweils die Kurzarbeit per Betriebsvereinbarung eingeführt und keine Regelungen zur Beendigung getroffen worden war. Das BAG hat sich somit – wenn überhaupt – nur zur Beendigungsmöglichkeit kraft Direktionsrechts nach Einführung von Kurzarbeit durch eine Betriebsvereinbarung geäußert.

Abgesehen davon könnte man für die Beendigung kraft Direktionsrechts argumentieren, dass die Rückführung zum Normalzustand im beiderseitigen Interesse liegt.[597] Wenn dem jedoch so ist, spricht auch nichts gegen eine Vereinbarung zur Beendigung, in diesem Fall möglicherweise auch konkludent. Dann ist die Beendigung kraft Weisung nicht nötig.

---

595 BAG, Urteil vom 11.07.1990 – 5 AZR 557/89, NZA 1991, 67 (67 f.).

596 BAG, Urteil vom 11.07.1990 – 5 AZR 557/89, NZA 1991, 67 (67 f.).

597 Das Argument des beiderseitigen Interesses führen auch *Feindura*, Kurzarbeit, S. 390h und *Glaubitz*, in: Hess/Schlochauer/Glaubitz, BetrVG, 3. Auflage 1986, § 87, Rn. 168 an.

b) Differenzierung nach befristet oder unbefristet eingeführter Kurzarbeit

Hueck/Nipperdey möchten für die Beendigung differenzieren, ob die Kurzarbeit[598] befristet oder unbefristet eingeführt wurde.[599] Bei einer Befristung oder einer Koppelung an eine Anlassbestimmung (beispielhaft wird Auftrags- oder Rohstoffmangel genannt) sei man an Zeit oder Zustand gebunden. Sollte jedoch ein „Aussetzen für unbestimmte Zeit vereinbart" worden sein, so sollen sowohl der Arbeitgeber als auch der Arbeitnehmer die Kurzarbeit jederzeit beenden können.[600]

c) Enddatum der Kurzarbeit als Höchstfrist

Nikisch sieht das in der Vereinbarung fixierte Enddatum der Kurzarbeit als eine Höchstfrist an. Dies hat zur Folge, dass der Arbeitgeber, wenn er den Betrieb schon vorher wieder aufnehmen möchte, die Kurzarbeit jederzeit früher beenden kann.[601] Für Kurzarbeit auf unbestimmte Zeit vertritt *Nikisch* ebenso wie *Hueck/Nipperdey*, dass sowohl der Arbeitnehmer als auch der Arbeitgeber die Kurzarbeit jederzeit beenden können.[602]

d) Differenzierende Lösung nach Rumpff und Dröge

Rumpff/Dröge schlagen hingegen eine differenzierende Lösung vor.[603] Dabei wird zuerst das Offensichtliche noch einmal klargestellt: Sollte irgendeine Vereinbarung zur Beendigung bestehen, so sei deren Inhalt maßgeblich. Bei der Ermittlung dieses Inhalts seien alle Möglichkeiten zur Vertragsauslegung auszuschöpfen. Wurde dem Arbeitgeber bei der Einführung das Recht eingeräumt, die Kurzarbeit jederzeit zu widerrufen, könne er davon Gebrauch machen.

Rumpff/Dröge differenzieren sodann dahingehend, dass, in Fällen der Einführung von Kurzarbeit durch Ausübung eines Gestaltungsrechts, dem Arbeitgeber ein Widerrufsrecht zuzugestehen ist, wenn die Ermächtigungsgrundlage des Gestaltungsrechts ein solches vorsieht.

---

598 Zu Zeiten der Entstehung des Lehrbuchs des Arbeitsrechts von *Hueck/Nipperdey* wurde die Kurzarbeit noch Arbeitsaussetzung genannt; diese ist im Grunde wesensgleich, weshalb die Ausführungen dazu herangezogen werden können.

599 *Hueck/Nipperdey*, Lehrbuch des Arbeitsrechts, Bd. I, S. 216.

600 *Hueck/Nipperdey*, Lehrbuch des Arbeitsrechts, Bd. I, S. 216.

601 *Nikisch*, Arbeitsrecht, Bd. 1, 3. Aufl. 1961, S. 653; eine Verlängerung bedarf aber nach Nikisch immer einer Einigung zwischen Arbeitgeber und Arbeitnehmer.

602 *Hueck/Nipperdey*, Lehrbuch des Arbeitsrechts, Bd. I, S. 216; *Nikisch*, Arbeitsrecht, Bd. 1, 3. Aufl. 1961, S. 653.

603 *Rumpff/Dröge*, Kurzarbeit, S. 107 f.

Ein allgemeines Widerrufsrecht soll dem Arbeitgeber nur insoweit zugesprochen werden, „als der Arbeitgeber auf die Belange der Arbeitnehmer Rücksicht zu nehmen hat".[604] Dies halten *Rumpff/Dröge* für notwendig, da der Arbeitgeber ansonsten den Arbeitnehmer ohne jegliche Gegenleistung an sich binden könnte; währenddessen habe der Arbeitnehmer ein Interesse daran, über die gewonnene Freizeit anderweitig zu disponieren.

Sofern Kurzarbeitergeld bezogen wird und/oder der Arbeitgeber eine Aufstockung des Kurzarbeitergeldes vornimmt beziehungsweise ohne Kurzarbeitergeldbezug eine freiwillige Zahlung bei gleichzeitigem Ausfall der Arbeit zahlt, sehen *Rumpff/Dröge* eine weitergehende Bindung des Arbeitnehmers an den Arbeitgeber. Denn in einem solchen Fall sei der Lebensunterhalt des Arbeitnehmers zumindest notdürftig gesichert.[605] Ein jederzeitiges Widerrufsrecht halten sie sodann wegen der tiefergehenden Bindung für gerechtfertigt und sogar adäquat.[606] In allen anderen Fällen soll dem Arbeitgeber kein jederzeitiges Widerrufsrecht zugesprochen werden.

e) Gedanke der Spiegelbildlichkeit

Teilweise wird im Rahmen von Diskussionen über das Direktionsrecht davon ausgegangen, dass, wenn die Einführung einer Regelung dem Direktionsrecht unterfällt, spiegelbildlich hierzu der Widerruf, die Abberufung oder ähnliches ebenso unter dieses zu fassen ist.[607] Diesen Gedanken kann man auch auf das Direktionsrecht hinsichtlich der Kurzarbeit beziehen. Die Einführung von Kurzarbeit unterliegt eindeutig nicht dem Direktionsrecht des Arbeitgebers. Nach dem Gedanken der Spiegelbildlichkeit ist folglich auch keine arbeitgeberseitige einseitige Beendigung der Kurzarbeit möglich.

f) Keine Beendigung kraft Weisungsrechts möglich

Am anderen Ende des Meinungsspektrums stehen die Vertreter der wohl herrschenden Auffassung. Ihr Standpunkt ist, dass eine Beendigung kraft Direktionsrechts ohne dahingehende Regelungen in der Einführungsverein-

---

604 *Rumpff/Dröge*, Kurzarbeit, S. 107.

605 Nach BAG, Urteil vom 11.07.1990 – 5 AZR 557/89, NZA 1991, 67 (67 f.) heute nicht mehr zutreffend, da der Arbeitnehmer bei Vorliegen der Voraussetzungen zum Kurzarbeitergeld entweder Lohnersatz über die Bundesagentur für Arbeit oder einen Schadensersatzanspruch in Höhe des Kurzarbeitergeldes gegen den Arbeitgeber erhält; dazu auch *Trittin*, AiB 1991, 94 (94 f.); *Linck*, in: Schaub, Arbeitsrechts-Handbuch, § 47, Rn. 13.

606 *Rumpff/Dröge*, Kurzarbeit, S. 107.

607 *Joussen*, in: BeckOK ArbR, § 611a BGB, Rn. 357; diese Spiegelbildlichkeit hat nichts mit dem Grundsatz der Spiegelbildlichkeit zu tun, der im öffentlichen Recht zum Beispiel bei der Besetzung von Ausschüssen Anwendung findet, s. dazu z. B. *Lang*, NJW 2005, 189 (189).

barung nicht möglich ist. Der Arbeitgeber soll die Kurzarbeit also nicht kraft Direktionsrechts beenden können.[608] Eine Vereinbarung sei vonnöten.[609]

2. Stellungnahme

Die Differenzierung zwischen befristet beziehungsweise bedingt eingeführter Kurzarbeit und Kurzarbeit mit unbestimmtem Ende erscheint für die (vorzeitige) Beendigung nicht notwendig; der Eingriff in das zu dem Zeitpunkt bestehende Vertragsgefüge ist vergleichbar und somit eine Unterscheidung an dieser Stelle nicht notwendig. Der im Schrifttum und wohl auch von der Rechtsprechung vertretenen Auffassung ist entgegenzuhalten, dass allein die Rückkehr zum Status quo ante kein überzeugendes Argument für die Bejahung des Weisungsrechts ist. Der Umfang der beiderseitigen Hauptleistungspflichten unterliegt nicht dem Weisungsrecht des Arbeitgebers.[610] Daher kann die Kurzarbeit auch nicht kraft des arbeitgeberseitigen Direktionsrechts eingeführt werden.[611] Durch die Einführung von Kurzarbeit wird der Arbeitsvertrag geändert. Der veränderte Zustand gilt sodann im Arbeitsvertragsgefüge. Eine Rückkehr zum ursprünglichen Zustand stellt somit eine erneute Änderung des Umfangs der Hauptleistungspflichten dar, sodass man eine Beendigung der Kurzarbeit durch den Arbeitgeber kraft seines Direktionsrechts ebenso ablehnen müsste.

Wurde die Kurzarbeit durch eine Betriebsvereinbarung eingeführt, ist die Situation vergleichbar, da die Arbeitszeit gemäß § 77 Abs. 4 S. 1 BetrVG mit normativer Wirkung verkürzt wird.[612] Auch hier wird mit der Rückkehr zur ursprünglich vereinbarten Arbeitszeit wieder in den Kernbereich des Arbeitsverhältnisses eingegriffen und die Arbeitsleistung würde zur einseitigen Disposition des Arbeitgebers gestellt. Dies ist unzulässig.[613] Eine Beendigung der Kurzarbeit kraft des arbeitgeberseitigen Weisungsrechts ist somit nicht möglich.

---

608 *Stoffels*, in: FS Henssler 2023, 643 (653); *Wiedemann/Moll*, Anmerkung zu BAG, Beschluss vom 21.11.1978 – 1 ABR 67/76, AP BetrVG 1972 § 87 Arbeitszeit Nr. 2; *Schaub/Schindele*, Kurzarbeit, Rn. 280 ff.; *Worzalla*, in: HWGNRH, § 87 BetrVG, Rn. 239; *Ulber*, AiB 2007, 5 (12); *Klocke*, RdA 2020, 331 (332); *Meyer/Wall*, Kurzarbeit und Kurzarbeitergeld, S. 144.

609 Ausführlicher dazu: *Schaub/Schindele*, Kurzarbeit, Rn. 280; *Meyer/Wall*, Kurzarbeit und Kurzarbeitergeld, S. 144.

610 Ausführlicher zu den Grenzen des Weisungsrechts des Arbeitgebers bezüglich der Arbeitszeit: LAG Düsseldorf, Urteil vom 30.08.2002 – 9 Sa 709/02, NZA-RR 2003, 407 (408).

611 *Joussen*, in: BeckOK ArbR, § 611a BGB, Rn. 379.

612 *Schütte*, in: FS Bauer 2010, 989 (991); *Blanke*, Kurzarbeit, S. 28.

613 BAG, Urteil vom 12.12.1984 – 7 AZR 509/83, AP KSchG 1969 § 2 Nr. 6; BAG, Urteil vom 27.01.1994 – 6 AZR 541/93, AP BAT-O § 15 Nr. 1.

Im Rahmen der bisher spärlich geführten Diskussion zur Beendigung der Kurzarbeit kraft einseitigen Direktionsrechts wird vereinzelt ein Vergleich zur Verlängerung oder Verkürzung der Kurzarbeit kraft Weisungsrechts angeführt.[614] Die grundsätzlichere Frage, ob man die Kurzarbeit überhaupt erweitern oder verlängern darf, da sie ein „vorübergehendes" Instrument sein soll, ist dem gesetzgeberischen Handeln entsprechend zu beantworten: Der Gesetzgeber hat die Möglichkeit der Verlängerung der Kurzarbeit offensichtlich befürwortet, indem er die Bezugszeiträume für das zwingend mit der Kurzarbeit in Verbindung stehende Kurzarbeitergeld nicht nur im Rahmen der Wirtschafts- und Finanzkrise, sondern auch der Covid-19-Pandemie immer wieder verlängert hat. Insofern geht er davon aus, dass die Kurzarbeit mit dem dazugehörigen Kurzarbeitergeld in länger währenden Krisen entsprechend auch länger genutzt werden können muss. Demzufolge muss auch eine Verlängerung möglich sein. Dem ist im Hinblick auf die arbeitsrechtliche Kurzarbeit zuzustimmen.

Es herrscht, soweit ersichtlich, Einigkeit dahingehend, dass dem Arbeitgeber kraft seines Direktionsrecht sowohl die Einführung der Kurzarbeit als auch deren Erweiterung verwehrt wird.[615] Gleiches gilt für den Zustand, wenn weniger und weiterhin in Kurzarbeit gearbeitet werden soll.[616] Das heißt, dass jegliche Veränderungen oder Verlängerungen den Umfang der Arbeitszeit betreffend die Grenzen des Weisungsrechts überschreiten.

Dementsprechend ist auch eine Beendigung kraft Direktionsrechts abzulehnen. Der Arbeitgeber kann die Kurzarbeit nicht einseitig durch Ausübung seines Weisungsrechts beenden.

II. Konsequenzen für die Diskussion

Es wird deutlich, dass – sofern keine Regelungen zur Ermächtigung zur Beendigung getroffen wurden – die Kurzarbeit nicht durch Weisung beendet werden kann. Somit ist zu diskutieren, wie die Kurzarbeit stattdessen beendet werden könnte.

614 Beispielhaft sei *Klocke*, RdA 2020, 331 (332) genannt; er diskutiert, dass man bei Kurzarbeit, die durch Vertrag aus konkretem Anlass für einen bestimmten Zeitraum eingeführt wurde, für eine Verlängerung oder Verkürzung eines Folgevertrages bedarf.

615 *Schmädicke/Stark*, ArbRAktuell 2020, 278 (280); *Schaub/Schindele*, Kurzarbeit, Rn. 280 ff.; *Klocke*, RdA 2020, 331 (332).

616 *Ulber*, AiB 2007, 5 (12).

1. Anwendung der actus-contrarius-Doktrin

Man könnte den Spiegelbildlichkeitsgedanken aus der Direktionsrechtsdiskussion[617] noch einmal aufgreifen und an die hier zu führende Diskussion anpassen. Mit dem Gedanken, dass die Beendigung der Kurzarbeit die Rechtslage mit gleichem Gewicht und gleicher Wertigkeit[618] verändert wie die Einführung von Kurzarbeit, könnten die für die Einführung geltenden Regeln nach der actus-contrarius-Doktrin auf die Beendigung der Kurzarbeit zu übertragen sein.[619]

Die actus-contrarius-Doktrin findet vor allem im öffentlichen Recht Anwendung.[620] Sie besagt, dass jeder Rechtsakt durch dieselbe Person oder dasselbe Organ in der Form oder in dem Verfahren geändert oder aufgehoben werden muss, welches die Rechtsordnung für den Erlass dieses Rechtsaktes vorsieht.[621] Das bedeutet, dass die Kurzarbeit genauso beendet werden müsste, wie sie eingeführt wurde.

Auf das Privatrecht wird diese Doktrin nur mit Vorsicht angewendet.[622] Zumeist wird der actus-contrarius-Gedanke bei der Beachtung von Form-

617 Siehe „Gedanke der Spiegelbildlichkeit, siehe S. 97.

618 *Mankowski*, Beseitigungsrechte, S. 648.

619 Im etwas spezielleren Fall, dass sich die Parteien im Arbeitsvertrag auf eine Vorratsvereinbarung geeinigt haben, die nur die Einführung kraft Direktionsrechts regelt, geht *Klocke* in RdA 2020, 331 (332) davon aus, dass der Arbeitgeber dann nicht aus einer actus-contrarius-Kompetenz die Befugnis hat, die Rückkehr des Arbeitnehmers anzuordnen. Begründet wird dies mit der Regelung zur Auslegung mehrdeutiger Klauseln aus dem Recht der Allgemeinen Geschäftsbedingungen, § 305c Abs. 2 BGB. *Klocke* fordert somit, dass es in der Vorratsvereinbarung ausdrücklich mitgeregelt wird.

620 Ausführlicher zu Begründung und Verifizierung der actus-contrarius-Doktrin: *Bleckmann*, JuS 1988, 174 (174 ff.); den Blick in das öffentliche Recht wagt auch *Patett*, der in seinen Argumentationsstrukturen Vergleiche der Kurzarbeit mit der Ermächtigungsgrundlage und dem belastenden Verwaltungsakt im öffentlichen Recht zieht: *Patett*, Arbeitskampffernwirkungen, Lohnrisiko und Mitbestimmung, S. 382.

621 *Bleckmann*, JuS 1988, 174 (174); *Mankowski*, Beseitigungsrechte, S. 646 ff.; *Harks*, NVwZ 2016, 1773 (1775 f.); beispielhaft aus dem öffentlichen Recht: BVerfG, Beschluss vom 28.01.1998 – 2 BvF 3/92, juris Rn. 59; BFH, Urteil vom 15.09.2010 – X R 13/09, juris Rn. 28; BVerwG, Urteil vom 17.03.2016 – 2 A 4/15, Rn. 20.

622 Zu einer Auflistung von Fällen eine strengen actus-contrarius-Anwendung im Privatrecht: *Kleinschmidt*, Der Verzicht im Schuldrecht, S. 265 f.: zum actus contrarius beim Aufhebungsvertrag im Arbeitsrecht: *Maties*, in: BeckOGK BGB, § 611a, Rn. 1929 ff.; zum actus contrarius einer Einstellung: *Rein*, Mitbestimmungsfragen beim grenzüberschreitenden Arbeitsverhältnis im Konzern, S. 245; zum actus-contrarius-Gedanken beim Verzicht auf eine Forderung: *Kleinschmidt*, Der Verzicht im Schuldrecht, S. 262 ff.; zur actus-contrarius-Doktrin beim Widerruf der Einwilligung: *Tinnefeld*, Die Einwilligung in urheberrechtliche Nutzungen im Internet, S. 152 ff.; *Dasch*, Die Einwilligung zum Eingriff in das Recht am eigenen Bild, S. 88; *Mankowski*, Beseitigungsrechte, S. 647 ff.; zum actus contrarius bei § 1004 Abs. 1 S. 1 BGB: *Wilhelmi*, Risikoschutz durch Privatrecht, S. 55 f.

vorschriften als Doktrin angeführt. Vor diesem Hintergrund stellt sich die Frage, ob eine Formvorschrift, die das Gesetz für die Veränderung einer Rechtslage vorsieht, auch bei der Beseitigung der Veränderung zu beachten ist. Von *Mankowski* werden dabei zahlreiche Fälle aufgelistet, in denen der Gesetzgeber für besondere Formvorschriften im Hinblick auf Beseitigungserklärungen tätig wurde.[623] Dabei zieht er den Gegenschluss, dass es wohl so sein muss, dass in den Fällen, in denen der Gesetzgeber untätig blieb, keine Form zu fordern ist. Diese Argumentation geht im Rahmen der Diskussion um die Rechtsgrundlage der Beendigung der Kurzarbeit jedoch ins Leere, da bei der Kurzarbeit – abgesehen von § 19 KSchG – selbst die Einführung von arbeitsrechtlicher Kurzarbeit nicht gesetzlich geregelt ist.[624] Insofern kann man dem Untätigbleiben des Gesetzgebers in Bezug auf die Argumentation *Mankowskis* keine Bedeutung beimessen.

Die actus-contrarius-Doktrin greift nur, wenn eine Symmetrie bei Einführung und Beendigung zu fordern ist. Eine Symmetrie der Regelungen zu Einführung und Beendigung kann nur dann gefordert werden, wenn ein schutzwürdiges Interesse dafür besteht.[625]

Ein spiegelbildlicher Konträrakt ist angemessen, wenn die Interessenlagen bei Vereinbarung beziehungsweise Erteilung eines Rechts und bei Lösung vom beziehungsweise Entziehung des Rechts derart vergleichbar sind, dass ein solcher Schutz zu fordern ist.[626] Die starre Anwendung der actus-contrarius-Doktrin wäre zu schematisch.[627] Schon im römischen Privatrecht hat man davon abgesehen, aus dem actus-contrarius-Gedanken eine grundsätzlich geltende Regelung zu machen.[628] *Kleinschmidt* argumentiert daher zu Recht, dass eine wertende Betrachtung bestimmt, welche Anforderungen an einen Rechtsakt zu stellen sind, und nicht einfach die Existenz eines Prinzips an sich.[629]

Mithin ist das schutzwürdige Interesse sowohl des Arbeitgebers als auch des Arbeitnehmers bei Einführung und Beendigung der Kurzarbeit zu untersuchen. Deshalb werden die Interessenlage und die Eingriffsintensität der Maßnahme der Einführung und der Beendigung der Kurzarbeit verglichen.

623 *Mankowski*, Beseitigungsrechte, S. 647.

624 Mit einem ähnlichen Problem und derselben Argumentation: *Tinnefeld*, Die Einwilligung in urheberrechtliche Nutzungen im Internet, S. 153.

625 Mit der gleichen Argumentation: *Kleinschmidt*, Der Verzicht im Schuldrecht, S. 266 f.; *Bleckmann*, JuS 1988, 174 (175); *Tinnefeld*, Die Einwilligung in urheberrechtliche Nutzungen im Internet, S. 153.

626 So auch: *Bleckmann*, JuS 1988, 174 (175 f.); *Tinnefeld*, Die Einwilligung in urheberrechtliche Nutzungen im Internet, S. 153.

627 Im Fall von Kurzarbeitsvereinbarungen die schlichte Anwendung der actus-contrarius-Kompetenz ablehnend: *Klocke*, RdA 2020, 331 (332).

628 *Kaser*, Das römische Privatrecht I, § 8, S. 35 und § 57, S. 202.

629 *Kleinschmidt*, Der Verzicht im Schuldrecht, S. 266.

a) Interessenlage bei der Einführung von Kurzarbeit

Bei der Einführung von Kurzarbeit verfolgt der Arbeitgeber primär das Interesse, von der Vergütungspflicht befreit zu werden.[630] Zudem kann er durch die Kurzarbeit seine eingearbeiteten Arbeitnehmer und somit gegebenenfalls aufeinander eingespielte Teams halten.[631] Mithilfe der Kurzarbeit muss er sich nach Besserung der Lage keine neuen Arbeitnehmer suchen und einarbeiten, was erneute Kosten mit sich bringen würde.[632] Ebenfalls kann er auf diese Weise eventuelle Abfindungszahlungen und Kündigungsschutzklagen vermeiden.[633] Allerdings ist der Nachteil zu beachten, dass der zu zahlende Lohn nicht proportional zu den gekürzten Stunden sinkt.[634] Denn Kurzarbeit stellt sich für den Arbeitgeber vielfach nicht als kostenneutral dar, da insbesondere freiwillige Zahlungen (Gratifikationen, Weihnachtsgeld, etc.) unabhängig vom Lohn zu zahlen sind und daher nicht von der Kurzarbeit berührt werden.[635] Darüber hinaus hat der Arbeitgeber auch weiterhin die Arbeitgeberbeiträge zu Kranken-, Renten- und Pflegeversicherung zahlen.[636] Es ist ferner zu beachten, dass das Kurzarbeitergeld eine versicherungsrechtliche Sozialleistung für Arbeitnehmer ist und nicht als finanzielle Unterstützung für Unternehmen in einer konjunkturellen Schieflage gedacht ist.[637]

Im Rahmen des Vergleichs der Interessenlage bei der Einführung ist aber auch der Arbeitnehmer zu betrachten. Die Einführung von Kurzarbeit hat für den Arbeitnehmer den klaren Vorteil, dass er seinen Arbeitsplatz behält und somit nicht arbeitslos wird.[638] Dieser Vorteil ist vor allem auf lange Sicht und bei einem unsicheren Arbeitsmarkt nicht zu missachten. Empirische Analysen haben gezeigt, dass Arbeitslose gegenüber Kurzarbeitern ein

---

630 Dabei soll das von der Bundesagentur für Arbeit gezahlte Kurzarbeitergeld dem Unternehmen die Zahlung der Personalkosten erleichtern, dazu auch: *Müller*, in: Helm/Bundschuh/Wulff, § 2, Rn. 27.

631 *Klocke*, RdA 2020, 331 (336 f.); *Blanke*, Kurzarbeit, S. 16; *Bispinck/Laßmann/Rupp*, Konjunkturbedingte Kurzarbeit, S. 6.

632 *Holzmayer*, Kurzarbeitergeld und Schlechtwettergeld, S. 194; *Brenke/Rinne/Zimmermann*, Kurzarbeit, Wochenbericht des DIW Berlin Nr. 16/2010, S. 10; *Linke*, Kurzarbeit im Strukturwandel, S. 23.

633 *Brenke/Rinne/Zimmermann*, Kurzarbeit, Wochenbericht des DIW Berlin Nr. 16/2010, S. 10.

634 *Brenke/Rinne/Zimmermann*, Kurzarbeit, Wochenbericht des DIW Berlin Nr. 16/2010, S. 10.

635 LAG Hessen, Urteil vom 28.02.2022 – 19 Sa 1431/20, juris, Rn. 69 ff.; *Hinze*, Mildere Mittel zur Vermeidung betriebsbedingter Kündigung, S. 214.

636 Siehe § 249 Abs. 1 SGB V, § 168 Abs. 1 Nr. 1 SGB VI, § 346 Abs. 1 S. 1 SGB III; dazu auch: *Brenke/Rinne/Zimmermann*, Kurzarbeit, Wochenbericht des DIW Berlin Nr. 16/2010, S. 10.

637 *Geulen/Vogt*, ArbRAktuell 2020, 181 (183).

638 *Gebel*, BB 2015, 2485 (2488); *Bauer/Günther*, BB 2009, 662 (662); *Linke*, Kurzarbeit im Strukturwandel, S. 29 f.

massiv erhöhtes Risiko haben, sich bei Wiederbeschäftigung in einem Unternehmen beruflich zu verschlechtern.[639] Darüber hinaus kann der Arbeitnehmer durch die Kurzarbeit den erdienten Rechtsstand, wie beispielswiese die Dauer der Betriebszugehörigkeit, erhalten.[640] Die Dauer des Bestandes des Arbeitsverhältnisses ist vor allem im Hinblick auf längere ordentliche Kündigungsfristen nach § 622 Abs. 2 BGB relevant. Darüber hinaus erarbeiten sich Arbeitnehmer mit einer höheren Seniorität beziehungsweise längeren Betriebszugehörigkeit in einigen Betrieben gewisse Privilegien.[641] Den Arbeitnehmer trifft überdies keine Nachleistungspflicht für die ausgefallene Arbeitszeit.[642] Die eingeführte Kurzarbeit hat zudem den Vorteil, dass der Arbeitnehmer mehr Freizeit hat.[643]

Als schwerwiegenden und im Fokus stehenden Nachteil der Einführung von Kurzarbeit ist die Lohnkürzung des Beschäftigten zu nennen. Die Einführung von Kurzarbeit wirkt als Eingriff in die individuelle Berufsfreiheit, denn der Arbeitnehmer verliert bei der Kurzarbeit den Anspruch auf den vollen Lohn und bei Kurzarbeit Null die ebenso geschützte Möglichkeit der Selbstverwirklichung durch berufliche Arbeit.[644] Dies gilt, auch wenn die Lohneinbuße geringer ausfällt, wenn und weil der Arbeitnehmer Kurzarbeitergeld erhält und der Arbeitgeber das Kurzarbeitergeld gegebenenfalls mit einem gewissen Betrag aufstockt, um die finanziellen Einbußen möglichst gering zu halten. Vor allem in der älteren Literatur wird vielfach argumentiert, dass der Arbeitnehmer das Opfer der Lohneinbuße erbringen müsse, um den Arbeitsplatz zu behalten.[645] Dagegen ist jedoch einzuwenden, dass vom arbeitsvertraglich Vereinbarten durch die Kurzarbeit in für den Arbeitnehmer finanziell negativer Art und Weise abgewichen wird und zudem die gesetzliche Wertung des § 615 BGB im Grunde genommen umgangen wird – es wird in den Kernbereich des Arbeitsverhältnisses eingegriffen.[646] Es ist auch im Hinterkopf zu behalten, dass der Arbeitgeber bei Verschlechterung der Lage trotzdem noch betriebsbedingt kündigen kann.

---

639 *Büchel/Pannenberg*, Erwerbsbiographische Folgerisiken von Kurzarbeit und Arbeitslosigkeit, S. 164.

640 *Meyer/Wall*, Kurzarbeit und Kurzarbeitergeld, S. 31.

641 So werden zum Beispiel in einigen Betrieben bestimmte Dienstplanwünsche nach Seniorität der Arbeitnehmer beachtet.

642 Anders ist dies ggf. bei vereinbarten Arbeitszeitkonten oder Gleitzeitregelungen; dazu ausführlicher: *Ulber*, AiB 2007, 5 (7).

643 Ausführlicher dazu: *Pusch/Seifert*, Kurzarbeit – mehr als eine Beschäftigungsbrücke, WSI Policy Brief Nr. 53, 03/2021, S. 4 ff.

644 *Windhorst/Lange*, in: Helm/Bundschuh/Wulff, § 20, Rn. 98.

645 *Nikisch*, Arbeitsrecht, Bd. 1, 3. Aufl. 1961, S. 643.

646 *Klocke*, RdA 2020, 331 (336).

Dies zeigt, dass der Eingriff bei der Einführung von Kurzarbeit auf Arbeitnehmerseite intensiv ist, was die strengen Anforderungen an die Rechtsgrundlagen für die Einführung rechtfertigt.

b) Interessenlage bei der Beendigung der Kurzarbeit

Auf der anderen Seite der potentiellen Symmetrie steht die Interessenlage bei der Beendigung der Kurzarbeit. Dabei soll zunächst auf die Arbeitgeber- und sodann auf die Arbeitnehmerinteressen eingegangen werden. Bei letztgenannten wird darauffolgend noch einmal genauer die Eingriffsintensität und die Schutzwürdigkeit genannter Interessen untersucht.

aa) Arbeitgeberinteressen bei der Beendigung

Es ist wiederum vor allem im Interesse des Arbeitgebers, die Kurzarbeit zu beenden. Bei der Beendigung hat der Arbeitgeber in erster Linie die Wirtschaftlichkeit des Unternehmens im Blick: Durch die Mehrarbeit beziehungsweise das Zurückführen auf den ehemaligen Status quo strebt der Arbeitgeber an, wieder mehr Umsätze zu generieren und das Unternehmen wieder zu Gewinnen zu führen. Dies ist im Sinne des Instituts der Kurzarbeit, da diese grundsätzlich nur überbrückende Funktion haben soll.

bb) Arbeitnehmerinteressen bei der Beendigung

Der Arbeitnehmer ist daran interessiert, wieder zurück zum ursprünglich vertraglich Vereinbarten zu kommen: Er verdient wieder mehr Geld und kehrt zurück zum normalen Arbeitsalltag. Es ist jedoch genauer zu betrachten, welches Interesse der Arbeitnehmer bei der Beendigung der Kurzarbeit hat und inwiefern dieses schützenswert ist.

Durch die Kurzarbeit hat der Arbeitnehmer je nach Ausmaß der Kurzarbeit Freizeit dazugewonnen. Sofern der Arbeitnehmer gleichzeitig Kurzarbeitergeld bezogen hat, kann die Kurzarbeitsperiode für den Arbeitnehmer durchaus attraktiv werden, schließlich wird der Arbeitnehmer bei bestehender Kurzarbeit Null faktisch für Nichtstun bezahlt. Das Prinzip „Arbeit gegen Lohn" galt im Rahmen der Kurzarbeit mit Kurzarbeitergeldbezug schließlich nur eingeschränkt.

Die Kurzarbeit erhöht zudem die Möglichkeiten für Aktivitäten jenseits der Erwerbszeit.[647] Dementsprechend verwundert es nicht, dass in jüngeren Stu-

---

647 *Pusch/Seifert*, Kurzarbeit – mehr als eine Beschäftigungsbrücke, WSI Policy Brief Nr. 53, 03/2021, S. 4.

dien durch die Kurzarbeit sehr positive Effekte auf die Work-Life-Balance der Arbeitnehmer zu verzeichnen waren.[648]

Gegebenenfalls ist für den Arbeitnehmer durch die Aufstockung des Kurzarbeitergeldes[649] durch den Arbeitgeber sogar überhaupt kein Einkommensverlust spürbar gewesen, da der Überweisungsbetrag vergleichbar war zu jenem in einem „normalen" Monat.[650]

cc) Exkurs: Hat der Arbeitnehmer ein Recht auf Faulheit?

Die Debatte um ein Recht auf Faulheit mag auf den ersten Blick provozierend und verwegen klingen und wird auch nicht im Rahmen der Kurzarbeit diskutiert. Und doch ist es nicht fernliegend, zumindest die Grundgedanken des Meinungsaustausches auch auf die vorliegende Situation zu übertragen. Hätte nämlich der Arbeitnehmer ein Recht auf Faulheit, so wäre dieses Recht bei dem Vergleich der Interessenlage jedenfalls auch zu berücksichtigen und die Beendigung der Kurzarbeit rechtfertigungsbedürftiger.

Die Faulheit – die Unlust, sich zu betätigen – ruft häufig zunächst einmal negative Assoziationen hervor. Faulheit, die acedia, gilt als eine der sieben Todsünden. „Ohne Fleiß kein Preis" oder „Müßiggang ist aller Laster Anfang" sind gängige Sprichworte. Die Arbeit wird sogar als Strafe für den Sündenfall angesehen.[651] „Wer nicht arbeiten will, der soll auch nicht essen", heißt es im zweiten Brief des Apostels Paulus an die Thessalonicher.[652] Die Faulheit bildet den Gegensatz zum allgemeinen Leistungsideal.[653] *Lafargue* geht mit seinem Werk „Das Recht auf Faulheit", welches er als Erwiderung

---

648 *Pusch/Seifert*, Kurzarbeit – mehr als eine Beschäftigungsbrücke, WSI Policy Brief Nr. 53, 03/2021, S. 4 ff.

649 *Bispinck/Laßmann/Rupp*, Konjunkturbedingte Kurzarbeit, S. 6 f.

650 Bei dieser Argumentation ist der etwaig steuerlich zu beachtende Progressionsvorbehalt außer Acht zu lassen, dazu ausführlich: *Zieglmeier*, DStR 2020, 729 (734); *Heurung/Schmidt/Kollmann*, DStR 2020, 2753 (2753 ff.).

651 Ausführlich zum geschichtlichen Überblick eines Rechts auf Faulheit; *Pärli*, Gibt es ein Recht auf Faulheit, in: Jusletter 2016, S. 5 ff. – er nennt es eine Entwicklung von „einer Strafe Gottes für die Nichtprivilegierten zu einem moralischen Gebot zu einem Recht (…), dessen Kehrseite die Pflicht beinhaltet", S. 8.

652 Zweiter Brief des Apostels Paul an die Thessalonicher, Kapitel 3, Vers 10 (vgl. 2 Thess 3,10); dies als „praktisches Gebot des Sozialismus" formulierend: *Lenin*, „Wer nicht arbeitet, der soll auch nicht essen!", in: Barbey, Recht auf Arbeitslosigkeit?, S. 48 f.

653 *Pärli*, Gibt es ein Recht auf Faulheit, in: Jusletter 2016, S. 4; der ehemalige Bundeskanzler Schröder hat in den „Arbeit statt Fürsorge"-Debatten rund um die Hartz-IV-Reformen das berühmte Zitat: „Kein Recht auf Faulheit in unserer Gesellschaft" gebracht, „Es gibt kein Recht auf Faulheit", Interview mit der *Bild* am 06.04.2001; dazu ausführlich: *Kaufmann*, Kein Recht auf Faulheit, S. 123 f.

auf das „Recht auf Arbeit“ von 1848[654] verfasst hat,[655] sogar so weit, zu sagen, dass die Arbeit „heiliggesprochen“ werde.[656] Bei ihm wird die Faulheit als Widerstand[657] in der Diskussion rund um die Arbeitszeit angeführt.[658] *Pärli* untersucht sodann rechtlich, ob es ein Recht auf Faulheit geben sollte und ergründet, ob ein solches als Ausfluss der allgemeinen Handlungsfreiheit zu verstehen ist. Er kommt aber zu dem Ergebnis, dass ein solches Recht jedenfalls ein Ende findet bei den durch Sozialleistungen auferlegten Pflichten beziehungsweise Sanktionen.[659] Im Recht der Arbeitsförderung im Rahmen des Arbeitslosengeldes ist beispielsweise § 138 Abs. 4 SGB III zu nennen, welcher die geforderten Eigenbemühungen des Arbeitslosen für einen Anspruch auf Arbeitslosengeld nach § 136 Abs. 1 Nr. 1 SGB III regelt.[660] Außerdem betont *Pärli* zu Recht, dass speziell im Arbeitsrecht eher ein Anreiz für Fleiß gesetzt wird, der beispielsweise Niederschlag in vertraglichen Überstundenauszahlungsregelungen findet: Der arbeitnehmerseitige Fleiß wird dabei mit zusätzlicher Vergütung belohnt.[661]

Doch auch das deutsche Recht kennt Zeiten für Faulheit, um danach umso effizienter arbeiten zu können.[662] Dieser Grundgedanke lässt sich im Zweck des Urlaubs, wie er z. B. in § 8 BUrlG deutlich wird, wiederfinden.[663] Demzufolge lässt sich heutzutage keine strikte Ablehnung der Faulheit mehr begründen; vielmehr zeigen zum Beispiel das Bundesurlaubsgesetz und das Arbeitszeitgesetz, dass es Zeiten für Arbeit und eben auch Zeiten für Faulheit, beziehungsweise Erholung, gibt.

---

654 Im heute geltenden Art. 12 Abs. 1 GG wurde im Gegensatz zur Weimarer Reichsverfassung bewusst auf ein subjektives Recht auf Arbeit verzichtet; näher dazu: *Rütten*, Institutionelle Arbeitslosigkeit und Grundgesetz, S. 242 f.; *Boemke/Gründel*, ZfA 2001, 245 (254); *Papier*, RdA 2000, 1, 2 f.

655 *Lafargue*, Das Recht auf Faulheit, S. 9, 16; „unzählbar viele Arbeiter (überschwemmen) den Markt und flehen nach Arbeit! Arbeit!“, *Lafargue*, Das Recht auf Faulheit, S. 41; „und nicht, um das *Recht auf Arbeit* einzufordern, das nichts weiter ist als das Recht auf Elend“, *Lafargue*, Das Recht auf Faulheit, S. 52.

656 *Lafargue*, Das Recht auf Faulheit, S. 10; „Geben Sie uns Arbeit, es ist nicht der Hunger, sondern die Arbeitsleidenschaft, die uns quält!“, *Lafargue*, Das Recht auf Faulheit, S. 25; „dass die zügellose Arbeit (…) die schlimmste Plage ist“, *Lafargue*, Das Recht auf Faulheit, S. 29.

657 *Lafargue*, Das Recht auf Faulheit, S. 7 ff.; *Pärli*, Gibt es ein Recht auf Faulheit, in: Jusletter 2016, S. 8 ff.

658 „Es muss sich darauf beschränken, nicht mehr als drei Stunden am Tag zu arbeiten und den Rest des Tages und der Nacht zu faulenzen und zu feiern“, *Lafargue*, Das Recht auf Faulheit, S. 29.

659 Bei *Pärli* die „Schadensminderungspflichten“, s. *Pärli*, Gibt es ein Recht auf Faulheit, in: Jusletter 2016, S. 13, 17.

660 *Müller*, in: BeckOK SozialR, § 138 SGB III, Rn. 56.

661 *Pärli*, Gibt es ein Recht auf Faulheit, in: Jusletter 2016, S. 17.

662 so auch: *Pärli*, Gibt es ein Recht auf Faulheit, in: Jusletter 2016, S. 4.

663 *Jacobsen/Czycholl*, in: Münchener Anwaltshandbuch Arbeitsrecht, § 31, Rn. 127.

An dieser Stelle ist die Frage zu stellen, wo in diesem Gefüge die Kurzarbeit einzuordnen ist. In der andauernden Kurzarbeit Null sind *Lafargues* Worte vielleicht sogar aktueller denn je: „Einmal in der absoluten Faulheit hockend und demoralisiert durch den erzwungenen Genuss, gewöhnte sich die Bourgeoisie, trotz des Übels, das ihr dadurch widerfuhr, an ihre neue Art des Lebens.“[664] Wobei es in Zeiten der konjunkturellen Kurzarbeit nicht die „Bourgeoisie“ trifft, sondern vielmehr jeden von dem Arbeitsmangel betroffenen Arbeitnehmer. Auch könnte man dem Gesetzgeber, z. B. im Rahmen der stetigen Verlängerung der Kurzarbeitergeldbezugszeiträume während der Covid-19-Pandemie, vielleicht sogar vorwerfen, dass er mit den fortlaufenden Bezugsverlängerungen auf ein Recht auf Faulheit hinaus will oder ein solches jedenfalls – wenn auch ungewollt – fördert.[665]

Es gibt gesetzlich vorgesehene Zeiten für die Erholung des Arbeitnehmers von den Strapazen der Arbeit. Dies ist aber nicht der Zweck der Kurzarbeit. Der Arbeitnehmer hat den Arbeitsvertrag mit dem Arbeitgeber geschlossen, um Geld zu verdienen. Für diese Geldzahlung kann und darf der Arbeitgeber eine Leistung erwarten. Will der Arbeitnehmer diese grundsätzlich nicht mehr erbringen, muss er das Arbeitsverhältnis beenden, denn grundsätzlich gilt ohne Arbeit kein Lohn. Im Rahmen der Kurzarbeit gibt es kein Recht auf Faulheit und weitergehend gewiss kein Recht, für Faulheit auch noch vergütet zu werden. Eine etwaige Faulheit des Arbeitnehmers stellt kein schützenswertes Interesse bei der Beendigung der Kurzarbeit dar.

dd) Eingriffsintensität und Schutzwürdigkeit der Interessen des Arbeitnehmers

Inwiefern oben genannte Interessen des Arbeitnehmers bei der Beendigung der Kurzarbeit im Vergleich zu den Interessen und der Eingriffsintensität bei der Einführung von Kurzarbeit schützenswert sind, ist nun zu klären.[666]

Conze stellt die durch Kurzarbeit dazugewonnene Freizeit und die Bewältigung eben jener als ein ernsthaftes Problem dar.[667] Überzeugender ist je-

---

664 *Lafargue*, Das Recht auf Faulheit, S. 36.

665 Diesen Gedanken auch fassend, vgl.: *Rath*, Lieber ins Gefängnis gehen als faul zu sein – Der Müßiggang in der Rechtsprechung, 2021, abrufbar unter: https://www.lto.de/recht/feuilleton/f/faulheit-muessiggang-justiz-gefaengnis-lafargue-ausbeutung-arbeit/?fbclid=IwAR3PEiswEHgbP7gF9RoNlSsT-vrh4wt1JIgFQZC-Gi_Gnvz30GI-Pa_bxpuU, (zuletzt abgerufen am 06.02.2025); den Zusammenhang vom Recht auf Faulheit hin zu staatlichen Sozialleistungen untersucht auch: *Pärli*, Gibt es ein Recht auf Faulheit, in: Jusletter 2016, S. 12.

666 Dem Arbeitnehmer einen gewissen Vertrauensschutz zusprechend: *Wiedemann/Moll*, Anmerkung zu BAG, Beschluss vom 21.11.1978 – 1 ABR 67/76, AP BetrVG 1972 § 87 Arbeitszeit Nr. 2.

667 *Conze*, Die Einführung von Kurzarbeit, S. 149.

doch, die dazugewonnene Freizeit als einen überwiegend positiven Aspekt zu betrachten. Zwar erhält der Arbeitnehmer in Kurzarbeit Null bei gleichzeitigem Kurzarbeitergeldbezug nur 60, beziehungsweise 67 Prozent seines Arbeitsentgelts und erleidet damit eine deutliche Gehaltseinbuße. Es ist aber aus rein menschlichen Gesichtspunkten zumindest verständlich, dass der Arbeitnehmer an seiner womöglich entspannten Situation nichts ändern möchte. Beim Kurzarbeitergeldbezug muss der Arbeitnehmer für sein Geld gar nicht, beziehungsweise wenig arbeiten. Jedoch ist es nicht die Idee und Aufgabe des Sozialstaates, den arbeitsfähigen Bürger bei nun wieder anfallender Arbeit in seinem Arbeitsverhältnis weiterhin ohne Lohn, aber mit Kurzarbeitergeld, wenn der Anspruch denn noch besteht, zuhause verweilen zu lassen. Insofern ist das Interesse an der Freizeit und dem Untätigbleiben grundsätzlich nicht derart schützenswert. Dies wäre aber ein zu schematisches Ergebnis. Vielmehr sind die Umstände im Einzelfall zu berücksichtigen.

Denkbar ist etwa, dass der Arbeitnehmer für den Zeitraum der Kurzarbeit Verpflichtungen gegenüber Dritten eingegangen ist, von denen er sich erst wieder lösen muss.[668] Gerade in der Zeit der Covid-19-Pandemie 2020–2022 wurden Arbeitnehmer, die sich in Kurzarbeit Null befanden, aufgefordert oder gebeten, an systemrelevanten Stellen auszuhelfen beziehungsweise sich in systemrelevanten Berufen zu engagieren.[669] Dabei ging es nicht immer um bezahlte Nebenbeschäftigungen, sondern häufig auch um Ehrenämter.

Schließlich greift gerade eine vorzeitige Beendigung der Kurzarbeit in die Planungssicherheit des Arbeitnehmers ein. Auch entstehende Betreuungsprobleme bei Arbeitnehmern mit Kindern oder pflegebedürftigen Personen oder vergleichbare Schwierigkeiten können aufkommen, wenn der Arbeitnehmer für die Kurzarbeitsperiode zum Beispiel diese Betreuung selbst übernehmen konnte.

Viele dieser Punkte betreffen das Privatleben des Arbeitnehmers und sollten daher nicht allzu sehr ins Gewicht fallen. Zwar hat der Gesetzgeber im Arbeitsrecht diverse eigentlich dem Privatleben des Arbeitnehmers zuzuordnende Gesichtspunkte dem Arbeitsnehmerschutz untergeordnet, um so sei-

668 Dazu: *Rumpff/Dröge*, Kurzarbeit, S. 107 f.; zu Nebenbeschäftigungsregelungen vor allem in der Covid-19-Pandemie: *Geulen/Vogt*, ArbRAktuell 2020, 181 (184), beispielhaft sei da der für den Zeitraum März 2020 bis Juni 2022 geltende § 421c SGB III genannt.

669 So haben die Gesundheitsämter um Unterstützung gebeten bei der Nachverfolgung von Infektionsketten oder die Agenturen für Arbeit eine „Werde Corona-Helfer!"-Kampagne gestartet oder die Krankenhäuser und Impfzentren Freiwillige aufgefordert, zu helfen.

ner Rolle als Sozialstaat gerecht zu werden;[670] dennoch sind diese rechtlich gesehen nicht mit einer solchen Eingriffsintensität verbunden wie die Einführung von Kurzarbeit.

Bei dieser Betrachtung kann aber auch das Kurzarbeitergeld nicht außer Acht gelassen werden. Der Kurzarbeitergeldbezug ist bei der Bestimmung des schützenswerten Interesses zu beachten. Dazu ein einfaches Beispiel: Wenn der Arbeitnehmer sich in Kurzarbeit Null befindet und kein Kurzarbeitergeld bezieht, braucht der Arbeitgeber dem Arbeitnehmer keinen Lohn zu zahlen.[671] Diese Gehaltseinbuße belastet den Arbeitnehmer erheblich, er bestreitet seinen Lebensunterhalt nicht weiter aus dem Lohn.[672] Umso mehr ist er darauf angewiesen, dass die Situation schnellstmöglich wieder zu dem ursprünglichen Zustand zurückgeführt wird. Bei vereinbarter Kurzarbeit mit gleichzeitigem Kurzarbeitergeldbezug ist das Entgelt des Arbeitnehmers zumindest in einem gewissen Rahmen für den Lebensunterhalt gesichert. Ein vermindertes Einkommen stellt dies dennoch dar.[673] Auch ist zu beachten, dass der Anspruch auf Kurzarbeitergeld wegfällt, wenn sich die Auftragslage wieder entspannt hat.

c) Zwischenergebnis

Hinsichtlich der Interessen und der Eingriffsintensität bei Einführung und Beendigung der Kurzarbeit ist also festzuhalten, dass vor allem arbeitnehmerseitige Interessen im Hinblick auf die jeweilige Situation bestehen, die aber bei der Beendigung im Vergleich zur Einführung nicht derart schützenswert sind. Ein Gleichlauf der Anforderungen bei Einführung und Beendigung der Kurzarbeit kann deshalb nicht gefordert werden.

2. Ergebnis

Es lässt sich überlegen, den Arbeitnehmer auf anderem Wege zu schützen als über die Anforderungen, die man an die Rechtsgrundlage für die Beendigung stellt. Denn es ist nicht der Sinn der Kurzarbeit, den Parteien die Rückkehr zum Normalzustand zu erschweren. Man könnte zum Beispiel über einen Schutz des Arbeitnehmers über Ankündigungsfristen im Sinne von Rückholungsfristen nachdenken.[674] Bei der Interessenbetrachtung im Rahmen der Beendigung spielen aber mehrere Aspekte eine Rolle: Es ist zu

670 Beispielsweise seien da genannt: Mutterschutzregelungen, Entgeltfortzahlung im Krankheitsfall, Arbeitsfreistellung zur Betreuung eines Kindes, etc.

671 Weitere Ausführungen: *Klocke*, RdA 2020, 331 (336).

672 *Klocke*, RdA 2020, 331 (336).

673 Ausführlicher dazu: *Bispinck/Laßmann/Rupp*, Konjunkturbedingte Kurzarbeit, S. 6 f.

674 Ausführlich im Rahmen des Arbeitnehmerschutzes besprochen, siehe S. 158 ff.

beachten, ob Kurzarbeitergeld bezogen wurde, wie lange die Kurzarbeitsperiode und wie groß der Umfang der ausfallenden Arbeitszeit war, inwiefern der Arbeitnehmer mit der jederzeitigen Beendigung der Kurzarbeit rechnen musste und wie die Umstände im Einzelfall sind; darüber hinaus sind die Begebenheiten in dem Unternehmen selbst in die Betrachtung miteinzubeziehen.

Festhalten kann man aber, dass ein moderates Absenken der Anforderungen im Hinblick auf die rechtlichen Vorgaben zur Beendigung nötig ist, weil der Eingriff in die schützenswerten Interessen der Parteien bei der Beendigung der Kurzarbeit im Vergleich mit der Einführung nicht derart schwer ist.

III. Rechtsgestalterische Möglichkeiten zur Beendigung der Kurzarbeit durch den Arbeitgeber

Es wurde festgestellt, dass das Direktionsrecht ohne eine vertragliche Vereinbarung, die eine Ermächtigung zur einseitigen Beendigung vorsieht, nicht tauglich ist, um die Kurzarbeit zu beenden. Weiterhin ist es nicht notwendig, ebenso strenge Anforderungen an die Rechtsgrundlage der Beendigung zu stellen, wie an die Rechtsgrundlage zur Einführung von Kurzarbeit. Im Folgenden sollen deshalb rechtsgestalterische Möglichkeiten zur Beendigung der Kurzarbeit, in denen die bereits gefunden Ergebnisse beachtet werden, dargestellt und erörtert werden.

1. Individualvertraglich

Im individualvertraglichen Bereich spielt es für die Beendigung grundsätzlich erst einmal keine Rolle, ob die Kurzarbeit durch einen Vertrag aus konkretem Anlass, durch Ausübung des eingeräumten Rechts aus der Kurzarbeitsklausel oder durch Änderungskündigung eingeführt worden ist. An den Punkten, an denen es auf die Unterscheidung ankommt, wird im Folgenden jedoch differenziert.

a) Aufhebungsvertrag

Die einfachste und reibungsloseste Variante ist die Einigung der Parteien auf die Beendigung der Kurzarbeit. Ob der Arbeitgeber oder der Arbeitnehmer das Angebot macht, spielt dabei keine Rolle. Man könnte argumentieren, dass von dem redlichen Arbeitnehmer zu erwarten ist, er müsse aus seiner Treuepflicht heraus, die er gegenüber dem Arbeitgeber hat, ein Aufhebungsvertragsangebot annehmen. Es gibt aber schon aus Gründen der Vertragsfreiheit nicht den Zwang überhaupt Verhandlungen zu einem Aufhebungsvertrag zu führen[675] und erst Recht keinen Kontrahierungszwang, der den Arbeitnehmer zwingen würde ein solches Angebot anzunehmen.

Es ist aber nicht abzustreiten, dass dieser Treuegedanke teilweise die Motivation sein kann, aufgrund derer sich der Arbeitnehmer auf den Aufhebungsvertrag einlässt. Im Rahmen des Aufhebungsvertrags sollten sich die Parteien auf die Modalitäten der Rückkehr zur Vollarbeit einigen. Der Abschluss des Vertrages hat zur Folge, dass das ursprünglich im Arbeitsvertrag Vereinbarte wieder gilt.

b) Einseitiges Beendigungsrecht des Arbeitgebers

Sollten sich die Parteien nicht auf einen Aufhebungsvertrag einigen, ist im nächsten Schritt an ein einseitiges Beendigungsrecht zu denken. Da dies in dem in der Praxis wahrscheinlichsten Fall vom Arbeitgeber wahrgenommen werden würde, ist zunächst das einseitige Beendigungsrecht des Arbeitgebers zu untersuchen.

Im besten Fall haben die Parteien schon im Vorhinein Möglichkeiten zur Beendigung der Kurzarbeit geregelt. In Betrieben, die weder tarifgebunden sind noch einen Betriebsrat haben, kann in der Vorratsvereinbarung im Arbeitsvertrag neben der Erlaubnis zur einseitigen Einführung von Kurzarbeit bei vorübergehendem Arbeitsmangel auch die Beendigung eben jener geregelt sein.[676] Diese vorab vereinbarte Klausel müsste ihrerseits einer Kontrolle der Allgemeinen Geschäftsbedingungen standhalten. Auch in dem Vertrag aus konkretem Anlass gebietet es sich, dass nicht nur ad hoc die Kurzarbeit eingeführt wird, sondern im gleichen Zug auch Regelungen für die (vorzeitige) Beendigung getroffen werden.[677] Wobei in dieser Vereinbarung auch genauer beschrieben werden könnte, an welche Voraussetzungen man die Rückkehr zum Normalbetrieb knüpft. Als Beispiel könnte man bei konkreten Lieferschwierigkeiten den Gegenstand, auf den gewartet wird, konkret betiteln. Damit könnte man festlegen, dass nach Ende des betreffenden Lieferengpasses die Kurzarbeit vom Arbeitgeber gegebenenfalls in Verbindung mit einer Mitteilung in einer bestimmten Form und einer Ankündigungsfrist, beendet wird. Dies wäre in der konkreten Klausel zu verankern.

---

675 LAG Niedersachsen, Urteil vom 03.06.2008 – 3 Sa 1041/07, BeckRS 2008, 55469.

676 Sich deutlich dafür aussprechend: *Meyer/Wall*, Kurzarbeit und Kurzarbeitergeld, S. 90.

677 Beispiele dafür finden sich bei *Bodem*: „Bei Verbesserung der Auftragslage kann der Arbeitgeber die Kurzarbeit sofort abbrechen und den Mitarbeiter jederzeit zur Wiederaufnahme der Tätigkeit zurückrufen. Um die jederzeitige Wiederaufnahme der Arbeit beziehungsweise die Vermittlung von Arbeit zu ermöglichen, stellt der Mitarbeiter sicher, dass er täglich erreichbar ist.“, siehe *Bodem*, in: Maschmann/Sieg/Göpfert, Vertragsgestaltung im Arbeitsrecht, C. 426, Rn. 11; *Wall* erwähnt die Beendigung mit Ablauf des vereinbarten Datums, aber keine vorzeitige Beendigung, siehe *Meyer/* Wall, Kurzarbeit und Kurzarbeitergeld, S. 90.

c) Die Regelung der Beendigung der Kurzarbeit in der Kurzarbeitsklausel

In dem Fall, dass die Parteien schon im Arbeitsvertrag eine Kurzarbeitsklausel vereinbart haben, bietet sich im Hinblick auf die Beendigung die Vereinbarung eines Widerrufsvorbehalts an.[678] Die meisten Muster enthalten keine Regelung zur Beendigung der Kurzarbeit.[679] Nur vereinzelt wird die Beendigungsmöglichkeit angesprochen. Beispielhaft seien an dieser Stelle zwei Klauselvorschläge dargestellt:

Wall macht einen Formulierungsvorschlag für die arbeitsvertragliche Vorratsvereinbarung mit entsprechender Beendigungsregelung:

„Es wird für den Zeitraum von sechs Monaten(…) Kurzarbeit Null eingeführt. Der Arbeitgeber ist berechtigt, mit einer Ankündigungsfrist von 1 Woche Vollarbeitszeit anzuordnen oder die Arbeitszeit zu erhöhen. Der Arbeitnehmer hat sich entsprechend leistungsbereit zu halten.“[680]

Wall koppelt damit das Direktionsrecht zur Beendigung der Kurzarbeit nicht an einen Wegfall von Voraussetzungen, sondern räumt dem Arbeitnehmer durch eine Ankündigungsfrist von einer Woche einen gewissen Schutz ein.

Auch der Zentralverband des Deutschen Handwerks hat in einer Mustervereinbarung eine Regelung zur Beendigung der Kurzarbeit festgehalten. Das Muster stellt eine Vorratsvereinbarung dar, die als Ergänzung zum Arbeitsvertrag zwischen Arbeitgeber und Arbeitnehmer abgeschlossen wird. Hierbei handelt es sich nicht um einen Vertrag aus konkretem Anlass, sondern um eine nachträglich vereinbarte Regelung, welche Teil des Arbeitsvertrages wird. Diese lautet wie folgt:

„Der Arbeitgeber ist berechtigt, die Kurzarbeit jederzeit durch einseitige Erklärung vorzeitig zu beenden, wenn die Voraussetzungen für die Einführung von Kurzarbeit nicht mehr vorliegen“.[681]

Die Mustervereinbarung sieht eine Koppelung an den Wegfall der Voraussetzungen zur Einführung von Kurzarbeit vor. Die Einführung wiederum ist in der Mustervereinbarung an die Voraussetzungen zum Kurzarbeitergeldbezug gekoppelt, die darin einzeln mit Verweis auf das Sozialgesetzbuch aufgezählt werden.[682] Das bedeutet, dass der Arbeitgeber die Kurzarbeit

---

678 So auch: *Stoffels*, in: FS Henssler 2023, 643 (653).

679 Beispielhaft sei hier *Klagges*, in: Schaub, Arbeitsrechtliches Formular- und Verfahrenshandbuch, Kapitel 1, 2. Teil, Rn. 107a genannt.

680 *Meyer*/Wall, Kurzarbeit und Kurzarbeitergeld, S. 90.

681 § 4 der individualrechtlichen „Mustervereinbarung zur Einführung von Kurzarbeit“ des Zentralverbandes des Deutschen Handwerks, 2020; vorgesehen als Ergänzung des Arbeitsvertrages.

682 § 1 der individualrechtlichen „Mustervereinbarung zur Einführung von Kurzarbeit“ des Zentralverbandes des Deutschen Handwerks, 2020: „Der Arbeitgeber kann Kurz-

beenden darf, wenn der Kurzarbeitergeldbezug endet, unabhängig davon, welche Voraussetzung für den Bezug von Kurzarbeitergeld nicht mehr vorliegt. Eine Ankündigungsfrist zur Beendigung sieht dieses Muster nicht vor. Eigentlich fordert auch *Wall* die Beendigung der Kurzarbeit bei Wegfall des Kurzarbeitergeldbezuges und sieht dies als unbedingte Verknüpfung an;[683] was aus seiner Mustervereinbarung jedoch nicht deutlich hervorgeht.

aa) Beendigungsklausel als Allgemeine Geschäftsbedingung

Diese beiden Regelungen stellen klauselartige Bestimmungen dar, welche nicht individuell anlassbezogen oder zwischen den Arbeitsparteien ausgehandelt werden; sie müssen deshalb einer Kontrolle am Maßstab der §§ 305 ff. BGB unterliegen, da sie regelmäßig für eine Vielzahl von Verträgen vorformuliert sind.[684] Die Klausel müsste zunächst wirksam einbezogen werden, bei einer Zusatzvereinbarung wirksam Eingang in den Arbeitsvertrag gefunden haben. Bei der Beendigungsklausel darf es sich für den Arbeitnehmer nicht um eine überraschende Klausel handeln. Das ist bei der Beendigung wenig problematisch, da die Beendigung der Kurzarbeit die vorübergehende Natur bestätigt und schlussendlich wieder zu dem im Arbeitsvertrag selbst vereinbarten Status zurückführt. Zu der Verortung im Vertrag ist das Gleiche zu sagen wie bei der Einführung: Im besten Fall sind Einführung und Beendigung an gleicher Stelle geregelt; dafür bietet sich ein Absatz in den Regelungen zur Arbeitszeit oder ein eigener Abschnitt zur Kurzarbeit an.

Zudem müsste die vorab im Arbeitsvertrag vereinbarte Klausel einer Inhaltskontrolle standhalten, dabei sind nach § 310 Abs. 4 S. 2 BGB die arbeitsrechtlichen Besonderheiten zu beachten. Eine Inhaltskontrolle ist nach § 307 Abs. 3 BGB aber nur dann eröffnet, wenn die vereinbarte Regelung von dispositivem Recht abweicht oder dieses ergänzt. Durch die Einführung der Kurzarbeit wurde die vertraglich geschuldete Arbeitszeit herabgesetzt. Die geminderte Arbeitszeit galt sodann als Hauptleistungspflicht im Arbeitsvertragsgefüge im Sinne des § 611a BGB. Die Beendigung der Kurzarbeit stellt eine Abweichung davon dar und unterfällt – wie dargestellt – auch nicht dem Direktionsrecht des Arbeitgebers. Die Inhaltskontrolle ist somit eröffnet.

---

arbeit anordnen, wenn die Voraussetzungen für die Gewährung von Kurzarbeitergeld erfüllt sind. Dies ist der Fall, wenn ein erheblicher Arbeitsausfall mit Entgeltausfall vorliegt, die betrieblichen und persönlichen Voraussetzungen erfüllt sind und der Arbeitsausfall der Agentur für Arbeit angezeigt wird (§§ 95 ff. SGB III)."

683 *Meyer*/Wall, Kurzarbeit und Kurzarbeitergeld, S. 90, Rn. 269.

684 Sehr ausführliches Prüfungsschema zur AGB-Prüfung bei „Kurzarbeiterklauseln": *Meyer*/Wall, Kurzarbeit und Kurzarbeitergeld, S. 39 f.

bb) Beendigungsklausel in Form eines Widerrufsvorbehalts

Wenn die Klausel in Form eines Widerrufsvorbehalts verwendet wurde, richtet sich die Inhaltskontrolle nach § 308 Nr. 4 BGB. Danach ist die Vereinbarung eines Widerrufsrechts zulässig, wenn der Widerruf nicht grundlos erfolgen soll, sondern wegen der unsicheren Entwicklung der Umstände als Anpassungsinstrument notwendig ist.[685] Im Fall der Kurzarbeit ist deren Beendigung für den Arbeitnehmer erwartbar und nicht grundlos, sondern vielmehr auch in seinem Interesse[686] und ihm deshalb zumutbar. Dem durchschnittlichen Arbeitnehmer ist bewusst, dass nach Bewältigung der Krise wegen der dann wieder anfallenden Arbeit die Kurzarbeit durch den Arbeitgeber beendet werden wird. Dass der Rückgang des Arbeitsausfalls den Arbeitgeber berechtigt, zu widerrufen, ergibt sich aus der Natur der Kurzarbeit. Die Gründe für den Widerruf sind in der Kurzarbeitsklausel deshalb nicht zwangsläufig zu nennen.[687] Dies stellt auch keine Verletzung des Transparenzgebots dar, denn die Beendigungsklausel ist im Falle des steigenden Arbeitsbedarfs auch ohne Nennung von Widerrufsgründen hinreichend klar und durchschaubar.

Unbillige Härten, die sich durch den Widerruf ergeben und deshalb im Hinblick auf Arbeitnehmerschutzgesichtspunkte zu beachten wären,[688] sind im Rahmen der Ausübung des billigen Ermessens zu berücksichtigen. Die spezifischen Klauselverbote der §§ 308 und 309 BGB sind im Übrigen nicht einschlägig, gleiches gilt für § 307 Abs. 1 S. 1 BGB in Verbindung mit § 307 Abs. 2 BGB. § 307 Abs. 2 Nr. 2 BGB ist schon nicht einschlägig, da es Sinn und Zweck der Kurzarbeit ist, den Arbeitsvertrag dauerhaft weiterzuführen und nach der Beendigung der Kurzarbeit zur ursprünglich vereinbarten Arbeitszeit zurückzukehren.[689]

cc) unangemessene Benachteiligung

Weiter ist zu prüfen, ob eine unangemessene Benachteiligung vorliegt. Eine formularmäßige Vertragsbestimmung ist dann unangemessen, wenn der Verwender – hier der Arbeitgeber – durch einseitige Vertragsgestaltung eigene Interessen missbräuchlich durchzusetzen versucht, ohne die Belange des Ar-

685 BAG, Urteil vom 24.01.2017 – 1 AZR 772/14, NZA 2017, 931 (933); BAG, Urteil vom 12.01.2005 – 5 AZR 364/04, NZA 2005, 465 (467); ausführlich in *Stoffels*, NZA 2017, 1217 (1217 ff.).

686 Siehe Interessendarstellung, siehe S. 104 ff.

687 So auch *Stoffels*, in: FS Henssler 2023, 643 (654), der dies mit einem Vergleich mit Widerrufsvorbehalten bei Arbeitgeberleistungen mit Vergütungscharakter – bei welchen Widerrufsgründe zu nennen sind – mit Verweis auf die Erkennbarkeit bei der Kurzarbeit begründet.

688 Ausführlich dazu, siehe S. 153 ff.

689 *Klocke*, RdA 2020, 331 (337); *Müller/Deeg*, ArbRAktuell 2010, 209 (210).

beitnehmers hinreichend zu beachten oder einen angemessenen Ausgleich zu gewähren.[690]

Im Rahmen dessen ist zuerst festzustellen, ob das Direktionsrecht überhaupt dahingehend vertraglich erweitert werden kann, dass der Arbeitgeber berechtigt ist, die Kurzarbeit einseitig zu beenden.[691] Im Gegensatz zu anderen Regelungen hinsichtlich der Arbeitszeit ist erneut zu betonen, dass die Kurzarbeit ein Instrument ist, welches nur vorübergehend Anwendung findet beziehungsweise finden sollte. Nur wenn auch dieses vorübergehende Element gegeben ist,[692] ist eine Direktionsrechtserweiterung möglich. Bei einer längeren Kurzarbeit kann es aber vorkommen, dass der Arbeitnehmer während der Kurzarbeit Null eine weitere Tätigkeit aufnimmt, um die Gehaltseinbuße von (maximal) 40 Prozent abzumildern. Könnte der Arbeitnehmer also jederzeit, sofort und ohne „angemessenen Ausgleich" in jeglicher Form zur Vollarbeit zurückgerufen werden, wäre der Arbeitnehmer durch diese drohende „Inanspruchnahme seiner Arbeitskraft in seiner Dispositionsfreiheit über die Verwertung seiner Arbeitskraft eingeschränkt".[693] Die Rückkehr zum ursprünglichen Status quo sollte zugleich dem Arbeitgeber aber nicht unnötig erschwert werden. Wie festgestellt, ist die Eingriffsintensität bei Einführung und Beendigung von Kurzarbeit nicht identisch, womit zwar keine bedingungslose Direktionsrechtserweiterung möglich ist, die Anforderungen an die Beendigungsregelung aber abzusenken sind. Im Sinne der unternehmerischen Freiheit und aufgrund der Tatsache, dass sich der Arbeitnehmer durch die Klausel auf die Beendigung einstellen kann, ist es überzeugender, die Erweiterung des Weisungsrechts zuzulassen.[694]

dd) Anknüpfung an den Wegfall des Kurzarbeitergeldbezuges

Im Rahmen der Kurzarbeitsklausel ist auch bei der Beendigung eine Koppelung an das Kurzarbeitergeld möglich. Denkbar ist dabei, dass die Parteien die Beendigung der Kurzarbeit an den Wegfall des Kurzarbeitergeldbezuges knüpfen. Die Versagung des Kurzarbeitergeldbezuges wäre somit eine auflösende Bedingung für die Kurzarbeit.[695] *Wall* befürwortet diese Verknüpfung und sieht die arbeitsrechtliche Kurzarbeit als beendet an, sobald der Bezug von Kurzarbeitergeld endet, gleichgültig aus welchem Rechtsgrund

---

690 BAG, Urteil vom 10.01.2007 – 5 AZR 84/06, NZA 2007, 384 (385).

691 *Maschmann*, in: BeckOGK GewO, § 106, Rn. 179.

692 Oder die strengen Vorgaben des § 12 Abs. 2 S. 1 TzBfG (Abrufarbeit) eingehalten worden sind, so *Maschmann*, in: BeckOGK GewO, § 106, Rn. 179.

693 LAG Düsseldorf, Urteil vom 30.08.2002 – 9 Sa 709/02, NZA-RR 2003, 407 (408).

694 So auch: *Schaub/Schindele*, Kurzarbeit, Rn. 36; und *Klocke*, RdA 2020, 331 (332), der dies zwar nicht explizit sagt, aber feststellt, dass eine „Vereinbarung über die Rückkehr getroffen werden kann", womit bei ihm eine Weisung gemeint sein müsste.

695 *Klocke*, RdA 2020, 331 (333,337).

dies geschieht.[696] Er begründet dies damit, dass das wirtschaftliche Risiko wie bei der Einführung nicht auf den Arbeitnehmer abgewälzt werden dürfe.[697]

Der primäre Vorteil der Koppelung der Beendigung an das Kurzarbeitergeld ist, dass der Arbeitnehmer in jedem Fall sein Entgelt gesichert hätte. Im Grunde gilt spiegelbildlich die gleiche Argumentation wie für die Koppelung an das Kurzarbeitergeld bei der Einführung. Grundsätzlich sieht das Gesetz nur „kein Kurzarbeitergeld ohne Kurzarbeit" vor – im Sinne der Angemessenheit scheint die die Koppelung nicht nur bei der Einführung, sondern auch der Beendigung sinnvoll. Durch diese Verbindung ist der Arbeitnehmer zumindest in finanzieller Hinsicht geschützt und wird nicht unangemessen benachteiligt. Meist fällt der Anspruch auf Kurzarbeitergeld weg, weil der Arbeitsausfall zurückgegangen ist. In solchen Fällen wird das Interesse des Arbeitgebers an der (vorzeitigen) Beendigung der Kurzarbeit so hoch sein, dass er die Einführung der Kurzarbeit widerrufen möchte. Eine ausdrückliche Koppelung der Beendigung an den Wegfall der Kurzarbeitergeldvoraussetzungen erscheint daher nicht notwendig. Sollte ein anderer Grund, beispielsweise die Ausreizung des Bezugszeitraums Grund für die Versagung des weiteren Bezugs von Kurzarbeitergeld sein, ist es geboten, im Rahmen des billigen Ermessens entstehende unzumutbare Härten zu berücksichtigen. Auch auf Arbeitnehmerschutzgesichtspunkte ist im Rahmen der Ausübungskontrolle Rücksicht zu nehmen.[698]

d) Keine Vorabregelung zur Beendigung

Haben die Parteien sich nicht geeinigt und die Beendigung nicht vorab geregelt, muss ein anderer Weg zur Beendigung gefunden werden.

aa) Teilkündigung

Eine Möglichkeit zur Beendigung der Kurzarbeit könnte der Ausspruch einer Teilkündigung sein. Im Gegensatz zur Kündigung ist die Teilkündigung auf den Fortbestand des Arbeitsverhältnisses gerichtet.[699] Wie weitgehend ein solcher einseitiger Eingriff in das Vertragsgeflecht sein darf, ist insbesondere in den §§ 1, 2 KSchG geregelt.[700] Eine Teilkündigung kann

696 *Meyer*/Wall, Kurzarbeit und Kurzarbeitergeld, S. 89 f.

697 *Meyer*/Wall, Kurzarbeit und Kurzarbeitergeld, S. 90; im Grunde von diesem Gedanken auch geleitet: *Rumpff/Dröge*, Kurzarbeit, S. 107.

698 Dieser Arbeitnehmergesichtspunkte werden im Kapitel über den Arbeitnehmerschutz dargestellt, siehe unten S. 153 ff.

699 BAG, Urteil vom 13.03.2007 – 9 AZR 612/05, AP BDSG § 4f Nr. 1; BAG, Urteil vom 14.11.1990 – 5 AZR 509/89, NZA 1991, 377 (377 f.).

700 BAG, Urteil vom 14.11.1990 – 5 AZR 509/89, NZA 1991, 377 (377 f.).

so weit gehen, dass sie in das Ordnungs- und Äquivalenzgefüge des Vertrages eingreift[701] und zudem keine Rücksicht darauf nimmt, dass Rechte und Pflichten der Vertragspartner in vielfachen inneren Beziehung zueinander stehen.[702] Aus diesem Grund ist eine Teilkündigung regelmäßig unzulässig.[703] Grundsätzlich ist diese Schlussfolgerung sinnvoll, da anderenfalls der Vertragspartner den Vertrag mit für den anderen ungünstigeren oder aber jedenfalls ungewollten Bedingungen weiterlaufen lassen könnte.[704]

Man könnte bei einer unzulässigen Teilkündigung an eine Umdeutung in eine Änderungskündigung nach § 140 BGB denken, soweit die Teilkündigung unzulässig ist, eine Auslegung nicht zu einem gültigen Geschäft führt, die ursprünglich ausgesprochene Teilkündigung alle wesentlichen Merkmale der Änderungskündigung aufweist und die Änderungskündigung dem mutmaßlichen Parteiwillen entspricht.[705] Der Arbeitgeber möchte den Fortbestand des Arbeitsverhältnisses davon abhängig machen, dass der von der Teilkündigung betroffene Vertragsteil nicht mehr besteht. Eine Teil- bzw. Änderungskündigung wäre demnach darauf gerichtet, die Kurzarbeitsvereinbarung zu kündigen, das übrige Arbeitsverhältnis aber bestehen zu lassen. Insofern wäre dann auch an eine Änderungskündigung zu denken, wenn diese sozial gerechtfertigt ist.

Eine Teilkündigung beziehungsweise eine einseitige Änderung der Arbeitsbedingungen kann aber statthaft sein, wenn sich das Gesamtvertragsverhältnis aus mehreren Teilverträgen zusammensetzt, welche jeweils als „selbständig lösbar angesprochen sind und eindeutig als selbständig lösbar aufgefasst werden müssen.“[706] Dabei darf es nicht zu einer Umgehung der Regelungen des KSchG kommen.[707] Es ist daher zuerst zu ermitteln, ob die Kurzarbeit vertraglich eingeführt wurde. Denn nur wenn die Kurzarbeit selbstständig lösbarer Vertragsteil ist, kann an eine Teilkündigung des Arbeitsvertrages gedacht werden.

Der 9. Senat des Bundesarbeitsgerichts hatte über einen Fall zu entscheiden, in dem die Stellung bzw. Sonderaufgabe als Datenschutzbeauftragter (teil-) gekündigt werden sollte. Im Rahmen dessen wurde der innere Zusammenhang mit den sonstigen Rechten aus dem Arbeitsverhältnis wegen eines wesentlichen Eingriffes in das Ordnungs- und Äquivalenzgefüge verneint.[708] Die Einführung von Kurzarbeit suspendiert die zentralen Hauptleistungs-

---

701 BAG, Urteil vom 18.10.2018 – 6 AZR 246/17, ZTR 2019, 164 (164 ff.), Rn. 34.
702 LAG Berlin-Brandenburg, Urteil vom 27.02.2009 – 6 Sa 2164/08, juris Rn. 34.
703 Ausführlich dazu: *Hueck*, RdA 1968, 201 (203 ff.).
704 *Künzl*, in: Ascheid/Preis/Schmidt, § 2 KSchG, Rn. 81.
705 *Mansel*, in: Jauernig, § 140 BGB, Rn. 2 ff.
706 BAG, Urteil vom 14.11.1990 – 5 AZR 509/89, NZA 1991, 377 (378).
707 BAG, Urteil vom 13.03.2007 – 9 AZR 612/05, AP BDSG § 4f Nr. 1.
708 BAG, Urteil vom 13.03.2007 – 9 AZR 612/05, AP BDSG § 4f Nr. 1.

pflichten des Arbeitsvertrages. Auch die Beendigung der Kurzarbeit ist ein Eingriff in dieses Gefüge. Ein innerer Zusammenhang zwischen der Kurzarbeit und den sonstigen Rechten und Pflichten, insbesondere den Hauptleistungspflichten aus dem Arbeitsverhältnis ist aus diesem Grund nicht von der Hand zu weisen. Demzufolge ist bei der Beendigung der Kurzarbeit auch von der Unzulässigkeit der Teilkündigung auszugehen, wenn nicht ein solches Teilkündigungsrecht vereinbart wurde.

bb) Ergänzende Vertragsauslegung

Da die Beendigung der Kurzarbeit in den seltensten Fällen[709] ausdrücklich im Arbeitsvertrag geregelt wurde, ist als erstes im Wege der ergänzenden Vertragsauslegung[710]festzustellen, ob ein einseitiges Beendigungsrecht vereinbart wurde. Ist dies nicht der Fall, ermöglichen die Auslegungsregeln (§§ 133, 157 BGB) in Verbindung mit dem Gebot von Treu und Glauben, § 242 BGB, die Auslegung und Ergänzung lückenhafter Verträge.

(1) Ausgangslage

Als Ausgangslage für die ergänzende Vertragsauslegung soll die folgende Vereinbarung dienen: „Ab dem Folgetag herrscht Kurzarbeit!“. Kurzarbeit wird schnell als Instrument eingesetzt. Ob dabei die Parteien aus Zeitnot nicht explizit über die Beendigung der Kurzarbeit gesprochen haben oder es schlicht nicht beachtet haben, soll dabei außer Acht gelassen werden.[711] Über eine einfache Auslegung lässt sich die Frage, wie die Beendigung der Kurzarbeit von den Parteien gewollt ist, jedenfalls nicht (vollständig) beantworten.

Es ist davon auszugehen, dass die Kurzarbeit durch eine ad hoc-Vereinbarung eingeführt wurde und dass keine Regelungen zur Beendigung der Kurzarbeit, auch nicht im Sinne einer Befristung, getroffen wurden.

(2) Lücke in Vertrag und Gesetz

Voraussetzung für eine ergänzende Vertragsauslegung ist, dass eine Lücke im Vertrag vorhanden ist, diese nicht durch dispositives Gesetzesrecht zu schließen ist und derart erheblich ist, dass ohne Ergänzung des geschlossenen Vertrags der Regelungsplan der Parteien nicht verwirklicht werden

---

709 Dass die Beendigung nur selten bedacht wird, so auch: *Stoffels*, in: FS Henssler 2023, 643 (652).

710 Ausführlich zur dogmatischen Einordnung des Rechtsinstituts: *Vogenauer*, in: HKK, §§ 133, 157 BGB, Rn. 89 ff.

711 Beispielsweise regeln die online verfügbaren Muster zur individualvertraglichen Kurzarbeitsvereinbarung der IHK auch nicht die Beendigung.

kann.[712] Ohne eine Vertragsergänzung müsste „das Ergebnis im offenen Widerspruch mit dem nach dem Inhalt des Vertrages tatsächlich Vereinbarten stehen.“[713] Wie in der Schilderung der Ausgangslage beschrieben, ist anzunehmen, dass die Parteien keine konkreten und ausdrücklichen Regelungen zur Beendigung der Kurzarbeit vereinbart haben.

Die Kurzarbeit ist die vorübergehende Verkürzung der betriebsüblichen regelmäßigen Arbeitszeit. Die Parteien haben sich auf die Einführung der Kurzarbeit in der Absicht geeinigt, nach Überbrückung der Zeit der wirtschaftlichen Instabilität wieder zu dem ursprünglich Vereinbarten zurückzukehren. Es liegt in der Natur der Vereinbarung, dass die Kurzarbeit früher oder später wieder beendet wird. Wenn dem nicht so wäre, würde das dem Sinn und Zweck der Kurzarbeit als Instrument zur Erhaltung von Arbeitsplätzen trotz fehlender Kapazitätsauslastung infolge Auftragsmangels zuwiderlaufen. Eine Beendigungsregel ist somit essenziell, um dem Zweck der Kurzarbeit gerecht zu werden.

Man könnte eine solche Lücke im Vertrag womöglich ablehnen, wenn man die Regelungen des Arbeitsvertrages, der als Fundament der Kurzarbeit über der gesamten Regelung steht, und von welchem nur zeitweise abgewichen wird, als Grundlage zur Beendigung der Kurzarbeit betrachtet. Dafür spricht, dass zwar die Grundidee ist, wieder zu dieser Vereinbarung zurückzukehren. Allerdings spricht dagegen, dass die Parteien durch die Vereinbarung der Kurzarbeit vertraglich die Hauptleistungspflichten suspendiert haben. Nur weil diese Pflichten grundsätzlich weiterhin Bestandteil des „Hauptvertrages“ sind, kann daraus nicht schlicht geschlossen werden, dass der zugrunde liegende Arbeitsvertrag ein einseitiges Beendigungsrecht beinhaltet. Das wäre im Sinne einer erläuternden Auslegung schlichtweg zu weit ausgelegt. Eine ausfüllungsbedürftige Lücke im Vertrag ist somit gegeben.

Ebenso darf sich die Lücke nicht durch dispositives Gesetzesrecht füllen lassen.[714] Zur arbeitsrechtlichen Kurzarbeit gibt es bislang keine gesetzliche Regelung.

Folglich ist an eine Analogie zum Sozialrecht zu denken. Die Regelungen, die das Sozialrecht zum Ende des Bezuges des Kurzarbeitergeldes bietet, dabei allen voran § 48 Abs. 1 S. 1 und 2 SGB X, welcher regelt, dass bei Wegfall der Voraussetzungen der Anerkennungsbescheid zur Kurzarbeiter-

---

712 BGH, Urteil vom 01.06.2005 – VIII ZR 234/04, NJW-RR 2005, 1421 (1422); BGH, Urteil vom 18.07.2007 – VIII ZR 227/06, NJW-RR 2007, 1697 (1701); BGH, Urteil vom 17.01.2007 – VIII ZR 171/06, NJW-RR 2007, 687 (690); ausführlich zu der Planwidrigkeit der Lücke: *Canaris*, Die Feststellung von Lücken im Gesetz, 1964, S. 16 f., 53 f.

713 BGH, Urteil vom 24.02.1954 – II ZR 88/53, NJW 1954, 799 (800); BGH, Urteil vom 10.07.1963 – VIII ZR 204/61, NJW 1963, 2071 (2075).

714 BGH, Urteil vom 13.11.1997 – IX ZR 289–96, DStR 1998, 350 (350).

geldgewährung aufzuheben ist,[715] sind nicht ohne weiteres auf die arbeitsrechtliche Kurzarbeit anzuwenden. Unter Umständen könnte man aber an eine analoge Anwendung der sozialrechtlichen Norm denken. Denn wenn eine Norm analog anwendbar ist, besteht keine Lücke.[716] Voraussetzungen für eine Analogie sind eine planwidrige Regelungslücke und eine vergleichbare Interessenlage.

Die Analogie zu § 48 SGB X scheitert dabei aber schon an der Planwidrigkeit der Regelungslücke, denn – wie die historische Entwicklung der Kurzarbeit gezeigt hat – hätte der Gesetzgeber genug Zeit gehabt, die Kurzarbeit gesetzlich zu fixieren. Erst recht nach Ende des Zweiten Weltkrieges als auch die Wichtigkeit der arbeitsrechtlichen Grundlage an Bedeutung gewonnen hat, hätte der Gesetzgeber tätig werden können.

Weiter wäre an eine Analogie zur Teilzeit zu denken, aber diese hat grundsätzlich keinen vorübergehenden Charakter, zumindest nicht derart kurz, wie es eigentlich im Sinn und Zweck der Kurzarbeit vorgesehen ist. Damit ist keine vergleichbare Interessenlage gegeben.

Schließlich ist an die Regelungen zur Kündigung des Arbeitsverhältnisses zu denken. Diese regeln jedoch, unter welchen Voraussetzungen das Arbeitsverhältnis terminiert werden kann, während die Beendigung der Kurzarbeit das genaue Gegenteil, nämlich die Rückkehr zur Vollarbeit und damit den Erhalt des Arbeitsverhältnisses, bezweckt.

Die Kurzarbeit entspricht keinem gesetzlich geregelten Rechtsinstitut. Das Gesetz hält somit keine sachlich passende Regelung zur Beendigung bereit. Damit handelt es sich bei dem vorliegenden Fall um die Domäne der ergänzenden Vertragsauslegung.[717]

(3) Auslegung des Parteiwillens

Für die ergänzende Vertragsauslegung ist im nächsten Schritt der hypothetische Parteiwille zu ermitteln. Bei diesem handelt es sich nach dem I. Zivilsenat des BGH in Wirklichkeit nicht um die Ermittlung hypothetischer subjektiver Vorstellungen der Parteien, sondern um eine vernünftige Interessenabwägung auf rein objektiver Grundlage.[718] Es ist darauf abzustellen, was die Arbeitsvertragsparteien bei einer angemessenen Abwägung ihrer Interessen nach Treu und Glauben als redliche Vertragspartner gewollt und akzeptiert hätten, wenn sie den von ihnen nicht geregelten Fall bedacht hät-

715 *Bieback*, in: BeckOGK SGB III, § 99, Rn. 68.
716 *Lindacher/Hau*, in: Wolf/Lindacher/Pfeiffer, AGB-Recht, § 306, Rn. 16.
717 Vgl. *Roth*, in: Staudinger, § 157 BGB, Rn. 27.
718 BGH, Urteil vom 30.09.1952 – I ZR 31/52, NJW 1953, 339 (341); *Dörner*, in: HK-BGB, § 157 BGB, Rn. 4; *Busche*, in: MünchKomm, § 157 BGB, Rn. 48.

ten.[719] Dabei sind die Interessen der Parteien und der Sinn und Zweck des Vertrags zu erläutern.[720] Die Interessen der Parteien und deren Schutzwürdigkeit bei Einführung und Beendigung der Kurzarbeit wurden bereits dargestellt.[721] Der Sinn und Zweck des Vertrages ergibt sich aus der Definition der Kurzarbeit selbst. Die Kurzarbeit ist die vorübergehende Verkürzung der betriebsüblichen regelmäßigen Arbeitszeit mit der Folge einer entsprechenden Lohnkürzung bei anschließender, auch schrittweiser, Rückkehr zum status quo ante. Die Kurzarbeit ist somit nur erfolgreich, wenn auch wieder zur Vollarbeit zurückgekehrt werden kann. Bei vereinbarter Kurzarbeit erwartet der Arbeitnehmer regelmäßig, dass zur Vollarbeit zurückgekehrt wird und auch, dass die Anordnung dafür vom Arbeitgeber kommen wird.

Es sollten die Merkmale berücksichtigt werden, die für diese Art von Rechtsgeschäft typisch sind.[722] Die Kurzarbeit dient der Krisenüberbrückung. Primär geht es dabei um den Arbeitsplatzerhalt und die Verhinderung von Arbeitslosigkeit. Bei der Erforschung des Willens geht es den Parteien bei der Einigung auf Kurzarbeit erkennbar darum, dass sobald Arbeit anfällt, wieder zur Vollarbeit zurückgekehrt wird.

Es hätte bei der Vereinbarung nahe gelegen, auch die Beendigung ausdrücklich zu regeln, auch wenn dies – wie man vielen frei zugänglichen Mustern für die individualvertraglich eingeführte Kurzarbeit entnehmen kann – schlicht nicht getan wird.[723] Es wird zwar zu Recht angeführt, dass der Übergang zu Normalarbeitszeit zumindest auch im Interesse der Mitarbeiter ist;[724] dies ist jedoch kein zwingender Grund dafür, dass der Mitarbeiter der Aufhebung oder Abänderung der Kurzarbeit zustimmen muss. Eine solche Zustimmungspflicht würde einem Kontrahierungszwang gleichkommen, was der Vertragsfreiheit zuwiderlaufen würde. Es wird aber vertreten, dass eine solche Zustimmungspflicht der einzige Weg aus der individuell vereinbarten Kurzarbeit ist.[725] Gesetzt den Fall, dass der Arbeitnehmer der Beendigung der Kurzarbeit nicht zustimmt – aus welchen Gründen auch immer –, gäbe es für den Arbeitgeber keine andere Möglichkeit die Kurzarbeit zu beenden als das Arbeitsverhältnis insgesamt zu beenden. Das würde wiederum

719 BGH, Urteil vom 04.12.2014 – VII ZR 4/13, NJW 2015, 955 (957, Rn. 28).

720 *Busche*, in: MünchKomm, § 157 BGB, Rn. 47.

721 Siehe oben: Kapitel zur Interessenlage, S. 100 ff.

722 *Busche*, in: MünchKomm, § 157 BGB, Rn. 26; Canaris spricht bei der ergänzenden Vertragsauslegung davon, dass die Lösung aus der typischen Interessenlage zu finden ist, *Canaris*, Die Feststellung von Lücken im Gesetz, 1964, S. 54.

723 Beispielhaft sei hier *Klagges*, in: Schaub, Arbeitsrechtliches Formular- und Verfahrenshandbuch, Kapitel 1, 2. Teil, Rn. 107a genannt.

724 Vgl. *Glaubitz*, in: Hess/Schlochauer/Glaubitz, BetrVG, 3. Auflage 1986, § 87, Rn. 168; *Feindura*, Kurzarbeit, S. 390h.

725 *Elert/Raspels*, Flexible Einsatzformen von Arbeitnehmern, Kapitel 22, Rn. 107.

der Idee der Kurzarbeit völlig zuwiderlaufen. Insofern stellt dies keine taugliche Lösung dar.

Es ist im nächsten Schritt zu klären, auf welchen Zeitpunkt bei der ergänzenden Vertragsauslegung abzustellen ist: Würde man auf den Zeitpunkt der vertraglichen Vereinbarung, mit welcher die Kurzarbeit eingeführt wurde, abstellen,[726] wäre davon auszugehen, dass beide Parteien die vorübergehende Nutzung der Kurzarbeit im Blick hatten, um die bestehende Krise zu überbrücken. Aus praktischen Gründen wird der Arbeitgeber am besten einschätzen können, in welchem Umfang welcher Arbeitnehmer wieder eingesetzt werden muss, sobald wieder Arbeit anfällt, was dazu führt, dass der Arbeitgeber derjenige ist, der die Beendigung der Kurzarbeit ausruft. Nach der beiderseits interessengerechten Vertragsauslegung ist im Rahmen des hypothetischen Parteiwillens davon auszugehen, dass die Parteien im Zeitpunkt der Einführung der Kurzarbeit ein einseitiges Beendigungsrecht des Arbeitgebers vereinbart hätten.

Ist man hingegen der Auffassung, dass der Zeitpunkt der Gegenwart, also im zugrunde gelegten fiktiven Fall der Zeitpunkt, an dem eine Beendigung angestrebt wird, der maßgebliche Zeitpunkt für die ergänzende Vertragsauslegung ist,[727] kann von den zuvor genannten Ausführungen abweichen. Es können Umstände eingetreten sein, die aus der Sicht des Arbeitnehmers dazu führen, dass er die Kurzarbeit nicht beendet sehen möchte.

Dafür, auf den Zeitpunkt des Vertragsschlusses abzustellen, wird einerseits angeführt, dass es so auch bei der einfachen, beziehungsweise erläuternden Vertragsauslegung ist[728] und andererseits der Grundsatz der Privatautonomie. Es dürfe nicht Sache der Rechtsprechung sein, aus dem eigenen Standpunkt heraus ex post die Situation zu beurteilen; vielmehr habe sie sich in die Lage der Parteien bei Vertragsschluss zu versetzen, um eine ergänzende Vertragsauslegung vorzunehmen.[729]

Der ergänzenden Vertragsauslegung wird zudem die Aufgabe zugesprochen, das Rechtsgeschäft „zu Ende zu denken“[730], was an dieser Stelle nahezu wörtlich verstanden werden kann. Regelt man die Beendigung der Kurzarbeit nicht und denkt damit die Kurzarbeit nicht „zu Ende“, würde das Kons-

726 Ebenso auf den Zeitpunkt des Vertragsschlusses abstellend: BGH, Urteil vom 20.09.1993 – II ZR 104/92, BGHZ 123 (281), NJW 1993, 3193 (3194); BGH, Urteil vom 24.01.2008 – III ZR 79/07, NJW-RR 2008, 562 (563); *Busche*, in: MünchKomm, § 157 BGB, Rn. 50; *Roth*, in: Staudinger, § 157 BGB, Rn. 34.

727 BGH, Urteil vom 24.02.1954 – II ZR 88/53, NJW 1954 799 (800).

728 *Busche*, in: MünchKomm, § 157 BGB, Rn. 50.

729 *Roth*, in: Staudinger, § 157 BGB, Rn. 34.

730 Vgl. *Busche*, in: MünchKomm, § 157 BGB, Rn. 27, 47; *Dörner*, in: HK-BGB, § 157 BGB, Rn. 4; *Lindacher/Hau*, in: Wolf/Lindacher/Pfeiffer, AGB-Recht, § 306, Rn. 21.

trukt der Krisenüberbrückung an sich nicht funktionieren, da die Interimslösung Kurzarbeit nicht oder nicht rechtmäßig beendet werden könnte.

(4) Vertragsergänzung oder Vertragsausgestaltung?

Nach der bisherigen Untersuchung ist festzuhalten, dass dem Arbeitgeber in dem Fall, in dem die Parteien die Beendigung nicht geregelt haben, ein einseitiges Beendigungsrecht zukommt. Im nächsten Schritt gilt es zu klären, welche spezifische Ergänzung sich aus der konkreten Vertragsauslegung ergibt. Dieses muss noch innerhalb der Grenzen der ergänzenden Vertragsauslegung zu verorten sein. Im Rahmen dessen wird vertreten, dass die ergänzende Vertragsauslegung ausscheidet, wenn mehrere Gestaltungsmöglichkeiten denkbar sind und nicht deutlich wird, welche Regelung die Parteien getroffen hätten,[731] denn die ergänzende Vertragsauslegung müsse zu einem eindeutigen und brauchbaren Ergebnis führen.[732]

Die zu ergänzende Regelung könnte als Teilkündigungsrecht oder als vertragliche Weisungsrechtserweiterung seitens des Arbeitgebers ausgestaltet werden. Beide Möglichkeiten haben das gewünschte Ergebnis zur Folge, nämlich, dass dem Arbeitgeber ein einseitiges Beendigungsrecht zusteht. Eine vertragliche Weisungsrechtserweiterung wäre in der Ausgestaltung recht offen, während bei einem Kündigungsrecht wohl die Hürden von Kündigungsgrund, -frist und Formvorschriften zu beachten wären. Dabei ist aber zu beachten, dass die Beendigung der Kurzarbeit im Wege einer Weisung billigem Ermessen zu entsprechen hätte, womit oben genannte Hürden, die bei der Kündigung direkt in Erscheinung treten, bei der Ausübung des Weisungsrechts genauso zu Tage treten können. Als Kündigungsgrund ist hier der Wiederanfall von Arbeit beziehungsweise der Wegfall des Arbeitsmangels zu nennen. Bei der Kündigungsfrist ist § 622 Abs. 2 BGB zu beachten – eine Kündigungsfrist würde faktisch wie eine Ankündigungsfrist zur Wiederaufnahme der Arbeit zu verstehen sein. Schließlich soll dem Arbeitnehmer durch die Frist, ähnlich wie bei § 622 BGB, Gelegenheit gegeben werden, sich auf die neuen, beziehungsweise bei der Beendigung der Kurzarbeit die alten Gegebenheiten, einstellen zu können.[733] Es ist jedoch zu berücksichtigen, dass sich die Kündigungsfrist gemäß § 622 Abs. 2 BGB bei längerer Betriebszugehörigkeit auf bis zu sieben Monate verlängern kann. Darüber hinaus gibt es auch Arbeitnehmer, die ordentlich unkündbar sind. In

---

731 BGH, Urteil vom 01.02.1984 – VIII ZR 54/83, NJW 1984, 1177 (1179); BGH, Urteil vom 12.07.1989 – VIII ZR 297/88, NJW 1990, 115 (116); BGH, Urteil vom 03.11.1999 – VIII ZR 269/98, NJW 2000 1110 (1114); BGH, Urteil vom 18.07.2007 – VIII ZR 227/06, NJW-RR 2007, 1697 (1699).

732 *Roth*, in: Staudinger, § 157 BGB, Rn. 10.

733 BAG, Urteil vom 24.10.2019 – 2 AZR 158/18, NZA-RR 2020, 199(202 f.).

solchen Fällen ist ein Teilkündigungsrecht durch ergänzende Vertragsauslegung praktisch nicht anwendbar.

Bei der Ausgestaltung des Beendigungs- als Kündigungsrecht wäre auch das Schriftformerfordernis des bei Kündigungen im Arbeitsrecht anzuwendenden § 623 BGB zu beachten, wobei dieser ausdrücklich von der Beendigung von Arbeitsverhältnissen spricht, womit aber alle auf die Beendigung des Arbeitsverhältnisses gerichteten Formen der Kündigung gemeint sind.[734] Mit der Beendigung der Kurzarbeit beabsichtigt der Arbeitgeber, nur die Kurzarbeit an sich und nicht das gesamte dahinterstehende Arbeitsverhältnis zu terminieren. Das Schriftformerfordernis der Kündigung hat eine Warnfunktion bei der Beendigung des Arbeitsverhältnisses;[735] dieser Übereilungsschutz ist bei der bloßen Beendigung der Kurzarbeit nicht in gleichem Maß erforderlich. Ein Formerfordernis verfolgt die Stärkung von Rechtssicherheit und soll zugleich die Arbeitsgerichte entlasten.[736] Es ist aber nicht davon auszugehen, dass bei der Beendigung der Kurzarbeit vergleichbar viele Klagen erhoben werden wie bei der Beendigung des Arbeitsverhältnisses, da die Beendigung des Arbeitsverhältnisses insgesamt wesentlich tiefgreifender ist. Somit muss ferner keine Entlastung der Gerichte bezweckt werden. Die Ausgestaltung des Beendigungs- als Kündigungsrecht hätte somit er durch eine Koppelung an Grund und Frist einen Schutz und damit Vorteil für den Arbeitnehmer.

Bei der ergänzenden Vertragsauslegung ist jedoch auf ein ausgewogenes Verhältnis zwischen den Parteien zu achten.[737] Insofern wäre im Sinne des Arbeitnehmerschutzes auch bei der Annahme einer vertraglichen Weisungsrechtserweiterung an zu beachtende Erreichbarkeitsregelungen oder Ankündigungsfristen zu denken, um so das ausgewogene Verhältnis zu beachten.[738]

Insofern sind mit der Möglichkeit der ergänzenden Auslegung als Teilkündigungsrecht oder als vertragliche Weisungsrechtserweiterung seitens des Arbeitgebers zwei Gestaltungsmöglichkeiten denkbar, womit die ergänzende Vertragsauslegung eigentlich nicht in Betracht kommt.[739] Dem BGH folgend geht es bei der ergänzenden Vertragsauslegung nicht in erster Linie darum, zu ermitteln, was dem tatsächlichen Parteiwillen entsprechen würde, sondern dass sich die „ergänzende Vertragsauslegung unter Anlegung eines objektiven Maßstabes daran auszurichten hat, was die Parteien bei redli-

---

734 *Müller-Glöge*, in: ErfK, § 623 BGB, Rn. 3.

735 *Greiner*, in: Ascheid/Preis/Schmidt, § 623 BGB, Rn. 2.

736 *Greiner*, in: Ascheid/Preis/Schmidt, § 623 BGB, Rn. 1.

737 *Armbrüster*, in: Erman, BGB, § 157, Rn. 21; *Bieder*, NZA-Beilage 2011, 142 (143).

738 Ausführungen zum Arbeitnehmerschutz im Rahmen der Ausübungskontrolle, siehe S. 153 ff.

739 BGH, Urteil vom 6. 4. 2009 – II ZR 255/08, NZA 2009, 1962 (1966); *Busche*, in: MünchKomm, § 157 BGB, Rn. 55.

cher Denkungsweise als gerechten Interessenausgleich akzeptiert hätten."[740] Weiter setze das Auslegungsverfahren nicht voraus, dass dem Parteiwillen nur genau eine Auslegung zu entnehmen ist.[741] Die Auslegung muss somit nicht zu dem Ergebnis kommen, dass der Wille der Parteien nur eine einzige, eindeutige Interpretation zulässt. Es kann vielmehr mehrere plausible Auslegungsergebnisse geben. Ausreichend ist, dass sie eine „solche oder ähnliche Ersatzklausel" vereinbart hätten.[742] Somit ist die ergänzende Vertragsauslegung grundsätzlich trotz zweiter Gestaltungsmöglichkeit weiterhin zulässig.[743]

(5) Stellungnahme

Angesichts praktischer Erwägungen, insbesondere der möglichen Unkündbarkeit von Arbeitnehmern und der langen Kündigungsfristen gemäß § 622 Abs. 2 BGB, ist ein Teilkündigungsrecht durch ergänzende Vertragsauslegung nicht anzunehmen. Daraus ergibt sich die Feststellung, dass für den Fall, in dem keine Beendigung von Parteien geregelt wurde, nach einer ergänzenden Vertragsauslegung dem Arbeitgeber ein einseitiges Beendigungsrecht zuzusprechen ist. Den Vertretern der Auffassung, die ein einseitiges Beendigungsrecht (aus ergänzender Vertragsauslegung) ablehnen,[744] ist entgegenzuhalten, dass dadurch der Sinn und Zweck des Instruments der Kurzarbeit nicht erreicht werden kann. Die Kurzarbeit muss auf rechtmäßige Art und Weise beendet werden können, vorausgesetzt, der Arbeitnehmer stimmt einem Aufhebungsangebot nicht zu. Es ist zu bedenken, dass zwischen den Parteien trotz der Krise immer noch ein Arbeitsvertrag besteht, zu dem man im Falle einer positiven Entwicklung der Krise wieder zurückkehren möchte. Insofern ist dem Arbeitgeber ein einseitiges Beendigungsrecht zuzugestehen.[745]

(6) Andere Bewertung bei befristeter Einführung der Kurzarbeit?

Es stellt sich die Frage, ob dem Arbeitgeber auch ein einseitiges Beendigungsrecht zuzugestehen ist, wenn die Parteien die Kurzarbeit befristet eingeführt haben. Schließlich wurde in diesem Fall eine Beendigungsregelung getroffen und es besteht womöglich diesbezüglich keine Lücke im Vertrag. Zudem bietet die Befristungslösung dem Arbeitnehmer Planungssicherheit schon zum Zeitpunkt der Einführung von Kurzarbeit.

740 BGH, Urteil vom 01.02.1984 – VIII ZR 54/83, NJW 1984, 1177 (1179).
741 BGH, Urteil vom 01.02.1984 – VIII ZR 54/83, NJW 1984, 1177 (1179).
742 BGH, Urteil vom 30. 10. 1974 – VIII ZR 69/73, NJW 1975, 44 (45).
743 BGH, Urteil vom 01.02.1984 – VIII ZR 54/83, NJW 1984, 1177 (1179).
744 *Elert/Raspels*, Flexible Einsatzformen von Arbeitnehmern, Kapitel 22, Rn. 107.
745 *Feindura*, Kurzarbeit, S. 390h.

Im ersten Schritt ist zu untersuchen, wie diese Befristung auszulegen ist. Dabei kommen zwei Möglichkeiten in Betracht. Einmal kann es sich um eine Befristung im Sinne einer Höchstbefristung handeln; andererseits könnte eine Befristungsregelung in dem Sinne ausgelegt werden, dass der Arbeitnehmer nicht früher als zum festgelegten Endzeitpunkt der Kurzarbeit mit einer Rückkehr zur Vollarbeit zu rechnen braucht. Dem steht jedoch entgegen, dass jede Verlängerung der Kurzarbeit der Zustimmung des Arbeitnehmers bedarf, außer es ist anders vereinbart. Zudem spricht dagegen, dass ein definitives Ende der Kurzarbeit oft nicht mit Sicherheit bestimmbar ist.

Auch ist vorliegend der Rechtsgedanke des § 15 Abs. 4 TzBfG nicht anzuwenden, welcher regelt, dass ein befristetes Arbeitsverhältnis nur dann der ordentlichen Kündigung unterliegt, wenn dies einzelvertraglich oder im anwendbaren Tarifvertrag vereinbart ist. Denn zum einen geht es hier nicht um die Beendigung des gesamten Arbeitsverhältnisses, sondern eben nur der Kurzarbeit und zum anderen wird durch die Parteivereinbarung deutlich,[746] dass der Arbeitnehmer zur Arbeit zurückzukehren hat, sobald diese wieder anfällt. Darüber hinaus hat beispielsweise die Covid-19-Pandemie gezeigt, dass man die Kurzarbeit teilweise erstmal sehr großzügig einführt, um mit der Situation zurecht zu kommen und nach genauerer Prognose und Abschätzung der Lage ein Rückruf gegebenenfalls und wünschenswerterweise auch früher stattfinden kann.

Auch in der Literatur wird vertreten, dass die Befristung der Kurzarbeit nicht ohne weiteres als Fixterminierung auszulegen ist.[747] *Rumpff/Dröge* sind der Ansicht, dass die Möglichkeit, den Arbeitnehmer aus der Kurzarbeit zurückzuholen, aus dem Anspruch auf die Arbeitsleistung folgt (§ 611a Abs. 2 BGB). Arbeitnehmerseitig leiten sie aus dem fortbestehenden Arbeitsverhältnis einen Anspruch auf Terminierungsänderung entsprechend der Änderung der Prognose ab.[748] Faktisch konstruieren sie durch die sogenannte Terminierungsänderung ein einseitiges Beendigungsrecht des Arbeitgebers, welches etwaige damit einhergehende Ankündigungsfristen umfassen kann.

Es ist somit davon auszugehen, dass die Befristung der Kurzarbeit als Höchstfrist und damit als Sicherheit für den Arbeitnehmer zu verstehen ist, dass spätestens mit Ablauf der Frist wieder mit der Rückkehr zum Normalbetrieb zu rechnen ist. Gleichzeitig ist aber dennoch ein einseitiges Beendi-

---

746 Für die Auslegung der einzelvertraglichen Abrede ist es ausreichend, dass der dahingehende beiderseitige Wille aus den Umständen eindeutig erkennbar ist; vgl. *Backhaus*, in: Ascheid/Preis/Schmidt, § 15 TzBfG, Rn. 22; *Rennpferdt*, in: Henssler/Willemsen/Kalb, Arbeitsrecht Kommentar, § 15 TzBfG, Rn. 24.

747 Vgl. *Rumpff/Dröge*, Kurzarbeit, S. 105; dagegen *Hueck-Nipperdey*, Lehrbuch, Bd. 1, S. 216.

748 *Rumpff/Dröge*, Kurzarbeit, S. 105.

gungsrecht des Arbeitgebers zu ergänzen für den Fall, dass der Arbeitsbedarf früher als prognostiziert wieder besteht.

(7) Koppelung an das Kurzarbeitergeld

Schließlich ist zu beleuchten, ob mit der Vereinbarung „Ab dem Folgetag herrscht Kurzarbeit!“ im gleichen Zug eine Koppelung an das Kurzarbeitergeld vereinbart wurde. Wenn dies zu bejahen ist, ist weiter zu untersuchen, wie sich das auf eine ergänzende Vertragsauslegung auswirkt. Dabei ist zuerst zu untersuchen, ob die Vereinbarung „Ab dem Folgetag herrscht Kurzarbeit!“ die automatische Verknüpfung der Kurzarbeit an den Bezug des Kurzarbeitergeldes bedeutet. Dafür spricht, dass dem juristischen Laien zumeist nicht bewusst ist, dass zwischen arbeitsrechtlicher Kurzarbeit und sozialrechtlichem Kurzarbeitergeld überhaupt unterschieden wird. Diese Laienbetrachtung wird auch durch die historische Entwicklung unterstützt, da in der Vergangenheit lange eben jene Koppelung bestanden hat. Dagegen spricht aber klar, dass Kurzarbeit und Kurzarbeitergeldbezug rechtlich zu trennen sind. Die Ausführungen zur Einführung von Kurzarbeit[749] beleuchten die Interdependenz und mögliche Verbindungen ausführlich.

Man könnte sich aber weiterhin fragen, ob hinsichtlich der Lösung zu differenzieren ist, wenn die Parteien sich im Rahmen der Einführung von Kurzarbeit darauf geeinigt haben, dass die Kurzarbeit auch an den Bezug von Kurzarbeitergeld gekoppelt wird. Hier ließe sich argumentieren, dass anstatt oder neben dem einseitigen Beendigungsrecht die auflösende Bedingung des Wegfalls des Kurzarbeitergeldes vereinbart wurde. Aber auch dagegen spricht, dass dies eine zu extensive Auslegung des hypothetischen Parteiwillen wäre, und es wäre ein Eingriff in die unternehmerische Freiheit. Zudem dürfte es für den Arbeitnehmer keinen Unterschied machen aus welchem Topf das Geld gezahlt wird: Wenn also der Arbeitgeber dann in Höhe des Kurzarbeitergeldes den Lohn des Arbeitnehmers weiterzahlt, besteht insofern arbeitnehmerseitig wenig Interesse an der Verknüpfung durch auflösende Bedingung.[750] Insofern führt auch die Koppelung an das Kurzarbeitergeld nicht zu einem anderen Ergebnis.

cc) Zwischenergebnis

Zusammenfassend ist zu sagen, dass im Falle der Einführung von Kurzarbeit durch ad hoc-Vereinbarung, bei befristeter Einführung, bei Einführung durch Ausübung einer vertraglich eingeräumten Direktionsrechtserweite-

---

749 Siehe oben Kapitel zu den Wechselwirkungen zwischen Kurzarbeit und Kurzarbeitergeld: S. 36.

750 Vgl. BAG, Urteil vom 11.07.1990 – 5 AZR 557/89, NZA 1991, 67 (67 f.).

rung oder auch bei Koppelung an das Kurzarbeitergeld mithilfe der ergänzenden Vertragsauslegung ein einseitiges Beendigungsrecht des Arbeitgebers in den Vertrag hineinzulesen ist. In einem weiteren Schritt ist jedoch noch darüber zu diskutieren, inwiefern der Arbeitgeber Rücksicht auf die Belange des Arbeitnehmers zu nehmen hat.[751]

e) Besonderheiten bei Allgemeinen Geschäftsbedingungen ohne vorherige Vereinbarung

Bei der Verwendung von Allgemeinen Geschäftsbedingungen sind die Verhandlungspartner nicht derart auf Augenhöhe, wie wenn der Vertrag individuell ausgestaltet wird, da der Arbeitgeber die Klauseln vorformuliert. Als Folge dessen ist zu beleuchten, inwiefern im Rahmen dessen andere Maßstäbe anzulegen sind und zu welchen Ergebnissen diese gegebenenfalls führen.

aa) Zulässigkeit einer ergänzenden Vertragsauslegung

Im ersten Schritt soll hinterfragt werden, ob sich ein einseitiges Beendigungsrecht über das Institut der ergänzenden Vertragsauslegung bei allgemeinen Geschäftsbedingungen ebenso begründen lässt.[752]

Die ergänzende Vertragsauslegung bei Allgemeinen Geschäftsbedingungen birgt womöglich die Gefahr, einseitig Arbeitgeberinteressen zu betonen. Denn anders als bei einem individuellen Vertrag sind Allgemeine Geschäftsbedingungen nicht notwendigerweise auf den Interessenausgleich der Parteien bedacht. Der Verwender, häufig der Arbeitgeber, gibt Regelungen vor und dies könnte sich in der ergänzenden Vertragsauslegung fortentwickeln.[753] Das Institut der ergänzenden Vertragsauslegung ist jedoch grundsätzlich auch auf AGB anwendbar, da es sich dabei um ein Rechtsinstitut der allgemeinen Rechtsgeschäftslehre handelt.[754] Die ergänzende Vertragsauslegung bei Allgemeinen Geschäftsbedingungen ist von der Rechtsprechung anerkannt.[755]

---

751 Siehe dazu Kapitel E zum Arbeitnehmerschutz, S. 153 ff.

752 Ausführlich für den Fall der ergänzenden Vertragsauslegung im AGB-Recht: *Schmidt*, in: BeckOK BGB, § 306 BGB, Rn. 25; *Mäsch*, in: Staudinger, § 306 BGB, Rn. 37 ff.; *Stoffels*, AGB-Recht, § 20, Rn. 619 f.

753 *Bieder*, NZA-Beilage 2011, 142 (143).

754 *Stoffels*, AGB-Recht, § 20, Rn. 613; *Lindacher/Hau*, in: Wolf/Lindacher/Pfeiffer, AGB-Recht, § 306, Rn. 15; *Neumann*, Geltungserhaltende Reduktion und ergänzende Auslegung von Allgemeinen Geschäftsbedingungen, S. 133.

755 BGH, Urteil vom 15.02.2019 – V ZR 77/18, NJW 2019, 2602 (2604); BGH, Urteil vom 28.10.2009 – VIII ZR 320/07, NJW 2010, 993(997); BGH, Urteil vom 26.10.2005 – VIII ZR 48/05, NJW 2006, 996 (999); BGH, Urteil vom 01.02.1984, VIII ZR 54/83, NJW 1984, 1177 (1178); BAG, Urteil vom 15.09.2009 – 3 AZR 17/09, NZA 2010, 164(170); BAG, Urteil vom 14.01.2009 – 3 AZR 900/07, NZA 2009, 666

Bei der vor allem im Schrifttum diskutierten Kontroverse wird gefragt, ob eine ergänzende Vertragsauslegung bei der Ausfüllung anfänglicher Lücken im Vertrag statthaft ist.[756] Heftige Kritik an der ergänzenden Vertragsauslegung vorformulierter Arbeitsvertragsbestimmungen wird vor allem im Hinblick auf die sogenannte Formulierungsverantwortung geäußert. Auch wenn bei der anfänglichen Lücke, anders als bei der Vervollständigung von Vertragslücken durch unwirksame Klauseln, im Recht der Allgemeinen Geschäftsbedingungen eine geltungserhaltende Reduktion verboten ist,[757] sei vergleichbar restriktiv vorzugehen. Als entscheidend wird dabei der aus §§ 305c Abs. 2, 306 Abs. 1 und 3 BGB deutlich werdende Grundgedanke angesehen, dass den Verwender, der die Vertragsbestimmungen einseitig vorgibt, eine Formulierungsverantwortung trifft. Diese sei umfassend, weil damit nicht nur einherginge, wie die Bestimmungen formuliert werden, sondern vor allem auch, welche Klauseln überhaupt Vertragsbestandteil werden. Wenn in einem solchen Fall der Arbeitgeber keine Vorsorge für vorhersehbare Probleme treffe, brauche man diesem auch keine Abhilfe durch die Vervollständigung der Klausel zu leisten. Als Ausnahme wird dabei nur der Fall anerkannt, dass selbst der vorausschauende Verwender die Regelungsbedürftigkeit nicht erkennen konnte.[758] Dass eine eingeführte Kurzarbeit auf irgendeinem Weg auch wieder beendet werden muss, stellt einen erkennbar regelungsbedürftigen Konflikt dar, für welchen der Arbeitgeber eine vertragliche Risikovorsorge hätte treffen müssen. In der Konsequenz wäre dieser Auffassung folgend eine ergänzende Auslegung nicht möglich.

Für die Zulässigkeit der ergänzenden Vertragsauslegung spricht, dass ohne die Lückenfüllung der Vertragszweck nicht in beiderseits interessengerechter Art und Weise erreicht werden kann. Da sowohl die ergänzende Vertragsauslegung als auch die Generalklausel nach § 307 Abs. 1 BGB im Hinblick

---

(669); BAG, Urteil vom 11.10.2006 – 5 AZR 721/05, NZA 2007, 87 (90); BAG, Urteil vom 12.01.2005 – 5 AZR 364/04, NZA 2005, 465 (468); auch verfassungsrechtlich gebilligt: BVerfG, Beschluss vom 07.09.2010 – 1 BvR 2160/09, 1 BvR 851/10, NJW 2011, 1339 (1341).

756 Weiterhin wird diskutiert, ob eine ergänzende Vertragsauslegung bei nachträglichen, durch Kassation unwirksam gewordenen Lücken im Vertrag möglich ist. Dies ist vor allem im Hinblick auf das Verbot der geltungserhaltenden Reduktion fraglich; Ausführlicher zu dieser Diskussion: *Neumann*, Geltungserhaltende Reduktion und ergänzende Auslegung von Allgemeinen Geschäftsbedingungen, S. 133 ff.; *Uffmann*, Das Verbot der geltungserhaltenden Reduktion, S. 175 ff.; *Bieder*, RdA 2011, 142 (151 ff.); *Schlewing*, RdA 2011, 92 (92 ff.); kritisch: *Roth*, in: Staudinger, § 157 BGB, Rn. 50.

757 *Bieder*, NZA-Beilage 2011, 142 (143); *Bieder*, RdA 2011, 142 (152).

758 *Bieder*, NZA-Beilage 2011, 142 (145); *Bieder*, RdA 2011, 142 (153 f.); zu einer ähnlichen Grundidee, dass der „böswillige“ Verwender bei Vorhersehbarkeit der Unwirksamkeit der Klausel, sich ebenso nicht auf die ergänzende Vertragsauslegung berufen kann: BAG, Urteil vom 24.08.2017 – 8 AZR 378/16, BeckRS 2017, 136126(Rn. 36); dagegen: *Mäsch*, in: Staudinger, § 306 BGB, Rn. 49.

auf den Vertragspartnerschutz das gleiche Niveau haben, besteht nicht die Gefahr, dass unterschiedliche Ergebnisse gefunden werden.[759] Sowohl die ergänzende Vertragsauslegung als auch die Generalklausel wurzeln in § 242 BGB und laufen nach Treu und Glauben auf die Verwendung von angemessenen Klauseln hinaus.[760] Demgemäß kann auch bei Allgemeinen Geschäftsbedingungen von dem Institut der ergänzenden Vertragsauslegung bei anfänglicher Lücke Gebrauch gemacht werden.[761]

bb) Auslegung

Über die Konstatierung der generellen Zulässigkeit der ergänzenden Vertragsauslegung hinaus ist zu ergründen, ob hinsichtlich der Auslegung Allgemeiner Geschäftsbedingungen ein anderer Maßstab als bei obiger Prüfung anzulegen ist und zu welchem Auslegungsergebnis dies dementsprechend führt. Es würde wohl der Grundidee der Verwendung Allgemeiner Geschäftsbedingungen als Klauseln, die nach § 305 Abs. 1 S. 1 BGB für eine Vielzahl von Verträgen vorformuliert sind, zuwiderlaufen, wenn man auf den hypothetischen Parteiwillen der Vertragsparteien im konkreten Fall abstellen würde. Sobald nämlich auf den konkreten Einzelfall und die Interessen der jeweiligen Parteien in besonderem Maße geachtet wird, ist die Klausel dann gegebenenfalls für die Nutzung für eine Vielzahl von Verträgen des jeweiligen Arbeitgebers untauglich.[762]

Es wird deshalb nach allgemeiner Meinung unter Zugrundelegung eines objektiv-generalisierenden Maßstabs eine am hypothetischen Parteiwillen ausgerichtete ergänzende Vertragsauslegung vorgenommen.[763]

---

759 *Bieder*, RdA 2011, 142 (151).

760 Vgl. § 307 Abs. 1 S. 1 BGB; BT-Drs. 7/3919, S. 13; So auch: *Bieder*, RdA 2011, 142 (151).

761 So auch: BGH, Urteil vom 18.07.2007 – VIII ZR 227/06, NJW-RR 2007, 1697 (1701); BGH, Urteil vom 27.09.2000 – VIII ZR 155/99, NJW 2001, 292 (293); BGH, Urteil vom 22.12.2003 – VIII ZR 90/02, NJW-RR 2004, 262 (262 f.); BGH, Urteil vom 08.02.1988 – II ZR 210/87, NJW 1988, 1590 (1591); BGH, Urteil vom 22.01.1992 – IV ZR 59/91, NJW 1992, 1164 (1165); *Stoffels*, AGB-Recht, § 12, Rn. 359, Fn. 6; *Lindacher/Hau*, in: Wolf/Lindacher/Pfeiffer, AGB-Recht, § 307, Rn. 34.

762 BGH, Urteil vom 18.06.2008 – VIII ZR 154/06, NJW-RR 2008, 1371 (1372); *Armbrüster*, in: Erman, § 157 BGB, Rn. 20; kritisierend mit dem Argument, dass auch auf die konkret am Vertrag beteiligten Parteien Rücksicht genommen werden (kann): *Mäsch*, in: Staudinger, § 306 BGB, Rn. 38.

763 BGH, Urteil vom 23.01.2013 – VIII ZR 80/12, NJW 2013, 991(993); BGH, Urteil vom 14.03.2012 – VIII ZR 113/11, NJW 2012, 1865 (1866); *Stoffels*, AGB-Recht, § 12, Rn. 359; *Schmidt*, in: Ulmer/Brandner/Hensen, AGB, § 306, Rn. 32; *Busche*, in: MünchKomm, § 157 BGB, Rn. 30; *Armbrüster*, in: Erman, BGB, § 157, Rn. 26; *Looschelders*, in: Erman, BGB, § 306, Rn. 13; *Mäsch*, in: Staudinger, § 306 BGB, Rn. 38 f.; *Bonin*, in: BeckOGK BGB, § 306, Rn. 64.

Demgemäß sind für den betroffenen Vertragstyp typischer Wille und typisches Interesse beider Seiten zu ermitteln, um eine allgemeine Lösung zu finden und im Hinblick auf das Gebot des beiderseitigen Interessenausgleichs keine Partei zu bevorzugen.[764] Insofern geht es bei der ergänzenden Vertragsauslegung von Allgemeinen Geschäftsbedingungen vielmehr um eine abstrakte, objektive Interessenbewertung des Arbeitsvertrages[765] mit dem Ergebnis einer eher generellen Ersatzlösung.[766] Ferner besteht die Besonderheit, dass es Rechtssicherheit und Verkehrsfähigkeit gebieten, wenn ein verbreitetes Vertragsmuster häufig im Hinblick auf eine bestimmte Regelung lückenhaft ist, eine allgemein verbindliche Ergänzung mithilfe der ergänzenden Vertragsauslegung einzufügen.[767]

Die Kurzarbeitsklausel (ohne Beendigungsregelung) stellt ein verbreitetes Vertragsmuster dar. Ausreichender Arbeitnehmerschutz ist im Rahmen des billigen Ermessens zu berücksichtigen.

cc) Zwischenergebnis

Für die Beendigungsregelung in Allgemeinen Geschäftsbedingungen lässt sich ebenso eine Vervollständigung mithilfe des Instituts der ergänzenden Vertragsauslegung vornehmen. Besonderheit ist jedoch, dass eine allgemein verbindliche Ergänzung getroffen werden muss, da die Kurzarbeitsklausel ein verbreitetes Vertragsmuster ist. Überdies ist im Rahmen der Ausübung auf einen angemessenen Arbeitnehmerschutz zu achten.

f) Ergebnis

Die Möglichkeit zur Beendigung der Kurzarbeit durch den Arbeitgeber sollte schon in der Vereinbarung zur Einführung der Kurzarbeit mitgeregelt werden. Dabei bietet sich vor allem ein einseitiges Beendigungsrecht in Form eines Widerrufsvorbehalts mit entsprechendem Arbeitnehmerschutz an. Sollte die Regelung eines solchen Beendigungsrechts nicht erfolgt sein, steht dem Arbeitgeber zur sofortigen Beendigung der Kurzarbeit die Möglichkeit offen, an den Arbeitnehmer heranzutreten und ihm ein Aufhebungsangebot zur Kurzarbeitsbeendigung zu unterbreiten. Davon abgesehen ist im Rahmen der ergänzenden Vertragsauslegung vor allem im Hinblick auf den Zweck der Kurzarbeit ein einseitiges Beendigungsrecht des Arbeitgebers der Kurzarbeitsvereinbarung zu entnehmen.

---

764 BGH, Urteil vom 18.07.2007 – VIII ZR 227/06, NJW-RR 2007, 1697 (1699).

765 *Bieder*, NZA-Beilage 2011, 142 (144); *Armbrüster*, in: Erman, § 157 BGB, Rn. 20.

766 *Roth*, in: Staudinger, § 157 BGB, Rn. 49: Gleichsam eine Gewichtsverlagerung von privatautonomer Regelung hin zu einer eher vertragsfernen Auslegung von AGB.

767 BGH, Urteil vom 24.01.2008 – III ZR 79/07, NJW-RR 2008, 562 (563); *Armbrüster*, in: Erman, § 157 BGB, Rn. 20.

2. Betriebsvereinbarung

Bei den rechtsgestalterischen Möglichkeiten der Beendigung der Kurzarbeit durch den Arbeitgeber im Wege einer Betriebsvereinbarung sind – ähnlich wie im individualvertraglichen Bereich – zwei Fälle zu unterscheiden: Einmal soll gesondert auf die Betriebsvereinbarung, die zur Einführung von Kurzarbeit in der konkreten Situation geschlossen wurde, eingegangen werden. Im zweiten Schritt wird dann jene Betriebsvereinbarung untersucht, welche „generell“ gilt und dem Arbeitgeber im Falle des Auftragsmangels das Recht auf eine einseitige Anordnung der Kurarbeit einräumt. Diese Differenzierung soll die womöglich unterschiedliche Behandlung der beiden Fälle im Hinblick auf die Beendigung aufdecken.

Für alle Fälle gilt, dass ein Bedürfnis besteht, auch die Beendigungssituation zu regeln.[768] Muster für Betriebsvereinbarungsklauseln, die auch die Beendigung mitregeln, gibt es in diversen Formularbüchern: Dabei reicht der Umfang der Regelung von einer ausführlichen Ausgestaltung[769] bis hin zu einer einfach gestalteten Regelung.[770]

a) Betriebsvereinbarung zur Einführung von Kurzarbeit in der konkreten Situation

Es soll zuerst auf die Betriebsvereinbarung zur Einführung von Kurzarbeit in der konkreten Situation eingegangen werden. Diese stellt, soweit ersichtlich, die gängigere Alternative dar. In diesem Fall einigen sich Arbeitgeber und Betriebsrat erst zu dem Zeitpunkt, in dem der Betrieb bereits in eine konjunkturelle Schieflage geraten ist, auf eine Betriebsvereinbarung, durch die Kurzarbeit eingeführt werden soll. Das BAG hat entschieden, dass bei der Einführung von Kurzarbeit durch Betriebsvereinbarung Dauer und das voraussichtliche Enddatum mitgeregelt sein müssen.[771] Wie aufgezeigt, war

768 Einigungsstellenspruch über die Mitbestimmungsrechte bei teilweiser Aufhebung von Kurzarbeit gemäß § 87 Abs. 1 Nr. 3 BetrVG, NZA 1992, 1020 (1021).

769 *Bodem*, in: Maschmann/Sieg/Göpfert, Vertragsgestaltung im Arbeitsrecht, C. 426, Rn. 24; *Dröll*, in: Liebers/Hoefs, Formularbuch Arbeitsrecht, Abschnitt O, Rn. 407; *Schrader*, in: Schaub, Arbeitsrechtliches Formular- und Verfahrenshandbuch, Kapitel 2, 5. Teil, Rn. 184b.

770 *Bauer/Haußmann/Diller*, in: Anwalts-Formularbuch Arbeitsrecht, Mitbestimmung in sozialen Angelegenheiten – Arbeitszeit, M. 35.5; *Dahl/Göpfert/Helm*, Arbeitsrechtlicher Umgang mit Pandemien, S. 52; *Bachner/Heilmann*, Die Betriebsvereinbarung, S. 140; *Blanke*, Kurzarbeit, S. 96; *Peters*, Kurzarbeit, S. 80; *Bischof*, NZA 1995, 1021 (1027); Beispiele aus der Rechtsprechungs-Praxis: BAG, Urteil vom 30.11.2021 – 9 AZR 234/21, NZA 2022, 634 (635); ArbG Kiel, Urteil vom 30.03.2021 – 3 Ca 1779 e/20, NZA-RR 2021, 351 (351).

771 BAG, Urteil vom 18.11.2015 – 5 AZR 491/14, NZA 2016, 565 (566); ArbG Kiel, Urteil vom 30.03.2021 – 3 Ca 1779 e/20, NZA-RR 2021, 351 (353).

dies beispielsweise in der schwer planbaren Pandemiesituation 2020/2021 nur schwerlich möglich, weshalb es vereinzelt möglich sein muss, dass Betriebsvereinbarungen auch ohne Frist vereinbart werden oder auch – bei zu lang eingeführter Kurzarbeit – vorzeitig beendet werden können.

aa) Fristablauf

In der Regel werden in der Betriebsvereinbarung Beginn und voraussichtliches Ende der Kurzarbeitsperiode festgelegt. Eine Befristung ergibt Sinn vor allem in Fällen von Lieferschwierigkeiten, in denen schon von Anfang an klar ist, wann fehlende Teile wieder verfügbar sind und dementsprechend die Arbeit wieder aufgenommen werden kann. Sollte dieses prognostizierte Ende auch den tatsächlichen Umständen entsprechen, ist die Kurzarbeit mit Fristablauf beendet und weitere Schritte sind nicht vonnöten.[772]

bb) Ende im Zeitpunkt der Zweckerreichung

Neben dem Ende durch Fristablauf, kann die Betriebsvereinbarung auch ein Ende durch Zweckerreichung vorsehen.[773] Die Zweckerreichung bei der Kurzarbeit ist, dass kein Arbeitsausfall mehr besteht und wieder zur Vollarbeit zurückgekehrt werden kann. *Berg* zählt dabei explizit die Vereinbarungen der vorübergehenden Arbeitszeitverkürzung – also die Betriebsvereinbarung zur Einführung von Kurzarbeit – als einen Fall der möglichen Beendigung durch Zweckerreichung auf.[774] *Hueck/Nipperdey* nehmen dahingehend einen Wertungstransfer der Regelung in § 726 BGB vor.[775] § 726 BGB regelt den Auflösungsgrund der Zweckerreichung und somit, dass die Erreichung des Gesellschaftszwecks zur Auflösung der Gesellschaft führt.[776]

---

772 *Stoffels*, in: FS Henssler 2023, 643 (652); *Schaub/Schindele*, Kurzarbeit, Rn. 281; *Schmidt*, Erste Hilfe bei Kurzarbeit, II., 11.; *Ulber*, AiB 2007, 5 (12); *Feindura*, Kurzarbeit, S. 390h; *Barnhofer*, Kurzarbeit zur Vermeidung betriebsbedingter Kündigung, S. 75; generell zum Fristablauf bei Betriebsvereinbarungen: *Werner*, in: BeckOK ArbR, § 77 BetrVG, Rn. 53.

773 *Stoffels*, in: FS Henssler 2023, 643 (652); generell zu, Ende der Betriebsvereinbarung im Zeitpunkt der Zweckerreichung: *Richardi/Picker*, in: Richardi, Betriebsverfassungsgesetz, § 77, Rn. 208; *Kania*, in: ErfK, § 77 BetrVG, Rn. 89; *Werner*, in: BeckOK ArbR, § 77 BetrVG, Rn. 54; *Fitting*, Betriebsverfassungsrecht Handkommentar, § 77 BetrVG, Rn. 238; *Kreutz*, in: GK-BetrVG, § 77, Rn. 399; *Bachner/Heilmann*, Die Betriebsvereinbarung, S. 43.

774 *Berg*, in: Däubler/Klebe/Wedde, § 77 BetrVG, Rn. 92.

775 *Hueck-Nipperdey,* Lehrbuch des Arbeitsrechts, II/2, S. 1283.

776 Ausführlich in *Schöne*, in: BeckOK BGB, § 726 BGB, Rn. 1 ff.

Es muss sich eine zeitliche Begrenzung aus dem mit der Betriebsvereinbarung verfolgten Zweck ergeben.[777] Voraussetzung ist also, dass der Zweck aus der Betriebsvereinbarung deutlich wird. In Betriebsvereinbarungen wird selten ein Paragraph ausdrücklich der Zweckbestimmung gewidmet. Vielmehr wird der konkrete Grund oder die Krise, die das Unternehmen in die konjunkturelle Instabilität gebracht hat, häufig zum Beispiel in der Präambel dargestellt.[778] Die Präambel hat in den meisten Fällen keine unmittelbare Rechtserheblichkeit, sondern gibt vielmehr die Zielrichtung der Betriebsvereinbarung an und dient damit der Auslegung.[779] In der Präambel zu Kurzarbeitsbetriebsvereinbarungen wird in der Regel deutlich gemacht auf welche Krise mit der Kurzarbeit reagiert wird, beziehungsweise welche Vorkommnisse dem Arbeitsmangel zugrunde liegen und, dass es erklärtes Ziel der Betriebsparteien ist, Arbeitsplätze zu erhalten, weil mit der Erholung der Lage gerechnet wird.[780] Wenn dies in der Betriebsvereinbarung deutlich gemacht wird, ist der Zweck eindeutig bestimm- und nachvollziehbar. Die Folgefrage ist sodann, wer bestimmt, dass der Zweck erreicht ist, und wann der Zweck erreicht ist. Es sind Fälle denkbar, in denen dies eindeutig und offensichtlich ist.

In der Praxis ist es wahrscheinlicher, dass nur der Arbeitgeber über die genauen wirtschaftlichen Umstände Bescheid weiß und dieser den Zeitpunkt der Zweckerreichung bestimmen müsste; vor dem Hintergrund der unternehmerischen Freiheit ist es auch sinnvoll, dass diese Entscheidung dem Arbeitgeber obliegt. Dies zugrundeliegend würde aber die Zweckerreichung nichts anderes als ein einseitiges Beendigungsrecht ohne eine Kündigungsfrist darstellen. Ein solches müsste aber vorab ausdrücklich vereinbart sein. Handelt es sich um einen uneindeutigen Fall, ist mit der Beendigung im Zeitpunkt der Zweckerreichung vorsichtig umzugehen. Die Betriebsparteien

777 BAG, Urteil vom 20.12.1961 – 4 AZR 213/60, AP BetrVG § 59 Nr. 7, Leitsatz Nr. 4; DB 1962, 375 (375).

778 So z. B. auch bei *Meyer/Wall,* Kurzarbeit und Kurzarbeitergeld, S. 181 f.; *Dahl/Göpfert/Helm*, Arbeitsrechtlicher Umgang mit Pandemien, S. 50.

779 Vgl. *Weber*, in: Weber, Rechtswörterbuch, Präambel; die Präambel auch zur Auslegung nutzend: BAG, Urteil vom 07.06.2011 – 1 AZR 807/09, AP BetrVG 1972 § 77 Betriebsvereinbarung Nr. 55, Rn. 40.

780 Vgl. *Meyer/Wall,* Kurzarbeit und Kurzarbeitergeld, S. 181f; teilweise wird dies als Geschäftsgrundlage bezeichnet vgl. BGH, Urteil vom 15.12.1983 – III ZR 226/82, NJW 1984, 2947 (2948); dies zugrunde legend verwundert es auch nicht, dass im Schrifttum im Rahmen der Beendigungsdiskussion häufig ein Wegfall der Geschäftsgrundlage, der zur Beendigung der Kurzarbeit führt, genannt wird, siehe dazu: *Dahl/Göpfert/Helm*, Arbeitsrechtlicher Umgang mit Pandemien, S. 52; auch *Barnhofer*, Kurzarbeit zur Vermeidung betriebsbedingter Kündigung, S. 75, die es aber lediglich als Möglichkeit zur Loslösung aufzählt; bei der Rückkehr zur Vollarbeit, weil konkret wieder Arbeit anfällt, komme die kleine Geschäftsgrundlagenstörung in Betracht, vgl. *Jung*, JZ 2020, 715 (715).

haben dann die Kündigungsmöglichkeit in § 77 Abs. 5 BetrVG – wenn die Situation im Einzelfall besonders schwerwiegend und unzumutbar ist, haben die Betriebsparteien auch die Möglichkeit der außerordentlichen Kündigung.[781]

cc) Einigung

Soll die Kurzarbeit vorzeitig beendet werden, sind sich die Betriebsparteien im besten Fall darüber einig und beschließen gemeinsam die Aufhebung oder verständigen sich auf eine ablösende Betriebsvereinbarung.[782] Der Betriebsrat und der Arbeitgeber können einvernehmlich die Aufhebung der Betriebsvereinbarung beschließen.[783] Die Parteien brauchen dabei keine Kündigungsfrist einzuhalten.[784] Im Sinne des Gebotes der vertrauensvollen Zusammenarbeit (§ 2 Abs. 1 BetrVG) und der Zusammenarbeit zum Wohl der Arbeitnehmer und des Betriebs[785] wäre zu erwarten, dass sich Betriebsrat und Arbeitgeber auf eine entsprechende Vereinbarung zur Beendigung der Kurzarbeit einigen.[786] Die Interessen der Arbeitnehmer am Fortbestand der Kurzarbeit und ihre Schutzwürdigkeit gemäß den oben genannten Grün-

---

781 *Fitting*, Betriebsverfassungsrecht Handkommentar, § 77 BetrVG, Rn. 247.

782 BAG, Urteil vom 10.08.1994 – 10 ABR 61/93, NZA 1995, 314 (315); *Werner*, in: BeckOK ArbR, § 77 BetrVG, Rn. 55; *Bachner/Heilmann*, Die Betriebsvereinbarung, S. 43; *Holthausen*, ArbRAktuell 2010, 593 (594); *Müller-Franken*, Die Befugnis zu Eingriffen in die Rechtsstellung des einzelnen durch Betriebsvereinbarungen, S. 318 f.; generell zur ablösenden Betriebsvereinbarung: *Löwisch*, Anmerkung zu BAG, Beschluss vom 16.09.1986 – GS 1/82, AP BetrVG 1972 § 77 Nr. 17, SAE 1987, 175 (185 ff.); *Ahrend/Förster/Rühmann*, BB 1987, Beilage 7 zu Heft 11, 1 (2 ff.); ausführlich und aktueller dazu: *Habermann*, Zum Schicksal allgemeiner Arbeitsbedingungen, S. 31 ff.; *Reichold*, in FS Windbichler 2020, 344 (344 ff.).

783 *Stoffels*, in: FS Henssler 2023, 643 (652).

784 BAG, Urteil vom 10.08.1994 – 10 ABR 61/93, NZA 1995, 314 (315); *Ahrendt*, in: Schaub, Arbeitsrechts-Handbuch, § 231, Rn. 50; *Werner*, in: BeckOK ArbR, § 77 BetrVG, Rn. 55; *Gaul*, in: Henssler/Willemsen/Kalb, Arbeitsrecht Kommentar, § 77 BetrVG, Rn. 39; *Elert/Raspels*, Flexible Einsatzformen von Arbeitnehmern, Kapitel 22, Rn. 108.

785 Näher dazu: *Besgen*, in: BeckOK ArbR, § 2 BetrVG, Rn. 5 ff.

786 Darüber hinaus wird diskutiert, ob dieser Aufhebungsvertrag der Schriftform bedarf, dies wird aber überwiegend bejaht; speziell zur Schriftform bei Aufhebung der Kurzarbeit: *Stoffels*, in: FS Henssler 2023, 643 (652); generell und ausführlicher m. w. N.: *Kania*, in: ErfK, § 77 BetrVG, Rn. 91; generell dafür: *Ahrendt*, in: Schaub, Arbeitsrechts-Handbuch, § 231, Rn. 50; *Bachner/Heilmann*, Die Betriebsvereinbarung, S. 43; *Berg*, in: Däubler/Klebe/Wedde, § 77 BetrVG, Rn. 93; der Aufhebungsvertrag bedürfe als „actus contrarius" zur Betriebsvereinbarung der Schriftform, so *Fitting*, Betriebsverfassungsrecht Handkommentar, § 77 BetrVG, Rn. 239 und *Dahm*, in: Löwisch/Kaiser/Klumpp, § 77 BetrVG, Rn. 94; generell dagegen: *Gaul*, in: Henssler/Willemsen/Kalb, Arbeitsrecht Kommentar, § 77 BetrVG, Rn. 39; das Bundesarbeitsgericht hat dies bislang noch offengelassen.

den gelten entsprechend.[787] *Hilger* argumentiert, dass im Fall der Nichteinigung der Betriebsparteien über eine Aufhebung oder eine Anpassung in irgendeiner Form die streitige Angelegenheit vor die Einigungsstelle zu bringen ist, vgl. § 87 Abs. 2 i. V. m. § 76 Abs. 5 BetrVG.[788] Wenn also ein Aufhebungsvertrag für die Parteien nicht verhandelbar ist, muss der Streit im Wege einer neuen Regelung beigelegt werden oder aber die Kündigungsfrist abgewartet werden.[789]

dd) Kündigung der Betriebsvereinbarung

Eine weitere Möglichkeit zur Beendigung der Kurzarbeit stellt die Kündigung der Betriebsvereinbarung dar, § 77 Abs. 5 BetrVG. Die Kündigung ist das gängigste Mittel zur Beendigung einer Betriebsvereinbarung, nicht zuletzt, weil das Betriebsverfassungsgesetz ein gesetzliches Kündigungsrecht vorsieht, § 77 Abs. 5 BetrVG. Es wird insofern auf vorab vereinbarte Kündigungsrechte eingegangen werden, sowie die Möglichkeiten zur ordentlichen und außerordentlichen Kündigung dargestellt und erörtert. In einem weiteren Schritt wird der Versuch unternommen, Institute und Gedanken, die im individualvertraglichen Bereich Anwendung gefunden haben, auf den kollektivrechtlich-betrieblichen Bereich zu übertragen.

(1) Vorab vereinbartes Kündigungsrecht

Da es im hier untersuchten Fall hauptsächlich um die Möglichkeit der vorzeitigen Beendigung der Kurzarbeit geht, ist es ratsam, dass die Parteien schon vorab ein Kündigungsrecht für eben jenen Fall vereinbaren.[790] Dabei wäre sodann lediglich zu prüfen, welche Fristen vereinbart wurden.[791] Vernünftigerweise haben sich die Betriebsparteien bei der Rückkehr zur Vollarbeit auf kürzere als die gesetzliche Kündigungsfrist geeinigt.[792] Es ist denkbar, dass für ein vorab geregeltes Szenario ein Kündigungsrecht ohne Frist vereinbart wird, beispielsweise, wenn die Kurzarbeit nur für einen unerwartet kurzen Zeitraum gebraucht wurde. Empfohlen wird weiter, die vorzeitige

787 Siehe oben: S. 104 f.

788 *Hilger*, in: FS Larenz 1983, 241 (247); diese Ausführungen sodann mit einem erst-Recht-Schluss für die lückenfüllende Auslegung, *Hilger*, in: FS Larenz 1983, 241 (248).

789 Vgl. auch *Hilger*, in: FS Larenz 1983, 241 (248); das Mitbestimmungsrecht bringt dann auch eine Mitbestimmungspflicht, so *Hilger*, in: FS Larenz 1983, 241 (249).

790 So auch: *Schmid*, SPA 2019, 125 (126); *Hueck-Nipperdey*, Lehrbuch des Arbeitsrechts, II/2, S. 1284.

791 *Elert/Raspels*, Flexible Einsatzformen von Arbeitnehmern, Kapitel 22, Rn. 108.

792 *Ulber*, AiB 2007, 5 (12); *Schaub/Schindele*, Kurzarbeit, Rn. 285; *Ahrendt*, in: Schaub, Arbeitsrechts-Handbuch, § 231, Rn. 50.

Beendigung an Voraussetzungen zu koppeln[793] Zentral ist dabei der Anstieg an Arbeitsbedarf oder bei einer Verknüpfung an das Kurzarbeitergeld der Wegfall der Voraussetzungen für den Bezug.

Auch die Möglichkeit einer Teilkündigung kann ausdrücklich vereinbart werden,[794] sodass der Arbeitgeber sodann die Möglichkeit hat, beispielsweise einzelne Betriebsteile wieder zur Vollarbeit zurückkehren zu lassen. Wie *Dahl/Helm/Göpfert* aber zu Recht erkennen, werden Betriebsvereinbarungen bislang häufig komplett ohne Regelung für einen vorzeitigen Ausstieg aus der Kurzarbeit geschlossen.[795]

(2) Gesetzliches Kündigungsrecht

Wenn jenes vorab vereinbarte Kündigungsrecht mit kürzerer Frist fehlt, können die Betriebsparteien von dem in § 77 Abs. 5 BetrVG geregelten gesetzlichen Kündigungsrecht Gebrauch machen. Danach können Betriebsvereinbarung mit einer Frist von drei Monaten gekündigt werden. Ein sachlicher Grund ist für die Kündigung nicht erforderlich.[796] Eine Teilkündigung ist nur in engen Grenzen möglich.[797]

Ähnlich der Kritik zur Einführung von Kurzarbeit durch ordentliche Änderungskündigung gilt auch an dieser Stelle, dass eine dreimonatige Kündigungsfrist im Falle der erst eintretenden Erholung aus der wirtschaftlich kritischen Situation für den Arbeitgeber zu lang sein kann.[798] Dann ist denkbar, dass der Betrieb noch tiefer in die bedrohliche Finanzlage gezogen wird als es vorher der Fall war, weil der Arbeitgeber die Arbeitsleistung seiner Arbeitnehmer nicht abrufen kann. Legt man beispielsweise den Fall zugrunde, dass die Parteien in der anfänglichen Prognose nicht abschätzen konnten, wie lange die Krise sein wird, deshalb unbefristet Kurzarbeit eingeführt haben und die Krise nach einer kurzen Zeit überwunden ist, sind drei Monate nachvollziehbar zu lang. Ist in diesem Fall zum Beispiel die Kurzarbeitsperiode nur zwei Wochen lang, wäre es unverhältnismäßig, den Arbeitgeber im Anschluss noch drei Monate an eben jene Vereinbarung zu binden, wenn der Betriebsrat einer Aufhebung nicht zustimmt. Insofern sind Kündigungsmöglichkeiten zu beleuchten, die eine kürzere Kündigungsfrist vorsehen.

793 *Schmid*, SPA 2019, 125 (126); das Knüpfen an bestimmte Voraussetzung ist zulässig, m. w. N.: *Ahrendt*, in: Schaub, Arbeitsrechts-Handbuch, § 231, Rn. 53, 55.

794 *Ahrendt*, in: Schaub, Arbeitsrechts-Handbuch, § 231, Rn. 58.

795 *Dahl/Göpfert/Helm*, Arbeitsrechtlicher Umgang mit Pandemien, S. 246; beispielhaft sei da das Muster in *Hold*, Brennpunkt Kurzarbeit, S. 59 ff. genannt.

796 *Kania*, in: ErfK, § 77 BetrVG, Rn. 93; *Ahrendt*, in: Schaub, Arbeitsrechts-Handbuch, § 231, Rn. 51; *Dahm*, in: Löwisch/Kaiser/Klumpp, § 77 BetrVG, Rn. 95.

797 *Ahrendt*, in: Schaub, Arbeitsrechts-Handbuch, § 231, Rn. 58; *Berg*, in: Däubler/Klebe/Wedde, § 77 BetrVG, Rn. 113; kritisch: *Kreutz*, in: GK-BetrVG, § 77, Rn. 410 ff.

798 So auch: *Stoffels*, in: FS Henssler 2023, 643 (652 f.).

(3) Außerordentliche Kündigung

Dabei ist in erster Linie an die außerordentliche und damit fristlose Kündigung zu denken. Es entspricht einem anerkannten Rechtsgrundsatz, dass die außerordentliche Kündigung einer Betriebsvereinbarung möglich ist, vgl. auch §§314 Abs. 1, 626 BGB.[799] Jedes Dauerrechtsverhältnis kann durch außerordentliche fristlose Kündigung beendet werden, wenn seine Fortsetzung bis zum vereinbarten Ende oder bis zum Ablauf der ordentlichen Kündigungsfrist einer Seite nicht zugemutet werden kann. So ist es auch bei Betriebsvereinbarungen.[800] Auch befristete Betriebsvereinbarungen können außerordentlich gekündigt werden.[801] Die Voraussetzungen für die außerordentliche Kündigung sind das Vorliegen eines wichtigen Grundes[802] und, dass für die kündigende Partei ein Festhalten an der bestehenden Betriebsvereinbarung unzumutbar ist.[803]

Dabei ist umstritten, wie streng die Anforderungen an diese Voraussetzungen zu sein haben. Der überwiegende Teil des Schrifttums spricht sich für strenge Anforderungen aus.[804] Eine außerordentliche Kündigung solle nur in engen Grenzen möglich sein.[805] Beispielsweise soll eine zu lange und dadurch für den Arbeitgeber lästige Kündigungsfrist keinen wichtigen Grund darstellen.[806] Dabei wird vertreten, es sei unsachgemäß, allein den Anstieg des Auftragsbestandes als wichtigen Grund anzunehmen.[807]

Wiedemann/Moll sehen einen „überraschenden, die Kurzarbeit obsolet machenden Auftragseingang“[808] für die Annahme eines wichtigen Grundes als ausreichend an. Ihrer Auffassung zufolge ist also neben dem Anstieg des Auftragsbestandes ein Überraschungsmoment zu fordern.

---

799 *Kreutz*, in: GK-BetrVG, §77, Rn. 413; *Henssler*, in: MünchKomm, §626 BGB, Rn. 1.

800 BAG, Beschluss vom 28.04.1992 – 1 ABR 68/91, AP BetrVG 1972 §50 Nr. 11, NZA 1993, 31(35); vgl. auch BAG, Urteil vom 22.06.1962 – 1 AZR 344/60, NJW 1962, 2029 (2030); *Kania*, in: ErfK, §77 BetrVG, Rn. 97; *Richard/Pickeri*, in: Richardi, Betriebsverfassungsgesetz, §77, Rn. 216; *Kreutz*, in: GK-BetrVG, §77, Rn. 413.

801 *Kania*, in: ErfK, §77 BetrVG, Rn. 97.

802 *Werner*, in: BeckOK ArbR, §77 BetrVG, Rn. 56; *Ahrendt*, in: Schaub, Arbeitsrechts-Handbuch, §231, Rn. 56.

803 BAG, Beschluss vom 28.04.1992 – 1 ABR 68/91, NZA 1993, 31(35); *Werner*, in: BeckOK ArbR, §77 BetrVG, Rn. 56; *Ahrendt*, in: Schaub, Arbeitsrechts-Handbuch, §231, Rn. 56.

804 *Richardi/Picker*, in: Richardi, Betriebsverfassungsgesetz, §77, Rn. 216; *Ahrendt*, in: Schaub, Arbeitsrechts-Handbuch, §231, Rn. 56; auch (entgegen seiner Auffassung) als streng zu bewerten: *Kreutz*, in: GK-BetrVG, §77, Rn. 413.

805 *Elert/Raspels*, Flexible Einsatzformen von Arbeitnehmern, Kapitel 22, Rn. 109.

806 *Ahrendt*, in: Schaub, Arbeitsrechts-Handbuch, §231, Rn. 56.

807 *Schaub/Schindele*, Kurzarbeit, Rn. 286.

808 *Wiedemann/Moll*, Anmerkung zu BAG, Beschluss vom 21.11.1978 – 1 ABR 67/76, AP BetrVG 1972 §87 Arbeitszeit Nr. 2.

Deutlich wird jedenfalls, dass im Einzelfall eine Gesamtbetrachtung vorzunehmen ist: Steigt in dem jeweiligen Unternehmen der Arbeitsanfall unvorhergesehen und plötzlich an und ist der Verbleib in der Kurzarbeit betriebswirtschaftlich nicht sinnvoll und würde dem Betrieb in absehbarer Zukunft beträchtlichen Schaden zufügen, so wäre auch die Einführung von Kurzarbeit zur Überbrückung der Krise zwecklos gewesen. Das gilt insbesondere, wenn die finanzielle Situation nach Auslauf der Frist – sofern eine Frist gesetzt wurde – noch kritischer oder vergleichbar kritisch wäre.[809] In einem solchen Fall ist die Wirksamkeit einer außerordentlichen Kündigung anzunehmen.[810] Jeder zusätzliche Tag in Kurzarbeit (Null) kostet den Betrieb viel Geld. Der Arbeitgeber hat dabei konkret und detailliert darzulegen, welche wirtschaftlichen Belastungen ihn bei Fortgeltung der Betriebsvereinbarung treffen würden.[811]

Kreutz merkt zu Recht an, dass eine außerordentliche Kündigung auch nicht an einer Auslauffrist in Form einer Ankündigungsfrist zur Vollarbeit scheitert.[812] Ein solcher Arbeitnehmerschutz wäre vielmehr noch im Sinne der arbeitgeberseitigen Rücksichtnahmepflicht.

Letztendlich werden aber nur selten die drastischen Voraussetzungen für eine außerordentliche Kündigung vorliegen. Dann müsste der Arbeitgeber ohne vorab vereinbarte Kündigungsregelung die reguläre Kündigungsfrist von drei Monaten abwarten.

(4) Teleologische Reduktion des § 77 Abs. 5 BetrVG

Man könnte weiter eine teleologische Reduktion des § 77 Abs. 5 BetrVG erwägen. Wie bereits festgestellt, gibt es Fälle in welchen einerseits die drei Monate des § 77 Abs. 5 BetrVG dem Zweck der Kurzarbeit zuwiderlaufen und andererseits nicht die Voraussetzungen für eine außerordentliche Kündigung vorliegen. In solchen Fällen ist es dem Arbeitgeber wirtschaftlich nicht zumutbar, die drei Monate Kündigungsfrist abzuwarten.

---

809 *Schaub/Schindele*, Kurzarbeit, Rn. 286 zählen noch den Fall auf, dass der Auftragsbestand bspw. im gesamten Betrieb oder nur in einzelnen Abteilungen rasant und unvorhergesehen ansteigt.

810 *Hilger*, in: FS Larenz 1983, 241 (252) beschreibt explizit den Fall, dass sich Arbeitgeber und Betriebsrat nicht über Aufhebung oder Anpassung einer Regelung einigen können, bei einer vergleichbaren Situation einen Wegfall der Geschäftsgrundlage als wichtigen Grund für die außerordentliche Kündigung anzunehmen und diese so zuzulassen.

811 BAG, Beschluss vom 28.04.1992 – 1 ABR 68/91, AP BetrVG 1972 § 50 Nr. 11, NZA 1993, 31(35).

812 *Kreutz*, in: GK-BetrVG, § 77, Rn. 413.

Für eine teleologische Reduktion müssen die folgenden drei Voraussetzungen vorliegen: es darf kein Reduktionsverbot vorliegen, der Sinn und Zweck der Norm zwingt zu einer einschränkenden Auslegung und der vom Wortlaut abweichende Zweck muss sicher festgestellt werden können.[813] Ein Reduktionsverbot liegt nicht vor. Zu prüfen ist weiter, ob der Wortlaut des § 77 Abs. 5 BetrVG zu weit geraten ist und somit den inhaltlichen Regelungsabsichten des Gesetzgebers zuwiderläuft.[814] Der Normtext besagt, dass Betriebsvereinbarungen, soweit nichts anderes vereinbart ist, mit einer Frist von drei Monaten gekündigt werden können. Damit hat der Gesetzgeber klar zum Ausdruck gebracht, dass § 77 Abs. 5 BetrVG dispositiv ist.[815] Eine Verkürzung der Kündigungsfrist durch die Parteien, ggf. auch im Rahmen einer ergänzenden Auslegung, bietet den Betriebsparteien für den Einzelfall sachnähere Lösungen. Es ist zudem vorstellbar, dass es Situationen gibt, in denen die drei Monate als Kündigungsfrist der Kurzarbeit tauglich sind. Dies ist vor allem bei länger andauernder Kurzarbeit denkbar. Insofern zwingt die Situation der Beendigung der Kurzarbeit nicht zu einer einengenden Auslegung des § 77 Abs. 5 BetrVG. Eine teleologische Reduktion ist demzufolge abzulehnen.

(5) Möglichkeit der ergänzenden Auslegung im Hinblick auf die Verkürzung der Kündigungsfrist

Wie in der individualvertraglichen Regelung könnte man möglicherweise auch im Rahmen der Betriebsvereinbarung an eine ergänzende Auslegung denken – im Fall der Betriebsvereinbarung aber vor allem im Hinblick auf eine Kündigung mit kürzerer Kündigungsfrist als der gesetzlich vorgesehenen. Da eine solche schnellere Loslösung aber nicht (oder in der Regel nicht) ausdrücklich mitvereinbart wurde, ist sie womöglich im Rahmen der ergänzenden Auslegung in die Betriebsvereinbarung hineinzulesen.

Betriebsvereinbarungen sind nach den für die Auslegung von Tarifverträgen geltenden Regelungen auszulegen.[816] Es sind folglich nicht die Vertragsauslegungsmethoden anzuwenden (§§ 133, 157 BGB), sondern die Grundsätze der Gesetzesinterpretation.[817] Eine ergänzende Vertragsauslegung, wie bei

---

813 *Reimer*, Juristische Methodenlehre, Rn. 617 ff.

814 *Reimer*, Juristische Methodenlehre, Rn. 619.

815 *Kania*, in: ErfK, § 77 BetrVG, Rn. 94.

816 BAG, Urteil vom 27.08.1975 – 4 AZR 454/74, AP BetrVG 1972 § 112 Nr. 2; BAG, Urteil vom 07.06.2011 – 1 AZR 807/09, AP BetrVG 1972 § 77 Betriebsvereinbarung Nr. 55, Rn. 39; *Richardi/Picker*, in: Richardi, Betriebsverfassungsgesetz, § 77, Rn. 129; *Kania*, in: ErfK, § 77 BetrVG, Rn. 30.

817 *Richardi/Picker*, in: Richardi, Betriebsverfassungsgesetz, § 77, Rn. 129; Kritik daran wird bspw. von *Hanau* und *Preis* geäußert, die zwar den Normcharakter nicht leugnen, aber anmerken, dass schuldrechtliche Komponenten der Betriebsvereinbarung

der individualvertraglichen Beendigung, wäre demzufolge nicht möglich.[818] Für die Auslegungsregeln von Betriebsvereinbarungen gilt, dass derjenigen der Vorzug einzuräumen ist, die sachgerecht und zweckorientiert ist und ein praktisch brauchbares Ergebnis sowie ein gesetzeskonformes Verständnis zutage bringt.[819] Im Rahmen der Auslegung ist zugleich der im Wortlaut maßgeblich zum Ausdruck kommende Wille der Betriebsparteien und der beabsichtigte Sinn und Zweck der Betriebsvereinbarung, sofern dieser im Text der Betriebsvereinbarung Niederschlag gefunden hat, zu berücksichtigen;[820] zusätzlich ist der Gesamtzusammenhang zu beachten.[821] Eine ergänzende Auslegung ist demzufolge grundsätzlich möglich.

(6) Ergänzende Auslegung der Betriebsvereinbarung

§ 77 Abs. 5 BetrVG bestimmt, dass, soweit nichts anderes vereinbart ist, die Betriebsvereinbarung mit einer Frist von drei Monaten formlos gekündigt werden kann. Wie aber bereits dargelegt, kann es erforderlich sein, dass sich die Betriebsparteien auch einseitig schneller von der Betriebsvereinbarung lösen können.

Man stelle sich beispielsweise die Situation vor, dass unbefristet Kurzarbeit durch eine Betriebsvereinbarung eingeführt wurde. Nach circa drei Monaten ist der Bedarf an Arbeit wieder gestiegen und der Arbeitgeber möchte zur Vollarbeit zurückkehren; jedoch stimmt der Betriebsrat einer Aufhebung nicht zu. In diesem Fall liegen die Voraussetzungen für die außerordentliche Kündigung nicht vor. Sofern sich die Parteien in diesem Fall nicht vorab auf kürzere Kündigungsfristen geeinigt haben, ist der Arbeitgeber auf die ordentliche Kündigung der Betriebsvereinbarung angewiesen und hätte die dreimonatige Kündigungsfrist aus § 77 Abs. 5 BetrVG einzuhalten.

Schaub/Schindele sind der Auffassung, dass eine Auslegung der Betriebsvereinbarung zur Einführung von Kurzarbeit regelmäßig ergeben wird, dass „die Betriebsvertragsparteien nur so lange von der Regelarbeitszeit ab-

---

definitiv immanent sind, da sie ohne demokratisch legislativen Akt einseitig und ohne sachlichen Grund beendet werden können, *Hanau/Preis*, NZA 1991, 81 (88).

818 So auch: *Hilger*, in: FS Larenz 1983, 241 (247 f.).

819 BAG, Urteil vom 07.06.2011 – 1 AZR 807/09, AP BetrVG 1972 § 77 Betriebsvereinbarung Nr. 55, Rn. 39; BAG, Urteil vom 27.07.2010 – 1 AZR 874/08, AP BGB § 242 Gleichbehandlung Nr. 212, Rn. 31; BAG, Urteil vom 11.12.2007 – 1 AZR 953/06, AP BetrVG 1972 § 77 Betriebsvereinbarung Nr. 37, Rn. 20; *Kania*, in: ErfK, § 77 BetrVG, Rn. 30.

820 *Kania*, in: ErfK, § 77 BetrVG, Rn. 30.

821 BAG, Urteil vom 05.02.1997 – 10 AZR 553/96, NZA 1998, 158 (159); *Kania*, in: ErfK, § 77 BetrVG, Rn. 30.

weichen sollen, wie dies wirtschaftlich notwendig ist."[822] Auch *Barnhofer* möchte den Parteien eine Möglichkeit zur jederzeitigen Loslösung zugestehen.[823] *Hilger* vertritt hingegen, dass, wenn keine Regelung getroffen wurde und eine Einigung zur Aufhebung nicht erreicht werden kann, die Kündigungsfrist auszusitzen sei.[824]

Im Rahmen dieser Kontroverse lohnt sich auch ein erneuter Blick auf die Regelungen des Sozialrechts. In den allermeisten Fällen werden sich die Parteien in der Betriebsvereinbarung auf eine Koppelung der Kurzarbeit an den Bezug von Kurzarbeitergeld geeinigt haben. Dieses wird nach § 104 Abs. 1 S. 1 SGB III für eine Dauer von längstens zwölf Monaten gewährt.[825] Nimmt man den Fall an, dass die zwölf Monate ausgeschöpft wurden, keine kürzere Kündigungsfrist vereinbart ist und die Voraussetzungen für die außerordentliche Kündigung nicht vorliegen, dann müsste der Arbeitgeber weitere drei Monate und damit ein Viertel des Maximalbezugszeitraumes darauf warten, seine Arbeitnehmer wieder voll einsetzen zu können. Dieses Szenario wäre höchst unwirtschaftlich und erscheint unbillig.

Nach Maßgabe dessen ist zuerst der Zweck der Kündigungsfristregelung im Betriebsverfassungsgesetz zu beleuchten. Die Kündigungsfrist dient dem Schutz der anderen Betriebspartei, die sich rechtzeitig auf die Beendigung der Betriebsvereinbarung einstellen können soll.[826] Dabei ist auf Seiten der Arbeitnehmer beziehungsweise des Betriebsrats wegen des Gebotes von Recht und Billigkeit nach § 75 Abs. 1 BetrVG ein gewisser Vertrauensschutz zu gewähren.[827] Schließlich muss dem Betriebsrat die Zeit gelassen werden, die Umstellung durch die Beendigung zu kommunizieren und Informationen an die Arbeitnehmer weiterzuleiten. Dem Arbeitnehmer ist je nach getroffener Regelung Zeit zu gewähren, um sich auf die geänderte Situation einstellen zu können. Auf Arbeitgeberseite muss je nach Regelungsgegenstand Personal- und Einsatzplanung neu geplant und/oder umstrukturiert werden.

Eine Betriebsvereinbarung kann über all jene Angelegenheiten abgeschlossen werden, die nach dem Betriebsverfassungsgesetz der Zuständigkeit des

---

822 *Schaub/Schindele*, Kurzarbeit, 1993, S. 69; wann wieder ausreichend Auftragsbestand für eine Rückkehr vorhanden ist, soll die unternehmerische Entscheidung des Arbeitgebers sein, so *Schaub/Schindele*, Kurzarbeit, 1993, S. 69.

823 *Barnhofer*, Kurzarbeit zur Vermeidung betriebsbedingter Kündigung, S. 76.

824 *Hilger*, in: FS Larenz 1983, 241 (249).

825 In dieser Diskussion nicht beachtet werden sollen die z. B. während der Covid-19-Pandemie 2020/2021 vereinbarten längeren Bezugszeiträume des Kurzarbeitergeldes, 24 Monate und darüber hinaus.

826 Vgl. Normzweck der Kündigungsfristen bei Arbeitsverhältnissen: *Gotthardt*, in: BeckOK ArbR, § 622 BGB, Rn. 1; ausführlich zu den (Rechts-)Wirkungen der Kündigung einer Betriebsvereinbarung: *Hanau/Preis*, NZA 1991, 81 (85 f.).

827 Vgl. *Hilger/Stumpff*, BB 1990, 929 (933 f.).

Betriebsrates unterliegen.[828] Durch die Vielzahl an Regelungsgegenständen ist eine Regelungskündigungsfrist von Nöten. Denn je nach getroffener Regelung ist eben jene Zeit zur Anpassung nötig. Das BetrVG 1952 kannte eine Kündigungsfrist, wie sie § 77 Abs. 5 BetrVG aktuelle Fassung enthält, noch nicht.[829] Das bedeutete, dass sich die Betriebsparteien, sofern nichts anderes vereinbart wurde, jederzeit von der Betriebsvereinbarung lösen konnten. Angesichts des Normcharakters von Betriebsvereinbarungen sah der Gesetzesentwurf der CDU/CSU-Fraktion zum BetrVG 1972 sogar eine Kündigungsfrist von 6 Monaten vor.[830] Anschließend einigte man sich auf eine Regelkündigungsfrist von drei Monaten.[831] Begründet wurde dies lediglich damit, dass die neue Regelung bisher gesetzlich nicht geregelte Fragen der Kündigung enthält und dadurch seinerzeit bestehende Rechtsunklarheiten beseitigt werden sollten.[832] Zweck der Einführung der Norm war also in erster Linie die Rechtssicherheit, die die Regelkündigungsfrist bringen soll. Der Zeitraum wurde vermutlich auf drei Monate festgelegt, weil diese in den meisten der aufkommenden Fälle eine taugliche Zeitspanne darstellen.

Bei der Beendigung der Kurzarbeit ist diese Frist jedoch schlicht zu lang. Wie die Gesetzesbegründungen zeigen, hat der Gesetzgeber bei der Einführung der Regelkündigungsfrist nicht explizit an den Fall der Beendigung der Kurzarbeit gedacht, sondern vielmehr lediglich eine allgemein gültige Norm schaffen wollen. Diese ist in den sonst ersichtlichen Fällen anzuwenden und führt dabei regelmäßig auch zu billigen Ergebnissen. Bei der Kurzarbeit aber mit ihrem im Mittelpunkt stehenden zeitlichen Merkmal des „vorübergehend" wäre es zweckwidrig, eine dreimonatige Kündigungsfrist zu fordern. Wenn kein konjunktureller Nachfrageeinbruch mehr besteht, muss es für den Arbeitgeber eine Möglichkeit geben, sich einseitig schneller von der Kurzarbeit lösen zu können.

Es ist aber nicht zu missachten, dass der Gesetzgeber den Fall der fristlosen Kündigung auch für die Betriebsvereinbarung vorgesehen hat, nämlich die außerordentliche Kündigung bei Vorliegen eines wichtigen Grundes, § 314 BGB. Womöglich widerspricht es einer ergänzenden Auslegung, dass die gewünschte Rechtsfolge durch die Anwendung der außerordentlichen Kündigung erreicht werden kann und es der ordentlichen Kündigung mit

828 *Richardi/Picker*, in: Richardi, Betriebsverfassungsgesetz, § 77, Rn. 54.

829 *Hanau/Preis*, NZA 1991, 81 (85).

830 BT-Drs. VI/1806, 1971, S. 5, Begründung auf S. 37; wegen des Normcharakters von Betriebsvereinbarungen sollen generell die Regelungen über Rückwirkung von Gesetzen herangezogen werden; näher dazu: *Schaub*, BB 1990, BB 1990, 289 (290); *Hilger/Stumpff*, BB 1990, 929 (932 f.).

831 BT-Drs. VI/1786, 1971, S. 16; dazu auch: *Hanau/Preis*, NZA 1991, 81 (85).

832 BT-Drs. VI/1786, 1971, S. 47.

verkürzter Kündigungsfrist schlicht nicht bedarf. Das verkennt aber, dass der Anstieg des Arbeitsanfalls den ordentlichen Kündigungsgrund der Kurzarbeitsvereinbarung darstellt. Eben wegen des Arbeitsmangels wurde die Kurzarbeit eingeführt. Sobald wieder Arbeit anfällt, muss die Möglichkeit zur sofortigen Beendigung bestehen.

Wenn es nicht derart gravierend ist, dass es einen wichtigen Grund für eine außerordentliche Kündigung darstellt, kann es auch nicht dem mit der Kurzarbeit verfolgten Zweck entsprechen. Andernfalls müsste so lange abgewartet werden, dass es betriebswirtschaftlich dringend genug wird, um einen wichtigen Grund für eine außerordentliche Kündigung darzustellen. Die ordentliche Kündigung mit einer kürzeren Frist muss infolgedessen möglich sein.

Eine Regelungslücke in der Betriebsvereinbarung ist erkennbar gegeben. Denn ohne eine solche Regelung würde die Weiterführung der Situation zu einem unbilligen und damit vor allem für den Arbeitgeber faktisch nicht hinnehmbaren Ergebnis führen.

Für eine ergänzende Auslegung müssten die Parteien ihren Willen in der Betriebsvereinbarung angedeutet haben.[833] Im vorliegend untersuchten Fall, haben sich die Parteien auf die Einführung von Kurzarbeit geeinigt und das „Thema“ Kurzarbeit bedacht. Die systemimmanente Wertung, dass das Institut der Kurzarbeit ihrer Natur nach auf nur kurzfristige beziehungsweise vorübergehende Natur angelegt ist, lässt erkennen, dass die Parteien auch eine sinnvolle Beendigungsregelung schaffen wollten. Dies wird auch an weiterer Stelle deutlich sichtbar: Die Zusammenarbeit von Betriebsrat und Arbeitgeber – und als Ausfluss dessen auch die Betriebsvereinbarung – hat nach § 2 Abs. 1 BetrVG dem Wohl von Arbeitnehmer und Betrieb zu dienen. Dem Wohl des Betriebes in erster Linie würde es aber eher schaden als nützen, wenn der Arbeitgeber bei anstehender Erholung der Lage noch weitere drei Monate auf seine Mitarbeiter verzichten müsste.

Auch sind im Rahmen der Auslegung von Betriebsvereinbarungen Praktikabilitätserwägungen nicht außer Acht zu lassen sind. Ein längeres Warten auf die Beendigung wäre schlicht unpraktisch und unwirtschaftlich für den Betrieb. Insofern ist es nur folgerichtig und im angedeuteten Sinne der Parteien, in die Betriebsvereinbarung, mit der die Kurzarbeit eingeführt wurde, ein Beendigungsrecht des Arbeitgebers mit kürzerer Frist im Wege einer ergänzenden Auslegung hineinzulesen.

Jedenfalls ist aber auch im Rahmen der hinzuzulesenden Regelung ein gewisser Arbeitnehmerschutz zu gewährleisten. *Schaub* betont, dass ein ge-

833 BAG vertritt insoweit die sog. „Andeutungstheorie“, vgl. BAG, Urteil vom 24.11.1988 – 6 AZR 243/87, NZA 1989, 351 (352); *Franzen*, in: ErfK, § 1 TVG, Rn. 93.

wisser Kündigungsschutz von Betriebsvereinbarungen zu beachten ist.[834] Er sieht es als notwendig an, dass Einschränkungen des Kündigungsrechts, die sich aus der allgemeinen Rechtsordnung entnehmen lassen, auch auf die Kündigung von Betriebsvereinbarung auswirken. Dabei stellt er sich auf den Standpunkt, dass in einem ersten Schritt eine Änderungskündigung zu prüfen sei,[835] weiterhin geht er auf den Grundsatz der Verhältnismäßigkeit,[836] das ultima-ratio-Prinzip und den Vertrauensgrundsatz ein. Unter welchen Umständen auf eine Frist des einseitigen Beendigungsrechts vollständig verzichtet werden kann, hängt demzufolge von den Umständen im Einzelfall ab. Es sind somit Kündigungsschutzaspekte und damit vorliegend ein gewisser Arbeitnehmerschutz zu beachten. Wie dieser auszugestalten ist, wird im Rahmen eines späteren Kapitels genauer untersucht.[837]

ee) Zwischenergebnis

Die Betriebsvereinbarung zur Einführung von Kurzarbeit in der Situation, die zum Arbeitswegfall führt, sollte bei planbar absehbarem Ende des Arbeitsausfalls eine wirksame Befristung enthalten. Sollte dies nicht möglich sein, ist eine Beendigung durch Zweckerreichung denkbar, wenn jener Zweck klar niedergelegt ist. Im Rahmen der Zweckvereinbarung wird an Gründe,[838] beispielsweise konkrete Schwellenwerte von Arbeitsanfall, angeknüpft, sodass für den Arbeitnehmer absehbar ist, unter welchen Voraussetzungen mit der Rückkehr zum Normalbetrieb zu rechnen ist und der Arbeitgeber nicht Gefahr läuft, sich zu lange auf der Kurzarbeit und der fortlaufenden Zahlung des Kurzarbeitergeldes auszuruhen.[839]

Die Betriebsvereinbarung ist um ein einseitiges Beendigungsrecht ohne oder jedenfalls mit kürzerer Kündigungsfrist zu ergänzen. Daneben steht es dem Arbeitgeber aber auch frei, die Betriebsvereinbarung ordentlich mit der Drei-Monats-Frist nach § 77 Abs. 5 BetrVG oder außerordentlich bei Vorliegen eines wichtigen Grundes zu kündigen.

---

834 *Schaub*, BB 1990, BB 1990, 289 (290).

835 *Schaub*, BB 1990, 289 (289 f.).

836 Welcher auf die Betriebsvereinbarung als privatrechtlicher Normenvertrag anzuwenden ist, vgl. *Schaub*, BB 1990, 289 (290).

837 Siehe Kapitel zum Arbeitnehmerschutz, S. 153 ff.

838 *Schmid*, SPA 2019, 125 (126).

839 Es darf wie schon ausführlich erläutert nicht dazu führen, dass die Kasse der Bundesagentur für Arbeit als „Selbstbedienungsladen“ betrachtet wird, so *Blanke*, Kurzarbeit, S. 16.

b) Betriebsvereinbarung, die ein (generelles) einseitiges Einführungsrecht für Arbeitgeber vorsieht

Bisher wurde die Betriebsvereinbarung zur Einführung von Kurzarbeit untersucht, welche in der Situation vereinbart wurde, die zum Arbeitswegfall führte. Weiter gibt es aber noch die Konstellation, in welcher die Betriebsparteien eine Rahmenbetriebsvereinbarung zum Thema Kurzarbeit vereinbaren, in der sie dem Arbeitgeber ein einseitiges Einführungsrecht zusprechen. Für den Fall, dass die Kurzarbeit über ein einseitiges Einführungsrecht des Arbeitgebers eingeführt wurde, sind Besonderheiten bei der Beendigung zu beachten.

Die Ausführungen zur Beendigung der Betriebsvereinbarung durch Fristablauf oder Zweckerreichung sind nur dann auf diesen Fall anzuwenden, wenn der Arbeitgeber die Kurzarbeit bei Ausübung seines Einführungsrechts entweder befristet eingeführt oder mit einem Zweck versehen hat. Im rechtlich unproblematischsten Fall sieht die Betriebsvereinbarung, die dem Arbeitgeber unter bestimmten Voraussetzungen die einseitige Einführung gestattet, auch ein einseitiges Beendigungsrecht vor. Auch für den Fall, dass eine Rahmenbetriebsvereinbarung abgeschlossen wurde, die ein einseitiges Einführungsrecht für den Arbeitgeber vorsieht, ist im Wege der ergänzenden Auslegung ein einseitiges Beendigungsrecht des Arbeitgebers hineinzulesen. Denn nur so führt die Kurzarbeit auch zu dem beiderseits gewünschten Zweck, dass schnell wieder zur Vollarbeit zurückgekehrt werden kann.

c) Ergebnis

Im Ergebnis ist festzuhalten, dass den Parteien zu raten ist, eine ausdrückliche Beendigungsregelung in die Betriebsvereinbarung mit aufzunehmen. Sollte dies jedoch nicht möglich beziehungsweise vergessen worden sein, ist auf eine einverständliche Lösung hinzuwirken. Ein einseitiges Beendigungsrecht des Arbeitgebers kann außerdem im Wege der ergänzenden Auslegung in die Betriebsvereinbarung hineingelesen werden, da nur so der gemeinsam bestimmte Zweck der Kurzarbeit auch erreicht werden kann.

Sollte die Betriebsvereinbarung im konkreten Fall des Arbeitsausfalls erst vereinbart werden, ist es sinnvoll, die vorzeitige Beendigung der Kurzarbeit an Gründe[840] und beispielsweise konkrete Schwellwerte von Arbeitsanfall und gegebenenfalls an eine Ankündigungsfrist[841] zu knüpfen, sodass die Rückkehr zum Normalbetrieb für den Arbeitnehmer absehbarer ist und

840 *Schmid*, SPA 2019, 125 (126).

841 *Salamon/Gatz*, NZA 2016, 197 (201) äußern sich dahingehend zwar im Hinblick auf Überstunden, aber dem Grunde nach vergleichbar.

keine der Parteien Gefahr läuft, sich zu lange auf der Kurzarbeit und der fortlaufenden Zahlung des Kurzarbeitergeldes auszuruhen.

3. Tarifvertrag

Im Tarifvertrag werden Klauseln festgesetzt, in denen die Einführung von Kurzarbeit näher geregelt wird. Dabei wird in der Regel dem Arbeitgeber das Recht eingeräumt, unter bestimmten Voraussetzungen Kurzarbeit einzuführen. Von der Möglichkeit, auch eine Regelung zur Beendigung der Kurzarbeit zu treffen, wird soweit ersichtlich (regelmäßig) kein Gebrauch gemacht.[842] Falls im Tarifvertrag allein die Möglichkeit zur Einführung von Kurzarbeit durch eine Betriebsvereinbarung vorgesehen ist, gilt für die Beendigung der konkreten Betriebsvereinbarung das oben gesagte.[843] Wie andernfalls die Tarifvertragsklausel ausgestaltet sein kann oder wie die Kurzarbeit zu beenden ist, wenn sich hierzu keine explizite Regelung im Tarifvertrag findet, wird im Folgenden untersucht.

a) Befristung und auflösende Bedingung

Die Voraussetzungen, an die die Einführung der Kurzarbeit in der Tarifvertragsklausel gekoppelt sind, sind zumeist, dass der Arbeitgeber die Modalitäten der Kurzarbeit genauer regelt. Häufig[844] werden dabei der personelle Umfang und Bestimmungen zum Einführungsverfahren[845] wie eine Ankündigungsfrist zur Einführung festgelegt.[846] Jedoch wird je nach Ausgestaltung der Tarifklausel häufig die Festlegung des zeitlichen Umfangs der Kurzarbeit im Sinne einer Befristung gefordert. Sollte also die Kurzarbeit befristet eingeführt worden sein, endet sie mit Ablauf der Frist. Sind zudem die sachlichen Voraussetzungen der Kurzarbeit präzisiert, können diese je nach Ausgestaltung bei Wegfall als auflösende Bedingung ausgelegt werden. Zudem kann die konkrete Ausführung der vertraglichen Direktionsrechtserweiterung Regelungen zu Befristung und/oder auflösender Bedingung enthalten.

---

842 Diese Erkenntnis auch gewinnend: BAG, Beschluss vom 21.11.1978 – 1 ABR 67/76, AP BetrVG 1972 § 87 Arbeitszeit Nr. 2; beispielsweise auch nur die Einführung ansprechend: *Franzen*, in: ErfK, § 1 TVG, Rn. 69.

843 Siehe dazu Kapitel „Betriebsvereinbarung zur Einführung von Kurzarbeit in der konkreten Situation", S. 132 ff.

844 Dazu zahlreiche Tarifverträge beispielhaft in *Bispinck*, Tarifliche Regelungen zur Kurzarbeit, S. I ff.

845 *Rumpff/Dröge*, Kurzarbeit, S. 65 ff.; *Patett*, Arbeitskampffernwirkungen, Lohnrisiko und Mitbestimmung, S. 380; *Suschitz*, Kurzarbeit, S. 221.

846 BAG, Urteil vom 12.10.1994 – 7 AZR 398/93, NZA 1995, 641 (642 f.); *Linck*, in: Schaub, Arbeitsrechts-Handbuch, § 47, Rn. 5; *Fauth*, Arbeitszeitrecht, S. 82; *Caspers*, Kurzarbeit, S. 78 f.; *Heimann*, SPA 2021, 36 (37); *Bauer/Günther*, BB 2009, 662 (663); *Blanke*, Kurzarbeit, S. 44 f.; *Röder/Chakrabarti*, DB 2020, 1960 (1960).

Diese müssen aber bei der Ausübung des Direktionsrechts für die Arbeitnehmer deutlich zum Ausdruck gekommen sein.[847] Davon zu unterscheiden ist der Fall, dass der Tarifvertrag an sich befristet wurde und endet. Dies wird jedoch im Abschnitt über die Kündigung beziehungsweise Beendigung des gesamten Tarifvertrages beantwortet.[848]

b) Beendigung der Kurzarbeit aufgrund Rechts aus Tarifvertragsklausel

Es besteht immer die Möglichkeit, dass sich die Parteien im Hinblick auf die Aufhebung der Kurzarbeit einigen.[849] Daneben ist aber zu raten, die einseitige Beendigungsmöglichkeit zu einem Teil der Tarifvertragsklausel zu machen.[850] Denn bei einer fehlenden Einigung verbleibt die Kündigung.[851] Dabei ist an ein vorab ausdrücklich vereinbartes einseitiges Kündigungsrecht der Kurzarbeit an sich (nicht des gesamten Tarifvertrages) zu denken. Im Rahmen dessen bietet sich eine Beendigung kraft Direktionsrechts an, die gegebenenfalls an weitere Voraussetzungen zu knüpfen ist, um einen gewissen Arbeitnehmerschutz zu wahren.

Sollte ein solches nicht explizit vereinbart sein, ist wie bei der Betriebsvereinbarung die Tarifvertragskurzarbeitsklausel aufgrund der Zielerreichung und der oben angeführten Darstellungen insofern ergänzend auszulegen,[852] als dem Arbeitgeber ein solches Lösungsrecht an die Hand gegeben wird.[853] Es ist davon auszugehen, dass den Tarifparteien bei Abschluss des Tarifvertrages die Lücke nicht bewusst war und das Offenlassen eben jener zu längeren Kündigungsfristen führt, als es für die Zielerreichung der Kurzarbeit sinnvoll wäre.[854] Beim Tarifvertrag gilt, dass die einzulesende Rege-

---

847 V. a. aus Gründen der Rechtssicherheit, dazu bei Bedingung zur Beendigung des gesamten Tarifvertrages: *Waas*, in: BeckOK ArbR, § 1 TVG, Rn. 33.

848 Siehe dazu, S. 149 f.

849 Vgl. *Elert/Raspels*, Flexible Einsatzformen von Arbeitnehmern, Kapitel 22, Rn. 108.

850 Manteltarifvertrag Papier erzeugende Industrie für ArbeiterInnen und Angestellte vom 07.02.1997 i. d. F. vom 15.01.2001, § 13 Kurzarbeit, Nr. 4, in: *Bispinck*, Tarifliche Regelungen zur Kurzarbeit, S. 20; Anders: *Meyer*/Wall, Kurzarbeit und Kurzarbeitergeld, S. 90; *Wall* stellt sich auf den Standpunkt, dass die vorzeitige Beendigung bei einer durch Tarifvertrag eingeführten Kurzarbeit in einem Unternehmen ohne Betriebsrat, vom Arbeitgeber allein aufgehoben werden kann, sofern der Betriebsrat nichts Abweichendes dahingehend enthält. Eine Begründung dafür führt er nicht an.

851 Vgl. *Wölfel*, ArbRAktuell 2016, 95 (95).

852 Ausführlich zur ergänzenden Auslegung bei Tarifverträgen: *Roth*, in: Staudinger, § 157 BGB, Rn. 12.

853 Da Betriebsvereinbarungen wie Tarifverträge auszulegen sind, gilt hier denklogisch das Entsprechende.

854 Vgl. BAG, Urteil vom 12.12.2013 – 8 AZR 942/12, NZA-RR 2014, 431 (432 f.); *Löwisch/Rieble*, in: Löwisch/Rieble, § 1 TVG, Rn. 1737.

lung in Wortlaut und Systematik der Regelung ihren Niederschlag gefunden haben muss.[855] Davon ist in der Regel bei der Kurzarbeitsklausel im Tarifvertrag auszugehen:[856] Eine solche vorzeitige Lösung muss dem Arbeitgeber möglich sein, weil eine überlange Selbstbindung nicht zielführend[857] und der Unternehmerfreiheit mit dem (vorzeitigen) Lösungsrecht Rechnung zu tragen ist.[858] Wenn der Wille der Parteien aber nicht feststellbar ist oder verschiedene Regelungen denkbar sind, die dem Parteiwillen entsprechen könnten, dann ist auch keine ergänzende Auslegung möglich[859] und es sind aufwendigere Methoden zu betrachten.

c) Beendigung des gesamten Tarifvertrages

Im nächsten Schritt ist die Kündigung oder Beendigung des gesamten Tarifvertrages zu beleuchten. Zwar gibt es gegebenenfalls auch die Gestaltungsoption der Teilkündigung. Diese ist beim Tarifvertrag aber nur möglich, wenn dies vereinbart ist oder durch Auslegung zu ermitteln ist, dass dies gewollt ist.[860] Im Rahmen der Kündigung des gesamten Tarifvertrages sind zwei Fragen zu beantworten: Einmal könnte es problematisch sein, dass auf Grundlage eines befristeten Tarifvertrages unbefristet Kurzarbeit eingeführt wurde und der Tarifvertrag ausläuft, während die Kurzarbeit noch andauert. In diesem Fall ist die Frage zu stellen, ob mit dem Auslaufen des Tarifvertrages auch die Kurzarbeit endet. Zudem könnte man auf die Idee kommen, die Kurzarbeit an sich zu beenden, indem man den gesamten Tarifvertrag kündigt.[861] In beiden Fällen stellt sich die Frage, wie sich die wegfallende oder weggefallene Direktionsrechterweiterungsermächtigung auf die bereits angeordnete Kurzarbeit auswirkt.

Zur Veranschaulichung dient folgender Beispielsfall: Der Arbeitgeber hat wirksam aufgrund der Tarifvertragsklausel Kurzarbeit eingeführt. Die Arbeitnehmer befinden sich somit in Kurzarbeit. Der Tarifvertrag war von Anfang an befristet und die Frist läuft aus, während die Kurzarbeit noch andauert.

Wie bei einer Betriebsvereinbarung, die ein generelles einseitiges Einführungsrecht für den Arbeitgeber vorsieht, ist auch im Rahmen des Tarifvertrages zu konstatieren, dass die Kündigung oder Beendigung des Tarifvertrages

855 BAG, Urteil vom 13.07.2021 – 3 AZR 363/20, AP BetrAVG § 1 Auslegung Nr. 62, Rn. 23; *Bender*, Der Wegfall der Geschäftsgrundlage, S. 323.

856 So im Grunde auch: *Meyer/Wall*, Kurzarbeit und Kurzarbeitergeld, S. 90.

857 *Löwisch/Rieble*, in: Löwisch/Rieble, § 1 TVG, Rn. 17 f.

858 *Löwisch/Rieble*, in: Löwisch/Rieble, § 1 TVG, Rn. 1383.

859 BAG, Urteil vom 23.09.1981 – 4 AZR 569/79, AP BGB § 611 Lehrer, Dozenten Nr. 19.

860 *Oetker*, RdA 1995, 82 (98 f.).

861 So etwa: *Elert/Raspels*, Flexible Einsatzformen von Arbeitnehmern, Kapitel 22, Rn. 108.

nichts an der rechtmäßig eingeführten Kurzarbeit ändern kann.[862] Das gilt auch, wenn gegebenenfalls im Tarifvertrag für die Beendigung des Tarifvertrages selbst kürzere Kündigungsfristen vorgesehen sind[863] oder eine außerordentliche Kündigung[864] bei Vorliegen eines wichtigen Grundes[865] ins Auge gefasst wird. Der Wegfall der Direktionsrechtserweiterungsgrundlage tangiert nicht die auf deren Grundlage rechtmäßig eingeführte Kurzarbeit.[866]

Etwas anderes ließe sich für den Fall überlegen, dass der Tarifvertrag eine einseitige Beendigungsmöglichkeit der Kurzarbeit vorsieht, der Tarifvertrag aber bereits abgelaufen ist, beziehungsweise nicht mehr gilt. Da die tarifliche Regelung über die Kurzarbeit nach allgemeiner Meinung eine Betriebsnorm ist,[867] da es sich bei ihr um eine normative Regelung handelt, die für alle oder bestimmte Arbeitsverhältnisse einheitlich gilt,[868] wirkt sie gemäß § 4 Abs. 5 TVG nach.[869] Somit darf der Arbeitgeber auch nach Beendigung des Tarifvertrages auf dessen Grundlage die Kurzarbeit einseitig beenden.[870]

Insofern ist entgegen *Elert/Raspels*[871] festzuhalten, dass die Kündigung und damit Beendigung des gesamten Tarifvertrages nicht gleichzeitig zur Beendigung der Kurzarbeit führt. Gleichwohl wirkt aber ein vorgesehenes einsei-

---

862 So auch im öffentlichen Recht: Das nachträglich Fortfallen der Ermächtigungsgrundlage ist für den Bestand einer ordnungsgemäß erlassenen Rechtsverordnung ohne Einfluss, dazu: BVerfG, Beschluss vom 10.05.1988 – 1 BvR 482/84, 1166/85, NJW 1988, 2290 (2292).

863 Dies ist möglich, so: *Franzen*, in: ErfK, § 1 TVG, Rn. 32; sonst wird analog der Regelungen aus dem Betriebsverfassungsrecht die Drei-Monats-Frist aus § 77 Abs. 5 BetrVG angewandt, dazu näher: BAG, Urteil vom 18.06.1997 – 4 AZR 710/95, NZA 1997, 1234 (1237); *Oetker*, RdA 1995, 82 (88ff); *Elert/Raspels*, Flexible Einsatzformen von Arbeitnehmern, Kapitel 22, Rn. 110; *Franzen*, in: ErfK, § 1 TVG, Rn. 32.

864 *Oetker*, RdA 1995, 82 (93 ff.); *Freihube*, Probleme der Tarifbindung in der Unternehmenskrise, S. 142 ff., 245 f.

865 *Elert/Raspels*, Flexible Einsatzformen von Arbeitnehmern, Kapitel 22, Rn. 110.

866 Dies ist selbstredend zu unterscheiden vom Wegfall der Geschäftsgrundlage beim Tarifvertrag an sich; dazu näher: *Belling/Hartmann*, ZfA 1997, 87(110 ff.); mit der Rechtsfolge der Anpassung: *Bender*, Der Wegfall der Geschäftsgrundlage, S. 485; mit der Rechtsfolge Kündigung aus § 314 Abs. 1 BGB: *Bender*, Der Wegfall der Geschäftsgrundlage, S. 487; ausführlich (aber zur Situation vor der Schuldrechtsreform): *Oetker*, RdA 1995, 82 (96 ff.).

867 *Säcker/Oetker*, ZfA 1991, 131 (141 ff.); *Franzen*, in: ErfK, § 1 TVG, Rn. 69.

868 BAG, Urteil vom 01.08.2001 – 4 AZR – 388/99, AP TVG § 3 Betriebsnormen Nr. 5; *Franzen*, in: ErfK, § 1 TVG, Rn. 69.

869 *Löwisch/Rieble*, in: Löwisch/Rieble, § 4 TVG, Rn. 794.

870 Um wiederum den Wertungstransfer aus dem öffentlichen Recht vorzunehmen: An dieser Stelle wird zum Teil angenommen, dass eine zeitlich überschießende Nachwirkung der ursprünglichen Ermächtigung die Beendigung möglich macht, kritisch dazu: *Harks*, NVwZ 2016, 1773 (1775.).

871 *Elert/Raspels*, Flexible Einsatzformen von Arbeitnehmern, Kapitel 22, Rn. 108.

tiges Beendigungsrecht der Kurzarbeit auch nach Beendigung des Tarifvertrages nach und berechtigt den Arbeitgeber zur Beendigung der Kurzarbeit.

d) Zwischenergebnis

Schließlich ist festzuhalten, dass die tarifliche Regelung eine Beendigungsmöglichkeit durch erweitertes Direktionsrecht beinhalten sollte. Sollte dem nicht so sein, ist eine einseitige Beendigungsmöglichkeit, da sie dem Parteiwillen entspricht, im Wege der ergänzenden Auslegung in den Tarifvertrag hineinzulesen. Demgegenüber ist eine Kündigung des gesamten Tarifvertrages nicht zielführend.

IV. Zusammenfassung

Zusammenfassend ist zu sagen, dass die Beendigung der Kurzarbeit eine neuerliche Vertragsänderung zur Folge hat, sodass auch die rechtsgeschäftliche Erklärung zur Beendigung der Kurzarbeit eine Erklärung mit Rechtsfolgewillen sein muss. Es ist also eine rechtsgeschäftliche Erklärung zur Beendigung der Kurzarbeit zu verlangen.

Ohne Erweiterung kann der Arbeitgeber die Kurzarbeit nicht kraft seines Direktionsrechts beenden. Durch die Einführung von Kurzarbeit wird der Arbeitsvertrag geändert; der veränderte Zustand gilt sodann im Arbeitsvertragsgefüge – eine Rückführung zum ursprünglichen Zustand stellt somit erneut eine Änderung des Umfangs der Hauptleistungspflichten dar.

Ferner ist es untauglich, die Anwendung des actus-contrarius-Gedankens bei der Beendigung zu fordern. Häufig ist die Einführung der Kurzarbeit (zu Recht) an viele Voraussetzungen gekoppelt, die bei der Beendigung in der Form nicht vonnöten sind. Dem Arbeitgeber muss es ermöglicht werden, schneller und leichter aus der Kurzarbeit und damit aus der Krise wieder herauszukommen. Einen spiegelbildlichen Konträrakt zu fordern ist nur dann angemessen, wenn die Interessenlage bei der Vereinbarung, beziehungsweise bei der Erteilung eines Rechts und bei der Lösung, beziehungsweise Entziehung des Rechts derart vergleichbar ist, dass ein solcher Schutz zu fordern wäre. Hinsichtlich der Interessen und der Eingriffsintensität bei Einführung und Beendigung der Kurzarbeit ist aber festzuhalten, dass vor allem arbeitnehmerseitig Interessen bestehen, diese aber bei der Beendigung nicht derart schützenswert sind wie bei der Einführung der Kurzarbeit. Ein Gleichlauf der Anforderungen bei Einführung und Beendigung von Kurzarbeit kann deshalb nicht gefordert werden.

Im Fall der individualvertraglichen Vereinbarung der Kurzarbeit sollte die Möglichkeit zur einseitigen Beendigung der Kurzarbeit schon in der Vereinbarung zur Einführung mitgeregelt werden. Dabei bietet sich vor allem ein einseitiges Beendigungsrecht des Arbeitgebers in Form eines Widerrufsvorbehalts an mit der Pflicht, den Arbeitnehmerschutz zu gewährleisten. Fehlt es an einer entsprechenden Regelung, steht es dem Arbeitgeber zur sofortigen Beendigung der Kurzarbeit natürlich frei, an den Arbeitnehmer heranzutreten und ihm ein Angebot zur Beendigung der Kurzarbeit zu unterbreiten. Unterbleibt dies ebenfalls, ist der Kurzarbeitsvereinbarung im Rahmen der ergänzenden Vertragsauslegung vor allem im Hinblick auf den Zweck der Kurzarbeit ein einseitiges Beendigungsrecht des Arbeitgebers zu entnehmen. Ist eine ergänzende Vertragsauslegung nicht möglich, bleibt dem Arbeitgeber noch der Weg über die Änderungskündigung.

Auch bei der Einführung der Kurzarbeit durch eine Betriebsvereinbarung ist den Parteien zu raten, eine ausdrückliche Beendigungsregelung in die Betriebsvereinbarung mit aufzunehmen. Ist dies jedoch nicht erfolgt, haben die Betriebsparteien auf eine einverständliche Lösung hinzuwirken (vgl. § 2 Abs. 1 BetrVG). Die dreimonatige Kündigungsfrist gemäß § 77 Abs. 5 BetrVG abzuwarten, ist dem Arbeitgeber regelmäßig nicht zumutbar. Ein Beendigungsrecht kann in die Betriebsvereinbarung im Wege der ergänzenden Auslegung hineingelesen werden, da nur so der gemeinsam bestimmte Zweck der Kurzarbeit auch erreicht werden kann. Gleiches gilt für den Tarifvertrag.

E. Arbeitnehmerschutz im Rahmen der Beendigung der Kurzarbeit

Im Folgenden werden Rechte und Schutz des Arbeitnehmers in den Fokus genommen. Wie in der bereits dargestellten Diskussion[872] deutlich geworden, sind die Anforderungen an den Schutz, der dem Arbeitnehmer bei der Beendigung der Kurzarbeit zuteilwird, nicht so hoch wie bei deren Einführung. Dies liegt schlicht daran, dass die Interessenlage eine andere ist und die Eingriffsintensität nicht so hoch ist wie bei der Einführung. Dennoch darf der Arbeitnehmer nicht völlig schutzlos gestellt werden. In einem ersten Schritt sollen also die Rechte und Pflichten des Arbeitnehmers während der Kurzarbeit beleuchtet werden.

Anschließend soll im Hinblick auf die Beachtung der Grenzen billigen Ermessens im Rahmen der Ausübung des Beendigungsrechts des Arbeitgebers auf die Notwendigkeit und mögliche Ausgestaltung einer Ankündigungsfrist zur Wiederaufnahme der Arbeit eingegangen werden.[873] Im Anschluss wird sodann die Erreichbarkeit des Arbeitnehmers in der Kurzarbeit (Null) in den Fokus genommen. Den Rahmen bildet jeweils das billige Ermessen durch eine Abwägung der wesentlichen Umstände des Einzelfalls und eine angemessene Berücksichtigung der beiderseitigen Interessen.

I. Rechte und Pflichten des Arbeitnehmers während der Kurzarbeit

Um auf den Arbeitnehmerschutz bei der Beendigung eingehen zu können, sollen zuerst die Rechte und Pflichten des Arbeitnehmers während der Kurzarbeit betrachtet werden. Im Rahmen dessen soll zunächst grundsätzlich die Situation des Arbeitnehmers beleuchtet und sodann ein mögliches arbeitnehmerseitiges Beendigungsrecht erörtert werden.

1. Grundsätzliche Rechte und Pflichten

Einigkeit herrscht dahingehend, dass die Hauptleistungspflichten bei wirksam eingeführter Kurzarbeit suspendiert werden. Der Arbeitnehmer wird im vereinbarten Umfang von der Arbeitsleistung befreit und hat im Gegenzug auch nur Anspruch auf gekürztes Arbeitsentgelt, gegebenenfalls in Verbin-

872 Siehe Kapitel zum Vergleich der Interessenlagen, S. 100 ff.
873 Dazu auch kurz: *Stoffels*, in: FS Henssler 2023, 643 (654).

dung mit einem Anspruch auf Kurzarbeitergeld und arbeitgeberseitige Zuschüsse zu diesem.[874]

Aus der Regelung, die die Parteien zur Einführung der Kurzarbeit getroffen haben, müssen sich die grundsätzlichen Rechte und Pflichten des Arbeitnehmers erkennen lassen.[875] Vor allem Nebenpflichten bleiben aber bestehen,[876] genannt seien an dieser Stelle vor allem Verschwiegenheitsverpflichtungen.[877] Zudem bestehen je nach vertraglicher Regelung Einschränkungen im Rahmen der Freistellung einer Nebentätigkeit beziehungsweise anderweitigen Verdienstmöglichkeit nachzugehen.[878] Vor dem Hintergrund des Kurzarbeitsrechts werden Hinzuverdienstmöglichkeiten vor allem im sozialrechtlichen Kontext diskutiert, da diese für das Ist-Entgelt bei der Bemessung des Kurzarbeitergeldes relevant sind[879] und somit gegebenenfalls angerechnet werden.[880] Überdies steht es dem Arbeitnehmer auch in Zeiten der Kurzarbeit frei, im Rahmen der vertraglichen Abmachungen das gesamte Arbeitsverhältnis zu kündigen.[881]

2. Einseitiges Beendigungsrecht des Arbeitnehmers

Darüber hinaus lässt sich auch über ein Recht des Arbeitnehmers nachdenken, die Kurzarbeit einseitig zu beenden.[882] Ein solches kann sich explizit aus dem Vertrag ergeben. Fraglich ist jedoch, ob ein entsprechendes Recht dem Arbeitnehmer auch zusteht, wenn eine entsprechende vertragliche Re-

---

874 *Schaub/Schindele*, Kurzarbeit, Rn. 223 f.

875 *Brune*, in: Heinrich, Coronakrise, 75 (81); Dahl/*Göpfert/Helm*, Arbeitsrechtlicher Umgang mit Pandemien, S. 39; diese betonen außerdem nochmal, dass sich diese Regelungen, sofern sie sich in einer Betriebsvereinbarung befinden am Grundsatz der Normenklarheit und des Transparenzgebots messen lassen müssen, während Arbeitsverträge der AGB-Kontrolle unterliegen.

876 *Barnhofer*, Kurzarbeit zur Vermeidung betriebsbedingter Kündigung, S. 75.

877 Dazu generell: *Joussen*, in: BeckOK ArbR, § 611a BGB, Rn. 463 ff.

878 Vgl. *Spinner*, in: MünchKomm, § 611a BGB, Rn. 893 f.

879 Bundesagentur für Arbeit, Fachliche Weisungen Kurzarbeitergeld, Stand 20.12.2018, S. 76.

880 Statistik der Bundesagentur für Arbeit, Berichte: Arbeitsmarkt kompakt – Inanspruchnahme konjunkturelles Kurzarbeitergeld nach § 96 SGB III, Mai 2020, S. 6; im Rahmen der Covid-19-Pandemie wurden anfänglich die in Kurzarbeit befindlichen Arbeitnehmer aufgefordert, sich in sog. systemrelevanten Berufen einzubringen.

881 *Linck*, in: Schaub, Arbeitsrechts-Handbuch, § 47, Rn. 12; *Nikisch*, Arbeitsrecht, Bd. 1, 3. Aufl. 1961, S. 654; zu einem etwaigen außerordentlichen Kündigungsrechts des Arbeitnehmers während der Durchführung der Kurzarbeit: *Rumpff/Dröge*, Kurzarbeit, S. 109 f.

882 Das geht von der Grundidee in die Richtung, dass die Kurzarbeit beendet sein könnte, wenn der Arbeitnehmer seine Arbeitskraft wieder anbietet, siehe S. 43.

gelung fehlt. In Betracht kommt wiederum, dieses Recht im Wege der ergänzenden Vertragsauslegung hineinzulesen.

In der Literatur wird vertreten, dass die befristete Kurzarbeit nicht ohne weiteres als unumstößliche Endterminierung zu erkennen ist.[883] *Rumpff/Dröge* und *Barnhofer* vertreten, dass bei Unterschreitung der vorgesehenen Dauer der Kurzarbeit wegen eines nicht vorhersehbaren Arbeitsbedarfs, also einer vorzeitigen Beendigung der Kurzarbeit, beide Vertragsparteien einen solchen Anspruch auf Beendigung der Kurzarbeit haben,[884] der sich aus dem fortbestehenden Arbeitsverhältnis ergibt.[885] Insofern sehen sie beide ein Beendigungsrecht des Arbeitnehmers vor.

Rumpff/Dröge bezeichnen das einseitige Beendigungsrecht bei befristet eingeführter Kurzarbeit als „Anspruch auf Terminierungsänderung“[886]; dieser soll sich aus dem weiterhin fortbestehenden Arbeitsverhältnis und der Fürsorgepflicht des Arbeitgebers ergeben.[887] Für die unbefristet eingeführte Kurzarbeit dürfte insoweit nichts anderes gelten.[888] Auch *Rohlfing* spricht sich dafür aus, die Wiederaufnahme der Arbeit nicht vom Gutdünken des Arbeitgebers abhängig zu machen, sondern lediglich davon, ob die vorausgesehene Besserung des Geschäfts eingetreten ist.[889]

Damit müsste auch ein Auskunftsanspruch des Arbeitnehmers einhergehen, damit dieser erfragen kann, ob gerade seine Arbeitskraft wieder gebraucht wird. Denn der Arbeitnehmer hat nicht den Überblick beziehungsweise den Einblick in die Unternehmensgeschehnisse, wann welche Arbeitskraft in welcher Form wieder gebraucht wird. *Rohlfing* erkennt die Problematik, dass es für den Arbeitnehmer schwierig sein könnte, diesen Beweis zu führen, da er von der Geschäftslage doch nur insoweit den Einblick habe, als er

---

883 Vgl. *Rumpff/Dröge*, Kurzarbeit, S. 105, sie nennen es „Fixterminierung“; dagegen *Hueck-Nipperdey,* Lehrbuch, Bd. 1, S. 216.

884 *Barnhofer*, Kurzarbeit zur Vermeidung betriebsbedingter Kündigung, S. 76; *Rumpff/Dröge*, Kurzarbeit, S. 105.

885 *Barnhofer*, Kurzarbeit zur Vermeidung betriebsbedingter Kündigung, S. 76; *Rumpff/Dröge*, Kurzarbeit, S. 48 sieht arbeitnehmerseitig einen grundsätzlichen Anspruch auf Beschäftigung, welcher wegen Unmöglichkeit dann nicht durch durchsetzbar ist, wenn keine Beschäftigungsmöglichkeit wegen Arbeitsmangel vorliegt; ausführlicher zum Beschäftigungsanspruch und dem Verhältnis zur Kurzarbeit: *Conze*, Die Einführung von Kurzarbeit, S. 14 ff. und *Caspers*, Kurzarbeit, S. 72 ff.

886 *Rumpff/Dröge*, Kurzarbeit, S. 105.

887 Vgl. *Rumpff/Dröge*, Kurzarbeit, S. 105.

888 An dieser Stelle den Zumutbarkeitsgedanken von *Bender* aufgreifend: Je näher die Beendigung kommt, desto höhere Anforderungen (bei der befristeten Einführung); im Umkehrschluss – an die unbefristet eingeführte Kurzarbeit sind nicht derart hohe Anforderungen zu stellen zur Beendigung: *Bender*, Der Wegfall der Geschäftsgrundlage, S. 326.

889 *Rohlfing*, JW 1932, 1235 (1237).

sieht, dass gleichartige Arbeitnehmer eingestellt werden oder die Wiederaufnahme der Arbeit willkürlich verzögert wird.[890]

Für einen solchen (allgemeinen) Auskunftsanspruch müssten die Voraussetzungen vorliegen. Grundlage des Auskunftsanspruchs ist eine Nebenpflicht aus dem Arbeitsverhältnis gemäß § 242 BGB.[891] „Der Auskunftsanspruch nach § 242 BGB setzt im Einzelnen voraus: (1) das Vorliegen einer besonderen rechtlichen Beziehung, (2) die dem Grund nach feststehende oder (im vertraglichen Bereich) zumindest wahrscheinliche Existenz des Leistungsanspruchs des Auskunftsfordernden gegen den Anspruchsgegner, (3) die entschuldbare Ungewissheit des Auskunftsfordernden über Bestehen und Umfang seiner Rechte sowie (4) die Zumutbarkeit der Auskunftserteilung durch den Anspruchsgegner. Schließlich dürfen (5) durch die Zuerkennung des Auskunftsanspruchs die allgemeinen Beweisgrundsätze nicht unterlaufen werden."[892]

Die besondere rechtliche Beziehung besteht in Form des bestehenden Arbeitsverhältnisses. Die dem Grunde nach zumindest wahrscheinliche Existenz eines Leistungsanspruchs ergibt sich wie aus eben jenem weiterhin fortbestehenden Arbeitsverhältnis und der Fürsorgepflicht des Arbeitgebers,[893] welche es notwendig macht, die Kurzarbeit zu beenden, wenn die Arbeitskraft von genau diesem Arbeitnehmer eigentlich wieder gebraucht wird. In diesem Fall lebt der Anspruch des Arbeitnehmers auf Beschäftigung und Zahlung des Arbeitslohns wie ursprünglich geschuldet (§ 611a Abs. 2 BGB i. V. m. dem Arbeitsvertrag) dem Grunde nach wieder auf und mündet in den arbeitnehmerseitigen Anspruch auf Beendigung der Kurzarbeit. Des Weiteren müsste eine entschuldbare Ungewissheit des Auskunftsfordernden über Bestehen und Umfang seiner Rechte bestehen. Der Arbeitnehmer hat zumeist keinen Einblick in die Auftragssituation und weiß auch nicht, ob gegebenenfalls seine Arbeitskraft wieder benötigt wird. Er kann sich die Information auch nicht auf zumutbare Weise anderweitig verschaffen.

Schaub/Schindele machen zu Recht geltend, dass es einer unternehmerischen Entscheidung bedarf, wann der Auftragsbestand ausreichend ist, um zur Regelarbeitszeit zurückzukehren.[894] Das bedeutet, dass nur, weil grundsätzlich der Auftragsbestand gestiegen ist, das nicht gleichzeitig heißt, dass der Bedarf für genau jenen Arbeitnehmer wieder da ist und explizit seine Arbeitskraft benötigt wird. Die Entscheidung, welchen Arbeitnehmer der

890 *Rohlfing*, JW 1932, 1235 (1237).

891 BAG, Urteil vom 27.05.2020 – 5 AZR 387/19, NZA 2020, 1113 (1116); BAG, Urteil vom 01.12.2004 – 5 AZR 664/03, NZA 2005, 289 (291).

892 BAG, Urteil vom 27.05.2020 – 5 AZR 387/19, NZA 2020, 1113 (1116, Rn. 32).

893 Vgl. *Barnhofer*, Kurzarbeit zur Vermeidung betriebsbedingter Kündigung, S. 76; *Rumpff/Dröge*, Kurzarbeit, S. 105.

894 *Schaub/Schindele*, Kurzarbeit, 1993, S. 69.

Arbeitgeber aus der Kurzarbeit zurückholt, liegt im Rahmen der unternehmerischen Entscheidungsfreiheit.

Zudem wäre es unverständlich, weshalb der Arbeitgeber den Arbeitnehmer nicht aus der Kurzarbeit zurückholen sollte, wenn der Arbeitnehmer wieder eingesetzt werden könnte, weil genügend Arbeit für ihn vorhanden ist. Schließlich ist es nur im Sinne des Arbeitgebers, dass seine Angestellten dann auch wieder zur Vollarbeit zurückkehren. Vielmehr wäre es vom Arbeitgeber nahezu missbräuchlich, wenn er die Kurzarbeit weiter nutzen wollte, obwohl Arbeit anfällt.[895]

Einzig die Informationen des Arbeitgebers und die Auskunft darüber können ihm über das Bestehen und den Umfang seiner Rechte Klarheit verschaffen. Ferner muss dem Arbeitgeber die Auskunftserteilung zumutbar sein. Indem der Arbeitgeber dem Arbeitnehmer diese Auskunft erteilt, ob er wieder gebraucht wird, legt er jedenfalls keine Betriebsgeheimnisse oder ähnliches offen. Würde sich der Betrieb im Normalzustand befinden, würde die Frage, welche Aufträge und Arbeiten für seine konkrete Arbeitskraft anfallen, für jenen Arbeitnehmer auch offenliegen.

Insofern ist zu konstatieren, dass dem Arbeitgeber die Auskunftserteilung auch zumutbar ist. Zusammenfassend ist festzuhalten, dass dem Arbeitnehmer ein solcher Auskunftsanspruch aus § 242 BGB zuzugestehen ist.

Abgesehen davon fällt auch die Sozialleistung aus der aktiven Arbeitsförderung, also das Kurzarbeitergeld, bei dem Wegfall des erheblichen Arbeitsausfalles weg; es ist zu beachten, dass dies auch rückwirkend passieren kann.

Die eventuelle Zuerkennung eines solchen einseitigen Beendigungsrechts, beziehungsweise zuvörderst des Auskunftsanspruches, ist mit einer marginalen Missbrauchs- beziehungsweise Fehlnutzungsgefahr verbunden: Der Arbeitnehmer hat bei der Kurzarbeit Lohneinbußen hinzunehmen. Diese sind womöglich zu tiefgreifend für den Arbeitnehmer. Aus diesem Grund ist es nachvollziehbar, dass dieser wieder zur Vollarbeit und somit auch wieder zum ursprünglich vereinbarten Lohn zurückkehren möchte. Es darf also nicht darauf hinauslaufen, dass der Arbeitnehmer aus dem einzigen Beweggrund der Unzufriedenheit mit seiner Situation trotz noch offenkundig be-

---

895 Ausführlich zur missbräuchlichen Nichtbeendigung bzw. Nutzung der Kurzarbeit, auch im Hinblick auf die sozialrechtlichen Zusammenhänge: *Kiehne/Middendorf/Freiherr von Gemmingen*, DB 2020, 2409 (2409 ff.); *Richter/Detemple*, wistra 2021, 312 (312); *Huemer/Kogler/Mahringer*, Kurzarbeit als Kriseninstrument in der COVID-19-Pandemie, S. 2 ff., 16; *Heimann*, SPA 2021, 36 (39); *Zieglmeier/Rittweger*, NZA 2020, 685 (688 ff.); kurz auch: *Lembke/Fischels/Djordjevic*, NJW 2022, 127 (128); im Rahmen dessen wäre auch an einen Subventionsbetrug im Rahmen des Kurzarbeitergeldbezuges zu denken, dazu *Heimann*, SPA 2021, 36 (39).

stehendem Arbeitsmangel ständig seinen Auskunftsanspruch geltend macht, um so die Beendigung schneller herbeizuführen.

Schlussendlich ist festzuhalten, dass dem Arbeitnehmer, wenn seine konkrete Arbeitskraft wieder benötigt wird, ein einseitiges Beendigungsrecht zuzusprechen ist. Um dieses geltend zu machen, ist ihm aufgrund eines billigenswerten Interesses überdies ein Auskunftsanspruch zuzugestehen. Vorzugswürdiger ist es allerdings, dass der Arbeitnehmer dem Arbeitsgeber ein Angebot für einen Aufhebungsvertrag unterbreitet, um so auf eine gemeinsame Beendigungslösung hinzuwirken.

Für den Fall, dass die Kurzarbeit durch eine Betriebsvereinbarung eingeführt wurde, hat der einzelne Arbeitnehmer bei steigendem Arbeitsbedarf hingegen keine Möglichkeit die Kurzarbeitsbetriebsvereinbarung zu beenden.[896]

II. Ankündigungsfrist zur Rückholung

Bei der Einführung von Kurzarbeit wird dem Arbeitgeber vielfach eine Ankündigungsfrist zur Vorbereitung auf die Kurzarbeit auferlegt. Das Meinungsspektrum hinsichtlich der Länge dieser Ankündigungsfrist reicht von zwei bis zu drei Wochen. In dieser Zeit soll sich der Arbeitnehmer auf die bevorstehende Kurzarbeit vorbereiten können, dabei geht es vor allem um die Planung hinsichtlich der finanziellen Einbußen und der dazugewonnenen Freizeit.[897]

Auch auf der Seite der Beendigung könnte man sich eine vergleichbare Frage stellen: Bedarf es auch bei der Beendigung einer Ankündigungsfrist?[898] Und wenn dies bejaht werden sollte, wie lange müsste diese sein?

Wenig überzeugend wäre es wohl, darauf abzustellen, dass der Arbeitnehmer bei der Rückkehr zur Vollarbeit Zeit braucht, um sich auf die finanzielle Situation einzustellen. Schließlich erhält er in diesem Fall den ursprünglich arbeitsvertraglich vereinbarten Lohn wieder. Es handelt sich somit um einen Anstieg und damit eine Verbesserung beziehungsweise Entspannung der finanziellen Situation.

Das zweite Argument – die Planung der dazugewonnenen Freizeit – kann aber auch bei der Beendigung der Kurzarbeit Bedeutung haben und macht

---

896 *Schaub/Schindele*, Kurzarbeit, Rn. 290; der überdies anmerkt, dass dann dem Arbeitnehmer nur die Möglichkeit der Kündigung des gesamten Arbeitsverhältnisses bleibt.

897 *Müller/Deeg*, ArbRAktuell 2010, 209 (210); auch LAG Berlin-Brandenburg, Urteil vom 07.10.2010 – 2 Sa 1230/10, NZA-RR 2011, 65 (66); *Bonin/Walser*, in: Däubler/Deinert/Walser, § 307, Rn. 181.

898 Diese Frage stellt sich auch: *Stoffels*, in: FS Henssler 2023, 643 (654).

deutlicher, warum auch an dieser Stelle womöglich eine Ankündigungsfrist notwendig sein könnte.

1. Notwendigkeit einer Ankündigungsfrist?

Demzufolge ist zu untersuchen, inwiefern die Aufhebung der Kurzarbeit einer angemessenen Ankündigungsfrist unterliegen muss. Eine arbeitgeberseitige jederzeitige Rückholmöglichkeit käme dabei aber einer Rufbereitschaft im Grunde sehr nahe. Rufbereitschaft liegt vor, wenn der Arbeitnehmer seinen Aufenthaltsort frei wählen kann, gleichzeitig aber sicherstellen muss, dass er in einer angemessenen Zeit den Betrieb oder einen anderen vom Arbeitgeber bestimmten Ort erreichen kann, um seine Arbeit wieder aufzunehmen.[899] Wäre die Qualität der verbrachten Freizeit[900] in der Kurzarbeit beispielsweise durch keine Ankündigungsfrist und somit den sofortigen Dienstantritt derart eingeschränkt, dass eine Form der Arbeitsbereitschaft vorläge, hätte dies auch vergütungsrechtlich Auswirkungen.

Der zentrale Unterschied zwischen Rufbereitschaft und Kurzarbeit ist aber, dass die Kurzarbeit insbesondere die Suspendierung der Hauptleistungspflichten mit sich bringt. Dies bedeutet für den Arbeitnehmer ein Mehr an Freizeit beziehungsweise in Kurzarbeit Null sogar vollständige Freizeit. Vollständige Freizeit kennt das Arbeitsrecht wiederum im Urlaubsrecht. Ausgehend hiervon ist für diese Diskussion ein Blick in mit der Kurzarbeit vergleichbare andere Bereiche des Arbeitsrechts zu werfen, um so die Frage der Notwendigkeit einer Ankündigungsfrist beantworten zu können.

a) Wofür braucht der Arbeitnehmer eine Ankündigungsfrist?

Zuerst soll rein praktisch beleuchtet werden, wofür der Arbeitnehmer überhaupt eine Ankündigungsfrist brauchen kann. Im Idealfall ist dem Arbeitnehmer klar, dass er jederzeit wieder zur Vollarbeit zurückgerufen werden kann. In Anbetracht dessen wird die Ansicht vertreten, dass die Kurzarbeit als flexibles Instrument in Krisenzeiten auch in Bezug auf ihre Beendigung flexibel sein muss, was bedeutet, dass die Beendigung jederzeit möglich sein sollte.[901] Denn klarer Vorteil der Kurzarbeit sei die Rückkehr zur Vollarbeit ohne zeitliche Mindestfristen.[902] Es spricht aber gerade bei einer länger währenden Kurzarbeit viel dafür, dass auf die Belange des Arbeitneh-

---

899 BAG, Urteil vom 25.03.2021 – 6 AZR 264/20, NZA 2021, 1048 (1050); *Bayreuther*, NZA 2018, 348 (351).

900 *Bayreuther*, NZA 2018, 348 (349 ff.).

901 *Pototzky/Gimmy*, BB 2021, 2292 (2293).

902 *v. Bockelmann*, in: Tödtmann/v. Bockelmann, Arbeitsrecht in Not- und Krisenzeiten, A., Rn. 59; *Bodem*, in: Maschmann/Sieg/Göpfert, Vertragsgestaltung im Arbeitsrecht, C. 426, Rn. 11.

mers auch bei der Beendigung Rücksicht genommen werden muss.[903] Zur Ankündigungsfrist wird argumentiert, dass den Arbeitgeber dahingehend als Teil seiner allgemeinen Fürsorge- und Treuepflicht die Pflicht einer rechtzeitigen Mitteilung treffe.[904]

Die Arbeitnehmer, die, ausgelöst durch die wirtschaftlichen Auswirkungen der Pandemie 2020–2022 ohnehin in Kurzarbeit Null waren und deshalb Zeit hatten, wurden aufgefordert in sogenannten systemrelevanten Berufen auszuhelfen. Dem Arbeitnehmer muss in einem solchen Fall genügend Zeit gegeben werden, sich von zwischenzeitig eingegangenen Verpflichtungen wieder zu lösen.[905] Auch Aspekte wie die Umplanung der Kinderbetreuung oder Pflege Angehöriger sprechen dafür, dass dem Arbeitnehmer in einem gewissen Rahmen Zeit gegeben werden muss, sich auf ändernde Umstände einzustellen. So kann es schließlich sein, dass der in Kurzarbeit befindliche Arbeitnehmer die Kinderbetreuung übernommen hat und erst wieder eine anderweitige Betreuung organisiert werden muss, bevor der Arbeitnehmer die Arbeit wieder vollständig aufnehmen kann.

Die Kurzarbeitssituation muss für den Arbeitnehmer zumindest planbar und transparent sein.[906] Es ist meistens nicht davon auszugehen, dass sofort vollständig zur Arbeit zurückgekehrt, sondern vielmehr, dass allmählich zur Arbeit zurückgekehrt wird.[907] Demzufolge sprechen die tatsächlichen Umstände dafür, dass es jedenfalls eine kurze[908] beziehungsweise angemessene Ankündigungsfrist geben muss.[909]

b) Angemessene Ankündigungsfrist als zwingende Folge der Kürzung des Urlaubs bei Kurzarbeit Null

In den meisten Fällen, in denen eine Ankündigungsfrist bei der Beendigung der Kurzarbeit überhaupt erwähnt oder diskutiert wird, ist dies im Rahmen der Diskussion um die Urlaubskürzung infolge von Kurzarbeit. Eine angemessene Ankündigungsfrist als Folge der Kürzung des Urlaubs bei Kurzarbeit (Null) ist womöglich ein angemessener (und sogar der einzige) Kompromiss für einen Interessenausgleich zwischen Arbeitgeber und Arbeitnehmer.

---

903 *Rumpff/Dröge*, Kurzarbeit, S. 107; *Dahl/Göpfert/Helm*, Arbeitsrechtlicher Umgang mit Pandemien, S. 40.

904 *Caspers*, Kurzarbeit, S. 80.

905 *Nikisch*, Arbeitsrecht, Bd. 1, 3. Aufl. 1961, S. 653.

906 *Meyer/Wall*, Kurzarbeit und Kurzarbeitergeld, S. 90, Rn. 274.

907 *Nikisch*, Arbeitsrecht, Bd. 1, 3. Aufl. 1961, S. 653.

908 *Bispinck/Laßmann/Rupp*, Konjunkturbedingte Kurzarbeit, S. 30 ff.

909 *Bodem*, in: Maschmann/Sieg/Göpfert, Vertragsgestaltung im Arbeitsrecht, C. 426, Rn. 24; *Klasen/Haag*, BB 2020, 2228 (2232); *Lampe*, in: BeckOK ArbR, § 3 BUrlG, Rn. 10a.

Die Kontroverse soll mit einem kurzen Beispiel veranschaulicht werden: Arbeitnehmer und Arbeitgeber haben sich auf die Einführung von Kurzarbeit geeinigt. Der Arbeitnehmer befindet sich aufgrund der konjunkturellen Schieflage schon das gesamte Kalenderjahr in Kurzarbeit Null.

Nach der Formel des Bundesarbeitsgerichtes verringert sich der jährliche Urlaubsanspruch für Zeiträume, in denen aufgrund von Kurzarbeit Null keine Arbeitspflicht bestand.[910] Damit würde im Beispielsfall auch der Urlaubsanspruch auf Null reduziert werden.

Es leuchtet ein, dass sich der Arbeitnehmer in diesem Fall nicht von der geleisteten Arbeit erholen muss.[911] Der Arbeitnehmer kann sich theoretisch, wie es auch der Urlaubszweck vorsieht, erholen und auch über den Zeitraum der Entspannung und Freizeit verfügen.[912] Es ist nicht von der Hand zu weisen, dass der Arbeitnehmer ein ganzes Jahr zuhause war, ohne auch nur einen einzigen Tag zu arbeiten und damit „in einem signifikant höheren Ausmaß Freizeitaktivitäten (nachgehen konnte), als (ihm) das im Normalfall möglich“[913] gewesen wäre.

Und dennoch müsste der Arbeitnehmer, wegen der „kurzen Leine“,[914] an die er mit der Kurzarbeit Null gebunden ist, zu jedem Zeitpunkt die Rückholung erwarten[915], wenn man auf das Erfordernis einer Ankündigungsfrist verzichtet. Eine Rückholung aus dem Urlaub ist nicht ohne weiteres möglich.[916] Die Kurzarbeitsphase ist somit nicht die Art von Erholung, die ihm durch

910 BAG, Urteil vom 30.11.2021 – 9 AZR 234/21, NZA 2022, 634 (635 ff.); BAG, Urteil vom 05.12.2023 – 9 AZR 364/22, NZA 2024, 330 (331); so auch die herrschende Meinung in der Literatur: *Linck*, in: Schaub, Arbeitsrechts-Handbuch, § 47, Rn. 10 ff.; *Lembke/Fischels/Djordjevic*, NJW 2022, 127 (132); *Rudkowski*, NZA 2012, 74 (74 ff.); *Oehme*, in: Kroiß, Rechtsprobleme durch COVID-19, § 1, Rn. 34; dagegen: *DGB-Bundesvorstand*, Positionspapier 29. Juni 2020, S. 1; *Kohte/Hinrichs*, jurisPR-ArbR 43/2021, Anm. 5 zu ArbG Osnabrück, Urteil vom 08.06.2021 – 3 Ca 108/21, C; davon zu unterscheiden aber die Frage, wie sich die Kurzarbeit auf das Urlaubsentgelt auswirkt, dazu §. 11 Abs. 1 S. 3 BUrlG; kritisch zu der Rechtsprechung: *Groeger*, ArbRB 2010, 119 (121).

911 *Klasen/Haag*, BB 2020, 2228 (2232); *Rech*, ZfA 2021, 578 (586); *Bauer/Kern*, NZA 2009, 925 (929 – Fall F).

912 EuGH, Urteil vom 13.12.2018 – C-385/17, NZA 2019, 47 (48 Rn. 26); BAG, Urteil vom 30.11.2021 – 9 AZR 225/21, NZA 2022, 629 (632, Rn. 27); *Pusch/Seifert*, Kurzarbeit – für welche Zwecke die Beschäftigten die zusätzliche disponible Zeit verwenden, WSI Mitteilungen 6/2022, S. 427 ff.

913 *Bayreuther*, DB 2012, 2748 (2749).

914 ArbG Osnabrück, Urteil vom 08.06.2021 – 3 Ca 108/21, juris, Rn. 48.

915 ArbG Osnabrück, Urteil vom 08.06.2021 – 3 Ca 108/21, juris, Rn. 48; *Engelmann*, AuR 2021, 306 (309).

916 BAG, Urteil vom 20.06.2000 – 9 AZR 405/99, NZA 2001, 100 (101 f.); ArbG Ulm, Urteil vom 24.06.2004 – 1 Ca 118/03, NZA-RR 2004, 627 (627); zusammenfassend dargestellt in: *Seel*, MDR 2013, 1385 (1385 ff.).

Urlaub, Teilzeit,[917] Sabbatical[918] und vergleichbares zugekommen wäre. Für den Arbeitnehmer ist keine langfristige Planung möglich: Auch wenn sich die Kurzarbeit über Monate zieht, kann der Arbeitnehmer zum Beispiel keine größeren Fernreisen planen oder antreten, da die Kurzarbeit jederzeit wieder aufgehoben werden kann.[919]

Urlaub ist ein Zeitblock, den der Arbeitnehmer für Erholung, Entspannung und Freizeit nutzen kann[920], dies lässt sich bei der Kurzarbeit Null nicht verwirklichen.[921]

Ein interessengerechtes Ergebnis erhält man nur durch eine Koppelung der Beendigung der Kurzarbeit an eine Ankündigungsfrist. Der Arbeitgeber sollte imstande sein, den Arbeitsanfall jedenfalls insoweit vorherzusehen, dass ihm eine Ankündigungsfrist auferlegt werden kann, um so auch dem Arbeitnehmer Planungssicherheit an die Hand zu geben.[922]

Zudem ist dem Arbeitnehmer in oben dargestelltem Beispielsfall gerade bei einer länger andauernden Kurzarbeit Null-Phase auch die Möglichkeit einzuräumen, sich nicht an seinem Wohnsitz aufzuhalten, auch wenn er keinen Urlaub hat. Denn nur weil ihm kein Urlaub im Sinne des Urlaubsrechts mehr zusteht, heißt das nicht, dass er sich nicht in einer arbeitsfreien Phase auch andernorts aufhalten darf. Vielmehr wird man im Gegenteil sagen müssen, dass dem Arbeitnehmer Freizeitgestaltung möglich sein muss, da er keinen Urlaubsanspruch für diese Zeit erwirbt.

---

917 BAG, Urteil vom 30.11.2021 – 9 AZR 225/21, NZA 2022, 629 (629 ff.); LAG Düsseldorf, Urteil vom 12.03.2021 – 6 Sa 824/20, BeckRS 2021, 4281 (Rn. 38); ArbG Osnabrück, Urteil vom 08.06.2021 – 3 Ca 108/21, juris, Rn. 21, 44; das ArbG Osnabrück hat bei einem Fall der Kurzarbeit nur an einzelnen Tagen jedoch den Vergleich abgelehnt, weil dies eben nicht vergleichbar sei mit einer Kurzarbeit Null; kritisch mit Bezug auf BAG, Urteil vom 22.04.2009 – 5 AZR 310/08, NZA 2009, 913 (913 Rn. 12); BAG, Urteil vom 25.01.2012 – 5 AZR 671/10, BeckRS 2012, 68091 (Rn. 14): *DGB-Bundesvorstand*, Positionspapier 29. Juni 2020, S. 3.

918 BAG, Urteil vom 19.03.2019 – 9 AZR 315/17, NZA-RR 2019, 565 (565); BAG, Urteil vom 19.03.2019 – 9 AZR 406/17, NZA 2019, 1435 (1437, Rn. 14 ff.); zustimmend bspw.: *Kohte/Hinrichs*, jurisPR-ArbR 43/2021, Anm. 5 zu ArbG Osnabrück, Urteil vom 08.06.2021 – 3 Ca 108/21, C.

919 *Bayreuther*, DB 2012, 2748 (2749).

920 *Engelmann*, AuR 2021, 306 (310); *Kohte/Hinrichs*, jurisPR-ArbR 43/2021, Anm. 5 zu ArbG Osnabrück, Urteil vom 08.06.2021 – 3 Ca 108/21, C.

921 *Kohte/Hinrichs*, jurisPR-ArbR 43/2021, Anm. 5 zu ArbG Osnabrück, Urteil vom 08.06.2021 – 3 Ca 108/21, C; *Klasen/Haag*, BB 2020, 2228 (2232); *DGB-Bundesvorstand*, Positionspapier 29. Juni 2020, S. 3; *Wank* hingegen möchte anstatt auf Vorhersehbarkeit und Kontrollierbarkeit darauf abstellen, ob sich die Zwecke der Freistellungen ganz oder teilweise decken, *Wank*, in: FS Preis 2021, 1463 (1469).

922 So auch: *Klasen/Haag*, BB 2020, 2228 (2232).

c) Ankündigungsfristen als arbeitsrechtlicher Grundgedanke?

Dem Arbeitsrecht sind Ankündigungsfristen grundsätzlich nicht fremd. Denkbar wäre es, eine Ankündigungsfrist vor allem im Hinblick auf § 12 Abs. 3 TzBfG und die arbeitgeberseitige Rücksichtnahmepflicht aus §§ 241 Abs. 2, 242, 611a BGB zu fordern. Auch im Rahmen eines Widerrufs, nach welchem ein Arbeitnehmer einen auch privat nutzbaren Dienstwagen zurückgeben muss, diskutierte die Rechtsprechung Auslauf- und Ankündigungsfristen.[923] Allein der Blick in das Kündigungsrecht zeigt mit § 622 BGB eine Norm, die dem Arbeitnehmer Zeit einräumt, sich auf die sich ändernden oder geänderten Umstände einstellen zu können.[924] Eine direkte Vergleichbarkeit zu § 622 BGB ist zwar nicht gegeben, da der Arbeitsvertrag bestehen bleibt und der Arbeitnehmer den Arbeitsplatz behalten soll. Aber selbst bei der Änderungskündigung, bei der der Arbeitsvertrag ebenso bestehen bleibt, findet § 622 BGB Anwendung.[925] Grundsätzlich verfolgt auch die Ankündigungsfrist bei der Beendigung der Kurzarbeit keinen anderen Zweck als § 622 BGB. Dem Arbeitnehmer soll Zeit gegeben werden, seine privaten Lebensverhältnisse und die eigene Planung auf die anstehende Mehrarbeit anzupassen.

Spezieller ist aber § 12 Abs. 3 TzBfG, der eine Ankündigungsfrist in einem flexiblen Arbeitszeitmodell regelt. Konkret regelt dieser, dass der Arbeitnehmer bei der Arbeit auf Abruf nur dann zur Arbeitsleistung verpflichtet ist, wenn der Arbeitgeber ihm die Lage seiner Arbeitszeit jeweils mindestens vier Tage im Voraus mitteilt. Es wird deshalb zu Recht vertreten, dass § 12 Abs. 3 TzBfG der gesetzliche Ausgangpunkt für kurzfristige Änderungen ist.[926] Insofern könnte man an eine analoge Anwendung des § 12 Abs. 3 TzBfG für die Situation der Beendigung der Kurzarbeit denken.[927] Das wird teilweise auch bei der Bestimmung der zeitlichen Lage der Arbeitszeit im Rahmen des Direktionsrechts nach § 106 GewO vertreten[928] und ist womöglich mit der vorliegenden Situation vergleichbar.

---

923 BAG, Urteil vom 21.03.2012 – 5 AZR 651/10, NZA 2012, 616 (617, Rn. 18).

924 *Klumpp*, in: BeckOGK BGB, § 622, Rn. 1; *Gotthardt*, in: BeckOK ArbR, § 622 BGB, Rn. 1; *Müller-Glöge*, in: ErfK, § 622 BGB, Rn. 1.

925 *Klocke*, RdA 2020, 331 (339).

926 *Meyer*, RdA 2019, 223 (224) bezieht dies bspw. auf mögliche Ankündigungsfristen bei kurzfristigen Dienstplanänderungen.

927 Nach *Meyer* soll ausschlaggebend für die Anwendung von § 12 Abs. 3 TzBfG nicht die Lage der Arbeitszeit sein, sondern die mit der Arbeitszeit einhergehende Vergütung – wenn der Arbeitnehmer sein Geld so oder so kriegt, bedarf es keines Schutzes aus § 12 – es geht ihm also darum, ob die Vergütung verstetigt ist oder nicht: *Meyer*, RdA 2019, 223 (225 f.).

928 *Lembke* in: Henssler/Willemsen/Kalb, Arbeitsrecht Kommentar, § 106 GewO, Rn. 82; *Preis*, in: ErfK, § 106 GewO, Rn. 2.

Aber die Vergleichbarkeit der Interessenlage ist schon nicht gegeben.[929] Ein grundlegender Vorteil der Kurzarbeit liegt in ihrer flexiblen Einsatzmöglichkeit.[930] So kann in einem Betrieb die Kurzarbeit Null nur für eine Woche erforderlich geworden sein; wenn man dann die vier Tage[931] forderte,[932] kann von der Möglichkeit des flexiblen Einsatzes der Kurzarbeit kaum mehr die Rede sein.

Vielmehr ist der Rechtsgedanke der Ankündigungsfristregelung zu übertragen, ohne die vier-Tage-Frist als solche zu übernehmen.[933] Es sind insofern, wie auch das Arbeitsgericht Berlin festgehalten hat, die „kodifizierten Wertungen über den Vorlauf arbeitszeitlicher Umdispositionen des Arbeitgebers analog anzuwenden."[934] Das stellt eine Gesamtanalogie dar, das heißt die Übertragung eines Leitgedankens mehrerer gesetzlich normierter Fälle auf einen gesetzlich nicht geregelten Sachverhalt.[935] Wie bereits mehrfach festgestellt, stellt die arbeitsrechtliche Kurzarbeit einen weitestgehend gesetzlich nicht geregelten Fall dar.

Der Rechtsgedanke der Ankündigungsfrist aus dem Teilzeit- und Befristungsgesetz wird auch bei der Anordnung von Mehrarbeit beziehungsweise Überstunden herangezogen.[936] Weitestgehend Einigkeit herrscht dahingehend, dass dem Arbeitnehmer aus Vertrauensschutzgesichtspunkten eine gewisse Vorlaufzeit eingeräumt werden muss, sodass sich dieser auf den vorher nicht festgelegten Zeitpunkt der Inanspruchnahme seiner Arbeitszeit einstellen kann.[937]

---

929 Gegen eine „starre" Analogie: *Meyer*, RdA 2019, 223 (229) möchte sie sogar gar nicht als gesetzliches Leitbild heranziehen; er hält die Analogie für weder sachgerecht noch erforderlich *Meyer*, RdA 2019, 223 (227).

930 *Haas*, BC 2009, 233 (235).

931 Weder der Tag, an welchem die Erklärung zugeht nach § 187 Abs. 1 BGB, noch der angekündigte Tag der Arbeitsleistung zählen mit wegen des Wortlauts des § 12 abs. 3 TzBfG „vier Tage im Voraus", somit sechs Tage: *Bayreuther*, NZA-Beilage 2018, 103 (105).

932 Weder der Tag, an welchem die Erklärung zugeht nach § 187 Abs. 1 BGB, noch der angekündigte Tag der Arbeitsleistung zählen mit wegen des Wortlauts des § 12 abs. 3 TzBfG „vier Tage im Voraus", somit sechs Tage: *Bayreuther*, NZA-Beilage 2018, 103 (105).

933 *Bayreuther*, NZA-Beilage 2018, 103 (105).

934 ArbG Berlin, Urteil vom 05.10.2012 – 28 Ca 10243/12, BeckRS 2012, 75362; *Görg*, ArbRAktuell 2012, 595 (595).

935 Weitere Gesamtanalogien im Privatrecht darstellend: *Chanos*, Rechtsanalogie, S. 17 f.

936 ArbG Frankfurt a. M., Urteil vom 26.11.1988 – 2 Ca 4267/98, NZA-RR 1999, 357 (358) – Anwendung des Rechtsgedankens aus § 4 Abs. 2 BeschFG, heute § 12 Abs. 3 TzBfG; *Hunold*, NZA-RR 2001, 337 (344).

937 ArbG Frankfurt a. M., Urteil vom 26.11.1998 – 2 Ca 4267/98, NZA-RR 1999, 357 (358).

Eine solche Ankündigungsfrist muss angemessen sein,[938] nach billigem Ermessen getroffen[939] und dabei die Interessen des Arbeitnehmers berücksichtigt werden.[940] Sofern die Kurzarbeit durch eine Betriebsvereinbarung eingeführt wurde, lässt sich eine Ankündigungsfrist auch im Hinblick auf § 75 Abs. 1 BetrVG, der die Grundsätze der Behandlung der Betriebsangehörigen regelt, begründen.[941]

Festhalten lässt sich also, dass die Idee der Ankündigungsfrist, eine Zeit für eine Einstellung und Anpassung, vielerorts im Arbeitsrecht wiederzufinden ist. Im Wege einer Gesamtanalogie ist dem Arbeitnehmer auch bei der Beendigung der Kurzarbeit eine Frist einzuräumen.

Ein Ankündigungsfrist ist mithin im Rahmen des Erfordernisses des billigen Ermessens aus § 106 GewO, bzw. § 315 BGB im Hinblick auf eine Gesamtanalogie des § 12 Abs. 3 TzBfG und der arbeitgeberseitigen Rücksichtnahmepflicht aus §§ 241 Abs. 2, 242, 611a BGB geboten.

2. Länge der Frist

Fest steht, dass eine angemessene Ankündigungsfrist notwendig ist. Im nächsten Schritt soll nun genauer untersucht werden, welche Länge der Frist als angemessen zu beurteilen wäre.

a) Meinungsspektrum

Für diese Diskussion soll zuerst das Meinungsspektrum aus Literatur, Rechtsprechung und Praxis zu Ankündigungsfristen bei der (vorzeitigen) Beendigung der Kurzarbeit und in vergleichbaren Situationen dargestellt werden.

Konsequent erscheint der Vorschlag von *Heimann*, der eine „analoge Frist" bei der Beendigung vorsieht.[942] Das ist ähnlich einem actus-contrarius-Gedanken zu verstehen: Je nachdem, wie lange die Ankündigungsfrist bei der Einführung war, hat sie auch bei der Beendigung zu sein. Da überwiegend vertreten wird, dass bei der Einführung von Kurzarbeit in Anlehnung an §§ 626 Abs. 2 S. 1 BGB und 4 KSchG eine Frist von zwei bis drei Wochen

938 Vgl. *Preis*, in: ErfK, § 12 TzBfG, Rn. 1 ff.; ArbG Frankfurt a. M., Urteil vom 26.11.1988 – 2 Ca 4267/98, NZA-RR 1999, 357 (358); *Hunold*, NZA-RR 2001, 337 (344).

939 *Meyer*, RdA 2019, 223 (227).

940 *Preis*, in: ErfK, § 12 TzBfG, Rn. 23.

941 Vgl. *Schütte*, in: FS Bauer 2010, 989 (992).

942 *Heimann*, SPA 2021, 36 (38).

angemessen sei,[943] müsste auch bei der Beendigung eine Ankündigungsfrist von zwei bis drei Wochen eingehalten werden.

Auch *Brune* spricht sich für eine mehrwöchige Frist aus: „Um die notwendige Flexibilität nicht zu verlieren, bieten sich (…) Rahmenregelungen, innerhalb derer der konkrete Umfang und die konkrete Lage der Arbeitszeit mit einer gewissen Vorlaufzeit (regelmäßig vier Wochen) festgelegt werden",[944] an. Gegen diese Ansichten spricht jedoch, dass sie im Hinblick auf den grundlegenden Vorteil der Kurzarbeit, der in ihrer Flexibilität besteht,[945] zu starr und zu lang sind.

Der Großteil der Stimmen in der Literatur sieht daher Ankündigungsfristen von einwöchiger Dauer oder weniger vor. Die Pflicht zur Einhaltung einer einwöchigen Ankündigungsfrist bis zur Rückkehr zur Vollarbeit vertreten beispielsweise *Meyer/Wall.*[946] Das LAG Köln hat eine Frist von fünf Tagen für einen vorzeitigen Rückruf nicht beanstandet.[947] Andere Vereinbarungen zeigen eine Drei-[948] beziehungsweise eine Zwei-Tages-Frist[949] oder eine Folgetagregelung auf.[950]

---

943 *Gebel*, BB 2015, 2485 (2486); *Müller/Deeg*, ArbRAktuell 2010, 209 (210); *Bauer/ Günther*, BB 2009, 662 (665); *Weller/König*, BB 2020, 953 (957); eine Ankündigungsfrist zur Einführung in der Kurzarbeitsklausel ablehnend: *Klocke*, RdA 2020, 331 (339); die ausdrückliche Fixierung der Ankündigungsfrist ablehnend: *Thüsing*, in: Westphalen, Vertragsrecht und AGB-Klauselwerke, Klauselwerke, Arbeitsverträge, Rn. 156.

944 *Brune*, in: Heinrich, Coronakrise, 75 (81).

945 *Haas*, BC 2009, 233 (235).

946 *Meyer/*Wall, Kurzarbeit und Kurzarbeitergeld, S. 90, Rn. 273.

947 LAG Köln, Urteil vom 07.07.2022 – 6 Sa 115/22, juris; ArbG Köln, Urteil vom 28.01.2022 – 19 Ca 4774/21, juris.

948 *Schrader*, in: Schaub, Arbeitsrechtliches Formular- und Verfahrenshandbuch, Kapitel 2, 5. Teil, Rn. 184b; Betriebsvereinbarung für das Kabinenpersonal Deutsche Lufthansa AG, Kurzarbeit, gültig ab 01.03.2020, § 6; Betriebsvereinbarung für das Kabinenpersonal Deutsche Lufthansa AG, Fortführung von Kurzarbeit, gültig ab 01.09.2020, § 4 Abs. 4.

949 ArbG Osnabrück, Urteil vom 08.06.2021 – 3 Ca 108/21, juris, Rn. 12, 21, 48(dabei war die Ankündigungsfrist aber nicht Streitgegenstand); Einigungsstellenspruch über die Mitbestimmungsrechte bei teilweiser Aufhebung von Kurzarbeit gemäß § 87 Abs. 1 Nr. 3 BetrVG, NZA 1992, 1020 (1021); *Holthaus*, in: Hümmerich/Lücke/Mauer, Arbeitsrecht, S. 1620.

950 Betriebsvereinbarungen aus dem Bereich unternehmensbezogene Dienstleistungen und aus der chemischen Industrie, in: *Bispinck/Laßmann/Rupp*, Konjunkturbedingte Kurzarbeit, S. 31; LAG Baden-Württemberg, Urteil vom 03.05.2021 – 9 Sa 1/21, NZA-RR 2021, 585 (585); eine Folgetagsregelung sieht vor: *Rohlfing*, JW 1932, 1235 (1237); Gegen eine Folgetagsregelung hat sich das Bundesarbeitsgericht zwar nicht bei einer Beendigung der Kurzarbeit aber einer Dienstplanänderung ausgesprochen, indem es geurteilt hat, dass es keinesfalls zulässig und jedenfalls nicht rechtzeitig sei,

Hinsichtlich Dienstplanänderungen vertritt *Meyer*, dass auch weniger als 24 Stunden ausreichend seien, sofern kein Einvernehmen bei den Parteien erzielt werden kann.[951] Eher vage drückt sich *Bayreuther* aus, der zwar auch hinter der Ankündigungsfrist als Rechtsgedanke bei der Gestaltung der Arbeitszeit steht, aber sich im Hinblick auf den Gedanken aus § 12 Abs. 3 TzBfG äußert, dass diese nicht vier Tage betragen müssen.[952] Ebenso legen sich auch *Bischof*, der lediglich von der Pflicht zur Einhaltung einer kurzen Ankündigungsfrist spricht,[953] und *Stoffels*, der eine angemessene Ankündigungsfrist fordert,[954] nicht fest.

b) Rechtliche und praktische Herangehensweisen

Drei Herangehensweisen sollen daher aus rechtlicher und auch aus praktischer Sicht beleuchtet werden:

(1) Es könnte sinnvoll sein, die Dauer der Ankündigungsfrist vom Berufsbild und/oder der Branche zu abhängig zu machen.[955] Vergleichbares wird auch bei der Ausübung des Weisungsrechts nach § 106 GewO vertreten.[956] Die Beachtung der Umstände der jeweiligen Branche könnte dann zu kürzeren oder längeren Ankündigungsfristen führen. Eine starre Frist, die pauschal für alle Arbeitnehmer gelten soll, bietet sich aus diesem Grund nicht an.

(2) Eine weitere Herangehensweise wurde im Rahmen der Covid-19-Pandemie in den Jahren 2020–2022 praktiziert. Zwar war die Kurzarbeit anfangs nur als vorübergehendes Mittel geplant. Jedoch führte der wellenartige Verlauf der Pandemie dazu, dass die Kurzarbeit über einen wesentlich längeren Zeitraum eingesetzt wurde. Insofern bot sich angelehnt an § 622 Abs. 2 BGB auch bei der Ankündigungsfrist zur Beendigung der Kurzarbeit eine Staffelung an. Das bedeutet, dass die Ankündigungsfrist umso länger zu sein hätte, je länger die Kurzarbeit andauert.[957]

Dies soll an einem praktischen Beispiel veranschaulicht werden: Ein Arbeitnehmer, der sich nur insgesamt zwei Wochen in Kurzarbeit Null befindet, muss höchstwahrscheinlich nicht im gleichen Maße umplanen und umdis-

---

wenn es der Folgetag sei, BAG, Urteil vom 17.01.1995 – 3 AZR 399/94, NZA 1995, 1000 (1002).

951 *Meyer*, RdA 2019, 223 (229).

952 *Bayreuther*, NZA-Beilage 2018, 103 (105).

953 *Bischof*, NZA 1995, 1021 (1026).

954 *Stoffels*, in: FS Henssler 2023, 643 (654).

955 Zur Berücksichtigung der branchen- bzw. berufsspezifischen Besonderheiten auch BAG, Urteil vom 28.08.2013 – 10 AZR 569/12, AP GewO § 106 Nr. 26; vgl. auch bei Ankündigungsfristen bei Dienstplanänderungen: *Meyer*, RdA 2019, 223 (228).

956 *Preis*, in: ErfK, § 106 GewO, Rn. 9.

957 So auch: *Stoffels*, in: FS Henssler 2023, 643 (654).

ponieren wie ein Arbeitnehmer, der einige Monate oder sogar schon länger als ein Jahr in Kurzarbeit Null ist. Eine entsprechende Regelung sah etwa die Betriebsvereinbarung Kurzarbeit für das Cockpitpersonal der Deutschen Lufthansa AG für die Zeit der Covid-19-Pandemie vor:

Für die Beendigung der Kurzarbeit im laufenden Kalendermonat sah die Betriebsvereinbarung grundsätzliche eine Frist von vier Tagen vor. Hatte sich der Mitarbeiter hingegen bereits mehrere Monate in Folge in Kurzarbeit Null befunden, so war eine Ankündigungsfrist von sieben Tagen vorgesehen.[958]

Die Beispiele zeigen, dass gerade bei unvorhersehbarer Entwicklung der Situation, wie es bei der Covid-19-Pandemie der Fall war, ein Staffelungsmodell sinnvoll ist und dem Arbeitnehmer einen angemessenen Schutz bietet. Durch die gleitenden Fristen und die Ablehnung einer starren und im jeweiligen Fall gegebenenfalls unpassenden Fristenregelung wird dem Charakter der Kurzarbeit als flexibles Kriseninstrument Rechnung getragen. Nicht erforderlich ist diese Staffelung, wenn beispielsweise im Falle eines Lieferengpasses von vornherein klar ist, dass die Kurzarbeit Null nur für den zuvor festgelegten Zeitraum gebraucht wird. In einem solchen Fall wird es aber auch nicht zu einer vorzeitigen Beendigung der Kurzarbeit kommen.

Eine Staffelung der Ankündigungsfristen bietet sich bei einem Monat Kurzarbeit Null im Bereich von Stunden oder eine Folgetagsregelung an; bei mehrmonatiger Kurzarbeit bietet sich eine Frist von wenigen Tagen an. Auch wenn das Bundesministerium für Arbeit und Soziales von der Möglichkeit der Verordnungsermächtigung aus § 106 Abs. 1 SGB III für die Verlängerung der Kurzarbeitergeldbezugsdauer Gebrauch macht, sollte für die Ankündigungsfrist nichts anderes gelten, beziehungsweise es besteht auch dann keine Notwenigkeit für noch längere Fristen.

(3) Die dritte Herangehensweise berücksichtigt vor allem die sozialen Aspekte und die individuellen Umstände des Arbeitnehmers. Für den rechtlichen Grundgedanken soll dabei ein Blick in das Sozialrecht geworfen werden. Wenn ein Arbeitnehmer ein Kind im Sinne des § 32 Abs. 1, 3 bis 5 EStG hat, erhält er nach §§ 105 Nr. 1, 149 Nr. 1 SGB III den erhöhten Leistungssatz Kurzarbeitergeld. Arbeitnehmer mit Kindern sollten auch bei der Bestimmung der Ankündigungsfrist besonders geschützt werden. Das Landesarbeitsgericht Baden-Württemberg hatte über einen Fall zu entscheiden, in dem Kurzarbeit Null eingeführt worden war. Die Kurzarbeitsvereinbarung enthielt eine (wenn auch nicht streitentscheidende) Regelung, die bestimmte: „Die Ankündigung für ein Zurückholen der Arbeit soll am Vortag (bis 12 Uhr) erfolgen. Bei Mitarbeitern mit klei-

958 Betriebsvereinbarung für das Cockpitpersonal der Deutsche Lufthansa AG, Kurzarbeit, gültig ab 01.01.2022, VIII, 1.

nen Kindern – jünger als zwölf Jahre – ohne Möglichkeit der Betreuung wird diese Frist auf drei Tage verlängert."[959] Diese Herangehensweise entspricht auch gängiger Rechtsprechung des Bundesarbeitsgerichts zur Bestimmung der Lage der Arbeitszeit gemäß § 106 S. 1 GewO. Dazu hat das BAG entschieden, dass, soweit nicht betriebliche Gründe oder berechtigte Belange anderer Arbeitnehmer entgegenstehen, der Arbeitgeber auf schutzwürdige familiäre Belange des Arbeitnehmers Rücksicht zu nehmen hat.[960] Da die Anordnung zur Rückkehr zur Vollarbeit in den meisten Fällen auf der Grundlage eines erweiterten Direktionsrechts beruht, muss diese nach billigem Ermessen getroffen werden. Dies ist der Fall, „wenn wesentliche Umstände des Falles abgewogen und die beiderseitigen Interessen angemessen berücksichtigt"[961] werden. Das bedeutet, dass auch die persönlichen Belange des Arbeitnehmers zumindest Beachtung finden sollten.[962]

Alle Herangehensweisen berücksichtigen verschiedene Aspekte. Während die Besonderheiten des jeweiligen Berufsbildes immer beachtet werden können, ist die Staffelung der Fristen nur bei einer unsicheren und gegebenenfalls längeren Nutzung der Kurzarbeit von Relevanz. Für eine rechtssichere und angemessene Lösung muss man eine Kumulation der Herangehensweisen befürworten. Eine Beachtung der branchenspezifischen Besonderheiten, die Rücksichtnahme auf die familiären (und persönlichen) Belange des Arbeitnehmers und gegebenenfalls eine Staffelung der Ankündigungsfristen, angepasst an die Nutzungsdauer der Kurzarbeit, sind taugliche Herangehensweisen, um die jeweilige Dauer der Ankündigungsfrist zu ermitteln. Diese Kumulation der Herangehensweise und insbesondere die Beachtung der persönlichen Situation des Arbeitnehmers kann jedoch dazu führen, dass es zu individuell unterschiedlich langen Ankündigungsfristen kommen kann.

c) Rechtsfolge zu kurzer oder fehlender Fristen

In einem letzten Schritt soll noch die Rechtsfolge einer zu kurzen beziehungsweise fehlenden Ankündigungsfrist beleuchtet werden.

---

959 BAG, Urteil vom 30.11.2021 – 9 AZR 234/21, NZA 2022, 634 (635); LAG Baden-Württemberg, Urteil vom 03.05.2021 – 9 Sa 1/21, NZA-RR 2021, 585 (585).

960 BAG, Urteil vom 23.09.2004 – 6 AZR 567/03, NZA 2005, 359 (361); dazu auch: *Meyer*, RdA 2019, 223 (227); bspw. auch zur Berücksichtigung familiärer Belange im Arbeitsrecht: LAG Köln, Urteil vom 27.02.2015 – 9 Sa 696/14, NZA-RR 2015, 469 (470).

961 BAG, Urteil vom 19.05.1992 – 1 AZR 418/91, NZA 1992, 978 (982); *Preis*, in: ErfK, § 106 GewO, Rn. 11.

962 BAG, Urteil vom 28.02.2013 – 10 AZR 569/12, AP GewO § 106 Nr. 26, Rn. 41; *Preis*, in: ErfK, § 106 GewO, Rn. 11.

In der Literatur wird eine vergleichbare Frage bei der Ankündigungsfrist zur Anordnung von Mehrarbeit diskutiert. Es wird vertreten, dass ein Verstoß gegen die Berücksichtigung der Ankündigungsfrist zu einem Leistungsverweigerungsrecht des Arbeitnehmers führt. Es wird gleichzeitig aber betont, dass es dem Arbeitnehmer selbstverständlich freistehe, die Arbeitsleistung gleichwohl zu erbringen.[963] Wie bei der Mehrarbeit geht auch bei der Kurzarbeit die Rückkehr zur Arbeit mit der Erhöhung des Entgelts einher, weshalb es nachvollziehbar ist, dass eine Einigung erzielt werden kann oder die Bereitschaft zu einer einverständlichen Lösung vonseiten des Arbeitnehmers jedenfalls höher ist. Andernfalls lässt sich die zu kurze oder fehlende Frist in ein Angebot auf Rückkehr zur Vollarbeit bei Einhaltung der vereinbarten Frist umdeuten.[964] *Bispinck/Lußmann/Rupp* weisen zudem darauf hin, dass die Parteien, wenn die Ankündigungsfrist zur Rückkehr sehr kurz ist, aus Gründen des Arbeitnehmerschutzes jedenfalls vereinbaren sollten, dass eine Fristversäumnis keine arbeitsrechtlichen Konsequenzen hat.[965] Außer Zweifel steht, dass eine angemessene Ankündigungsfrist zur Rückholung vereinbart sein muss oder die Rückholung jedenfalls im Sinne billigen Ermessens so angeordnet werden muss, dass der Arbeitnehmer ausreichend Zeit hat, seine Planungen an die angekündigte Arbeit anzupassen. Sollte diese eingeräumte Zeit fehlen oder zu kurz sein, muss es dem Arbeitnehmer möglich sein, auf eine angemessene Zeit zu beharren. Jedenfalls darf eine zu kurzfristige Rückholung, beziehungsweise ein Versäumen der zu kurzen Frist, keine negativen arbeitsrechtlichen Nachwirkungen für den Arbeitnehmer mit sich bringen, sondern viel mehr eine angemessene Frist in Gang setzen.[966]

3. Ankündigungsfrist bei Unterbrechung der Kurzarbeit?

Zuletzt ist zu fragen, ob Ankündigungsfristen auch im Falle einer Unterbrechung[967] der Kurzarbeit zu fordern sind. In der Praxis wird teilweise ohne ersichtliche Begründung vertreten, dass es in solchen Fällen gar keiner

---

963 *Bayreuther*, NZA-Beilage 2018, 103 (105), zustimmend auch *Raif/Ginal*, ArbRAktuell 2020, 244 (245).

964 *Bayreuther*, NZA-Beilage 2018, 103 (105).

965 *Bispinck/Laßmann/Rupp*, Konjunkturbedingte Kurzarbeit, S. 30.

966 So auch: *Stoffels*, in: FS Henssler 2023, 643 (654).

967 Zur Unterbrechung bei der Kurzarbeit auch: *Ulber*, AiB 2007, 5 (12); *Bispinck/Laßmann/Rupp*, Konjunkturbedingte Kurzarbeit, S. 50; *Dahl/Göpfert/Helm*, Arbeitsrechtlicher Umgang mit Pandemien, S. 21, Rn. 40 und S. 246; *Bispinck*, Tarifliche Regelungen zur Kurzarbeit, S. VI; bzgl. Unterbrechung der Kurzarbeit und Auswirkungen auf das Kurzarbeitergeld: *Günter/Meergans/Wheeler*, in: Helm/Bundschuh/Wulff, § 7, Rn. 87; *Brenke/Rinne/Zimmermann*, Kurzarbeit, Wochenbericht des DIW Berlin Nr. 16/2010, S. 11.

Ankündigung(-sfrist) bedürfe.[968] Daneben sieht ein Praxisbeispiel vor, dass überraschend anfallende Arbeit mit einem Arbeitstag Vorlauf angekündigt werden muss.[969] Einigkeit besteht aber dahingehend, dass es bei einer Unterbrechung der Kurzarbeit wegen eines betrieblichen Eil- oder Notfalls kürzerer Ankündigungsfristen bedarf.[970] Die Eilbedürftigkeit beziehungsweise das Vorliegen der besonders dringenden Gründe sei aber vom Arbeitgeber nachzuweisen.[971] Dem ist zuzustimmen. Im Eilfall muss es dem Arbeitgeber möglich sein, seine Arbeitnehmer kurzfristig einzusetzen. In einem solchen Fall muss die Möglichkeit bestehen, von den Regelungen zur Ankündigungsfrist abzuweichen. Kann keine Einigung zwischen Arbeitgeber und Arbeitnehmer erzielt werden, muss der Arbeitnehmer am Folgetag einsetzbereit sein. In einem begründeten Notfall überwiegen die betrieblichen Belange im Regelfall das schutzwürdige Interesse des Arbeitnehmers.

III. Erreichbarkeit des Arbeitnehmers

Um die soeben erläuterte Ankündigungsfrist in Gang zu setzen, muss zwischen Arbeitgeber und Arbeitnehmer eine Kontaktaufnahme stattfinden. Wenn sich der Arbeitnehmer nicht in Kurzarbeit Null befindet, kann es dazu während der Arbeitszeit kommen. Sollte sich der Arbeitnehmer jedoch in Kurzarbeit Null befinden, ist die Situation eine andere. Zwar besteht Einigkeit, dass der Arbeitnehmer von dem Plan des vorzeitigen Endes der Kurz-

---

968 *Meyer*, RdA 2019, 223 (228); „Wird die Kurzarbeit vorübergehend bis zu höchstens drei Wochen durch Vollarbeit unterbrochen, so ist die Wiederaufnahme nicht von einer vorherigen Ankündigung abhängig." aus Tarifvertrag Papier verarbeitende Industrie Bremen, Hamburg, Niedersachsen, Schleswig-Holstein, Angestellte, in: *Bispinck*, Tarifliche Regelungen zur Kurzarbeit, S. VI; „Wird Kurzarbeit vorübergehend, d.h. bis zu höchstens drei Wochen durch Vollarbeit unterbrochen, so ist die Wiedereinführung der Kurzarbeit nicht von einer Ankündigung abhängig." Aus Tarifvertrag Bekleidungsindustrie Bayern, Angestellte, in: *Bispinck*, Tarifliche Regelungen zur Kurzarbeit, S. VI; „…bei einer mindestens sechswöchigen Unterbrechung der Kurzarbeit durch Vollarbeit muss vor der Aufnahme beziehungsweise Weiterführung der Kurzarbeit die Ankündigung wiederholt werden." Aus Tarifvertrag Deutsche Bahn AG (ähnlich Deutsche Telekom AG), in: *Bispinck*, Tarifliche Regelungen zur Kurzarbeit, S. VI; weitere Regelungen zur Unterbrechung: *Bauer/Haußmann/Diller*, in: Anwalts-Formularbuch Arbeitsrecht, Mitbestimmung in sozialen Angelegenheiten – Arbeitszeit, M. 35.5; Betriebsvereinbarung aus dem Bereich Unternehmensbezogene Dienstleistungen, in: *Bispinck/Laßmann/Rupp*, Konjunkturbedingte Kurzarbeit, S. 28.

969 Betriebsvereinbarung aus der Elektroindustrie, in: *Bispinck/Laßmann/Rupp*, Konjunkturbedingte Kurzarbeit, S. 30.

970 *Meyer*, RdA 2019, 223 (228).

971 Vgl. Betriebsvereinbarung aus dem Bereich Unternehmensbezogene Dienstleistungen, in: *Bispinck/Laßmann/Rupp*, Konjunkturbedingte Kurzarbeit, S. 28.

arbeit unverzüglich zu unterrichten ist.[972] Wie dies zu geschehen hat, ist jedoch bisher nicht geklärt.

1. Art der Kontaktaufnahme

Klärungsbedürftig ist in einem ersten Schritt, wie die besagte Kontaktaufnahme zu geschehen hat. Eine Beispielvereinbarung aus der Praxis möchte den Arbeitnehmer beispielsweise zur Nachfrage beim Arbeitgeber verpflichten.[973] Das erscheint jedoch unnötig und wird zu (vermeidbarer) Arbeit für den Arbeitgeber führen.

Der Erreichbarkeitsversuch sollte und wird in den meisten Fällen vom Arbeitgeber ausgehen, regelmäßig telefonisch oder per E-Mail.[974] Im Idealfall haben sich die Parteien im Vorfeld auf ein Medium geeinigt. Der Vorteil einer telefonischen Kontaktaufnahme besteht in der Möglichkeit des direkten Austauschs. Die Nachteile der telefonischen Erreichbarkeit sind damit verbundene Probleme überwiegend praktischer Natur. Die Kurzarbeit Null kann lange andauern. In dieser Zeit kann der Arbeitnehmer seine Freizeit so gestalten, wie es ihm beliebt. Schwierigkeiten können dabei die Erreichbarkeit während eines Schwimmbad- oder Saunabesuches,[975] der Aufenthalt an einem Ort mit standortbedingten und/oder temporären Netzstörungen oder auch schlicht die Nichterreichbarkeit während eines Fluges sein. Möglich und empfehlenswert ist im Rahmen dessen auch die Vereinbarung zur Pflicht eines Rückrufs oder zur elektronischen Kontaktaufnahme bei erfolgloser telefonischer Kontaktierung.[976]

Hinzu kommt die Frage, inwiefern der Arbeitnehmer bei der Bereitstellung eines dienstlichen mobilen Endgerätes jenes mit sich führen muss, um über diesen Kanal erreichbar zu sein. Dazu ist zu sagen, dass die Kontaktauf-

---

972 *Peters*, Kurzarbeit, S. 80.

973 Beispiel einer Vereinbarung aus dem Baugewerbe, siehe: *Bispinck/Laßmann/Rupp*, Konjunkturbedingte Kurzarbeit, S. 31.

974 Vgl. *Bispinck/Laßmann/Rupp*, Konjunkturbedingte Kurzarbeit, S. 31.

975 LAG Thüringen, Urteil vom 18.05.2021 – 1 Sa 32/20, juris Rn. 68; LAG Köln, Urteil vom 04.03.2020 – 3 Sa 218/19, juris Rn. 42.

976 So die Betriebsvereinbarung für das Kabinenpersonal Deutsche Lufthansa AG, Fortführung von Kurzarbeit, gültig ab 01.09.2020, § 4 Abs. 4: „Im Falle einer untermonatigen Reaktivierung nach Planveröffentlichung aus einem Kurzarbeitstag gilt Folgendes: Die Planverwaltung kontaktiert den Mitarbeiter telefonisch und übermittelt dem Mitarbeiter eine elektronische Dienstplanänderung. Damit beginnt für den Mitarbeiter die Ankündigungsfrist zur Reaktivierung. Die Ankündigungsfrist für den frühestmöglichen Dienstbeginn beträgt 96 Stunden ab telefonischer Kontaktaufnahme und Zustellung der elektronischen Dienstplanänderung. Sollte kein Kontakt zustande kommen, meldet sich der Mitarbeiter innerhalb von 24 Stunden bei der Planverwaltung zurück oder bestätigt die Dienstplanänderung innerhalb dieses Zeitraums elektronisch.“.

nahme in betriebsüblicher Form erfolgen sollte.[977] Wenn also die Kommunikation zwischen Arbeitnehmer und Arbeitgeber üblicherweise über das dienstliche Gerät erfolgt, so hat dies auch bei der Beendigung der Kurzarbeit zu geschehen. Insofern ist auch die Vereinbarung, die der Arbeitgeber und der Arbeitnehmer über die Nutzung des Endgerätes getroffen haben, heranzuziehen. Werden dem Arbeitnehmer Dienstpläne hingegen üblicherweise über sein mobiles Endgerät mitgeteilt und wird der Arbeitnehmer normalerweise über dieses kontaktiert,[978] hat die Kontaktaufnahme zum Zwecke der Beendigung der Kurzarbeit ebenfalls über dieses Gerät zu erfolgen. Welche Anforderungen explizit an die Erreichbarkeit des Arbeitnehmers zu stellen sind, ist im Folgenden zu untersuchen.

2. Meinungsstand

Im Schrifttum werden die Anforderungen an die Erreichbarkeit wie folgt salopp kommentiert: *Bispinck/Laßmann/Rupp* behaupten, dass die ständige Erreichbarkeit und eine kurze Ankündigungsfrist dazu führen können, dass der Mitarbeiter nicht erreicht wird und damit auch nicht rechtzeitig am Arbeitsplatz erscheint.[979] Die ständige und prinzipielle Erreichbarkeit sei in der heutigen Zeit „Fluch und Segen“ der technischen Entwicklung.[980] Für viele Personen werde es sogar als belastend und als Verlust empfunden wird, wenn die Kommunikationswege kurzzeitig nicht offen und die Kommunikationsmittel für eine bestimmte Zeit nicht verfügbar sind.[981] Damit einher gehe sowohl auf Arbeitgeber- als auch auf Arbeitnehmerseite die gegenseitige Erwartung der ständigen Erreichbarkeit,[982] die die Grenzen von Arbeit und Freizeit verschwimmen lasse.[983] Eine ständige Erreichbarkeit des Arbeitnehmers auch an Feiertagen und Wochenenden kann aber vor allem in der Kurzarbeit Null nicht gefordert werden.[984] Dies würde den Arbeitnehmer über Gebühr belasten[985] und sogar über das normalerweise Geschuldete hinausgehen.

977 *Söllner*, Einseitige Leistungsbestimmung im Arbeitsverhältnis, S. 113; wenn nicht geregelt, in welcher Form, dann „auf irgendeinem Wege“, so BAG, Urteil vom 30.01.1958 – 2 AZR 396/55, AP BGB § 611 Lohnanspruch Nr. 6.

978 Zu den Rechtsfragen zur Erreichbarkeit bei dienstlicher Nutzung arbeitnehmereigener mobiler Endgeräte, siehe *Monsch*, BYOD, S. 51 f.

979 *Bispinck/Laßmann/Rupp*, Konjunkturbedingte Kurzarbeit, S. 30.

980 Vgl. *Krause*, Gutachten B zum 71. Deutschen Juristentag 2016, B28 ff.

981 *Bayreuther*, NZA-Beilage 2018, 103 (107).

982 *Krause*, Gutachten B zum 71. Deutschen Juristentag 2016, B37.

983 *Krause*, Gutachten B zum 71. Deutschen Juristentag 2016, B30 f.

984 Vgl. *Reinhard*, ArbRB 2012, 186 (186).

985 Vgl. *Krause*, Gutachten B zum 71. Deutschen Juristentag 2016, B32; BT-Drs. 19/8527, 2019, S. 11, 15, zu den möglichen Auswirkungen der ständigen Erreichbarkeit von Beschäftigten, S. 38.

Insofern ist im Folgenden die Erreichbarkeit des Arbeitnehmers während der Kurzarbeit Null zu beleuchten. Im Schrifttum werden dazu unterschiedliche Ansätze vertreten. Während teilweise vertreten wird, dass sich der Arbeitnehmer „leistungsbereit“ zu halten habe[986] und die jederzeitige telefonische Erreichbarkeit gefordert wird,[987] wird andernorts die tägliche Erreichbarkeit gefordert.[988] *Rumpff/Dröge* sprechen von einer „Rufbereitschaftspflicht“.[989] Das lässt aufhorchen.

3. Einordnung in bestehende Systeme des Arbeitsrechts

Insofern soll im Folgenden der Versuch unternommen werden, diese Problematik mithilfe von bestehenden Regelungen und durch die Einordnung in bekannte (Erreichbarkeits-)Systeme des Arbeitsrechts zu lösen.

Die Rufbereitschaft bedeutet im Rahmen des Arbeitszeitrechts, dass der Arbeitnehmer sofort die Arbeit aufnehmen können muss, während er sich aber an einem Ort seiner Wahl aufhalten kann.[990] Grundsätzlich kann er über diese Zeit frei verfügen und eigenen Interessen nachgehen.[991] Der Rufbereitschaft immanent ist aber, dass der Arbeitnehmer ständig erreichbar und verfügbar zu sein hat.[992] Die Rufbereitschaft wird der Ruhezeit zugeordnet;[993] der Arbeitnehmer ist dabei frei in der Wahl seines Aufenthaltsortes, sofern die Erreichbarkeit gewährleistet ist.[994] Der Bereitschaftsdienst wird hingegen als Arbeitszeit gewertet – im Rahmen dessen bestimmt der Arbeitgeber den Ort, an dem sich der Arbeitnehmer aufhalten und er die Arbeit sofort aufnehmen können muss.[995]

---

986 *Meyer/Wall*, Kurzarbeit und Kurzarbeitergeld, S. 90.

987 *Bispinck/Laßmann/Rupp*, Konjunkturbedingte Kurzarbeit, S. 31.

988 *Bodem*, in: Maschmann/Sieg/Göpfert, Vertragsgestaltung im Arbeitsrecht, C. 426, Rn. 11.

989 *Rumpff/Dröge*, Kurzarbeit, S. 108.

990 BAG, Urteil vom 11.07.2006 – 9 AZR 519/05, NZA 2007, 155 (158, Rn. 41); EuGH, Urteil vom 08.11.2012 – C-229/11, C-230/11, NZA 2012, 1273 (1274 Rn. 29); *Powietzka/Christ*, NZA 2013, 18 (21).

991 EuGH, Urteil vom 03.10.2000 – Rs. C-303/98, EuZW 2001, 53 (56, Rn. 50).

992 EuGH, Urteil vom 21.02.2018 – C-518/15, NZA 2018, 293 (296 Rn. 60).

993 *Krause*, Gutachten B zum 71. Deutschen Juristentag 2016, B33; zu der Frage, ob das schlichte Warten auf Arbeit der Arbeits- oder der Ruhezeit zuzuordnen ist: *Preis*, in: FS Moll 2019, 539 (539).

994 *Richardi/Maschmann*, in: Richardi, Betriebsverfassungsgesetz, § 87, Rn. 310.

995 BAG, Urteil vom 11.07.2006 – 9 AZR 519/05, NZA 2007, 155 (158, Rn. 41); EuGH, Urteil vom 21.02.2018 – C-518/15, NZA 2018, 293 (296 Rn. 59).

Der Aufenthaltsort ist bei der Kurzarbeit Null in keinem Fall vorgeschrieben;[996] eine Einordnung der Kurzarbeit Null als Arbeitszeit ist zudem widersprüchlich, wo doch die Arbeitszeit auf Null reduziert wurde. Bei der Erreichbarkeit während der Kurzarbeit Null geht es viel eher um eine Möglichkeit der Kontaktaufnahme zur Informationsweitergabe.

Aus diesem Grund besteht die Möglichkeit, sich an den Regelungen zur Erreichbarkeit bei einer Dienstplanänderung zu orientieren. Es wird vertreten, dass Erreichbarkeit mehr ist als die bloße Möglichkeit der Information über die Dienstplanänderung.[997] Gleichwohl handelt es sich selbst bei dem „Mehr" als die bloße Möglichkeit der Information über die Dienstplanänderung nur um eine Rufbereitschaft und somit um Ruhezeit.[998] Aber auch die Rufbereitschaft ist auf bestimmte Zeiten begrenzt und anders als bei länger andauernder Kurzarbeit Null kein Dauerzustand.[999] Insofern hinkt auch dieser Vergleich zur Erreichbarkeit bei Dienstplanänderungen. Eine vergleichbare ständige Erreichbarkeit kann nicht gefordert werden.[1000]

Weiterhin ist es möglich, bei der Kurzarbeit Null den wohl überwiegenden Freizeitaspekt in den Fokus zu rücken. Dann läge es nahe, die Erreichbarkeit während der Kurzarbeit Null mit der Erreichbarkeit des Arbeitnehmers während des Erholungsurlaubes gleichzusetzen.[1001] In der Diskussion rund um die Erreichbarkeit während des Erholungsurlaubes wird aber über ein Recht auf Nichterreichbarkeit diskutiert.[1002] Für ein solches Recht auf Nichterreichbarkeit in der nicht urlaubsbedingten, sondern „normalen" Freizeit spricht sich auch das Landesarbeitsgericht Schleswig-Holstein aus.[1003] Ein Recht auf Nichterreichbarkeit wäre im Fall der Kurzarbeit Null jedoch

996 Etwas anderes könnte gelten, wenn die Ankündigungsfrist vergleichbar kurz wäre wie in BAG, Urteil vom 19.12.1991 – 6 AZR 592/89, NZA 1992, 560 (560 f.), sodass der Aufenthaltsort faktisch doch vorgeschrieben wäre; dies wäre aber unangemessen.

997 Vgl. *Krause*, Gutachten B zum 71. Deutschen Juristentag 2016, B37; dazu auch: BAG, Urteil vom 22.09.2005 – 6 AZR 579/04, NZA 2006, 329 (331 Rn. 28).

998 *Krause*, Gutachten B zum 71. Deutschen Juristentag 2016, B38.

999 Zu der Problematik, dass vermeintliche Freizeit rasch Rufbereitschaft werden kann: *Bayreuther*, NZA-Beilage 2018, 103 (108).

1000 Zu der telefonischen Erreichbarkeit, ohne die Verpflichtung, binnen einer bestimmten Zeit für die Arbeit zur Verfügung zu stehen, siehe BVerwG, Urteil vom 30.10.2018 – 2 A 4/17, juris Rn. 12.

1001 *Kramer*, in: Kramer, IT-ArbR, § 2, Rn. 885 ff.; Ausführlich dazu: *Merkel*, Die Erreichbarkeit des Arbeitnehmers während des Erholungsurlaubes, S. 75 ff.

1002 *Arnold/Winzer*, in: Arnold/Günther, Arbeitsrecht 4.0, § 3, Rn. 4; zur freiwilligen Erreichbarkeit im Urlaub: *Krause*, Gutachten B zum 71. Deutschen Juristentag 2016, B56; zu den gesundheitlichen Risiken der ständigen Erreichbarkeit und deshalb ein Recht auf Nichterreichbarkeit: BT-Drs. 19/9032, 2019, S. 11; dies klar ablehnend: *Schuchart*, AuR 2016, 341 (342).

1003 LAG Schleswig-Holstein, Urteil vom 27.09.2022 – 1 Sa 39 öD/22, NZA-RR 2022, 624 (627).

unangebracht, schließlich ist das bestimmte Ziel der Kurzarbeit eine möglichst schnelle Rückkehr zum Normalzustand, wofür zumindest irgendeine Form der Kontaktaufnahme vonnöten ist. Weiter ist es unpassend, da der Zweck ein völlig anderer ist. Der Urlaubszweck ist die selbstbestimmte Erholung.[1004] Die Reduzierung der Arbeitszeit durch Kurzarbeit dient dem Erhalt des Arbeitsplatzes. Insofern ist dieser Gedanke nicht weiter zielführend.

Eine weitere Überlegung ist, dem Arbeitnehmer die Pflicht aufzuerlegen, jedenfalls zu den Zeiten erreichbar zu sein, zu denen er auch arbeiten würde. Das müsste sich dann nach dem Arbeitsvertrag und den betriebsüblichen Bedingungen richten. Als Begründung dafür könnte man anführen, dass der Arbeitnehmer (in den meisten Fällen) Kurzarbeitergeld erhält. Jenes lässt sich als Lohnersatzleistung klassifizieren. Diese Lösung würde zumindest keine ständige Erreichbarkeit bedeuten. Dagegen spricht jedoch, dass diese Lösung – wenn überhaupt – nur eine taugliche wäre für Arbeitnehmer in einem traditionellen Arbeitsverhältnis mit festen Arbeitszeiten, beispielsweise von 9 bis 17 Uhr. Sobald der Arbeitnehmer im Schichtbetrieb mit wechselnden Dienstplänen oder in einem zeitflexiblen Arbeitszeitmodell arbeitet, würde diese Überlegung wieder zu einer dauerhaften ständigen Erreichbarkeit führen, da es für die Zeit der Kurzarbeit Null keinen Schichtdienstplan gibt und ein Erreichbarkeitsdienstplan wieder ein Bereitschaftsdienstelement hätte.

4. Anwendung der Grundsätze über den Zugang von Willenserklärungen

Womöglich lässt sich die Erreichbarkeitsproblematik aber mithilfe der Regeln über den Zugang von Willenserklärungen unter Abwesenden lösen. Wie aufgezeigt, wird die Kurzarbeit in der Regel arbeitgeberseitig durch ein vertraglich eingeräumtes Weisungsrecht beendet. Diese Weisung stellt eine einseitige, empfangsbedürftige Willenserklärung dar, die den allgemeinen Vorschriften unterfällt.[1005] Hat der Arbeitgeber den Arbeitnehmer telefonisch erreicht, ist dies als unproblematischer Zugang unter Anwesenden zu bewerten.[1006]

In den meisten Fällen wird die Weisung indessen in Form einer E-Mail oder einer elektronischen Dienstplanänderung erfolgen. In diesem Fall findet § 130 Abs. 1 S. 1 BGB Anwendung.[1007] Danach werden Willenserklärungen

1004 *Merkel*, Die Erreichbarkeit des Arbeitnehmers während des Erholungsurlaubes, S. 53 f.

1005 *Eufinger*, RdA 2018, 224 (225); *Greiner*, RdA 2013, 9 (14); *Söllner*, Einseitige Leistungsbestimmung im Arbeitsverhältnis, S. 113 f.

1006 *Wendtland*, in: BeckOK BGB, § 130 BGB, Rn. 29.

1007 *Greiner*, RdA 2013, 9 (14).

in dem Zeitpunkt wirksam, in welchem sie dem Arbeitnehmer zugehen. Zugegangen ist eine Willenserklärung, wenn sie dergestalt in den Machtbereich beziehungsweise die tatsächliche Verfügungsgewalt des Empfängers gelangt ist, dass es nur noch am Arbeitnehmer liegt, von der Weisung Kenntnis zu nehmen und mit der Kenntnisnahme unter normalen Umständen gerechnet werden kann.[1008]

Auf Seiten des Empfängers sind von diesem Empfangseinrichtungen bereitzuhalten.[1009] Wird der Brief in den Briefkasten eingeworfen oder landet die E-Mail in dem elektronischen Briefkasten, dem Postfach oder der Mailbox, ist die Weisung in den Machtbereich des Arbeitnehmers gelangt und der Zugang zu dem Zeitpunkt anzunehmen, wenn der Empfänger unter gewöhnlichen Umständen von der Erklärung Kenntnis nehmen konnte.[1010] Hierbei kommt es – wie im Rahmen der Art der Kontaktaufnahme diskutiert – darauf an, welche (E-Mail-)Adresse oder Erreichbarkeitsmöglichkeit vom Arbeitnehmer beim Arbeitgeber hinterlegt ist, beziehungsweise angegeben wurde.[1011]

a) Private (E-Mail-)Adresse

Haben sich die Parteien auf die Kontaktaufnahme über die private E-Mail-Adresse oder Postanschrift des Arbeitnehmers geeinigt, ist zu beleuchten, wann der Empfänger unter gewöhnlichen Umständen von der Erklärung Kenntnis nehmen konnte. Bei einem privat genutzten Briefkasten wie bei einem elektronischen Postfach ist das der Fall, sobald mit der nächsten Entnahme der Briefe beziehungsweise dem Abruf der E-Mails zu rechnen ist.[1012] Dabei muss der Arbeitnehmer die nötigen Vorkehrungen für eine tatsächliche Kenntnisnahme treffen.[1013] Der Arbeitnehmer in Kurzarbeit Null muss mit dem Rückruf zur Arbeit stets rechnen und darf deshalb die Entgegennahme der Weisung nicht grundlos verweigern.[1014] Vielmehr kann man davon ausgehen, dass der Briefkasten beziehungsweise das E-Mail-Postfach im Rechtsverkehr mit Privaten täglich geleert wird.[1015] Dabei ist es auch

1008 BGH, Urteil vom 19.03.2019 – XI ZR 280/17, NJW 2019, 2469 (2470, Rn. 21); BGH, Beschluss vom 21.06.2011 – II ZB 15/10, NJW-RR 2011, 1184 (1185, Rn. 15); BGH, Urteil vom 27.10.1982 – V ZR 24/82, NJW 1983, 929 (930); BGH, Urteil vom 03.11.1976 – VIII ZR 140/75, NJW 1977, 194 (194); *Wendtland*, in: BeckOK BGB, § 130 BGB, Rn. 9.

1009 *Wendtland*, in: BeckOK BGB, § 130 BGB, Rn. 12.

1010 *Einsele*, in: MünchKomm, § 130 BGB, Rn. 19.

1011 *Einsele*, in: MünchKomm, § 130 BGB, Rn. 18.

1012 BAG, Urteil vom 22.08.2019 – 2 AZR 111/19, NJW 2019, 3666, (3667 Rn. 12).

1013 BAG, Urteil vom 22.08.2019 – 2 AZR 111/19, NJW 2019, 3666, (3667 Rn. 12).

1014 BAG, Versäumnisurteil vom 26.03.2015 – 2 AZR 483/14, NZA 2015, 1183 (1185, Rn. 21).

1015 *Einsele*, in: MünchKomm, § 130 BGB, Rn. 19.

unerheblich, ob der Arbeitnehmer krank[1016] oder sogar zeitweilig ortsabwesend ist.[1017] Denn der Arbeitgeber kann nicht wissen, wann der Arbeitnehmer abwesend ist und selbst wenn er Kenntnis von der Abwesenheit des Arbeitnehmers hat, wird angenommen, dass dies nicht treuwidrig ist.[1018] Insofern ist spätestens am nächsten Tag der Zugang im Sinne von § 130 Abs. 1 S. 1 BGB bewirkt.[1019]

b) Dienstliche E-Mail-Adresse bzw. Postfach

Sofern sich Arbeitgeber und Arbeitnehmer geeinigt haben, dass die Kontaktaufnahme über die dienstliche E-Mail-Adresse oder über ein Dienstplan-Postfach oder ähnliches erfolgt, könnte zu differenzieren sein. Grundsätzlich richtet sich der Zeitpunkt der Kenntnisnahme nach den Gepflogenheiten des Verkehrs.[1020] Dabei gilt grundsätzlich bei einer E-Mail, dass diese noch am selben Tag zugeht, an dem die Nachricht in den Machtbereich des Arbeitnehmers gelangt, wenn mit dem Abrufen gerechnet werden kann.[1021] Bei einer dienstlichen Nutzung kann sogar mehrfach am Tag mit der Kenntnisnahme gerechnet werden.[1022]

Unter Umständen ist die Situation in der Kurzarbeit Null jedoch eine andere. Schließlich ist die hier zugrundeliegende Situation, dass die Arbeitspflicht ist auf Null reduziert ist. Gerade, wenn der Arbeitnehmer zusätzlich noch Kurzarbeitergeld bezieht, darf er keine vertragliche Arbeit erbringen, da der Arbeitgeber sonst für diesen Tag kein Kurzarbeitergeld beantragen darf. Es darf demzufolge nicht dazu kommen, dass der Arbeitnehmer seine E-Mails in einem derart großen zeitlichen Umfang abruft, dass er Gefahr läuft, einer dienstlichen vergütungsrelevanten Tätigkeit nachzugehen. Zwar bestimmt sich die Kenntnisnahme nicht nach individuellen Verhältnissen,[1023] jedoch ist es bei der dienstlichen E-Mail gerade der Arbeitgeber, der diese zur Verfügung stellt und dann auch darauf achten muss, dass der Arbeitnehmer wirklich nicht arbeitet. Insofern dürfte nicht mit der Kenntnisnahme gerechnet werden. Das führt zu einem dem Zweck der Kurzarbeit nicht dienlichem Ergebnis.

1016 BAG, Urteil vom 25.04.2018 – 2 AZR 493/17, NJW 2018, 2916 (2917 Rn. 15); *Einsele*, in: MünchKomm, § 130 BGB, Rn. 19.

1017 BGH, Urteil vom 21.01.2004 – XII ZR 214/00, NJW 2004, 1320 (1320 f.); *Wendtland*, in: BeckOK BGB, § 130 BGB, Rn. 9.

1018 BAG, Urteil vom 25.04.2018 – 2 AZR 493/17, NJW 2018, 2916 (2917 Rn. 18); dagegen: *Wendtland*, in: BeckOK BGB, § 130 BGB, Rn. 9.

1019 BAG, Urteil vom 25.04.2018 – 2 AZR 493/17, NJW 2018, 2916 (2917 Rn. 16).

1020 *Gomille,* in: BeckOGK BGB, § 130, Rn. 65.

1021 *Gomille,* in: BeckOGK BGB, § 130, Rn. 78.

1022 *Einsele*, in: MünchKomm, § 130 BGB, Rn. 19.

1023 *Gomille,* in: BeckOGK BGB, § 130, Rn. 65.

5. Tägliche Erreichbarkeit als arbeitsvertragliche Nebenpflicht

Es stellt sich daher die Frage, ob der Arbeitnehmer nicht nach §§ 611a, 241 Abs. 2, 242 BGB im Rahmen einer arbeitsvertraglichen Nebenpflicht zur täglichen Erreichbarkeit verpflichtet ist. Das Arbeitsvertragsverhältnis verpflichtet die Vertragspartner zur Rücksicht auf die Rechte, Rechtsgüter und Interessen des anderen Teils, § 241 Abs. 2 BGB. Dies führt zu einer Vielzahl von Nebenpflichten, wie beispielsweise allgemeiner Sorgfalts-, Obhuts-, Aufklärungs- und Anzeigepflichten.[1024] Dies dient unter anderem der Vorbereitung und Förderung der Erbringung der Hauptleistung.[1025]

Eine Pflicht zur täglichen Erreichbarkeit würde ohne Zweifel die Erbringung der Hauptleistung vorbereiten, da der Arbeitnehmer nur durch die Kontaktaufnahme und die Weisung der Rückkehr zur Vollarbeit davon Kenntnis erlangen, dass seine Arbeitskraft wieder benötigt wird. Und nur durch die sodann rechtzeitige Erbringung der Hauptleistung kann der Leistungserfolg gesichert werden.

Es entspricht zudem der arbeitnehmerseitigen Treuepflicht, dass dieser die Interessen des Arbeitgebers so zu wahren hat, wie dies nach Treu und Glauben billigerweise erwartet werden kann.[1026] Umgekehrt darf der Arbeitgeber erwarten, dass der Arbeitnehmer auch in der Kurzarbeit Null wenigstens einmal am Tag seine dienstlichen E-Mails, die telefonische Mobilbox und den Briefkasten überprüft.

Grundsätzlich darf das Weisungsrecht des Arbeitgebers nicht den Bereich der Bereich privater Lebensführung erfassen.[1027] Das gilt aber nur solange es keine Auswirkungen auf die arbeitsvertraglich geschuldete Leistung hat.[1028] Vorliegend hat es Auswirkungen auf die Leistung, womit auch eine Anweisung erteilt werden kann, die den Arbeitnehmer in seiner Privatsphäre betrifft.

Verneinte man das Bestehen einer Nebenpflicht, wäre die Arbeitspflicht des Arbeitnehmers völlig suspendiert, sodass er Anrufe des Arbeitgebers ignorieren dürfte und das dienstliche E-Mail-Postfach nicht zu öffnen brauchte. Das Arbeitsverhältnis an sich – vorausgesetzt, es ist nicht gekündigt – bliebe weiterhin bestehen. Es bliebe dem Arbeitgeber jedoch keine Möglichkeit, den Arbeitnehmer zur Arbeit zurückzurufen. Das wäre widersinnig und der Grundidee der Kurzarbeit nicht dienlich. Insofern muss eine Kontaktaufnahme möglich sein.

1024 BAG, Urteil vom 28.10.2010 – 8 AZR 418/09, NZA 2011, 345 (346 f. Rn. 12).

1025 BAG, Urteil vom 28.10.2010 – 8 AZR 418/09, NZA 2011, 345 (346 f. Rn. 12).

1026 *Spinner*, in: MünchKomm, § 611a BGB, Rn. 994.

1027 BAG, Urteil vom 10.08.2022 – 5 AZR 154/22, NZA 2022, 1395 (1399, Rn. 36); *Spinner*, in: MünchKomm, § 611a BGB, Rn. 935.

1028 *Lembke* in: Henssler/Willemsen/Kalb, Arbeitsrecht Kommentar, § 106 GewO, Rn. 47.

Auch das jüngst vom Landesarbeitsgericht Schleswig-Holstein entschiedene „Recht auf Unerreichbarkeit“ in der Freizeit kann vorliegend nicht angeführt werden. Zwar trifft es zu, dass sich „Freizeit gerade dadurch auszeichnet, dass Arbeitnehmer (…) in diesem Zeitraum dem Arbeitgeber(…) nicht zur Verfügung stehen müssen“.[1029] Würde man dieses Recht auf Unerreichbarkeit als Ausfluss aus dem allgemeinen Persönlichkeitsrecht dem Arbeitnehmer aber per se für Zeiten der Freizeit zusprechen und somit auch für die Zeit der Kurzarbeit Null, wäre die Erreichbarkeit des Arbeitnehmers nicht möglich. Eine Nebenpflicht der zumindest täglichen Erreichbarkeit soll keine ständige Erreichbarkeit bedeuten – vielmehr muss einer solchen präventiv entgegengewirkt werden.

Für die tägliche Erreichbarkeit spricht auch ein Vergleich mit der Pflicht des Arbeitslosen zur täglichen Erreichbarkeit.[1030] Ein Vergleich liegt nahe, denn die Höhe des Kurzarbeitergeldes entspricht der Höhe des Arbeitslosengeldes, §§ 105, 149 SGB III. Insofern erscheint die tägliche Erreichbarkeit auch in diesem Hinblick nicht unangemessen. Aus §§ 611a, 241 Abs. 2, 242 BGB ergibt sich daher die arbeitsvertragliche Nebenpflicht der zumindest täglichen Erreichbarkeit.

Letztendlich ist den Parteien zu raten, die Kurzarbeit als Flexibilisierungsinstrument auch als solches zu nutzen[1031] und die Vereinbarung zur Erreichbarkeit vertraglich an die betrieblichen Gegebenheiten anzupassen.[1032] Ebenso wie in einigen Home-Office-Vereinbarungen[1033] bietet es sich auch für die Kurzarbeit an, die Erreichbarkeit zu regeln.[1034] Wie erneut die Situation während der Covid-19-Pandemie 2020–2022 gezeigt hat, ist der Zeitpunkt des Rückrufs zur Vollarbeit regelmäßig unvorhersehbar[1035] und die Kurzarbeit an sich volatil.[1036] Die Regelung zur Erreichbarkeit ist grundsätzlich frei vereinbar, sie muss aber angemessen sein und eine gegenseitige Rücksichtnahme vorsehen.[1037]

1029 LAG Schleswig-Holstein, Urteil vom 27.09.2022 – 1 Sa 39 öD/22, NZA-RR 2022, 624 (627).

1030 BSG, Urteil vom 25.04.1990 – 7 Rar 20/89, juris Rn. 32 f.

1031 *Dahl/Göpfert/Helm*, Arbeitsrechtlicher Umgang mit Pandemien, S. 39, Rn. 31.

1032 Häufig Erreichbarkeit via Telefon oder E-Mail: *Bispinck/Laßmann/Rupp*, Konjunkturbedingte Kurzarbeit, S. 31.

1033 *Hoppe*, in: Kramer, IT-ArbR, § 2, Rn. 651 ff., 722; oder ähnlichem: Vgl. BT-Drs. 19/8527, 2019, S. 75.

1034 Zur Erreichbarkeit nach wirksamer Anordnung eben jener: *Monsch*, BYOD, S. 51 f.; so kommt es nicht zur Problematik, ob der Arbeitnehmer die Anfrage des Arbeitgebers ggf. getrost sanktionsfrei ignorieren kann, dazu: BT-Drs. 19/8527, 2019, S. 38.

1035 ArbG Osnabrück, Urteil vom 08.06.2021 – 3 Ca 108/21, juris, Rn. 21; ArbG Kiel, Urteil vom 30.03.2021 – 3 Ca 1779 e/20; NZA-RR 2021, 351 (352).

1036 *Lampe*, in: BeckOK ArbR, § 3 BUrlG, Rn. 10a.

1037 *Wächter*, in: WHWS, A, VII, Rn. 144 ff.

Die konkrete Form der Kontaktaufnahme sollte im Vorfeld abgeklärt werden und es darf nicht per se davon ausgegangen werden, dass die ständige Erreichbarkeit als sich entwickelndes Alltagsphänomen eine solche Ermächtigung beinhaltet.[1038]

IV. Auswahlentscheidung bei mehreren Arbeitnehmern

Weiterhin ist zu untersuchen, ob der Arbeitgeber bei der Beendigung der Kurzarbeit im Rahmen seines billigen Ermessens eine Auswahl unter Berücksichtigung sozialer Gesichtspunkte[1039] und damit eine Art „Sozialauswahl" beim Rückruf einzelner Arbeitnehmer treffen muss. Hierfür spricht, dass die Belastungen und Vorteile der Kurzarbeit gerecht verteilt werden sollen.[1040]

Als mögliche Lösung ist zu überlegen, eine solidarische Verteilung des ausfallenden Arbeitsvolumens zu fordern.[1041] Das kann aber vor allem organisatorische Probleme mit sich bringen: Der ständige Wechsel von Arbeitnehmern kann nicht nur Kosten, sondern auch Kontinuitätsprobleme verursachen.[1042] Die unternehmerische Entscheidung, deshalb nur einen Arbeitnehmer zur Vollarbeit zurückkehren zu lassen, um die Kontinuität zu erhalten, ist nachvollziehbar.[1043] Grundsätzlich ist der Arbeitgeber im Rahmen seiner unternehmerischen Freiheit berechtigt, den qualifiziertesten Arbeitnehmer zur Vollarbeit zurückzurufen.[1044] Die unternehmerische Freiheit ist mit Blick auf die Entscheidung aber nicht der alleinige Abwägungsgesichtspunkt, sondern nur einer unter vielen.[1045]

Denkbar wäre vor diesem Hintergrund eine Sozialauswahl[1046] im Sinne von § 1 Abs. 3 KSchG, die der Arbeitgeber im Rahmen der Ausübung seines billigen Ermessens bei der einseitigen Beendigung der Kurzarbeit durchfüh-

1038 *Körlings*, Mobile Erreichbarkeit von Arbeitnehmern, S. 46.

1039 Gleiche Überlegung beim Rückruf aus dem Urlaub in: *Seel*, MDR 2013, 1385 (1385 ff.).

1040 So zum Beispiel bei: *Preis/Lindemann*, NZA-Sonderheft 2001, 33 (42).

1041 *Ulber*, AiB 2007, 5 (11); *Rumpff/Dröge*, Kurzarbeit, S. 135.

1042 *Rumpff/Dröge*, Kurzarbeit, S. 136.

1043 *Rumpff/Dröge*, Kurzarbeit, S. 136.

1044 *Rumpff/Dröge*, Kurzarbeit, S. 135 f.; *Canaris*, AuR 1966, 129 (135) geht marginal auch darauf ein und verweist darauf, dass nur ohne Betriebsvereinbarung eben jenes Leistungsprinzip gilt.

1045 BAG, Urteil vom 28.08.2013 – 10 AZR 569/12, NZA-RR 2014, 181 (184 Rn. 42).

1046 Vgl. *Stück*, CCZ 2020, 205 (214 f.); ein anderer Aspekt hinsichtlich Sozialauswahl und Kurzarbeit ist die Vergleichbarkeit von sich in Kurzarbeit befindlichen Arbeitnehmern und davon ausgenommene im Rahmen einer Sozialauswahl bei betriebsbedingten Kündigungen, dazu: *Schmädicke/Stark*, ArbRAktuell 2020, 278 (280 f.).

ren müsste.[1047] Dabei ist beispielhaft der Fall zu nennen, dass Arbeitnehmer A und B auf der gleichen Position mit der gleichen Qualifikation arbeiten und sich derzeit beide in Kurzarbeit Null befinden. Möchte der Arbeitgeber einen der Arbeitnehmer aus der Kurzarbeit zurückholen und hat einer der Arbeitnehmer unterhaltspflichtige Kinder, der andere Arbeitnehmer dagegen nicht, ließe sich erwägen, dem Arbeitgeber die Pflicht aufzuerlegen, den Arbeitnehmer mit Unterhaltspflicht zurückzurufen, da er stärker auf den vollen Lohn angewiesen ist.[1048]

Das würde bedeuten, dass wenn die beiden Arbeitnehmer die gleiche Qualifikation aufweisen und damit vergleichbare Arbeitnehmer[1049] sind, der Arbeitgeber womöglich verpflichtet ist, den Arbeitnehmer, der wieder zur Vollarbeit zurückkehren soll und damit wieder den vollen Lohn erhält, nach den in § 1 Abs. 3 S. 2 KSchG genannten Kriterien Dauer der Betriebszugehörigkeit, Lebensalter, Unterhaltspflichten und Schwerbehinderung auszuwählen. Im obigen Beispiel wäre somit bei unterstellt gleicher Betriebszugehörigkeit und gleichem Lebensalter der unterhaltspflichtige Arbeitnehmer zuerst zurückzurufen.[1050] Zwar ist die soziale Auswahl Teil des Kündigungsrechts, aber womöglich lässt sich ein Zusammenhang mit der Kurzarbeit herstellen, wenn man die Kurzarbeit, so wie einige Stimmen im Schrifttum, als das mildere Mittel gegenüber der betriebsbedingten Kündigung ansieht[1051] und damit in gewisser Hinsicht auch als wesensgleiches Minus.

Viel näher liegt es aber, die Berücksichtigung sozialer Gesichtspunkte bei der Auswahl im Rahmen der Ausübung des billigen Ermessens zu

1047 Diese Frage kann sich zum Beispiel auch stellen, wenn es um die Rückholung einzelner sich in Kurzarbeit befindlicher Arbeitnehmer bei Arbeitsunfähigkeit eines nicht in Kurzarbeit befindlichen Arbeitnehmers in gleicher Position geht, dazu beispielsweise: *Dahm*, in: Löwisch/Kaiser/Klumpp, § 87 BetrVG, Rn. 84.

1048 Eine ähnliche Argumentation – aber im Hinblick auf das Mitbestimmungsrecht – findet sich auch im Parteivortrag des Arbeitnehmers in: BAG, Beschluss vom 21.11.1978 – 1 ABR 67/76, AP BetrVG 1972 § 87 Arbeitszeit Nr. 2.

1049 Vgl. *Hergenröder*, in: MünchKomm, § 1 KSchG, Rn. 409 ff.

1050 Sinn und Zweck der Sozialauswahl im Kündigungsrecht ist, dass grundsätzlich dem Arbeitnehmer gekündigt wird, der auf das Arbeitsverhältnis am wenigsten angewiesen ist: BAG, Urteil vom 27.06.2019 – 2 AZR 50/19, NZA 2019, 1345 (1347 Rn. 20); BAG, Urteil vom 27.04.2017 – 2 AZR 67/16, NZA2017, 902 (903 Rn. 15); Eine vergleichbare Differenzierung – zumindest im Hinblick auf das Kriterium der Unterhaltspflicht – wird auch im Rahmen der Höhe des Kurzarbeitergeldes gemäß § 105 SGB III deutlich.

1051 Ausführlich dazu: *Barnhofer*, Kurzarbeit zur Vermeidung betriebsbedingter Kündigung, S. 19 ff.; *Seidler/Josephs*, NZA 2020, 1227 (1228); *Hinze*, Mildere Mittel zur Vermeidung betriebsbedingter Kündigung, S. 213 ff.; *Löwisch*, in: FS Wiese 1998, 249 (249 ff.); *Wahlig/Jeschke*, NZA 2010, 607 (608); *Husemann*, jM 2021, 19 (25); *Preis*, Prinzipien des Kündigungsrechts bei Arbeitsverhältnissen, S. 170.

fordern.[1052] Schließlich handelt es sich bei der Rückholung um eine durch vertragliche Direktionsrechtserweiterung ermöglichte Weisung. Eine Sozialauswahl wie in § 1 Abs. 3 KSchG muss nicht stattfinden.[1053] Nur weil eine Weisung auf einer unternehmerischen Entscheidung beruht und dieser sodann ein besonderes Gewicht zukommt, heißt das nicht, dass zugleich Arbeitnehmerinteressen nicht mehr zutage treten.[1054] Wie auch bei der Einführung von Kurzarbeit[1055] verlangt auch das billige Ermessen bei der Beendigung der Kurzarbeit „eine Abwägung der wechselseitigen Interessen nach verfassungsrechtlichen und gesetzlichen Wertentscheidungen, den allgemeinen Wertungsgrundsätzen der Verhältnismäßigkeit und Angemessenheit sowie der Verkehrssitte und Zumutbarkeit."[1056] Gesichtspunkte, die dabei vor allem eine Rolle spielen können, sind besondere Lebenssituation,[1057] wie zum Beispiel der Gesundheitszustand, Überschuldungssituationen[1058] oder auch Unterhaltsverpflichtungen.[1059]

Zusammenfassend ist zu sagen, dass bei der Rückholung einzelner Arbeitnehmer keine Sozialauswahl wie in § 1 Abs. 3 KSchG zu fordern ist, sondern eine Weisung nach billigem Ermessen, auch im Hinblick auf Rücksichtnahme und Beachtung der Arbeitnehmerbelange.[1060]

V. Zwischenergebnis

Schlussendlich ist hinsichtlich des Arbeitnehmerschutzes bei der Beendigung der Kurzarbeit festzuhalten, dass dieser vor allem bei der Weisung im Rahmen des Ermessens hinreichend Beachtung findet. Wenn seine konkrete Arbeitskraft wieder benötigt wird, ist dem Arbeitnehmer ein einseitiges Recht zur Beendigung der Kurzarbeit zuzusprechen. Um dieses geltend zu machen, ist ihm aufgrund eines billigenswerten Interesses überdies ein Auskunftsanspruch nach § 242 BGB zuzugestehen.

1052 BAG, Urteil vom 28.08.2013 – 10 AZR 569/12, NZA-RR 2014, 181 (183 Rn. 39).
1053 So auch: BAG, Urteil vom 28.08.2013 – 10 AZR 569/12, NZA-RR 2014, 181 (184 Rn. 43); BAG, Urteil vom 23.09.2004 – 6 AZR 567/03, NZA 2005, 359 (361); Einigungsstellenspruch über die Mitbestimmungsrechte bei teilweiser Aufhebung von Kurzarbeit gemäß § 87 Abs. 1 Nr. 3 BetrVG, NZA 1992, 1020 (1020 f.); *Schütte*, in: FS Bauer 2010, 989 (992); *Bischof*, NZA 1995, 1021 (1026) behauptet, dass er Betriebsrat auch keine „Art Sozialauswahl" verlangen könne.
1054 BAG, Urteil vom 28.08.2013 – 10 AZR 569/12, NZA-RR 2014, 181 (184 Rn. 41).
1055 *Bonin/Walser*, in: Däubler/Deinert/Walser, § 307, Rn. 181.
1056 BAG, Urteil vom 28.08.2013 – 10 AZR 569/12, NZA-RR 2014, 181 (183 Rn. 40).
1057 *Meyer/Wall*, Kurzarbeit und Kurzarbeitergeld, S. 70.
1058 *Ulber*, AiB 2007, 5 (12).
1059 *Ulber*, AiB 2007, 5 (12).
1060 BAG, Urteil vom 23.09.2004 – 6 AZR 567/03, NZA 2005, 359 (361).

Neben dem einseitigen Beendigungsrecht steht es ihm selbstverständlich frei, ein Angebot für einen Aufhebungsvertrag im Hinblick auf die Kurzarbeit zu machen, um so auf eine gemeinsame Beendigungslösung hinzuwirken.

Außer Zweifel steht auch, dass, wenn der Arbeitgeber den Arbeitnehmer zur Vollarbeit zurückruft, eine angemessene Ankündigungsfrist zur Rückholung vereinbart sein muss oder die Rückholung jedenfalls im Sinne des billigen Ermessens so angeordnet werden muss, dass der Arbeitnehmer ausreichend Zeit hat, seine Planungen an die angekündigte Arbeit anzupassen.

Um diese Ankündigungsfrist in Gang zu setzen, sollten die Parteien die Modalitäten und die Form der Erreichbarkeit vereinbaren. Aus §§611a, 241 Abs. 2, 242 BGB ist die arbeitsvertragliche Nebenpflicht des Arbeitnehmers der zumindest täglichen Erreichbarkeit abzuleiten.

Schließlich ist zu konstatieren, dass bei der Auswahl des Arbeitnehmers im Rahmen der Weisung bei der Rückholung einzelner Arbeitnehmer soziale Gesichtspunkte keinen Vorrang verdienen, sondern vielmehr eine Weisung nach billigem Ermessen vor allem im Blick auf Rücksichtnahme und Beachtung der Arbeitnehmerbelange zu erfolgen hat.

F. Mitbestimmungsrechte des Betriebsrates bei Beendigung der Kurzarbeit

Im letzten Kapitel wird untersucht, ob bei der Beendigung der Kurzarbeit ein Mitbestimmungsrecht des Betriebsrates besteht. § 87 Abs. 1 Nr. 3 BetrVG bestimmt, dass der Betriebsrat, soweit eine gesetzliche oder tarifliche Regelung nicht besteht, mitzubestimmen hat bei der vorübergehenden Verkürzung oder Verlängerung der betriebsüblichen Arbeitszeit.

Fest steht damit in jedem Fall, dass wegen des tariflichen Vorrangs im Einleitungssatz die tarifliche Regelung vorgeht.[1061]

Zuerst könnte man sich fragen, warum und was der Betriebsrat gegen die Beendigung vorbringen könnte und deshalb generell ein Interesse an der Mitbestimmung bei der Beendigung der Kurzarbeit hat. Schließlich ist der Normalzustand das angestrebte Ziel, bei vorzeitiger Beendigung sogar früher als zuvor erwartet – die wirtschaftliche Instabilität ist eher beendet als erwartet und es kann wieder zum ursprünglich Vereinbarten zurückgekehrt werden. *Jene* betont zu Recht, dass es kaum vorstellbar ist, dass ein Betriebsrat das Angebot eines Arbeitgebers, früher als vorher prognostiziert zur Vollarbeit wieder zurückzukehren, abschlagen und darauf beharren wird, die Kurzarbeit bis zum vereinbarten Ende aufrechtzuerhalten.[1062] Nachvollziehbar und interessant würde die Diskussion aber dann, wenn man ein solches Mitbestimmungsrecht bei der Rückkehr zur betriebsüblichen Arbeitszeit bejahte und dem Betriebsrat das Mittel an die Hand gäbe, von sich aus die vorzeitige Beendigung der Kurzarbeit durch ein Initiativrecht zu betreiben.[1063]

Schütte bringt einen weiteren Gedanken vor, der jedoch allenfalls im Hintergrund eine Rolle spielt: Er äußert die Besorgnis, dass bei vorzeitiger Rückholung nur kurzfristig zurückgerufen wird und der Arbeitgeber betriebsbedingte Kündigungen wegen dauerhaften Wegfalls des Arbeitsbedarfs vorbereiten könne. Seiner Auffassung nach lasse sich dies umgehen, indem man von vornherein vereinbart, betriebsbedingte Kündigungen für einen festgelegten Zeitraum nach der persönlichen Betroffenheit durch Kurzarbeit auszuschließen.[1064] Wenn der Arbeitsausfall dauerhaft wäre, war die Kurzarbeit aber an sich das falsche Mittel, da die Prognose schon falsch war.

1061 Diese Betonung auch vornehmend: *Conze*, Die Einführung von Kurzarbeit, S. 128.

1062 *Jene*, Kurzarbeit und betriebliche Mitbestimmung, S. 92.

1063 *Wiedemann/Moll*, Anmerkung zu BAG, Beschluss vom 21.11.1978 – 1 ABR 67/76, AP BetrVG 1972 § 87 Arbeitszeit Nr. 2; *Richardi/Maschmann*, in: Richardi, Betriebsverfassungsgesetz, § 87, Rn. 70; darauf hinweisend, dass ein Initiativrecht nur verfahrensrechtliche Bedeutung hat und nichts am Mitbestimmungsrecht ändert: *Veit,* Die funktionelle Zuständigkeit des Betriebsrats, S. 319.

1064 *Schütte*, in: FS Bauer 2010, 989 (992).

Zudem ist weiteres Hinzuwarten und der Verbleib in Kurzarbeit auch nicht zielführend– ganz abgehen von dem Aspekt, dass dann auch die Voraussetzungen für den Bezug von Kurzarbeitergeld nicht mehr vorliegen.

Für die folgende Untersuchung soll in einem ersten Schritt erneut zuerst ein kurzer Blick auf die Situation bei der Einführung der Kurzarbeit geworfen werden, bevor die Frage der Mitbestimmung bei der (vorzeitigen) Beendigung veranschaulicht wird.

Bei der Einführung von Kurzarbeit besteht unstreitig ein Mitbestimmungsrecht des Betriebsrats.[1065] Davon umfasst sind keine Entgeltfragen, auch nicht als Annexkompetenz.[1066] Umfasst sind aber alle Formen der Kurzarbeit, insbesondere auch die Kurzarbeit Null.[1067]

Der Betriebsrat sollte bei der Einführung immer im Hinterkopf haben, dass, egal wie einschneidend die Kurzarbeit ist, sie im Vergleich zur Arbeitslosigkeit das geringere Übel ist.[1068] *Kalb* behauptet sogar, dass eine Ablehnung der Kurzarbeit durch den Betriebsrat rechtsmissbräuchlich wäre, wenn die Voraussetzungen für den Bezug von Kurzarbeitergeld vorliegen; in diesem Fall solle eine Ermessensreduzierung auf Null vorliegen. Ebenso sei eine Pflicht zur Zustimmung gegeben, wenn eine tarifliche Kurzarbeitsklausel oder nähere Voraussetzungen für Kurzarbeit in einer Betriebsvereinbarung geregelt seien.[1069] Darüber hinaus gewährt die ganz herrschende Auffassung in Rechtsprechung und Literatur dem Betriebsrat ein Initiativrecht zur

---

1065 *Tödtmann*, in: Tödtmann/v. Bockelmann, Arbeitsrecht in Not- und Krisenzeiten, B., Rn. 203; *Bischof*, NZA 1995, 1021 (1023 f.); *Barnhofer*, Kurzarbeit zur Vermeidung betriebsbedingter Kündigung, S. 76; *Pristin*, AiB 2020, 10 (12); *Ehmann*, Betriebsrisikolehre und Kurzarbeit, S. 58 ff. unterscheidet aber zwischen rechtsgeschäftlich eingeführter Kurzarbeit und aufgrund der Betriebsrisikolehre; *Bauer/Günther*, BB 2009, 662 (662) explizit ohne jene Unterscheidung; zu den Rechtsfolgen fehlender Einigung: BAG, Urteil vom 18.09.2002 – 1 AZR 668/01, AP BGB § 615 Nr. 99; *Patett*, Arbeitskampffernwirkungen, Lohnrisiko und Mitbestimmung, S. 396 ff.; *Conze*, Die Einführung von Kurzarbeit, S. 133 ff.

1066 LAG Köln, Beschluss vom 14.06.1989, NZA 1989 939 (939 f.); *Geulen/Vogt*, ArbRAktuell 2020, 181 (182); *Dahm*, in: Löwisch/Kaiser/Klumpp, § 87 BetrVG, Rn. 83; *Werner*, in: BeckOK ArbR, § 87 BetrVG, Rn. 72.

1067 *Patett*, Arbeitskampffernwirkungen, Lohnrisiko und Mitbestimmung, S. 383; *Simitis*/Weiss, DB 1973, 1240 (1252); bei Einführung durch Änderungskündigung ist es eine Beteiligung des Betriebsrats nach § 102 BetrVG: *Tödtmann*, in: Tödtmann/v. Bockelmann, Arbeitsrecht in Not- und Krisenzeiten, B., Rn. 203; zu der Mitbestimmung bei streikbedingter Kurzarbeit: *Jene*, Kurzarbeit und betriebliche Mitbestimmung, S. 339 ff.; *Patett*, Arbeitskampffernwirkungen, Lohnrisiko und Mitbestimmung, S. 374 ff., 406 ff.; *Jahn*, Die Beteiligung des Betriebsrats bei arbeitskampfbedingten Maßnahmen des Arbeitgebers, S. 96 f.; *Bähringer/Spiegelhalter*, Kurzarbeit, S. 25; *Borrmann*, DB 1978, 1978 (1978 ff.); *Farthmann*, RdA 1974, 65 (70).

1068 *Blanke*, Kurzarbeit, S. 17.

1069 *Kalb*, Rechtsgrundlage und Reichweite der Betriebsrisikolehre, S. 145.

Einführung von Kurzarbeit,[1070] vor allem im Hinblick auf das Interesse des Betriebsrats, betriebsbedingte Kündigungen zu vermeiden.[1071] Nur ganz vereinzelt wird ein Initiativrecht wegen des Eingriffs in die unternehmerische Entscheidungsfreiheit[1072] abgelehnt,[1073] beziehungsweise nur eingeschränkt gewährt.[1074]

Bei der Diskussion um ein Mitbestimmungsrecht beim Abbau der Kurzarbeit wird teilweise differenziert zwischen einer zu beendenden Kurzarbeit, die ohne Enddatum eingeführt wurde und der vorzeitigeren Beendigung einer grundsätzlich befristeten Kurzarbeit. Wenn es auf diese Differenzierung im Folgenden ankommt, wird darauf eingegangen.

I. Entscheidung des Bundesarbeitsgerichts zur Mitbestimmung beim Abbau von Kurzarbeit

Dreh- und Angelpunkt rund um die Diskussion des Mitbestimmungsrechts des Betriebsrats beim Abbau der Kurzarbeit ist die Entscheidung des 1. Senats des Bundesarbeitsgerichts vom 21. November 1978. Dieser Beschluss ist die bislang grundlegendste höchstrichterliche Entscheidung zum Mitbestimmungsrecht des Betriebsrats bei der Beendigung der Kurzarbeit. Der Entscheidung lag der folgende Sachverhalt zugrunde:

1070 BAG, Beschluss vom 14.11. 1974 – 1 ABR 65/73, AP BetrVG 1972 § 87 Nr. 1; BAG, Beschluss vom 04.03.1986 – 1 ABR 15/84, NZA 1986, 432 (433); LAG Niedersachsen, Beschluss vom 24.01.1984 – 8 TaBV 5/83, NZA 1984, 55 (55 f.); *Althoff/ Gänsler*, Arbeitszeit im Betrieb, S. 27; *Bauer/Günther*, BB 2009, 662 (662); *Fitting*, Betriebsverfassungsrecht Handkommentar, § 87 BetrVG, Rn. 161; *Gäbert*, NZA 1986, 412 (412 ff.); *Klebe*, in: Däubler/Klebe/Wedde, § 87 BetrVG, Rn. 113; *Otto*, NZA 1992, 97(100); *Hinze*, Mildere Mittel zur Vermeidung betriebsbedingter Kündigung, S. 234; *Meyer*/Wall, Kurzarbeit und Kurzarbeitergeld, S. 166, Rn. 494; *Hahn*, Flexible Arbeitszeit, B, Rn. 296; *Gäbert*, NZA 1986, 412 (412 ff.); *Richardi/Maschmann*, in: Richardi, Betriebsverfassungsgesetz, § 87, Rn. 359; *Gebel*, BB 2015, 2485 (2486); *Kohte*, in: Düwell, NK-BetrVG, § 87, Rn. 55; *Kania*, in: ErfK, § 87 BetrVG, Rn. 35; kritisch hinsichtlich der Dogmatik: *Bischof*, NZA 1995, 1021 (1024).

1071 *Hinze*, Mildere Mittel zur Vermeidung betriebsbedingter Kündigung, S. 233 f.; *Bähringer/Spiegelhalter*, Kurzarbeit, S. 85 f.

1072 *Wiese*, in: GK-BetrVG, 5. Auflage 1995, § 87, Rn. 318 f.

1073 *Blomeyer*, in: Wahlfach Examinatorium Kollektives Arbeitsrecht, S. 102 (113 f.); *Gutzeit*, in: GK-BetrVG, § 87, Rn. 393; *Ehmann*, Betriebsrisikolehre und Kurzarbeit, S. 40; *Dahm*, in: Löwisch/Kaiser/Klumpp, § 87 BetrVG, Rn. 105.

1074 *Wahlig/Jeschke*, NZA 2010, 607 (611 f.); *Stebut*, RdA 1974, 332 (343).

1. Sachverhalt

In einem Betrieb wurde aufgrund eines Beschlusses der Einigungsstelle Kurzarbeit eingeführt. Streitgegenständliche Nr. 4 des Beschlusses lautete dabei: „Für die Änderung des Inhalts dieses Spruchs gilt die gesetzliche Regelung." Im weiteren Verlauf teilte der Arbeitgeber dem Betriebsrat mit, dass aus produktionstechnischen Gründen Arbeitsschichten nötig seien, die den Abbau von Kurzarbeit in dem entsprechenden Umfang zur Folge hätten. Der Betriebsrat sah wiederum, obwohl er ein bekundetes Interesse am Abbau der Kurzarbeit hatte, in der Beendigung der Kurzarbeit eine Verletzung seiner Mitbestimmungsrechte.[1075]

2. Entscheidung und Begründung

Das Bundesarbeitsgericht entschied, dass der Betriebsrat kein Mitbestimmungsrecht hat. Der 1. Senat beschloss, dass der Abbau der Kurzarbeit in Rückführung auf die betriebsübliche Arbeitszeit als solcher nicht dem Mitbestimmungsrecht des Betriebsrats nach § 87 Abs. 1 Nr. 3 BetrVG unterliege, wenn infolge der veränderten Auftragslage die mit dem Betriebsrat vereinbarte (oder durch den Spruch der Einigungsstelle bestimmte) vorübergehende Kurzarbeitszeit früher als vorgesehen aufgehoben werden könne. Denn durch den Abbau der Kurzarbeit werde nicht die „betriebsübliche Arbeitszeit", sondern die vorübergehend festgelegte „Ausnahme-Arbeitszeit" verändert.[1076]

Der Senat stützte sich bei seiner Begründung hauptsächlich auf das Argument, dass die betriebsübliche Arbeitszeit bei der Kurzarbeit weiterhin die regelmäßig vertraglich geschuldete Arbeitszeit sei. Diese würde durch die Rückkehr zum Status quo ante nicht verändert. Diese Entscheidung wurde durch das Urteil des 5. Senats vom 11.07.1990[1077] und erneut durch den 1. Senat mit Urteilen vom 25.02.1997 und vom 18.09.2002[1078] bestätigt.

1075 BAG, Beschluss vom 21.11.1978 – 1 ABR 67/76, Kurzfassung in DB 1979, 655 (655 f.).

1076 BAG, Beschluss vom 21.11.1978 – 1 ABR 67/76, AP BetrVG 1972 § 87 Arbeitszeit Nr. 2.

1077 BAG, Urteil vom 11.07.1990 – 5 AZR 557/89, NZA 1991, 67 (68).

1078 BAG, Urteil vom 25.02.1997 – 1 AZR 642/96, ZTR 1997, 574 (575); BAG, Urteil vom 18.09.2002 – 1 AZR 668/01, AP BGB § 615 Nr. 99.

II. Meinungsspektrum im Hinblick auf die Mitbestimmung bei der Beendigung der Kurzarbeit

Die Entscheidung wurde in der Literatur nicht nur zustimmend aufgenommen. Deswegen wird vor einer ausführlichen methodischen Auslegung das Meinungsspektrum dargestellt.

1. Kein Mitbestimmungsrecht bei der Beendigung der Kurzarbeit

Zu dem gleichen Ergebnis wie das Bundesarbeitsgericht kommen auch andere Auffassungen aus Rechtsprechung und Schrifttum.[1079] Die meisten folgen dabei dem 1. Senat in der Begründung, dass dem Betriebsrat kein Mitbestimmungsrecht nach § 87 Abs. 1 Nr. 3 BetrVG zustehe, weil die vorzeitige Aufhebung nur eine Wiederherstellung der betriebsüblichen Arbeitszeit sei,[1080] und keine vorübergehende,[1081] sondern eine dauerhafte Veränderung der Arbeitszeit.[1082] Zudem wird die Ablehnung eines Mitbestimmungsrechts damit begründet, dass der Abbau der Kurzarbeit für den Arbeitnehmer nicht negativ sei, sondern jeder Ausfall von Kurzarbeitszei-

1079 LAG Niedersachsen, Beschluss vom 24.01.1984 – 8 TaBV 5/83, DB 1984, 994 (994 f.); *Stoffels*, in: FS Henssler 2023, 643 (653); *Beseler*, AA 2021, 069 (069 ff.); *Bischof*, NZA 1995, 1021 (1026); *Sprenger*, RdA 2022, 374 (378); *Glaubitz*, in: Hess/Schlochauer/Glaubitz, BetrVG, 3. Auflage 1986, § 87, Rn. 168; *Thau*, in: Sowka/Schiefer/Meisel, Arbeitsrecht für die betriebliche Praxis, Rn. 1638; *Bohn*, Anm. zu BAG, Urteil vom 25.10.1977 – 1 AZR 452/74, SAE 1978, 161 (163); *Röhsler*, Die Arbeitszeit, S. 123; *Preis/Lindemann*, NZA-Sonderheft 2001, 33 (42); *Stege/Weinspach*, Betriebsverfassungsgesetz, 3. Auflage 1978, S. 294; *Barnhofer*, Kurzarbeit zur Vermeidung betriebsbedingter Kündigung, S. 76; *Tödtmann*, in: Tödtmann/v. Bockelmann, Arbeitsrecht in Not- und Krisenzeiten, B., Rn. 208; *Thüsing*, in: Westphalen, Vertragsrecht und AGB-Klauselwerke, Klauselwerke, Arbeitsverträge, Rn. 156; *Dröll*, in: Liebers/Hoefs, Formularbuch Arbeitsrecht, Abschnitt O, Rn. 422; *Dahm*, in: Löwisch/Kaiser/Klumpp, § 87 BetrVG, Rn. 101; *Richardi/Maschmann*, in: Richardi, Betriebsverfassungsgesetz, § 87, Rn. 359; *Werner*, in: BeckOK ArbR, § 87 BetrVG, Rn. 64; *Feindura*, Kurzarbeit, S. 390h; im Grundsatz zustimmend, aber Regelungsbedürfnis erkennend: Einigungsstellenspruch über die Mitbestimmungsrechte bei teilweiser Aufhebung von Kurzarbeit gemäß § 87 Abs. 1 Nr. 3 BetrVG, NZA 1992, 1020 (1021).

1080 *Worzalla*, in: HWGNRH, § 87 BetrVG, Rn. 239; *Meisel*, Arbeitsrecht für die betriebliche Praxis, 7. Aufl. 1992, Rn. 1078; *Glaubitz*, in: Hess/Schlochauer/Glaubitz, BetrVG, 3. Auflage 1986, § 87, Rn. 171; *Bohn*, Anm. zu BAG, Urteil vom 25.10.1977 – 1 AZR 452/74, SAE 1978, 161 (163); *Thau*, in: Sowka/Schiefer/Meisel, Arbeitsrecht für die betriebliche Praxis, Rn. 1638; *Stoffels*, in: FS Henssler 2023, 643 (653).

1081 *Wiedemann/Moll*, Anmerkung zu BAG, Beschluss vom 21.11.1978 – 1 ABR 67/76, AP BetrVG 1972 § 87 Arbeitszeit Nr. 2.

1082 *Bischof*, NZA 1995, 1021 (1026).

ten die Situation des Arbeitnehmers verbessere.[1083] Zudem entspreche diese Argumentation auch der arbeitsmarktpolitischen Zielsetzung des Kurzarbeitergeldes als Überbrückung. Funktion der Kurzarbeit sei die Erhaltung der Arbeitsplätze für einen vorübergehenden, im optimalen Fall nur sehr kurzen Zeitraum. Dies werde durch den (vorzeitigen) Abbau der Kurzarbeit erreicht, wodurch eine Mitbestimmung nicht vonnöten sei.[1084]

Zum gleichen Ergebnis kommt die Auffassung, dass sich das Mitbestimmungsrecht des § 87 Abs. 1 Nr. 3 BetrVG grundsätzlich auch darauf erstrecke, die Feststellung des zeitlichen Umfangs und damit die Dauer der Kurzarbeit mitzugestalten. Dies gelte aber nur zum Zeitpunkt der Einführung von Kurzarbeit und nicht im Laufe der Kurzarbeit oder zu einem späteren Termin, wenn eine Besserung der konjunkturellen Lage Arbeitsbedarf hervorruft, womit ein Mitbestimmungsrecht beim Abbau wiederum nicht gegeben sei.[1085]

Da ein Mitbestimmungsrecht abgelehnt wird, wird dementsprechend auch das Initiativrecht bei Beendigung der Kurzarbeit abgelehnt.[1086] Auch das Bestehen eines Initiativrechts bei der Einführung der Kurzarbeit ändere nichts an der Ablehnung des Mitbestimmungsrechts bei deren Beendigung.[1087]

2. Mitbestimmung bei der (vorzeitigen) Beendigung der Kurzarbeit

Teilweise wird jedoch vertreten, dass auch bei der Beendigung ein Mitbestimmungsrecht des Betriebsrats besteht.[1088] *Ulber* bejaht ein Mitbe-

1083 *Bischof*, NZA 1995, 1021 (1026).

1084 *Bischof*, NZA 1995, 1021 (1026).

1085 *Kammann*, in: Kammann/Hess/Schlochauer, § 87 BetrVG, 1979, Rn. 78 f.; *Jene*, Kurzarbeit und betriebliche Mitbestimmung, S. 91.

1086 *Schlegel*, Die Mitbestimmung des Betriebsrates bei Überstunden nach § 87 Abs. 1 Nr. 3 BetrVG, S. 109.

1087 LAG Niedersachsen, Beschluss vom 24.01.1984 – 8 TaBV 5/83, NZA 1984, 55 (56).

1088 LAG Nürnberg, Beschluss vom 05.05.1992 – 6 TaBV 10/91, BeckRS 1992, 30853967; LAG Hamm, Beschluss vom 19.04.1973 – 8 Ta BV 9/73, DB 1973, 1024; *Althoff/Gänsler*, Arbeitszeit im Betrieb, S. 28; *Bispinck/Laßmann/Rupp*, Konjunkturbedingte Kurzarbeit, S. 37; *Fitting*, Betriebsverfassungsrecht Handkommentar, § 87 BetrVG, Rn. 153; *Windhorst/Lange*, in: Helm/Bundschuh/Wulff, § 20, Rn. 47; *Ulber*, AiB 2007, 5 (12); *Blanke*, Kurzarbeit, S. 27 f., 52 f.; *Schaub/Schindele*, Kurzarbeit, Rn. 148, 222; *Meyer*/Wall, Kurzarbeit und Kurzarbeitergeld, S. 90, Rn. 275, S. 157, Rn. 494; *Klebe*, in: Däubler/Klebe/Wedde, § 87 BetrVG, Rn. 115; *Piel*, Neue Regelungen zur Kurzarbeit, S. 6; *Kohte*, in: Düwell, NK-BetrVG, § 87, Rn. 55; *Kania*, in: ErfK, § 87 BetrVG, Rn. 35; *Schoof*, AiB 2003, 199 (210); *Gutzeit*, in: GK-BetrVG, § 87, Rn. 415, 417; mit Hinweis auf Beachtung des § 75 Abs. 1 BetrVG bei der Auswahl der Mitarbeiter bei der Rückkehr zur Vollarbeit: *Fitting*, Betriebsverfassungsrecht Handkommentar, § 87 BetrVG, Rn. 152; *Schütte*, in: FS Bauer 2010, 989 (992).

stimmungsrecht, weil die Rechtsprechung des 1. Senats zu Wertungswidersprüchen im Hinblick auf §615 S.2 BGB führe ohne dies weiter zu begründen.[1089] *Wiese* sieht ein Mitbestimmungsrecht vor, weil in seinen Augen das Interesse des Betriebsrats das Unternehmerinteresse überwiege.[1090] *Jene* bemängelt den fehlenden Weitblick des Bundesarbeitsgerichts und sieht Folgeprobleme: So soll der Arbeitgeber in der Lage sein, die kurzarbeitsbedingte Arbeitszeit nach Belieben schrittweise weiter zu verkürzen, da, wenn man der Argumentation des Bundesarbeitsgerichts folgt, auch dann nicht von der betriebsüblichen Arbeitszeit, sondern von der bereits verkürzten Arbeitszeit, abgewichen würde.[1091] Das habe zur Folge, dass die weitere Verkürzung der Arbeitszeit nicht mehr der Mitbestimmung unterliege.

Schlegel macht geltend, dass für den Fall, dass die vorzeitige Beendigung mitbestimmungsfrei wäre, so jede Beteiligung des Betriebsrats bei der Einführung entwertet wäre,[1092] da der Arbeitgeber nach der Einführung vollständig selbst entscheiden könne, wie es mit der eingeführten Kurzarbeit weitergeht.

Wiedemann/Moll wollen dem Betriebsrat nur im Fall der unbefristeten Einführung der Kurzarbeit ein Mitbestimmungsrecht zusprechen.[1093] *Elert/Raspels* dagegen gehen vom Bestehen eines Mitbestimmungsrechts aus, wenn die Kurzarbeit befristet eingeführt wurde und anschließend doch eine vorzeitige Beendigung erforderlich wird.[1094] In die gleiche Richtung geht die Auffassung von *Kania*, wenn er geltend macht, dass das Mitbestimmungsrecht nur dann entfallen soll, wenn die Kurzarbeit befristet oder bedingt eingeführt wurde und dann zur Vollarbeit zurückgekehrt werden soll.[1095] Das begründet er damit, dass bei befristeter oder bedingter Einführung das Einverständnis des Betriebsrats bereits bei der Einführung gegeben wurde und somit bereits vorweggenommen sei.[1096]

Teilweise wird auch vertreten an einem anderen Punkt anzusetzen: Einige Gerichte sprechen sich dafür aus, dass Beginn und Dauer bei der Einführung von Kurzarbeit mitbestimmungspflichtig sind.[1097] Und wenn bezüglich der Dauer ein Mitbestimmungsrecht für erforderlich gehalten wird, muss das

1089 *Ulber*, AiB 2007, 5 (12).

1090 *Wiese*, Das Initiativrecht nach dem Betriebsverfassungsgesetz, S.45.

1091 *Jene*, Kurzarbeit und betriebliche Mitbestimmung, S.98.

1092 *Schlegel*, Die Mitbestimmung des Betriebsrates bei Überstunden nach §87 Abs.1 Nr.3 BetrVG, S.114, 118.

1093 *Wiedemann/Moll*, Anmerkung zu BAG, Beschluss vom 25.10.1977 – 1 AZR 67/76, AP BetrVG 1972 §87 Arbeitszeit Nr.1.

1094 *Elert/Raspels*, Flexible Einsatzformen von Arbeitnehmern, Kapitel 22, Rn.91.

1095 *Kania*, in: ErfK, §87 BetrVG, Rn.35.

1096 *Kania*, in: ErfK, §87 BetrVG, Rn.35.

1097 BAG, Urteil vom 18.11.2015 – 5 AZR 491/14, NZA 2016, 565 (566); LAG Hessen, Urteil vom 17.09.2012 – 16 Sa 1741/11, BeckRS 2012, 75509.

Ende ebenso der Mitbestimmung unterliegen, da sonst die Dauer nicht in ihrer Gänze umfasst wäre.[1098] *Wiedemann/Moll* vertreten vor diesem Hintergrund, dass, wenn bei Einführung der Kurzarbeit das Ende noch nicht terminiert sei, sich die Vereinbarung und damit auch das Mitbestimmungsrecht in Bezug auf die Dauer der Kurzarbeit an das Ende der Kurzarbeitsperiode verlege.[1099]

Wiederum einige Stimmen halten besagten Streit eher für eine Diskussion theoretischer Natur, da ein Endtermin der Kurzarbeit wegen des Kurzarbeitergeld-Antrags, der einen Endtermin der Kurzarbeit fordert, ohnehin bereits feststehen müsste.[1100] Zudem würde der Betriebsrat in der Praxis der Beendigung ohnehin zustimmen.[1101] Dabei wird aber erstens übersehen, dass der Betriebsrat in der Praxis mitbestimmen möchte, denn sonst hätte das BAG keinen Grund für eine Entscheidung gehabt und zweitens wird missachtet, dass auch eine vorzeitige Rückkehr möglich sein muss, womit die Diskussion nicht mehr nur theoretischer Natur ist.

Bei der Diskussion um das Mitbestimmungsrecht bei der Beendigung der Kurzarbeit bejahen einige Stimmen in der Literatur zudem ein Initiativrecht des Betriebsrats.[1102] Da das Mitbestimmungsrecht das „Ob" und das „Wie" der Regelung umfasse und das „Wie" wiederum auch das „Wie lange", müsse dem Betriebsrat die Befugnis eingeräumt werden, über die Festlegung des Termins mitzuentscheiden, an dem zur Normalarbeitszeit zurückgekehrt werden soll.[1103] An anderer Stelle wird in der Mitbestimmungsdiskussion betont, warum das Initiativrecht nötig sei: Die Kurzarbeit lade zu Missbrauch ein und durch das Initiativrecht könne vermieden werden, dass Kurzarbeit in Unternehmen eingeführt werde, in denen Kurzarbeit nicht nötig sei.[1104]

1098 *Wiedemann/Moll*, Anmerkung zu BAG, Beschluss vom 25.10.1977 – 1 AZR 67/76, AP BetrVG 1972 § 87 Arbeitszeit Nr. 1.

1099 *Wiedemann/Moll*, Anmerkung zu BAG, Urteil vom 25.10.1977 – 1 AZR 452/74, AP BetrVG 1972 § 87 Arbeitszeit Nr. 1; so auch: *Klebe*, in: Däubler/Klebe/Wedde, § 87 BetrVG, Rn. 115.

1100 *Schütte*, in: FS Bauer 2010, 989 (991); auch *Bispinck/Laßmann/Rupp*, Konjunkturbedingte Kurzarbeit, S. 37 halten es für einen Streit theoretischer Natur.

1101 *Schütte*, in: FS Bauer 2010, 989 (991 f.).

1102 *Gutzeit*, in: GK-BetrVG, § 87, Rn. 398; *Blanke*, Kurzarbeit, S. 29; *Klebe*, in: Däubler/Klebe/Wedde, § 87 BetrVG, Rn. 113; *Wiedemann/Moll*, Anmerkung zu BAG, Beschluss vom 21.11.1978 – 1 ABR 67/76, AP BetrVG 1972 § 87 Arbeitszeit Nr. 2; *Wiese*, Das Initiativrecht nach dem Betriebsverfassungsgesetz, S. 45; *Jene*, Kurzarbeit und betriebliche Mitbestimmung, S. 92; *Kohte*, in: Düwell, NK-BetrVG, § 87, Rn. 55.

1103 *Schlegel*, Die Mitbestimmung des Betriebsrates bei Überstunden nach § 87 Abs. 1 Nr. 3 BetrVG, S. 113; *Schlegel* dabei mit subjektiver Herangehensweise: Je nachdem, welche Zielsetzung der Betriebsrat verfolge, soll ein Initiativrecht bejaht oder abgelehnt werden, S. 116.

1104 *Brenke/Rinne/Zimmermann*, Kurzarbeit, Wochenbericht des DIW Berlin Nr. 16/2010, S. 11 ff.; *Blanke*, Kurzarbeit, S. 17.

III. Eigene Auffassung

Im nächsten Schritt wird eine umfassende methodische Auslegung vorgenommen.

1. Wortlaut des §87 Abs.1 Nr.3 BetrVG

Der Wortlaut des § 87 Abs. 1 Nr. 3 BetrVG ist weit gefasst: Der Betriebsrat hat, soweit eine gesetzliche oder tarifliche Regelung nicht besteht, bei der vorübergehenden Verkürzung oder Verlängerung der betriebsüblichen Arbeitszeit mitzubestimmen. Dabei stellt die vorübergehende Verkürzung der Arbeitszeit klassischerweise die Einführung von Kurzarbeit dar und die vorübergehende Verlängerung der betriebsüblichen Arbeitszeit die Anordnung von Überstunden.

a) Kurzarbeit und betriebsübliche Arbeitszeit

Die betriebsübliche Arbeitszeit ist die im Betrieb regelmäßig geleistete Arbeitszeit.[1105] Das ist die Arbeitszeit, die jeweils individualrechtlich als die übliche vereinbart wurde.[1106] Es kann in demselben Betrieb mehrere betriebsübliche Arbeitszeiten geben.[1107] Nicht zu berücksichtigen sind die darüber hinaus verlängerten oder verkürzten Arbeitsstunden,[1108] also Überstunden oder Kurzarbeit.

Der 1. Senat stellt einen Bezug von dem zeitlichen Element zur betriebsüblichen Arbeitszeit an und stellt diesen wie folgt dar: „Ob eine Verlängerung der Arbeitszeit nur vorübergehend oder dauerhaft erfolgt, hängt davon ab, ob sie die regelmäßige betriebliche Arbeitszeit in ihrer Regelhaftigkeit und als die „normale" betriebliche Arbeitszeit der betreffenden Arbeitnehmer unverändert lässt oder gerade diese Norm ändert und zu einer neuen regelmäßigen betrieblichen Arbeitszeit führt. Maßgeblich ist damit, ob die

1105 BAG, Beschluss vom 24.04.2007 – 1 ABR 47/06, AP BetrVG 1972 § 87 Arbeitszeit Nr. 124; BAG, Beschluss vom 21.11.1978 – 1 ABR 67/76, AP BetrVG 1972 § 87 Arbeitszeit Nr. 2; *Bischof*, NZA 1995, 1021 (1024); *Althoff/Gänsler*, Arbeitszeit im Betrieb, S. 26; *Klebe*, in: Däubler/Klebe/Wedde, § 87 BetrVG, Rn. 110.

1106 BAG, Beschluss vom 24.04.2007 – 1 ABR 47/06, AP BetrVG 1972 § 87 Arbeitszeit Nr. 124; BAG, Beschluss vom 19.06.2001 – 1 ABR 43/00, NZA 2001, 1263 (1265); *Dahm*, in: Löwisch/Kaiser/Klumpp, § 87 BetrVG, Rn. 88.

1107 BAG, Beschluss vom 24.04.2007 – 1 ABR 47/06, AP BetrVG 1972 § 87 Arbeitszeit Nr. 124.

1108 *Wiedemann/Moll*, Anmerkung zu BAG, Beschluss vom 21.11.1978 – 1 ABR 67/76, AP BetrVG 1972 § 87 Arbeitszeit Nr. 2.

bisherige betriebsübliche Arbeitszeit die „übliche“ bleibt und die Arbeitszeitverteilung bezüglich der einzelnen Arbeitnehmer weiterhin prägt.“[1109]

Wenn also die eingeführte Kurzarbeit die normale Arbeitszeit unverändert lässt, würde bei der Rückkehr zu eben jener nach der Wortlautauslegung auch ein Mitbestimmungsrecht entfallen, denn die Beendigung ist auch nicht vorübergehend, sondern führt zurück zu dem dauerhaften Zustand.[1110] Und wenn die Kurzarbeit beendet wird, wird nicht die betriebsübliche, sondern die zuvor durch die Einführung der Kurzarbeit verkürzte Arbeitszeit verändert.[1111] Insoweit spricht der Wortlaut gegen ein Mitbestimmungsrecht bei der Beendigung der Kurzarbeit.[1112]

Weiterhin ist festzuhalten, dass die Beendigung der Kurzarbeit nicht unter den Tatbestand der vorübergehenden Verlängerung der Arbeitszeit fällt;[1113] denn durch die Beendigung der Kurzarbeit wird nicht die betriebsübliche Arbeitszeit verlängert, sondern es erfolgt eine Rückkehr zur betriebsüblichen Arbeitszeit.[1114]

b) „vorübergehend“ als zeitliches Element

Ferner ist das zeitliche Element des § 87 Abs. 1 Nr. 3 BetrVG zu beleuchten: Es wurde bereits bei der Begriffsdefinition der Kurzarbeit[1115] konstatiert, dass die Kurzarbeit einen vorübergehenden Charakter haben muss. Vor allem § 87 Abs. 1 Nr. 3 BetrVG liefert dafür einen gesetzlichen Anhaltspunkt. „Vorübergehend“ wird im allgemeinen Sprachgebrauch als nur zeitweilig oder eine gewisse Zeit dauernd verstanden.[1116] In der Literatur wird der Be-

---

1109 BAG, Beschluss vom 09.07.2013 – 1 ABR 19/12, NZA 2014, 99 (100f. Rn. 18); BAG, Urteil vom 03.06.2003 – 1 AZR 349/02, NZA 2003, 1155 (1157); genau diesen Aspekt als kritisch betrachtend, weil zu großzügig ausgelegt: *Waltermann*, RdA 2007, 257 (258, Fn. 9).

1110 *Wiedemann/Moll*, Anmerkung zu BAG, Beschluss vom 21.11.1978 – 1 ABR 67/76, AP BetrVG 1972 § 87 Arbeitszeit Nr. 2.

1111 *Barnhofer*, Kurzarbeit zur Vermeidung betriebsbedingter Kündigung, S. 76; *Stoffels*, in: FS Henssler 2023, 643 (653).

1112 Befürworter des Mitbestimmungsrechts beim Abbau der Kurzarbeit halten den § 87 Abs. 1 Nr. 3 BetrVG aus diesem Grund für sprachlich missglückt, denn durch die vorübergehende Maßnahme sei es ja eben nicht mehr die betriebsübliche Arbeitszeit, so *Glaubitz*, in: Hess/Schlochauer/Glaubitz, BetrVG, 3. Auflage 1986, § 87, Rn. 162.

1113 BAG, Beschluss vom 21.11.1978 – 1 ABR 67/76, AP BetrVG 1972 § 87 Arbeitszeit Nr. 2.

1114 *Tödtmann*, in: Tödtmann/v. Bockelmann, Arbeitsrecht in Not- und Krisenzeiten, B., Rn. 208.

1115 Siehe Ausführungen zur Definition der Kurzarbeit, S. 9 ff.

1116 Duden, Deutsches Universalwörterbuch, vorübergehend; *Husemann*, jM 2021, 19 (21).

griff „vorübergehend“ teilweise so definiert, dass es ein überschaubarer[1117] oder von vornherein begrenzter[1118] Zeitraum[1119] ist, bei dem ein Ende absehbar sein muss.[1120] Wobei die Absehbarkeit wiederum von den Bezugsfristen des Kurzarbeitergeldes abhängig sein soll.[1121] Abgesehen von dem zeitlichen Verständnis könnte „vorübergehend“ aber auch in normativer Bedeutung einen Ausnahmesachverhalt charakterisieren.[1122] Näherliegend ist aber eine zeitliche Beschränkung darin zu sehen.

Das Bundesarbeitsgericht setzt für eine vorübergehende Veränderung im Sinne von § 87 Abs. 1 Nr. 3 BetrVG den überschaubar bestimmten Zeitraum voraus und will dem Vorübergehenden noch das subjektive Element beifügen, dass die Kurzarbeit eingeführt wird, um anschließend wieder zum betriebsüblichen Umfang zurückzukehren.[1123]

c) Mitbestimmungsrecht „bei“ der Kurzarbeit

Jene macht im Rahmen dessen auf einen anderen Aspekt aufmerksam: Er legt dar, dass es darauf ankommt, wo man die Betonung im Wortlaut setzt. Während die Vorinstanz zu der höchstrichterlichen Entscheidung, das Landesarbeitsgericht Bremen,[1124] die „Verkürzung“ betont und so zu dem Ergebnis kommt, es sei offensichtlich nur die Einführung betroffen, betont das Bundesarbeitsgericht die Verkürzung der „betriebsüblichen“ Arbeitszeit und stützt sich auf die Rückkehr zum Normalzustand als Aufhebung der außerordentlichen Regelung.[1125] *Jene* selbst betont das hinzuzulesende „bei“, welches sich aus dem Doppelpunkt im Einführungssatz ergebe. Dann habe der Betriebsrat mitzubestimmen „bei“ der vorübergehenden Verkürzung der betriebsüblichen Arbeitszeit; also eine Erstreckung des Mitbestimmungsrechts auf alle Vorgänge „bei“ der vorübergehenden Verkürzung und damit

---

1117 BAG, Beschluss vom 24.04.2007 – 1 ABR 47/06, AP BetrVG 1972 § 87 Arbeitszeit Nr. 124; BAG, Urteil vom 03.06.2003 – 1 AZR 349/02, NZA 2003, 1155 (1157).

1118 *Glaubitz*, in: Hess/Schlochauer/Glaubitz, BetrVG, 3. Auflage 1986, § 87, Rn. 164.

1119 *Dahm*, in: Löwisch/Kaiser/Klumpp, § 87 BetrVG, Rn. 92.

1120 *Husemann*, jM 2021, 19 (21); *Müller-Grune*, in: Schlegel/Voelzke, jurisPK-SGB III, § 96 SGB III, Rn. 51.

1121 *Husemann*, jM 2021, 19 (22).

1122 *Wiedemann/Moll*, Anmerkung zu BAG, Beschluss vom 25.10.1977 – 1 AZR 67/76, AP BetrVG 1972 § 87 Arbeitszeit Nr. 1.

1123 BAG, Urteil vom 03.06.2003 – 1 AZR 349/02, NZA 2003, 1155 (1157); BAG, Beschluss vom 21.11.1978 – 1 ABR 67/76, AP BetrVG 1972 § 87 Arbeitszeit Nr. 2; *Althoff/Gänsler*, Arbeitszeit im Betrieb, S. 25; zwar zu Überstunden, aber im Grund vergleichbar: BAG, Beschluss vom 25.10.1977 – 1 AZR 67/76, AP BetrVG 1972 § 87 Arbeitszeit Nr. 1; zustimmend: *Werner*, in: BeckOK ArbR, § 87 BetrVG, Rn. 58.

1124 LAG Bremen, Entscheidung vom 17.08.1976 – 4 TaBV 11/76.

1125 *Jene*, Kurzarbeit und betriebliche Mitbestimmung, S. 94.

„bei“ der Kurzarbeit.[1126] Die Kurzarbeit wird damit als Gesamtes betrachtet, womit ein Mitbestimmungsrecht auch bei Beendigung der Kurzarbeit zu bejahen wäre. Das ist im Rahmen einer grammatikalischen Auslegung zumindest nicht von der Hand zu weisen.

2. Systematische Stellung des § 87 Abs. 1 Nr. 3 BetrVG

Im nächsten Schritt ist eine systematische Auslegung vorzunehmen.

a) Vergleich zu § 87 Abs. 1 Nr. 2 BetrVG

Dabei soll für einen Vergleich zuerst der ebenso die Arbeitszeit tangierende § 87 Abs. 1 Nr. 2 BetrVG betrachtet werden. Die Vorschrift sieht ein Mitbestimmungsrecht vor bei Beginn und Ende der täglichen Arbeitszeit einschließlich der Pausen sowie der Verteilung der Arbeitszeit auf die einzelnen Wochentage. Es wird mitunter die Auffassung vertreten, dass sich beim Abbau der Kurzarbeit Anfang und Ende der täglichen Arbeitszeit ändere, sodass sich aus § 87 Abs. 1 Nr. 2 BetrVG ein Mitbestimmungsrecht ergebe.[1127]

Der § 87 Abs. 1 Nr. 2 BetrVG erfasst nach *Wiedemann/Moll* dagegen nur die Festlegung der Lage, nicht auch die Dauer der Arbeitszeit.[1128] Weiterhin merken sie an, dass § 87 Abs. 1 Nr. 2 BetrVG die „Arbeitszeit schlechthin“ kaum betreffen könne, da § 87 Abs. 1 Nr. 3 BetrVG ansonsten überflüssig wäre.[1129] Der 1. Senat betont, dass das Mitbestimmungsrecht nach § 87 Abs. 1 Nr. 2 BetrVG dagegen eine Folge der Veränderung der Dauer der Arbeitszeit betreffe, sie aber nicht beeinflusse.[1130]

Ferner kann ein Vergleich mit dem Bundespersonalvertretungsgesetz gezogen werden. Dort entspricht § 80 Abs. 1 Nr. 1 BPersVG dem § 87 Abs. 1 Nr. 2 BetrVG. In keinem Fall lässt sich aber aus dem den § 87 Abs. 1 Nr. 2 BetrVG entsprechenden Paragrafen im Bundespersonalvertretungsgesetz ein Mitbestimmungsrecht des Personalrats hinsichtlich des Ob und des Umfangs der Einführung von Kurzarbeit herleiten[1131], womit die Frage um das Mit-

1126 *Jene*, Kurzarbeit und betriebliche Mitbestimmung, S. 94.

1127 *Klebe*, in: Däubler/Klebe/Wedde, § 87 BetrVG, Rn. 109, 115; *Blanke*, Kurzarbeit, S. 28; *Schaub/Schindele*, Kurzarbeit, Rn. 289.

1128 *Wiedemann/Moll*, Anmerkung zu BAG, Beschluss vom 21.11.1978 – 1 ABR 67/76, AP BetrVG 1972 § 87 Arbeitszeit Nr. 2.

1129 *Wiedemann/Moll*, Anmerkung zu BAG, Urteil vom 25.10.1977 – 1 AZR 452/74, AP BetrVG 1972 § 87 Arbeitszeit Nr. 1 mit genauer Berücksichtigung vor allem des Sinnzusammenhangs.

1130 BAG, Beschluss vom 21.11.1978 – 1 ABR 67/76, AP BetrVG 1972 § 87 Arbeitszeit Nr. 2.

1131 BAG, Urteil vom 10.10.2006 – 1 AZR 811/05, NZA 2007, 637 (639).

bestimmungsrecht bei der vorzeitigen Beendigung erst recht nicht darunter subsumiert werden kann.

Meyer/Wall ziehen als Argument die Rechtsprechung des 1. Senats des Bundesarbeitsgerichts zur Rückkehr von einem Wechselschichtmodell zu Normalarbeitszeit heran, welche nach § 87 Abs. 1 Nr. 2 BetrVG der Mitbestimmung unterliegt.[1132] Dabei wird aber übersehen, dass das Gericht explizit den Unterschied zu § 87 Abs. 1 Nr. 3 BetrVG herausarbeitet und betont, dass in den Fällen, die Nr. 3 unterfallen, bei der Rückkehr kein Mitbestimmungsrecht besteht. Es gehe nämlich um die Lage der täglichen Arbeitszeit und nicht die Dauer.[1133]

Eine Vergleichbarkeit zu Nr. 2 ist nicht gegeben. Auch eine Subsumtion der Kurzarbeitsbeendigungssituation unter § 87 Abs. 1 Nr. 2 BetrVG ist nicht möglich.

b) Vergleich zur Situation beim Abbau von Überstunden

Ebenso lohnt sich ein Blick in das ebenso in § 87 Abs. 1 Nr. 3 BetrVG geregelte Mitbestimmungsrecht bei der Anordnung von Überstunden. Dabei ist im Hinblick auf den vorangegangenen Vergleich zu § 87 Abs. 1 Nr. 2 BetrVG festzuhalten, dass auch die Überstunden und der Abbau von Überstunden nicht unter § 87 Abs. 1 Nr. 2 BetrVG gefasst werden.[1134] Daneben wird im Rahmen des Mitbestimmungs- und Initiativrechtsrechts beim Abbau von Überstunden Vergleichbares vertreten wie beim Abbau der Kurzarbeit. Einerseits wird vertreten, es bedürfe keines Mitbestimmungs- und Initiativrechts,[1135] andererseits wird das Gegenteil vertreten. *Lappe* sieht dies ähnlich mit einer Einschränkung auf den Fall, dass Überstunden ohne Befristung auf einen bestimmten Zeitraum eingeführt wurden.[1136] In Übereinstimmung mit der Kurzarbeitssituation wird auch argumentiert, dass der

1132 *Meyer/*Wall, Kurzarbeit und Kurzarbeitergeld, S. 166, Rn. 494, Fn. 512.

1133 BAG, Urteil vom 18.09.2002 – 1 AZR 668/01, AP BGB § 615 Nr. 99: „Es gibt auch keine "übliche" Lage der Arbeitszeit, zu deren Änderung es zwar der Zustimmung des Betriebsrats bedürfte, zu der zurückzukehren dem Arbeitgeber aber jederzeit mitbestimmungsfrei möglich wäre. Anders als das Nichtabrufen von genehmigten Überstunden und die darin liegende vorzeitige Rückkehr zur betriebsüblichen Dauer der Arbeitszeit i. S. von § 87 Abs. 1 Nr. 3 BetrVG unterfällt deshalb auch die Rückkehr von Wechselschicht zu Normalarbeitszeit der Mitbestimmung des Betriebsrats nach § 87 Abs. 1 Nr. 2 BetrVG."

1134 BAG, Urteil vom 25.10.1977 – 1 AZR 452/74, AP BetrVG 1972 § 87 Arbeitszeit Nr. 1.

1135 *Wiedemann/Moll*, Anmerkung zu BAG, Beschluss vom 25.10.1977 – 1 AZR 67/76, AP BetrVG 1972 § 87 Arbeitszeit Nr. 1.

1136 *Lappe*, in: Müller, Das Arbeitsrecht der Gegenwart, 55 (61 f., 66 f.); der zudem vertritt, dass es eine Mitbestimmung über die Dauer der Arbeitszeit sei, die unter Nr. 2 zu subsumieren ist.

Fortfall von Überstunden zurück zur betriebsüblichen Arbeitszeit nicht unter den Begriff der Verkürzung in § 87 Abs. 1 Nr. 3 BetrVG fällt.[1137]

Ein Jahr vor der Entscheidung des 1. Senats zur Mitbestimmung bei Rückkehr nach Kurzarbeit hat der 1. Senat sich zu einem Mitbestimmungsrecht beim Fortfall von Überstunden geäußert: Die darüber hinaus geleisteten Überstunden werden nicht zur betriebsüblichen Arbeitszeit dazu gerechnet.[1138] Dies wurde in einem späteren Urteil bestätigt.[1139] Schon der Wortlaut gäbe kein Mitbestimmungsrecht beim Wegfall von angeordneten Überstunden her, so verhalte es sich auch mit dem Schutzzweck: Bei der Anordnung von Überstunden sei ein Schutz vor Überlastung und unnötiger Einschränkung der Freiheit zu gewährleisten, beim Wegfall seien diese Interessen nicht berührt.[1140]

Auf der anderen Seite wird vertreten, dass Überstunden und Kurzarbeit etwas völlig anderes seien und damit keine Vergleichbarkeit gegeben sei. Dabei wird aber vor allem auf die Interessenlage bei der Einführungssituation geachtet. Dagegen könnte man anführen, dass es doch vergleichbar ist, da die Interessenlage bei Einführung von Überstunden durch die drohende Mehrarbeit und die Interessenlage bei der Beendigung von Kurzarbeit durch die Rückkehr zu mehr Arbeit in gewisser Weise ähnlich gelagert sind. Es wird treffend darauf hingewiesen, dass fortan auf freie Zeit verzichtet werden muss.[1141] Der Senat erkennt aber selbst, dass dieser Eingriff weniger drastisch ist und es wird damit die oben bei der actus-contrarius-Diskussion geführte Argumentation aufgegriffen.[1142] Auf den systematischen Vergleich hat dies keine weiteren Auswirkungen.

Da damit bei der Überstundensituation sowohl vertreten wird, dass ein Mitbestimmungsrecht bei Fortfall von Überstunden gegeben ist, als auch, dass es nicht dem Mitbestimmungsrecht des § 87 Abs. 1 Nr. 3 BetrVG unterliegt, ist eine Vergleichsführung vorliegend nicht zielführend und beide Fragen sind im Endeffekt im Gleichlauf zu beantworten. Ein zwingender Schluss für oder gegen ein Mitbestimmungsrecht ergibt sich aus der systematischen Auslegung somit nicht.

1137 BAG, Urteil vom 25.10.1977 – 1 AZR 452/74, AP BetrVG 1972 § 87 Arbeitszeit Nr. 1; BAG, Beschluss vom 21.11.1978 – 1 ABR 67/76, AP BetrVG 1972 § 87 Arbeitszeit Nr. 2.

1138 BAG, Urteil vom 25.10.1977 – 1 AZR 452/74, AP BetrVG 1972 § 87 Arbeitszeit Nr. 1; darauf Bezug genommen: BAG, Beschluss vom 21.11.1978 – 1 ABR 67/76, AP BetrVG 1972 § 87 Arbeitszeit Nr. 2.

1139 BAG, Urteil vom 25.02.1997 – 1 AZR 642/96, ZTR 1997, 574 (574).

1140 BAG, Urteil vom 25.02.1997 – 1 AZR 642/96, ZTR 1997, 574 (574).

1141 BAG, Urteil vom 10.10.2006 – 1 AZR 811/05, NZA 2007, 637 (640).

1142 Es sei verwiesen auf S. 102 ff.

3. Historische Auslegung

Eine historische Auslegung ist nicht sonderlich gewinnbringend. Die Regelung in § 87 Abs. 1 Nr. 3 BetrVG 1972 hatte kein Vorbild im BetrVG von 1952.[1143] Es stellte damit eine wichtige Neuerung dar.[1144] In den stenographischen Berichten über die Sitzungen, in welchen die Neuerung des Betriebsverfassungsgesetzes 1972 diskutiert wurde, wird lediglich ein Mitbestimmungsrecht bei der Festsetzung der Kurzarbeit erwähnt, die Beendigung kommt nicht zur Sprache.[1145] Es ist nicht davon auszugehen, dass der Gesetzgeber damit konkludent etwas bezüglich der Beendigung zum Ausdruck bringen wollte.

4. Telos des § 87 Abs. 1 Nr. 3 BetrVG

Im Rahmen der teleologischen Auslegung sollen zwei Argumentationsstrukturen getrennt betrachtet werden. Zuerst wird generell der Schutzzweck der betrieblichen Mitbestimmung, sodann spezieller der Schutzzweck des § 87 Abs. 1 Nr. 3 BetrVG im Zusammenhang mit der Beendigung ausgemacht. Nachfolgend wird erneut der bereits mehrfach angeführte actus-contrarius-Gedanke[1146] auf die Mitbestimmungssituation angewandt.

a) Schutzzweck des § 87 Abs. 1 Nr. 3 BetrVG

Wie dem Grundgedanken des Arbeitsrechts immanent, verfolgt auch das Betriebsverfassungsgesetz mit der Zuweisung von Mitbestimmungsrechten in erster Linie einen Schutzgedanken.[1147] Es gilt den einzelnen Arbeitnehmer im Hinblick auf den Inhalt und die Ausgestaltung der Arbeitsverhältnisse mit dem ihm wirtschaftlichen überlegenen Arbeitgeber durch eine kollektive Regelung zu schützen und es ihm abzunehmen, alleine mit ihm Positionen

---

1143 *Ehmann*, Betriebsrisikolehre und Kurzarbeit, S. 39; *Patett*, Arbeitskampffernwirkungen, Lohnrisiko und Mitbestimmung, S. 383.

1144 *Conze*, Die Einführung von Kurzarbeit, S. 127; *Barnhofer*, Kurzarbeit zur Vermeidung betriebsbedingter Kündigung, S. 17; *Patett*, Arbeitskampffernwirkungen, Lohnrisiko und Mitbestimmung, S. 383; ausführlich zum Verhältnis des BetrVG 1972 zum BetrVG 1952, vor allem aber im Hinblick auf die Einführung: *Conze*, Die Einführung von Kurzarbeit, S. 119 ff.

1145 *Farthmann*, SPD, Stenographischer Bericht über die 150. Sitzung der 6. Wahlperiode am 10.11.1971, Bonn, S. 8598; Änderungsantrag der Fraktion der CDU/CSU zur zweiten Beratung des Entwurfs eines Betriebsverfassungsgesetzes, Stenographischer Bericht über die 150. Sitzung der 6. Wahlperiode am 10.11.1971, Bonn, Anlage 6, S. 8681.

1146 Siehe Abschnitt zum actus-contrarius-Gedanken, S. 100 ff.

1147 *Jene*, Kurzarbeit und betriebliche Mitbestimmung, S. 69.

aushandeln zu müssen.[1148] Die einseitige Leitungsmacht des Arbeitgebers soll eingeschränkt werden.[1149] Aufgrund dessen gibt es die Auffassung, die große Verantwortung, die dem Arbeitgeber zukomme, verlange auch nach einem vollständigen Mitbestimmungsrecht.[1150]

Wie vor allem das Arbeitszeitgesetz aufzeigt, ist das Gebiet der Arbeitszeit besonders schutzempfindlich.[1151] Deshalb wird vertreten, dass die Ablehnung des Mitbestimmungsrechts allgemeinen Grundsätzen widerspräche[1152] wie der gleichberechtigten Teilhabe von Arbeitgeber und Betriebsrat.[1153] In diesem Zusammenhang behaupten *Kohte* und *Jene*, eine vereinzelte Ablehnung des Mitbestimmungsrechts, und damit erst recht des Initiativrechtes sei eine unzulässige paternalistische Einstellung, die mit dem Grundsatz der gleichberechtigten Teilhabe nicht vereinbar sei[1154] und es gäbe keinen Grund, im Rahmen des Mitbestimmungstatbestandes diese Mitentscheidung auf ein partielles Alleinentscheidungsrecht zu reduzieren.[1155] *Schoof* vertritt, dass der in der Kombination von § 87 Abs. 1 Nr. 2 und 3 BetrVG zum Ausdruck gebrachte Gesetzeszweck ergebe, dass arbeitgeberseitige Planungsentscheidungen im Hinblick auf die betriebsübliche Arbeitszeit vom Betriebsrat überprüft werden müssen, sodass arbeitnehmerseitige Entgelt- und Arbeitszeitinteressen berücksichtigt werden. *Schoof* leuchtet es nicht ein, dass bei den Gründen für die Verkürzung der Betriebsrat mitbestimmen dürfe, nicht aber, wenn sich diese Gründe ändern und die Rückführung bevorsteht.[1156]

Im Hinblick auf den Zweck wird außerdem noch angeführt, dass die Aufhebung der außerordentlichen Regelung zugunsten des Normalzustandes im Interesse aller Beteiligten, vor allem aber der Arbeitnehmer liege, die so wieder zu Ihrem ursprünglich vereinbarten Arbeitslohn zurückkehrten.[1157] Dies soll im Rahmen der teleologischen Auslegung gegen ein Mitbestimmungsrecht sprechen. Gegen diesen Punkt wird wiederum argumentiert, dass allein die Tatsache, dass der Betriebsrat im Idealfall auch die Rückkehr unterstützt, das nicht bedeutet, dass ihm das Mitbestimmungsrecht verweigert werden sollte. Zudem könne der Fall seiner Ablehnung auch als rechtsmissbräuchlich angesehen werden. Begründet wird dies damit, dass nur mit

1148 *Jene*, Kurzarbeit und betriebliche Mitbestimmung, S. 69.
1149 *Schaub/Schindele*, Kurzarbeit, Rn. 148.
1150 *Windhorst/Lange*, in: Helm/Bundschuh/Wulff, § 20, Rn. 97.
1151 *Jene*, Kurzarbeit und betriebliche Mitbestimmung, S. 70.
1152 *Kohte*, in: Düwell, NK-BetrVG, § 87, Rn. 55.
1153 *Kohte*, in: Düwell, NK-BetrVG, § 87, Rn. 18.
1154 *Kohte*, in: Düwell, NK-BetrVG, § 87, Rn. 20.
1155 *Jene*, Kurzarbeit und betriebliche Mitbestimmung, S. 97.
1156 *Schoof*, AiB 2003, 199 (210).
1157 Darstellung der Ausführungen des LAG Bremen in BAG, Beschluss vom 21.11.1978 – 1 ABR 67/76, AP BetrVG 1972 § 87 Arbeitszeit Nr. 2.

einem Mitbestimmungsrecht der Schutzzweck auch in Gänze erreicht werden würde.[1158]

Bei der Einführung von Kurzarbeit soll die Arbeitszeitreduzierung mit der verbundenen Lohneinbuße gemäß § 87 Abs. 1 Nr. 3 BetrVG durch den Betriebsrat mitbestimmt werden. Was bei der Beendigung notwendigerweise durch die Mitbestimmung geschützt werden soll, ist vergleichbar mit der bereits oben angeführten Interessenabwägung.[1159] Es soll in der gebotenen Kürze nochmal dargestellt werden: Der Arbeitnehmer soll im Rahmen des Mitbestimmungsrechts des Betriebsrats bei der (Mehr-) Arbeitszeit vor Arbeitsüberlastung geschützt werden.[1160] Dieses Argument kann bei der Einführung von Überstunden durchaus angeführt werden – bei der Beendigung von Kurzarbeit überzeugt es nicht restlos, da lediglich zum Status quo ante zurückgekehrt wird und nicht zu einem Zustand, der über das ursprünglich im Arbeitsvertrag Vereinbarte hinausgeht. Es bedarf keines Schutzes vor übermäßiger, die Gesundheit belastender Inanspruchnahme. Jedenfalls die Interessen, die bei der Einführung geschützt werden sollten, werden bei der Rückführung auf den Normalzustand nicht tangiert.[1161]

Es wird angeführt, bei der Rückkehr zur betriebsüblichen Arbeitszeit könnte das Mitbestimmungsrecht die Freizeit- und Entgeltinteressen der Arbeitnehmer schützen.[1162] Der Abbau der Kurzarbeit beschränke überdies die zeitliche Dispositionsfreiheit im Hinblick auf eine anderweitige Beschäftigungsmöglichkeit der Arbeitnehmer innerhalb der freien Zeit.[1163] Zudem sollen die mit der Kurzarbeit verbundenen Belastungen und Vorteile gerecht verteilt werden.[1164]

Die Auslegung des Schutzzwecks zeigt im Gleichlauf mit der Darlegung der Interessen bei der Beendigung,[1165] dass durchaus ein Eingriff in die Interes-

---

1158 *Wiedemann/Moll*, Anmerkung zu BAG, Beschluss vom 21.11.1978 – 1 ABR 67/76, AP BetrVG 1972 § 87 Arbeitszeit Nr. 2.

1159 Siehe Kapitel „Interessenlage bei der Beendigung“, S. 104 ff.; zusätzlich zur Interessensituation bei der Beendigung, wenn der Arbeitnehmer Qualifizierungsmaßnahmen vornimmt: *Bispinck/Laßmann/Rupp*, Konjunkturbedingte Kurzarbeit, S. 37.

1160 BAG, Beschluss vom 21.11.1978 – 1 ABR 67/76, AP BetrVG 1972 § 87 Arbeitszeit Nr. 2; *Jene*, Kurzarbeit und betriebliche Mitbestimmung, S. 70; *Lobinger*, RdA 2011, 76 (78); *Hold*, Brennpunkt Kurzarbeit, S. 42.

1161 *Bischof*, NZA 1995, 1021 (1026).

1162 *Meyer*/Wall, Kurzarbeit und Kurzarbeitergeld, S. 166 f., Rn. 494; *Hold*, Brennpunkt Kurzarbeit, S. 42; *Lobinger*, RdA 2011, 76 (78); *Klebe*, in: Däubler/Klebe/Wedde, § 87 BetrVG, Rn. 110.

1163 *Jene*, Kurzarbeit und betriebliche Mitbestimmung, S. 97.

1164 *Preis/Lindemann*, NZA-Sonderheft 2001, 33 (42); *Lobinger*, RdA 2011, 76 (78); *Hold*, Brennpunkt Kurzarbeit, S. 42; *Otto*, NZA 1992, 97 (100).

1165 Siehe oben, Kapitel zur Interessenlage bei der Beendigung, S. 104 ff.

sen der Arbeitnehmerschaft gegeben ist, dieser aber nicht derart schützenswert ist, was eine Mitbestimmung nicht notwendig erscheinen lässt.

b) Mitbestimmung „bei“ Kurzarbeit

Auch im Rahmen der teleologischen Auslegung soll ein Gedanke, der bereits dargelegt wurde, aus Zweckmäßigkeitsgesichtspunkten betrachtet werden. Es geht um den Grundgedanken, den *Jene* angeführt hat, dass ein Mitbestimmungsrecht „bei“ der Kurzarbeit gegeben sein soll.[1166] Er begründet das in erster Linie mit einer grammatikalischen Auslegung, aber der Gedanke ist im Rahmen des Telos erneut aufzugreifen. *Jene* hält die Kurzarbeit für ein Gesamtkonstrukt, weshalb es unnatürlich wäre, die Frage nach dem „Ob“ und dem „Wie lange“ getrennt zu betrachten, da beide Fragen auf denselben wirtschaftlichen Erwägungen beruhen.[1167]

Hinsichtlich der Diskussion um die Mitbestimmung „bei“ der Kurzarbeit werden zwei Ansätze vertreten, die jedoch gemeinsam dargestellt und erörtert werden. Einmal wird vertreten, die Beendigung könnte und sollte auch von § 87 Abs. 1 Nr. 3 BetrVG umfasst sein[1168] und andere vertreten im Grunde einen actus-contrarius-Gedanken.[1169] Letztendlich werden dabei die gleichen Argumente angeführt und Folgerungen gezogen, weshalb diese zusammenzufassen sind.

Die Grundidee der Befürworter des Mitbestimmungsrechts ist, dass das Mitbestimmungsrecht konsequenterweise nicht nur die Einführung, sondern auch die Beendigung umfassen muss.[1170] Nach *Windhorst/Lange* müsse aus Gründen der Logik auch die Rückkehr der Mitbestimmung unterliegen, denn die Rückkehr zur normalen Arbeitszeit bestimme die Dauer der vorherigen Verkürzung. Und da der Betriebsrat über die Dauer ein Mitbestimmungsrecht habe, müsse er auch über das Ende der Dauer und damit denklogisch bei der Beendigung der Kurzarbeit beziehungsweise der Rückkehr zur normalen Arbeitszeit mitbestimmen.[1171] Der Zweck der Norm mache deutlich, dass über das Ausmaß der Kurzarbeit ein Mitbestimmungsrecht gegeben

---

1166 *Jene*, Kurzarbeit und betriebliche Mitbestimmung, S. 94.

1167 *Jene*, Kurzarbeit und betriebliche Mitbestimmung, S. 97.

1168 Beispielhaft: LAG Nürnberg, Beschluss vom 05.05.1992 – 6 TaBV 10/91, BeckRS 1992, 30853967.

1169 *Windhorst/Lange*, in: Helm/Bundschuh/Wulff, § 20, Rn. 46.

1170 *Klebe*, in: Däubler/Klebe/Wedde, § 87 BetrVG, Rn. 115; *Kania* argumentiert, dass dies ein Umkehrschluss aus der Bejahung des Initiativrechtes bei der Einführung der Kurzarbeit sei, *Kania*, in: ErfK, § 87 BetrVG, Rn. 35.

1171 *Windhorst/Lange*, in: Helm/Bundschuh/Wulff, § 20, Rn. 46.

sein muss, in der Konsequenz auch über die Rückkehr. Abweichungen vom Normalen sollen als Ganzes mitgestaltet werden.[1172]

Das Landesarbeitsgericht Nürnberg bejaht in einer Entscheidung das Mitbestimmungsrecht.[1173] Der Entscheidung legt die Kammer ein umfassendes Mitbestimmungsrecht zugrunde; das bedeutet, dass das Mitbestimmungsrecht immer auch den Beendigungsakt betrifft.[1174] Die Kammer begründet dies damit, dass die Mitbestimmung zu einem formalen Akt entwertet werden würde, wenn nach Veränderung der Umstände eine einseitige Abweichung von der getroffenen Entscheidung möglich wäre. Es gehöre zum elementaren Kern des Mitbestimmungsrechts, eben darüber zu entscheiden, ob eine solche Veränderung eingetreten und wie damit zu verfahren sei. Innerhalb einer mitbestimmungspflichtigen Angelegenheit seien einseitige Entscheidungen nicht möglich.[1175] Auch das Bundesarbeitsgericht stellt die Gegenseite seiner eigenen Meinung so dar, dass man meinen könne, dass „da der Betriebsrat bei der Verkürzung der Arbeitszeit mitzubestimmen habe, es nur folgerichtig sei, dass dies auch für nachträgliche Änderungen gelte."[1176] Auch *Gutzeit* bejaht das Mitbestimmungsrecht mit der Begründung, dass ansonsten der Arbeitgeber nach Belieben Schritt für Schritt wieder zur betriebsüblichen Arbeitszeit zurückkehren könnte.[1177] Warum das aber negativ sein soll und deshalb ein Mitbestimmungsrecht notwendig macht, wird nicht weiter ausgeführt.

Wenn man aber wieder den Grundgedanken der actus-contrarius-Argumentation heranzieht, dass die Interessenlage bei Einführung und Beendigung gleichwertig sein muss,[1178] muss man bei der Beendigung der Kurzarbeit auch im Rahmen der Mitbestimmung zu dem Ergebnis kommen, dass die Einführung der Kurzarbeit einen drastischeren Eingriff darstellt.[1179] Zu diesem Interessenabwägungsergebnis kommt auch *Jene*, der aber daraus folgt,

---

1172 *Wiedemann/Moll*, Anmerkung zu BAG, Beschluss vom 21.11.1978 – 1 ABR 67/76, AP BetrVG 1972 § 87 Arbeitszeit Nr. 2.

1173 LAG Nürnberg, Beschluss vom 05.05.1992 – 6 TaBV 10/91, BeckRS 1992, 30853967.

1174 LAG Nürnberg, Beschluss vom 05.05.1992 – 6 TaBV 10/91, BeckRS 1992, 30853967.

1175 LAG Nürnberg, Beschluss vom 05.05.1992 – 6 TaBV 10/91, BeckRS 1992, 30853967.

1176 BAG, Beschluss vom 21.11.1978 – 1 ABR 67/76, AP BetrVG 1972 § 87 Arbeitszeit Nr. 2.

1177 *Gutzeit*, in: GK-BetrVG, § 87, Rn. 417.

1178 Wie es zum Beispiel folgende Einigungsstelle vertritt: Einigungsstellenspruch über die Mitbestimmungsrechte bei teilweiser Aufhebung von Kurzarbeit gemäß § 87 Abs. 1 Nr. 3 BetrVG, NZA 1992, 1020 (1021).

1179 Eine solche Abwägung nimmt auch das BAG in vergleichbarer (Überstunden-)Situation vor: BAG, Urteil vom 25.02.1997 – 1 AZR 642/96, ZTR 1997, 574 (574).

dass sich eine mitbestimmungsrechtliche Andersbehandlung deshalb verbiete.[1180] Damit zieht er den falschen Schluss. Insbesondere da die Interessenlage bei der Beendigung eine andere und weniger belastende ist, ist eine Ablehnung des Mitbestimmungsrechts gerade deshalb geboten.

Befürworter des Mitbestimmungsrechts sehen auch eine Missbrauchsgefahr und damit Entwertung der Mitbestimmung, wenn der Arbeitgeber die Kurzarbeit schlicht wieder beenden könnte, wenn ihm die vereinbarten Modalitäten nicht zusagen. Dagegen ist aber klar anzuführen, dass sich der Arbeitgeber in der Kurzarbeitsperiode in einer wirtschaftlichen Instabilitätsphase befindet und gerade deshalb auf die Kurzarbeit angewiesen ist. Eine Beendigung der Kurzarbeit allein aus diesem Grund hat die Rückführung auf die Zahlung der ursprünglichen Löhne zur Folge, was dann wieder zu dem Ursprungsproblem führt, weshalb die Kurzarbeit anfänglich überhaupt eingeführt wurde. Das wäre wohl kaum gewinnbringend und schon gar nicht zielführend.

c) Keine Notwendigkeit für ein Mitbestimmungsrecht des Betriebsrats

Die teleologische Auslegung des § 87 Abs. 1 Nr. 3 BetrVG ergibt kein Recht des Betriebsrats bei jeder Änderung der eingeführten Kurzarbeit mitzubestimmen.[1181] Es gibt keinen Hinweis darauf, dass es einer Erweiterung des Mitbestimmungsrechts auf die Kurzarbeitsregelung im Ganzen bedarf.[1182] Es gilt auch vonseiten des Betriebsrats zu beachten, dass es auch im Rahmen der sozialen Mitbestimmung einen mitbestimmungsfreien Bereich des Arbeitgebers gibt.[1183] Dem Arbeitgeber muss die Freiheit gegeben werden, sein Unternehmen eigennützig und eigenverantwortlich führen und organisieren zu können.

Schlussendlich bleibt das überzeugendste Argument, dass die Beendigung der Kurzarbeit keine vorübergehende Änderung weg von der betriebsüblichen Arbeitszeit ist, sondern eine dauerhafte Änderung hin zu ihr.[1184] Bei

1180 *Jene*, Kurzarbeit und betriebliche Mitbestimmung, S. 97.
1181 BAG, Beschluss vom 21.11.1978 – 1 ABR 67/76, AP BetrVG 1972 § 87 Arbeitszeit Nr. 2.
1182 Darstellung der Ausführungen des LAG Bremen in BAG, Beschluss vom 21.11.1978 – 1 ABR 67/76, AP BetrVG 1972 § 87 Arbeitszeit Nr. 2; und so auch: BAG, Beschluss vom 21.11.1978 – 1 ABR 67/76, AP BetrVG 1972 § 87 Arbeitszeit Nr. 2 mit Verweis auf die Regelung des dem Urteil zugrundeliegenden Spruchs der Einigungsstelle.
1183 *Neyses*, BlStSozArb 1977, 181 (181).
1184 *Bischof*, NZA 1995, 1021 (1026).

Beendigung der Kurzarbeit hat das vorübergehende Element ausgedient und ist als Tatbestandsmerkmal schon nicht erfüllt.[1185]

Wiedemann/Moll erwähnen noch eine Konstellation, die dies auch anschaulich macht. Angenommen, man gäbe dem Betriebsrat ein Mitbestimmungsrecht an die Hand und der Betriebsrat verweigerte die Zustimmung zum Abbau von Kurzarbeit. Dann würde der Betriebsrat einen dauerhafteren Zustand herstellen durch den Verbleib in Kurzarbeit. Aber auf eine dauerhafte Verkürzung der betriebsüblichen Arbeitszeit bezieht sich sein Mitbestimmungsrecht schon nach dem Wortlaut klar nicht.[1186] Spätestens die Einigungsstelle würde dann sinnvollerweise der Beendigung zustimmen.[1187] Dann ist aber auch der Zuspruch eines Mitbestimmungsrechts nicht notwendig; denn der Auftragsmangel ist behoben – es kann wieder zum Status quo ante zurückgekehrt werden.

5. Zwischenergebnis

Zusammenfassend ist festzuhalten, dass weder der Wortlaut noch die systematische oder historische Auslegung es gebieten, dass ein Mitbestimmungsrecht im Rahmen der Rückkehr zur Vollarbeit vonnöten ist. Dass man den Einleitungssatz mit dem Satzzeichen so liest, dass die Mitbestimmung „bei" der Kurzarbeit gegeben sein soll, ist eher ein Hineinlesen als eine Auslegung. Dieses Ergebnis wird in besonderem Maße unterstrichen durch die teleologische Auslegung. Es ist auch im Rahmen des Mitbestimmungsrechts nach den Grundsätzen der Billigkeit abzuwägen zwischen den Interessen des Arbeitsgebers und denen der Arbeitnehmer bei der Beendigung der Kurzarbeit. Bei der Beendigung ist der Eingriff weniger schwerwiegend, was ein Mitbestimmungsrecht im Hinblick auf den actus-contrarius-Gedanken nicht notwendig werden lässt.

Eine Differenzierung von vorzeitiger Beendigung und genereller Beendigung ist nach dieser Begründung nicht notwendig. In beiden Fällen ist kein Mitbestimmungsrecht anzunehmen. Dem denkbaren Fall, dass der Arbeitgeber versichert hat, dass die Kurzarbeit nur genau so und so lange durchgeführt wird, ist mit *Bischof* zu begegnen, der richtig darauf hinweist, dass die Einführung von Kurzarbeit diese nur ermöglicht, nicht aber gebietet.[1188]

1185 *Lieb/Jacobs*, Arbeitsrecht, Rn. 806; *Schlegel*, Die Mitbestimmung des Betriebsrates bei Überstunden nach § 87 Abs. 1 Nr. 3 BetrVG, S. 110.

1186 *Wiedemann/Moll*, Anmerkung zu BAG, Urteil vom 25.10.1977 – 1 AZR 452/74, AP BetrVG 1972 § 87 Arbeitszeit Nr. 1.

1187 *Wiedemann/Moll*, Anmerkung zu BAG, Urteil vom 25.10.1977 – 1 AZR 452/74, AP BetrVG 1972 § 87 Arbeitszeit Nr. 1.

1188 *Bischof*, NZA 1995, 1021 (1026).

Den Befürwortern des Mitbestimmungsrechts wegen der Notwendigkeit eines Initiativrechts bei der vorzeitigen Beendigung[1189] ist entgegenzuhalten, dass man die Diskussion rund um das Mitbestimmungsrecht nicht vom gewünschten Ergebnis her denken darf. Man kann nicht dem Betriebsrat unter allen Umständen ein Initiativrecht an die Hand geben wollen, wenn schon aus teleologischen Gesichtspunkten kein Mitbestimmungsrecht gegeben ist. Denn nur so weit das Mitbestimmungsrecht reicht, kann dem Betriebsrat auch ein Initiativrecht zugesprochen werden.[1190]

Es kann bereits im Rahmen der Einführung von Kurzarbeit auf ausreichenden Arbeitnehmerschutz geachtet werden, wenn beispielswiese Ankündigungsfristen für die Beendigung[1191] oder eine Regelung der Erreichbarkeit[1192] vereinbart werden, gerade um zu erwartende unbillige Härten auszugleichen. Ebenso kann, wenn dies für notwendig erachtet wird, eine Rahmenvereinbarung geschlossen werden, nach der wöchentlich oder monatlich, je nachdem wie der konkrete Einzelfall ausgestaltet ist, neu vereinbart werden, welcher Arbeitnehmer wie lange und in welcher Ausgestaltung in Kurzarbeit geschickt wird.[1193]

IV. Ausgewählte Sonderkonstellationen

Im Folgenden sollen, ausgehend von der bislang aufgestellten These, dass der Betriebsrat grundsätzlich kein Mitbestimmungsrecht bei der Beendigung der Kurzarbeit hat, Sonderkonstellation beleuchtet werden, in denen man zu einem anderen Ergebnis kommen kann.

1. Mitbestimmung bei einer Unterbrechung der Kurzarbeit

In einem ersten Schritt soll untersucht werden, ob auch dann ein Mitbestimmungsrecht abzulehnen ist, wenn die Kurzarbeit unterbrochen werden soll.[1194] Grundlegender Unterschied zur Situation der Beendigung ist dabei, dass die Kurzarbeit zwar gegebenenfalls auch vorzeitig beendet wird, aber nur für einen vorübergehenden Zeitraum. Es handelt sich somit, wie auch

1189 Allen voran *Jene*, Kurzarbeit und betriebliche Mitbestimmung, S. 98.

1190 *Richardi*, ZfA 1976, 1 (43).

1191 Siehe dazu: S. 158 ff.

1192 Siehe dazu: S. 171 ff.

1193 *Schaub/Schindele*, Kurzarbeit, Rn. 149.

1194 Sozialrechtlich stellt sich die Situation der Unterbrechung gemäß § 104 Abs. 3 SGB III so dar, dass nach einer Unterbrechung von mindestens drei Monaten erneut Kurzarbeitergeld für die übliche Regelbezugsdauer nach § 104 Abs. 1 S. 1 SGB III gewährt werden kann; dafür bedarf es einer Neubeantragung und es müssen die Voraussetzungen für den Bezug von Kurzarbeitergeld erneut vorliegen.

bei der Einführung der Kurzarbeit, um eine vorübergehende Änderung und nicht, wie im Fall der vorzeitigen Beendigung, um eine dauerhafte. Auch bei dieser Fragestellung wird sowohl vertreten, dass ein Mitbestimmungsrecht bestehen soll,[1195] als auch, dass ein solches abzulehnen ist.[1196]

Auch hier wäre nach einer Wortlautauslegung ein Mitbestimmungsrecht nur gegeben, wenn man das von *Jene* geforderte „bei", welches sich aus dem Doppelpunkt im Einführungssatz in § 87 Abs. 1 BetrVG ergebe, hineinliest. Dann habe der Betriebsrat mitzubestimmen „bei" der vorübergehenden Verkürzung der betriebsüblichen Arbeitszeit; also eine Erstreckung des Mitbestimmungsrechts auf alle Vorgänge „bei" der vorübergehenden Verkürzung und damit „bei" der Kurzarbeit.[1197]

Zwar wäre das Wort „vorübergehend" i. S. v. § 87 Abs. 1 Nr. 3 BetrVG bei der Unterbrechung der Kurzarbeit tatbestandlich erfüllt, aber auch die Unterbrechung der Kurzarbeit hat eine Rückkehr zur betriebsüblichen Arbeitszeit zur Folge. Die Unterbrechung der Kurzarbeit mit dem Ziel, wieder zu ihr zurückzukehren, wäre also eine Verlängerung der vorübergehend eingeführten Kurzarbeit hin zu einer vorübergehend bestehenden betriebsüblichen Arbeitszeit. Auch der 1. Senat des Bundesarbeitsgerichts hat betont, dass der Abbau von Kurzarbeit nicht dem Begriff der Verlängerung der betriebsüblichen Arbeitszeit entspricht.[1198]

Bischof ist der Auffassung, dass jede Rückführung auf die betriebsübliche Arbeitszeit mitbestimmungsfrei sein soll, da die Arbeitnehmerinteressen nicht tangiert werden. Schließlich habe sich der Arbeitnehmer im Ursprungsarbeitsvertrag zu der Arbeitszeit, zu der – wenn auch bei der Unterbrechung nur vorübergehend – zurückgekehrt werden soll, verpflichtet.[1199] Im Grund genommen und im Ergebnis ist es angebracht, der Auffassung *Bischofs* mit folgendem Hinweis beizupflichten: Es werden zwar Arbeitnehmerinteressen berührt, allerdings nicht in vergleichbar gravierender Weise wie bei der Ein-

---

1195 *Fitting*, Betriebsverfassungsrecht Handkommentar, § 87 BetrVG, Rn. 153; *Wiedemann/Moll*, Anmerkung zu BAG, Beschluss vom 21.11.1978 – 1 ABR 67/76, AP BetrVG 1972 § 87 Arbeitszeit Nr. 2; *Klebe*, in: Däubler/Klebe/Wedde, § 87 BetrVG, Rn. 115; *Windhorst/Lange*, in: Helm/Bundschuh/Wulff, § 20, Rn. 52; kritisch: *Schlegel*, Die Mitbestimmung des Betriebsrates bei Überstunden; teilweise wird die Situation der Unterbrechung auch mit der Mitbestimmungsfrage bei Eil- und Notfällen verglichen und insofern eine Gleichbehandlung gefordert, so: *Simitis*/Weiss, DB 1973, 1240 (1243); kritischer: *Bischof*, NZA 1995, 1021 (1025).

1196 *Bischof*, NZA 1995, 1021 (1026); *Sprenger*, RdA 2022, 374 (378); *Worzalla*, in: HWGNRH, § 87 BetrVG, Rn. 239.

1197 *Jene*, Kurzarbeit und betriebliche Mitbestimmung, S. 94.

1198 BAG, Beschluss vom 21.11.1978 – 1 ABR 67/76, AP BetrVG 1972 § 87 Arbeitszeit Nr. 2.

1199 *Bischof*, NZA 1995, 1021 (1027).

führung der Kurzarbeit,[1200] bei der aus diesem Grund ein Mitbestimmungsrecht besteht. *Bischof* geht in einem nächsten Schritt darauf ein, dass auch die Rückkehr zur Kurzarbeit nach der Unterbrechung mitbestimmungsfrei sein soll, weil in den zuvor von der Betriebsvereinbarung gesteckten Rahmen zurückgekehrt wird.[1201] Dem ist zuzustimmen.

Teilweise wird gefordert, dass der Betriebsrat schon bei der Einführung von Kurzarbeit in vorauseilendem Gehorsam seine Zustimmung für immer wieder auftretende Eilfälle, wie zum Beispiel Unterbrechungen, erteile.[1202] Aus diesem Grund biete sich eine Rahmenbetriebsvereinbarung an, da ansonsten jede Änderung mitbestimmungspflichtig wäre.[1203] Dagegen ist zu sagen, dass das Gesetz – wie bereits dargelegt – kein Mitbestimmungsrecht bei jeder einzelnen Angelegenheit, bzw. „bei“ der Kurzarbeit vorsieht, also auch eine vorherige Zustimmung zu einer Unterbrechung nicht nötig wäre,[1204] da diese nicht mitbestimmungspflichtig ist.

Es darf nicht dazu kommen, dass die mitbestimmungsfreie Unterbrechung der Kurzarbeit missbraucht wird. Die Unterbrechung der Kurzarbeit soll einer vorübergehend bestehenden guten Auftragslage entgegenkommen. Es darf jedoch nicht dazu führen, dass die Kurzarbeit mit Unterbrechungen zu einem von Staatskosten finanzierten Modell der Arbeit auf Abruf wird. Auch diese Missbrauchsgefahr lässt sich durch eine angemessene Ankündigungsfrist zumindest auffangen.

2. Mitbestimmungsrecht bei länger andauernder Kurzarbeit

In einem nächsten Schritt soll untersucht werden, ob auch dann kein Mitbestimmungsrecht besteht, wenn eine Beendigung nach länger andauernder Kurzarbeit bevorsteht. Der Untersuchung wird dabei der folgende Gedanke zugrunde gelegt: Sollte die Kurzarbeit für eine längere Zeit bestehen, könnte man vertreten, dass die in Kurzarbeit geleistete Arbeitszeit die nunmehr „neue“ betriebsübliche Arbeitszeit darstellt.[1205] Daraus folgt, dass der Wortlaut des § 87 Abs. 1 Nr. 3 BetrVG wieder einschlägig wäre. Denn dann wür-

---

1200 Siehe oben: Kapitel zur Interessenabwägung, S. 102 ff.

1201 *Bischof*, NZA 1995, 1021 (1027); dazu auch kurz: Einigungsstellenspruch über die Mitbestimmungsrechte bei teilweiser Aufhebung von Kurzarbeit gemäß § 87 Abs. 1 Nr. 3 BetrVG, NZA 1992, 1020 (1020 f.).

1202 BAG, Urteil vom 03.06.2003 – 1 AZR 349/02, NZA 2003, 1155 (1159).

1203 *Meyer*, RdA 2019, 223 (228).

1204 BAG, Urteil vom 03.06.2003 – 1 AZR 349/02, NZA 2003, 1155 (1159), auch siehe oben: S. 202 ff.

1205 Vgl. *Wiedemann/Moll*, Anmerkung zu BAG, Urteil vom 25.10.1977 – 1 AZR 452/74, AP BetrVG 1972 § 87 Arbeitszeit Nr. 1.

de es sich bei der Beendigung um eine Veränderung der betriebsüblichen Arbeitszeit handeln.

Eine solche länger andauernde Kurzarbeit soll gegeben sein, wenn sie über mehrere Jahre besteht.[1206] Dass dieses Szenario der mehrjährigen Kurzarbeit (Null) kein völlig theoretisches ist, hat jüngst die Covid-19-Pandemie gezeigt.[1207] Teilweise wird vor dem Hintergrund der länger andauernden Kurzarbeit auch vertreten, dass man sich hinsichtlich der Länge an den Bezugszeiträumen des sozialrechtlichen Kurzarbeitergeldes orientiert werden soll.[1208] Das sind gemäß § 104 Abs. 1 SGB III längstens zwölf Monate. Allerdings hat der Gesetzgeber die Bezugszeiträume gerade im Rahmen der Pandemie immer wieder verlängert, teilweise auf bis zu 28 Monate.[1209] Folgt man dieser Ansicht, wird jedenfalls deutlich, dass der länger andauernde Zeitraum ein sehr dehnbarer Begriff sein kann.

Der 1. Senat des Bundesarbeitsgerichts hat sich 2003 mit der Frage auseinandergesetzt, wann die durch Kurzarbeit verkürzte Arbeitszeit die „neue" betriebliche Arbeitszeit darstellt und festgestellt, dass diese Bewertung davon abhängt, ob die Verkürzung „die regelmäßige betriebliche Arbeitszeit in ihrer Regelhaftigkeit und als die „normale" betriebliche Arbeitszeit der betreffenden Arbeitnehmer unverändert lässt oder gerade diese Norm ändert und zu einer neuen regelmäßigen betrieblichen Arbeitszeit führt. Maßgeblich ist damit, ob die bisherige betriebsübliche Arbeitszeit die „übliche" bleibt und die Arbeitszeitverteilung bezüglich der einzelnen Arbeitnehmer weiterhin prägt."[1210]

Wenn man zunächst den Begriff der Betriebsüblichkeit in den Vordergrund stellt, insbesondere die Üblichkeit in betriebsüblich, könnte man „üblich" auch mit „normal" oder „die Regel sein"[1211] ersetzen. Wenn man sich den Wortlaut anschaut, ist nicht zu leugnen, dass bei einer länger andauernden

1206 *Tödtmann*, in: Tödtmann/v. Bockelmann, Arbeitsrecht in Not- und Krisenzeiten, B., Rn. 213.

1207 Siehe oben: Kapitel zur Covid-19-Pandemie in der Geschichte der Kurzarbeit, S. 22 f.

1208 *Meyer*/Wall, Kurzarbeit und Kurzarbeitergeld, S. 64 f., Rn. 142, S. 81, Rn. 227; darauf geht *Wall* explizit ein, um zu verdeutlichen, dass vorübergehend bei Kurzarbeit anders als bei ordentlich betriebsbedingten Kündigungen im Rahmen des dauerhaften Wegfalls des Beschäftigungsbedarfs auszulegen ist, Grenze jedoch mittlerweile schwammig, weil die verlängerte Kurzarbeitergeldbezugsgeltungsdauer die Abgrenzung beider Instrumente erschwert habe.

1209 Im Rahmen der Covid-19-Pandemie wurde die Bezugsdauer für das Kurzarbeitergeld auf bis zu 28 Monate verlängert, siehe § 421c Abs. 3 SGB III a. F. in der bis zum 01.01.2023 geltenden Fassung.

1210 BAG, Urteil vom 03.06.2003 – 1 AZR 349/02, NZA 2003, 1155 (1157).

1211 Die Regelhaftigkeit als Kennzeichen der Betriebsüblichkeit: BAG, Urteil vom 03.06.2003 – 1 AZR 349/02, NZA 2003, 1155 (1158).

Kurzarbeit die so gekürzte Arbeitszeit die Regel geworden ist; dass vielleicht sogar die Kurzarbeit Null „normal" wurde. Durch die monate- oder jahrelange Kurzarbeit könnte also die Kurzarbeitszeit die ursprüngliche betriebsübliche ersetzt haben.[1212] Aus diesem Grund wird teilweise ein Mitbestimmungsrecht bei Beendigung nach (teilweise) jahrelang durchgeführter Kurzarbeit bejaht.

Gegen ein Mitbestimmungsrecht spricht wiederum der systematische Vergleich zur Überstundensituation. Der 1. Senat des BAG entschied, dass auch dann, wenn über einen längeren Zeitraum Überstunden geleistet werden, sich dadurch die regelmäßige betriebsübliche Arbeitszeit nicht ändert. Das Gericht stellte dabei nicht auf die tatsächliche Dauer des Zeitraums der geleisteten Überstunden, sondern auf den Arbeitsvertrag ab, der die Grundlage auch für die Anordnung von Überstunden bildete.[1213] Auch über einen längeren Zeitraum hinweg werde die durch Mehrarbeit erhöhte Arbeitszeit nicht zur betriebsüblichen Arbeitszeit.[1214] Dies ist auf die Kurzarbeitssituation zu übertragen. Auch die länger andauernde Kurzarbeit ändert die betriebsübliche Arbeitszeit nicht. Mithin ist § 87 Abs. 1 Nr. 3 BetrVG auch bei länger andauernder Kurzarbeit im Hinblick auf die Beendigung kein Mitbestimmungsrecht zu entnehmen.[1215] Gegen ein Mitbestimmungsrecht spricht auch, dass der § 87 Abs. 1 Nr. 3 wegen des dort vorherrschenden Enumerationsprinzips nicht exzessiv auszufüllen ist; vielmehr ist das dort Aufgeführte abschließend.[1216]

Man sollte die Auslegung aber eher auf folgendes stützen: Vereinbart wurde die Kurzarbeit als Phase der Überbrückung. Die Auslegung muss dem Ausnahmecharakter der Regelung gerecht werden.[1217] Bei einer Dauer von zwei Jahren kann man nicht mehr von der Überbrückung einer Ausnahmesituation sprechen.[1218] Dass sich an dieser Überbrückungsfunktion der Kurzarbeit

1212 Vgl. BAG, Beschluss vom 21.11.1978 – 1 ABR 67/76, AP BetrVG 1972 § 87 Arbeitszeit Nr. 2.

1213 BAG, Urteil vom 25.10.1977 – 1 AZR 452/74, AP BetrVG 1972 § 87 Arbeitszeit Nr. 1.

1214 BAG, Urteil vom 25.10.1977 – 1 AZR 452/74, AP BetrVG 1972 § 87 Arbeitszeit Nr. 1.

1215 BAG, Urteil vom 25.10.1977 – 1 AZR 452/74, AP BetrVG 1972 § 87 Arbeitszeit Nr. 1; so auch explizit für die Kurzarbeitssituation: BAG, Beschluss vom 21.11.1978 – 1 ABR 67/76, AP BetrVG 1972 § 87 Arbeitszeit Nr. 2; *Bischof*, NZA 1995, 1021 (1024); *Stege/Weinspach*, Betriebsverfassungsgesetz, 3. Auflage 1978, S. 294; *Werner*, in: BeckOK ArbR, § 87 BetrVG, Rn. 64.

1216 *Wiedemann/Moll*, Anmerkung zu BAG, Urteil vom 25.10.1977 – 1 AZR 452/74, AP BetrVG 1972 § 87 Arbeitszeit Nr. 1.

1217 LAG Berlin-Brandenburg, Urteil vom 09.08.2019 – 9 Sa 1874/18, NZA-RR 2019, 653 (655 Rn. 36).

1218 LAG Berlin-Brandenburg, Urteil vom 09.08.2019 – 9 Sa 1874/18, NZA-RR 2019, 653 (655 Rn. 37).

ungeachtet dessen nichts ändern soll, macht das folgende Beispiel deutlich: Wenn ein Arbeitnehmer, der in Kurzarbeit Null ist, über mehrere Jahre null Stunden arbeitet, kann es weder nach dem Wortlaut des § 87 Abs. 1 Nr. 3 BetrVG, noch im Parteiinteresse sein, dass diese null Stunden Arbeit die betriebsübliche Arbeitszeit darstellen. Eine rein tatsächliche Betrachtung ist daher schwierig und nicht zielführend. Es ist die Überbrückungsfunktion der Kurzarbeit als Phase, die zur betriebsüblichen Arbeitszeit wieder zurückführen soll, in den Mittelpunkt zu rücken. Auch bei jahrelang geleisteter Kurzarbeit ändert sich dadurch nicht die betriebsübliche Arbeitszeit.[1219] Es ist *Wiedemann/Moll* zuzustimmen, dass man im Einzelfall zu einer anderen Bewertung kommen kann, wenn eine stillschweigende Vertragsänderung oder ein Fall einer betrieblichen Übung vorliegt.[1220]

Für die Mitbestimmungsfreiheit bei lang anhaltender Kurzarbeit spricht ferner, dass der Betriebsrat, wenn von Anfang an der Dauercharakter gewollt wäre, nicht bei der Einführung und somit erst recht nicht bei der Beendigung mitzubestimmen hätte.[1221]

Aber selbst, wenn man dies anders sieht und in der gekürzten Arbeitszeit die neue betriebsübliche Arbeitszeit sieht, ist diese Argumentation auch zu Ende denken. Will man dann die Beendigung dieses Zustandes, weil der derzeitig vorherrschende Zustand die betriebsübliche Arbeitszeit ist, unter § 87 Abs. 1 Nr. 3 BetrVG subsumieren, folgt daraus, dass es sich bei dem erstrebten Zustand um eine Verlängerung handeln muss. Denn es herrscht Kurzarbeit und es soll zur Vollarbeit zurückgekehrt werden, ergo wird die Arbeitszeit wieder verlängert. Es wird dabei oft übersehen, dass diese angestrebte Verlängerung wiederum vorübergehend sein muss, dass das Mitbestimmungsrecht aus § 87 Abs. 1 Nr. 3 BetrVG greift.[1222] Und das ist nicht der Fall. Denn die Beendigung der Kurzarbeit findet in der Annahme statt, dass es bei dem ursprünglich im Arbeitsvertrag vereinbarten sodann dauerhaft bleibt.[1223] Demzufolge wäre diese Verlängerung der zwar betriebsüblichen Arbeitszeit nicht vorübergehend und die Entscheidung wäre wiederum mitbestimmungsfrei.

1219 So hinsichtlich Überstunden: BAG, Urteil vom 25.10.1977 – 1 AZR 452/74, SAE 1978, 161 (162); zustimmend *Bohn*, Anm. zu BAG, Urteil vom 25.10.1977 – 1 AZR 452/74, SAE 1978, 161 (163).

1220 *Wiedemann/Moll*, Anmerkung zu BAG, Urteil vom 25.10.1977 – 1 AZR 452/74, AP BetrVG 1972 § 87 Arbeitszeit Nr. 1.

1221 *Wiedemann/Moll*, Anmerkung zu BAG, Beschluss vom 21.11.1978 – 1 ABR 67/76, AP BetrVG 1972 § 87 Arbeitszeit Nr. 2.

1222 So auch: *Stoffels*, in: FS Henssler 2023, 643 (653).

1223 *Schlegel* betont explizit, dass es von „entscheidender“ Bedeutung sein, ob es im Einzelfall um eine vorübergehende oder eine dauerhafte Änderung geht: *Schlegel*, Die Mitbestimmung des Betriebsrates bei Überstunden nach § 87 Abs. 1 Nr. 3 BetrVG, S. 111 f.

Zusammenfassend ist zu sagen, dass sich bei konsequenter Anwendung des § 87 Abs. 1 Nr. 3 BetrVG keine Auffassung für ein Mitbestimmungsrecht bei Beendigung von langanhaltender Kurzarbeit ausspricht. Im Ergebnis ist festzuhalten, dass kein Mitbestimmungsrecht in Bezug auf die Beendigung bei länger andauernder Kurzarbeit besteht. Daran ändert sich auch nichts, wenn die Kurzarbeit länger andauert.

3. Mitbestimmung bei einem schrittweisen Ausstieg aus der Kurzarbeit

Schließlich ist noch der Fall des schrittweisen Ausstiegs aus der Kurzarbeit zu betrachten.[1224] Höchstrichterliche Rechtsprechung zu dieser Problemstellung gibt es nicht. Jedoch erwähnte der 1. Senat des Bundesarbeitsgerichts in einem Nebensatz einer Entscheidung zum Mitbestimmungsrecht beim Abbau von Überstunden, dass zum Schutzzweck des § 87 Abs. 1 Nr. 3 BetrVG auch die Sicherung der gerechten Verteilung gehöre. Diese Frage sei aber nur bei einem teilweisen Wegfall berührt.[1225] Übertragen auf die Kurzarbeit könnte das bedeuten, dass bei einem teilweisen Wegfall und damit einem schrittweisen Ausstieg aus der Kurzarbeit ein Mitbestimmungsrecht nach § 87 Abs. 1 Nr. 3 BetrVG gegeben ist. Denn die Verteilung der „verbleibenden" Kurzarbeit soll gerecht erfolgen und diese gerechte Verteilung soll wiederum durch das Mitbestimmungsrecht gesichert werden.

Weiter lehnte das Arbeitsgericht Hamm den Erlass einer einstweiligen Verfügung zur schrittweisen Aufhebung der Kurzarbeit ab: Bei einem Abbau von Kurzarbeit Null und einer Erhöhung des Arbeitsvolumens auf 20, beziehungsweise 80 Prozent bestehe ein Mitbestimmungsrecht des Betriebsrats.[1226]

Um methodisch heranzugehen, wird zuerst eine Wortlautauslegung vorangestellt: Der schrittweise Ausstieg aus der Kurzarbeit stellt zwar eine vorübergehende Verlängerung dar, aber nicht eine Verlängerung der betriebsüblichen Arbeitszeit. Denn die in Kurzarbeit vorherrschende Arbeitszeit wird grundsätzlich nicht zur betriebsüblichen Arbeitszeit. Das spricht gegen ein Mitbestimmungsrecht.

Teilweise wird aber ein Mitbestimmungsrecht des Betriebsrats bei der schrittweisen Aufhebung der Kurzarbeit bejaht.[1227] Wenn zwar in verrin-

---

1224 Die Möglichkeit eines solchen schrittweisen Ausstiegs ansprechend: *Brenke/Rinne/Zimmermann*, Kurzarbeit, Wochenbericht des DIW Berlin Nr. 16/2010, S. 12.

1225 BAG, Urteil vom 25.02.1997 – 1 AZR 642/96, ZTR 1997, 574 (575).

1226 ArbG Hamm, Beschluss vom 04.05.2020 – 2 BVGa 2/20, BeckRS 2020, 14292, Rn. 8; Zustimmend: *Beseler*, AA 2021, 069 (069 ff.).

1227 *Kohte*, jurisPR-ArbR 43/2021, Anm. 2 zu ArbG Hamm, Beschluss vom 04.05.2020 – 2 BVGa 2/20; *Schaub/Schindele*, Kurzarbeit, Rn. 284.

gertem Umfang, aber dennoch weiterhin Kurzarbeit vereinbart ist, sei die Regelung, wer in welchem Umfang weiterhin von der Kurzarbeit betroffen ist, mitbestimmungspflichtig.[1228] Erneut ist die Auffassung von *Jene*[1229] und bereits dargelegte Diskussion um ein Mitbestimmungsrecht „bei" der Kurzarbeit heranzuziehen. Es sei immer noch der von § 87 Abs. 1 Nr. 3 BetrVG gewollte Schutz betroffen, wenn es darum geht, wer wie stark von der Kurzarbeit betroffen ist.[1230] Diese Entscheidung sei Teil des klassischen Gestaltungsspielraums, der dem Betriebsrat im Rahmen der echten Mitbestimmung zuzugestehen ist.[1231]

Eben jenes Argument spricht aber gegen ein Mitbestimmungsrecht des Betriebsrats. Gerade weil es nur einen einzelnen Arbeitnehmer betrifft, und damit eine Sonderbelastung einzelner, ist keine Schutzfunktion des Betriebsrats vonnöten.[1232] Auch positioniert sich das Bundesarbeitsgericht in der Entscheidung zum Mitbestimmungsrecht beim Abbau von Kurzarbeit richtig, wenn es sich dahingehend äußert, dass eine Abänderung der Kurzarbeit, soweit sie sich zur ursprünglichen betriebsüblichen Arbeitszeit hinwendet, nicht mitbestimmungspflichtig ist.[1233] Auch im Rahmen dieser Diskussion bleibt es dabei, dass dem Betriebsrat kein Mitbestimmungsrecht „bei" der Kurzarbeit und hier für den Fall des schrittweisen Ausstiegs kein Mitbestimmungsrecht zusteht. Der Wortlaut von § 87 Abs. 1 Nr. 3 BetrVG ist eindeutig[1234] und bedarf keiner Korrektur. Bei der schrittweisen Rückkehr zum Normalzustand geht es nicht um die Veränderung der betriebsüblichen Arbeitszeit. Die schrittweise Rückführung ist auch ohne Beteiligung des Betriebsrats möglich.

V. Ergebnis

Zusammenfassend ist festzuhalten, dass es kein grundsätzliches Mitbestimmungsrecht bei der Kurzarbeit gibt und somit kein Mitbestimmungsrecht bei der Beendigung. Die Anwendung des actus-contrarius-Gedankens führt auch hier nicht zwingend zu einem Mitbestimmungsrecht. Der Betriebsrat hat kein Mitbestimmungsrecht bei der vorzeitigen Beendigung oder einer

1228 *Ulber*, AiB 2007, 5 (13).

1229 *Jene*, Kurzarbeit und betriebliche Mitbestimmung, S. 94.

1230 *Klebe*, in: Däubler/Klebe/Wedde, § 87 BetrVG, Rn. 115; *Werner*, in: BeckOK ArbR, § 87 BetrVG, Rn. 64.

1231 Einigungsstellenspruch über die Mitbestimmungsrechte bei teilweiser Aufhebung von Kurzarbeit gemäß § 87 Abs. 1 Nr. 3 BetrVG, NZA 1992, 1020 (1021).

1232 *Bischof*, NZA 1995, 1021 (1026).

1233 BAG, Beschluss vom 21.11.1978 – 1 ABR 67/76, AP BetrVG 1972 § 87 Arbeitszeit Nr. 2.

1234 *Bischof*, NZA 1995, 1021 (1026).

Unterbrechung der Kurzarbeit. Die bei länger andauernder Kurzarbeit geleistete oder in Kurzarbeit Null nicht geleistete Arbeitszeit wird grundsätzlich nicht die betriebsübliche Arbeitszeit. Dem Betriebsrat ist daher auch kein Mitbestimmungsrecht bei der Rückkehr von länger andauernder Kurzarbeit zur Regelarbeitszeit zuzugestehen, da die zu verändernde Arbeitszeit nicht die betriebsübliche Arbeitszeit ist und die Änderung zurück zum Normalzustand dauerhaft und nicht vorübergehend ist. Beim schrittweisen Abbau der Kurzarbeit scheitert die Annahme eines Mitbestimmungsrechts ebenso daran, dass es sich dabei nicht um eine Änderung der betriebsüblichen Arbeitszeit handelt. Eine Veränderung der Kurzarbeit in Form einer Hinwendung zur betriebsüblichen Arbeitszeit unterliegt folglich in keinem Fall der Mitbestimmung des Betriebsrats.

G. Ergebnisse

Ziel der Bearbeitung war es, die Frage zu beantworten, ob und wie die Kurzarbeit (vorzeitig) beendet werden kann und wie dabei im Hinblick auf schützenswerte individual- und kollektivrechtliche, aber auch tatsächliche Interessen der jeweils anderen Partei Rücksicht zu nehmen ist. Die vorgenommene Untersuchung hat auf die Forschungsfrage hin acht zentrale Ergebnisse entwickelt, die im folgenden thesenartig zusammengefasst werden.

Erstens: Nicht jede Verkürzung der Arbeitszeit ist Kurzarbeit. Kurzarbeit ist die vorübergehende Verkürzung der betriebsüblichen regelmäßigen Arbeitszeit mit der Folge einer entsprechenden Lohnkürzung bei geplanter anschließender Rückkehr zum vereinbarten Zeitumfang.

Zweitens: Da die Einführung der Kurzarbeit eine Rechtsänderung zur Folge hat, muss auch die rechtsgeschäftliche Erklärung zur Beendigung der Kurzarbeit eine Erklärung mit Rechtsfolgewillen sein.

Drittens: Der Arbeitgeber kann nicht kraft seines Direktionsrechts die Kurzarbeit beenden. Durch die Einführung von Kurzarbeit wird der Arbeitsvertrag geändert; der veränderte Zustand gilt sodann im Arbeitsvertragsgefüge. Eine Rückführung zum ursprünglichen Zustand stellt somit eine erneute Änderung des Umfangs der Hauptleistungspflichten dar.

Viertens: Die Anwendung des actus-contrarius-Gedankens bei der Beendigung zu fordern, ist untauglich und wäre zu streng. Häufig ist die Einführung der Kurzarbeit (zu Recht) an viele Voraussetzungen gekoppelt, deren Beachtung bei der Beendigung in dieser Form nicht erforderlich ist. Dem Arbeitgeber muss es ermöglicht werden, kurzfristiger und leichter aus der Kurzarbeit und damit aus der Krise wieder herauszukommen. Ein spiegelbildlicher Konträrakt ist nur dann angemessen, wenn die Interessenlage bei Vereinbarung beziehungsweise Erteilung eines Rechts einerseits und bei der Lösung, beziehungsweise Entziehung des Rechts derart vergleichbar ist, dass ein solcher Schutz zu fordern wäre. Hinsichtlich der Interessen und der Eingriffsintensität ist aber festzuhalten, dass bei der Einführung von Kurzarbeit vor allem arbeitnehmerseitig Interessen bestehen, die hingegen bei der Beendigung nicht in gleichem Maße schützenswert sind. Ein Gleichlauf der Anforderungen bei Einführung und Beendigung kann deshalb nicht gefordert werden.

Fünftens: Im Fall der individualvertraglichen Vereinbarung der Kurzarbeit sollte die Möglichkeit ihrer einseitigen Beendigung bereits in der Vereinbarung zur Einführung mitgeregelt werden. Dabei bietet sich vor allem die Vereinbarung eines einseitigen Beendigungsrechts des Arbeitgebers mit der Pflicht zur Beachtung des Arbeitnehmerschutzes an. Fehlt eine solche Regelung, steht dem Arbeitgeber zur sofortigen Beendigung der Kurzarbeit die

Möglichkeit offen, dem Arbeitnehmer das Angebot zu machen, die Kurzarbeit zu beenden. Zudem ist im Wege der ergänzenden Vertragsauslegung vor allem im Hinblick auf den Zweck der Kurzarbeit ein einseitiges Beendigungsrecht des Arbeitgebers in die Kurzarbeitsvereinbarung hineinzulesen.

Sechstens: Im Rahmen der Einführung der Kurzarbeit durch eine Betriebsvereinbarung ist den Parteien zu raten, eine ausdrückliche Beendigungsregelung in die Betriebsvereinbarung aufzunehmen. Fehlt eine entsprechende Regelung, haben die Parteien auf eine gemeinsame Lösung hinzuwirken. Das Abwarten der regulären dreimonatigen Kündigungsfrist gemäß § 77 Abs. 5 BetrVG ist dem Arbeitgeber nicht zumutbar. Ein Beendigungsrecht kann im Einzelfall im Wege einer ergänzenden Auslegung in die Betriebsvereinbarung hineingelesen werden, da nur auf diese Weise der gemeinsam bestimmte Zweck der Kurzarbeit auch erreicht werden kann. Gleiches gilt für den Tarifvertrag.

Siebtens: Wenn der Arbeitgeber den Arbeitnehmer zur Vollarbeit zurückruft, hat er eine angemessene Ankündigungsfrist zu beachten. Um diese Ankündigungsfrist in Gang zu setzen, sollten die Modalitäten und die Form der Erreichbarkeit des Arbeitnehmers während der Kurzarbeit vereinbart werden. Aus §§ 611a, 241 Abs. 2, 242 BGB ergibt sich die arbeitsvertragliche Nebenpflicht der zumindest täglichen Erreichbarkeit. Bei der Rückholung zur Vollarbeit ist im Rahmen einer Auswahlentscheidung mehrerer Arbeitnehmer keine Sozialauswahl wie in § 1 Abs. 3 KSchG zu fordern. Vielmehr ist eine Weisung nach billigem Ermessen vor allem im Blick auf Rücksichtnahme und Beachtung der Arbeitnehmerbelange erforderlich.

Achtens: Die Beendigung der Kurzarbeit unterliegt in keinem Fall der Mitbestimmung des Betriebsrats. Es gibt kein generelles Mitbestimmungsrecht „bei" der Kurzarbeit. Auch die Anwendung des actus-contrarius-Gedankens führt nicht zum Bestehen eines Mitbestimmungsrechtes. Der Betriebsrat hat kein Mitbestimmungsrecht bei einer vorzeitigen Beendigung oder Unterbrechung der Kurzarbeit. Die bei länger andauernder Kurzarbeit geleistete oder in Kurzarbeit Null nicht geleistete Arbeitszeit wird grundsätzlich nicht zur betriebsüblichen Arbeitszeit. Dem Betriebsrat ist kein Mitbestimmungsrecht bei der Rückkehr von länger andauernder Kurzarbeit zuzugestehen, da die zu verändernde Arbeitszeit nicht die betriebsübliche ist und die Änderung dauerhaft sein wird. Beim schrittweisen Abbau der Kurzarbeit scheitert die Annahme eines Mitbestimmungsrechts daran, dass es sich nicht um eine Änderung der betriebsüblichen Arbeitszeit handelt.

H. Literaturverzeichnis

Ahrend, Peter: Die abändernde und ablösende Betriebsvereinbarung, Beilage 7/1987 zu Heft 11/87, BB 1987, S. 2–20.

Alles, Boris/Trübenbach, Hagen/Kipp, Theresa: (Auch) Kein Urlaubsanspruch bei Transferkurzarbeit „Null".“ NZA (2022), S. 1655–1659.

Althoff, Lars/Gänsler, Karsten: Arbeitszeit im Betrieb, 4. Auflage, München, 2021.

Arnold, Christian/Günther, Jens: Arbeitsrecht 4.0: Praxishandbuch zum Arbeits-, IP- und Datenschutzrecht in einer digitalisierten Arbeitswelt, 2. Auflage, München, 2022 (zitiert: *Bearbeiter*, in: Arnold/Günther, Arbeitsrecht 4.0).

Ascheid, Reiner/Preis, Ulrich/Schmidt, Ingrid (Hrsg.)/Linck, Rüdiger/Backhaus, Ludger/Biebl, Josef/Greiner, Stefan/Hesse, Dirk (Bearb.): Kündigungsrecht: Großkommentar zum gesamten Recht der Beendigung von Arbeitsverhältnissen, 7. Auflage, München, 2024 (zitiert: *Bearbeiter*, in: Ascheid/Preis/Schmidt, §).

Bach, Hans-Uwe/Spitznagel, Eugen: Betriebe zahlen mit – und haben was davon.“ IAB-Kurzbericht, 17 (2009), Institut für Arbeitsmarkt- und Berufsforschung – Die Forschungseinrichtung der Bundesagentur für Arbeit, Nürnberg, 2009.

Bachner, Michael/Heilmann, Micha: Die Betriebsvereinbarung – der erfolgreiche Betriebsrat, Frankfurt, 2010 (zitiert: *Bachner/Heilmann*, Die Betriebsvereinbarung).

Bähringer, Hartmut/Spiegelhalter, Hans J.: Kurzarbeit: Planung, Durchführung, Rechtsbestimmungen, 10. Auflage, Bergisch-Gladbach, 1985 (zitiert: *Bähringer/Spiegelhalter*, Kurzarbeit).

Barbey, Rainer: Recht auf Arbeitslosigkeit?: Ein Lesebuch über Leistung, Faulheit und die Zukunft der Arbeit, Essen, 2012 (zitiert: *Bearbeiter*, Titel, in: Barbey, Recht auf Arbeitslosigkeit?).

Barnhofer, Gabriele: Kurzarbeit zur Vermeidung betriebsbedingter Kündigung, Frankfurt am Main, 1995.

Bauer, Jobst-Hubertus/Günther, Jens: Kurzarbeit zur Krisenbewältigung – Einführung durch Änderungskündigung, NZA 2020, S. 419–422.

Bauer, Jobst-Hubertus/Günther, Jens: Ungelöste Probleme bei Einführung von Kurzarbeit, BB 2009, S. 662–667.

Bauer, Jobst-Hubertus/Kern, Jan: Wechselwirkung zwischen Kurzarbeit und Urlaub, NZA 2009, S. 925–929.

Bauer, Jobst-Hubertus/Lingemann, Stefan/Diller, Martin/Haußmann, Katrin (Begr.): Anwalts-Formularbuch Arbeitsrecht, 8. Auflage, Köln, 2025 (zitiert: *Bearbeiter*, in: Anwalts-Formularbuch Arbeitsrecht).

Bauer, Jobst-Hubertus/Rennpferdt, Maren: Kurzarbeit bei Führungskräften, BB 1993, S. 1078–1081.

Bayreuther, Frank: Einseitige Urlaubsgewährung durch den Arbeitgeber und Urlaub während der Kurzarbeit – Nicht nur, aber auch mit Blick auf den Lockdown während der Pandemie, NZA 2020, S. 1057–1063.

Bayreuther, Frank: Kurzarbeit, Urlaub und der EuGH, DB 2012, S. 2748–2751.

Bayreuther, Frank: Mehr Flexibilität hinsichtlich des Arbeitsumfangs?, NZA-Beilage 2018, S. 103–108.

Bayreuther, Frank: Rufbereitschaft als Arbeitszeit?, NZA 2018, S. 348–351.

Bayreuther, Frank: Urlaubsrecht – Finalisiert, NZA 2019, S. 945–951.

Beck-Online Großkommentar BGB, *Gsell, Beate/Krüger, Wolfgang/Lorenz, Stephan/Reymann, Christoph (Gesamthrsg.)*, München, 2025, Stand 01.01.2025 (zitiert: *Bearbeiter*, in: BeckOGK BGB).

Beck-Online Großkommentar zum SGB, *Knickrehm, Sabine/Deinert, Olaf (Gesamthrsg.)*, SGB III, München, 2025, Stand 01.01.2025 (zitiert: *Bearbeiter*, in: BeckOGK SGB III).

Beck-Online Großkommentar, GewO, *Gsell, Beate/Krüger, Wolfgang/Lorenz, Stephan/Reymann, Christoph (Gesamthrsg.)*, München, 2024, Stand 01.12.2024 (zitiert: *Bearbeiter*, in: BeckOGK GewO).

Beck, Christian: Kurzarbeit: Rechtssichere Umsetzung im Unternehmen. Kompaktwissen für Lohn und Personal, 4. Auflage, Nürnberg, 2022.

Beck'scher Online-Kommentar Arbeitsrecht, *Rolfs, Christian/Giesen, Richard/Meßling, Miriam/Udsching, Peter (Hrsg.)*, BeckOK Arbeitsrecht, 74. Edition, Stand 01.12.2024, München, 2024 (zitiert: *Bearbeiter*, in: BeckOK ArbR).

Beck'scher Online-Kommentar BGB, *Hau, Wolfgang/Poseck, Roman (Hrsg.)*, BeckOK BGB, 72. Edition, Stand 01.11.2024. München, 2024 (zitiert: *Bearbeiter*, in: BeckOK BGB).

Beck'scher Online-Kommentar Sozialrecht, *Rolfs, Christian/Giesen, Richard/Meßling, Miriam/Udsching, Peter (Hrsg.)*, 75. Edition, Stand 01.12.2024. München, 2024 (zitiert: *Bearbeiter*, in: BeckOK SozialR).

Belling, Detlev/Hartmann, Christian: Die Unzumutbarkeit als Begrenzung der Bindung an den Tarifvertrag, ZfA 1997, S. 87–144.

Bender, Wolfgang: Der Wegfall Der Geschäftsgrundlage bei arbeitsrechtlichen Kollektivverträgen am Beispiel des Tarifvertrages und des Sozialplans, München, 2005 (zitiert: *Bender*, Der Wegfall der Geschäftsgrundlage).

Benkert, Daniel: Betriebsbedingte Kündigungen trotz Kurzarbeit, NJW-Spezial 2020, S. 690–691.

Bertz, Marcus: Kurzarbeit in Zeiten Der Corona-Krise, NJW-Spezial 2020, S. 242–243.

Beseler, Lothar: Mitbestimmungsrechte: Mitbestimmung des Betriebsrats aus Lockdown?, Arbeitsrecht aktiv (AA) 2021, S. 069–071.

Bieback, Karl-Jürgen: Kein Kurzarbeitergeld für „Kurzarbeit-Null“?, NZS 2011, S. 241–244.

Bieback, Karl-Jürgen: Sozialleistungen mit Berechnung des Nettoentgelts an französische Grenzgänger unter Geltung des EU-Rechts, ZESAR 2021, S. 10–17.

Bieder, Marcus: Grundfragen der Auslegung arbeitsrechtlicher Willenserklärungen, RdA 2011, S. 142–154.

Bieder, Marcus: Richterliche Vertragshilfe durch ergänzende Auslegung vorformulierter Arbeitsvertragsbestimmungen, NZA-Beilage 2011, S. 142–145.

Bischof, Michael: Mitbestimmung bei Einführung und Abbau von Kurzarbeit, NZA 1995, S. 1021–1028.

Bispinck, Reinhard: Tarifliche Regelungen zur Kurzarbeit – Übersicht über 18 Wirtschaftszweige, WSI – Informationen zur Tarifpolitik – Elemente qualitativer Tarifpolitik Nr. 66, 2010, S. I-XIII und 1–28.

Bispinck, Reinhard/Laßmann, Nikolai/Rupp, Rudi: Konjunkturbedingte Kurzarbeit – Regelungen in Betriebsvereinbarungen und Tarifverträgen, Düsseldorf, 2010.

Bissels, Alexander/Falter, Kira: Zeitarbeit: Die Bestimmung der Einsatzdauer bei „Kurzarbeit Null“, ArbRAktuell 2020, S. 509–510.

Blanke, Hermann: Kurzarbeit: Ratgeber für aktive Betriebsratsarbeit – mit Regelungen aus Tarifverträgen und Muster-Betriebsvereinbarung, Köln, 1984 (zitiert: *Blanke*, Kurzarbeit).

Bleckmann, Albert: Die Actus-Contrarius-Doktrin, JuS 1988, S. 174–176.

Boecken, Winfried: Arbeitsrecht und Sozialrecht – insbesondere zu den rechtlichen Grundlagen der Einführung von Kurzarbeit, RdA 2000, S. 7–16.

Boemke, Burkhard/Gründel, Mirko: Grundrechte im Arbeitsverhältnis, ZfA 2001, S. 245–280.

Bogedan, Claudia/Herzog-Stein, Alexander/Klenner, Christina/Schäfer, Claus: Vom Schutzschirm zum Bahnbrecher: Anforderungen an die Arbeitsmarkt- und Beschäftigungspolitik in der Wirtschaftskrise, WSI-Diskussionspapier, No. 167, Hans-Böckler-Stiftung, Wirtschafts- und Sozialwissenschaftliches Institut, Düsseldorf, 2009.

Bonanni, Andrea: Kurzarbeit und betriebsbedingte Kündigungen – was tun, wenn Kurzarbeit nicht genügt?, ArbRB 2020, S. 243–246.

Bönnen, Gerold: Geschichte der Stadt Worms, 2. Auflage, Darmstadt, 2015.

Borrmann, Helga: Auswirkungen des Arbeitskampfes auf außerhalb des umkämpften Tarifvertrages liegende Betriebe, DB 1978, S. 1978–1983.

Brand, Jürgen/Düe, Wolfgang/Hassel, Rupert/Karmanski, Carsten/Kühl, Martin: Sozialgesetzbuch Arbeitsförderung – SGB III Kommentar, 9. Auflage, München, 2021 (zitiert: *Bearbeiter*, in: Brand, SGB III).

Brand, Ottmar: Arbeitsvertragliche und individualrechtliche Entwicklungen, NJW 2023, S. 128–135.

Brand, Ottmar: Die Entwicklung des Arbeitsrechts im Jahr 2023 – Individualvertragliche Gesetzgebung und Rechtsprechung (AGB-Kontrolle und Gehalt, NJW 2024, S. 126–133.

Brenke, Karl/Rinne, Ulf/Zimmermann, Klaus: Kurzarbeit: Nützlich in der Krise, aber nun den Ausstieg einleiten, Wochenbericht des DIW Berlin, Nr. 16/2010, 2010.

Brenke, Karl/Rinne, Ulf/Zimmermann, Klaus: Short-Time Work: The German Answer to the Great Recession, International labour review 152, 2013, S. 1–19.

Brötzmann, Ulrich/Koll, Bernd: Kurzarbeit – Rechtliche und praktische Hinweise, Vol. 4. Auflage, Wiesbaden, 1984.

Brune, Jan-Philipp: Flexible Arbeitsbedingungen und Change Management als Wege aus der Krise, in: Symposion Insolvenz- und, Arbeitsrecht. Coronakrise: Herausforderungen der Arbeits- und Insolvenzrechtspraxis: Symposion Insolvenz- und Arbeitsrecht, S. 75–110, Baden-Baden, 2021 (zitiert: *Brune*, in: Heinrich, Coronakrise).

Büchel, Felix/Pannenberg, Markus: Erwerbsbiographische Folgerisiken von Kurzarbeit und Arbeitslosigkeit, Mitteilungen aus der Arbeitsmarkt- und Berufsforschung, 25. Jahrgang, 1992, S. 158–167.

Bührig, Erich: Ankündigungsfristen bei Einführung von Kurzarbeit oder Betriebsstilllegungen, BB 1949, S. 249–250.

Bundesagentur für Arbeit, Fachliche Weisungen Kurzarbeitergeld (KUG), Nürnberg, 2018 (zitiert: Bundesagentur für Arbeit, Fachliche Weisungen Kurzarbeitergeld, Stand 20.12.2018).

Bundesagentur für Arbeit, Hintergrundtext: Arbeitsmarktinstrument mit Tradition – Die Geschichte der Kurzarbeit und des Kurzarbeitergeldes, Lübeck, 2009 (zitiert: Bundesagentur für Arbeit, Arbeitsmarktinstrument mit Tradition).

Bundesagentur für Arbeit, Inanspruchnahme konjunkturelles Kurzarbeitergeld nach § 96 SGB III in Berichte: Arbeitsmarkt kompakt, Nürnberg, 2020 (zitiert: Statistik der Bundesagentur für Arbeit, Berichte: Arbeitsmarkt kompakt – Inanspruchnahme konjunkturelles Kurzarbeitergeld nach § 96 SGB III, Mai 2020).

Bundesagentur für Arbeit, Merkblatt – Kurzarbeitergeld, Dienste und Leistungen der Agentur für Arbeit, Informationen für Arbeitgeber und Betriebsvertretungen, 8a, Nürnberg, 01.12.2022 (zitiert: Bundesagentur für Arbeit, Merkblatt Kurzarbeitergeld).

Burdett, Kenneth/Wright, Randall: Unemployment Insurance and Short-Time Compensation: The Effects on Layoffs, Hours per Worker and Wages, The University of Chicago Press Journals – Journal of Political Economy 97, 6, 1989, S. 1479–1496.

Canaris, Claus-Wilhelm: Die Feststellung von Lücken im Gesetz: Eine methodologische Studie über Voraussetzungen und Grenzen der richterlichen Rechtsfortbildung praeter legem, Berlin, 1964 (zitiert: *Canaris*, Die Feststellung von Lücken im Gesetz).

Canaris, Claus-Wilhelm: Funktionelle und inhaltliche Grenzen kollektiver Gestaltungsmacht bei der Betriebsvereinbarung, AuR 1966, S. 129–140.

Caspers, Jochem: Kurzarbeit, Köln, 1965.

Chanos, Antonis: Begriff und Geltungsgrundlagen der Rechtsanalogie im heutigen juristischen Methodenstreit, Köln, 1994 (zitiert: *Chanos*, Rechtsanalogie).

Clemenz, Susanne/Kreft, Burghard/Krause, Rüdiger: AGB-Arbeitsrecht: Kommentar zu den §§ 305–310 BGB, 3. Auflage, Köln, 2023 (zitiert: *Bearbeiter*, in: Clemenz/Kreft/Krause).

Cohnen, Karl-Dietmar/Röger, Hendrik: Kurzarbeit als Antwort auf kurzfristig auftretende Konjunkturschwächen, BB 2009, S. 46–52.

Conze, Peter-Martin: Die Einführung von Kurzarbeit, Würzburg, 1974.

Crimmann, Andreas/Wießner, Frank: Verschnaufpause dank Kurzarbeit, IAB-Kurzbericht 14, Institut für Arbeitsmarkt- und Berufsforschung – Die Forschungseinrichtung der Bundesagentur für Arbeit, Bielefeld, 2009.

Dahl, Holger/Göpfert, Burkard/Helm, Rüdiger: Arbeitsrechtlicher Umgang mit Pandemien: Praxisleitfaden am Beispiel der Corona-Krise, Frankfurt, 2020.

Dasch, Norbert: Die Einwilligung zum Eingriff in das Recht am eigenen Bild, München, 1990.

Däubler, Wolfgang/Deinert, Olaf/Walser, Manfred: AGB-Kontrolle im Arbeitsrecht: Kommentar zu den §§ 305 bis 310 BGB, 5. Auflage, München, 2021 (zitiert: *Bearbeiter*, in: Däubler/Deinert/Walser).

Däubler, Wolfgang/Deinert, Olaf (Hrsg.): KSchR – Kündigungsschutzrecht: Kündigungen und andere Formen der Beendigung des Arbeitsverhältnisses, 12. Auflage, Frankfurt am Main, 2024 (zitiert: *Bearbeiter*, in: Däubler/Deinert, KSchR).

Däubler, Wolfgang/Klebe, Thomas: Betriebsratsarbeit in Zeiten einer Pandemie: § 129 BetrVG, NZA 2020, S. 545–551.

Däubler, Wolfgang/Klebe, Thomas/Wedde, Peter (Hrsg.): BetrVG – Betriebsverfassungsgesetz: Kommentar für die Praxis mit Wahlordnung und EBR-Gesetz, 19. Auflage, Frankfurt am Main, 2024 (zitiert: *Bearbeiter*, in: Däubler/Klebe/Wedde).

Dehmel, Esther/Hartmann, Nina: Das Coronavirus (Covid-19) auf dem Vormarsch – die wichtigsten arbeitsrechtlichen Themen, BB 2020, S. 885–891.

DGB-Bundesvorstand: Urlaubskürzung und Kurzarbeit – Bewertung aus Sicht des Deutschen Gewerkschaftsbundes und seiner Mitgliedsgewerkschaften, Positionspapier: DGB-Bundesvorstand, 29. Juni 2020.

Duhnkrack, Stefan/Hellmann, Kathrin: Der Side Letter – zur rechtlichen Bedeutung von Nebenabreden, ZIP 2003, S. 1425–1434.

Düwell, Franz Josef/Boemke, Burkard: Betriebsverfassungsgesetz: BetrVG, WO, EBRG, SEBG: Handkommentar, 6. Auflage, Baden-Baden, 2022 (zitiert: *Bearbeiter*, in: Düwell, NK-BetrVG).

Eckert, Michael: Blick ins Arbeitsrecht, DStR 2012, S. 2235–2241.

Eckert, Michael: Blick ins Arbeitsrecht, DStR 2020, S. 1807–1812.

Eckert, Michael: Blick ins Arbeitsrecht, DStR 2021, S. 2703–2710.

Eckert, Niklas/Reinbach, Hubertus/Burmeister, Sina: Arbeitsrechtliche Alternativen zur Kurzarbeit, GWR 2020, S. 216–219.

Ehmann, Horst: Betriebsrisikolehre und Kurzarbeit: Zur Verlagerung des Lohnrisikos im Arbeitskampf und Arbeitsfrieden, Berlin, 1979 (zitiert: *Ehmann*, Betriebsrisikolehre und Kurzarbeit).

Elert, Nicole/Raspels, Petra: Praxishandbuch flexible Einsatzformen von Arbeitnehmern: der rechtssichere Umgang mit atypischen Beschäftigungsverhältnissen für Unternehmer, Berlin, 2012 (zitiert: *Elert/Raspels*, Flexible Einsatzformen von Arbeitnehmern).

Engelmann, Andreas: Urlaubsanspruch in der Kurzarbeit – Einordnung der jüngeren Rechtsprechung zur Berechnung des Urlaubsanspruchs: AuR 2021, S. 306–310.

Erfurter Kommentar zum Arbeitsrecht, *Müller-Glöge, Rudi/Preis, Ulrich/Gallner, Inken/Schmidt, Ingrid (Hrsg.)*, 25. Auflage, München, 2025 (zitiert: *Bearbeiter*, in: ErfK, BGB).

Erman, Bürgerliches Gesetzbuch, *Westermann, Harm Peter/Grunewald, Barbara/Maier-Reimer, Georg (Hrsg.)*, Kommentar mit Nebengesetzen (AGG, EGBGB, ProdHaftG, VBVG, VersAusglG, WEG – teils in Auszügen) und Internationalem Privatrecht, 17. Auflage, Köln, 2023 (zitiert: *Bearbeiter*, in: Erman, BGB).

Eufinger, Alexander: Weisungen des Arbeitgebers mit gesetzwidrigem Inhalt, RdA 2018, S. 224–232.

Falter, Gernot: Die Arbeitsleistung in der Pandemie, BB 2009, S. 1974–1980.

Farthmann, Friedhelm: Die Mitbestimmung des Betriebsrats bei der Regelung der Arbeitszeit, RdA 1974, S. 66–72.

Fastrich, Lorenz: Betriebsvereinbarung und Privatautonomie, RdA 1994, S. 129-140.

Feindura, Sabine: Kurzarbeit, Das Personal-Büro Arbeitsrecht, Nr. 10, 2009, S. 373–390.

Fischer, Georg/Schmid, Günther: Arbeitslosigkeit in Europa und den USA unter Covid-19: Besser im Korsett einer Versicherungslogik eingeengt oder den Launen eines Präsidialsystems ausgeliefert?, WZB Discussion Paper, No. EME 2020 – 001, 2020.

Fischermeier, Ernst: Die betriebsbedingte Änderungskündigung, NZA 2000, S. 737–744.

Fischinger, Philipp: Arbeitsrecht in Not- und Krisenzeiten, NZA 2020, S. 1088.

Fischinger, Philipp: Die Auswirkungen der Coronakrise auf Arbeitsverhältnisse im Profisport – Teil 2, SpuRt 2020, S. 158–162.

Fischinger, Philipp: Kurzarbeit Null, SGb 2011, S. 231–237.

Fitting, Karl (Begr.)/Trebinger, Yvonne/Linsenmaier, Wolfgang/Schelz, Hanna/Schmidt, Kristina (Hrsg.): Betriebsverfassungsgesetz: Handkommentar, 32. Auflage, München, 2024 (zitiert: *Fitting,* Betriebsverfassungsrecht Handkommentar, §).

Flore, Johanna: Weiterbildung und Mitarbeiterbindung: Eine Untersuchung im Kontext Kurzarbeit, München und Mering, 2014.

Franzen, Martin: Betriebsvereinbarung: Alternative zu Tarifvertrag und Arbeitsvertrag, NZA-Beilage 2006, S. 107–115.

Franzen, Martin: Die unternehmerische Entscheidung in der Rechtsprechung des BAG zur betriebsbedingten Kündigung, NZA 2001, S. 805–812.

Freihube, Dirk: Probleme der Tarifbindung in der Unternehmenskrise: Beschäftigungszusagen im Günstigkeitsvergleich und außerordentliche Kündigung des Tarifvertrages, Berlin, 2001 (zitiert: *Freihube*, Probleme der Tarifbindung in der Unternehmenskrise).

Fuhlrott, Michael: Rechtsprechungsupdate Kurzarbeit, ArbRAktuell 2021, S. 231–233.

Fuhlrott, Michael: Unwirksamkeit einer formularvertraglichen Vereinbarung zur Einführung von Kurzarbeit, ArbRAktuell 2021, S. 225.

Fuhlrott, Michael: Zeiten geleisteter Kurzarbeit reduzieren den Urlaubsanspruch, ArbRAktuell 2022, S. 12.

Fuhlrott, Michael/Fischer, Katharina: Arbeitsrecht und Corona 2.0 – weitere gesetzliche Änderungen, NZA 2020, S. 409–413.

Fuhlrott, Michael/Fischer, Katharina: Corona: Virale Anpassungen des Arbeitsrechts, NZA 2020, S. 345–350.

Gäbert, Jens: Das Initiativrecht des Betriebsrates bei der Einführung von Kurzarbeit, NZA 1986, S. 412–414.

Gebel, Arietta: Kurzarbeit bei Personalabbau, BB 2015, S. 2485–2490.

Gemeinschaftskommentar, *Fabricius, Fritz/Kraft, Alfons/Wiese, Günther/Kreutz, Peter*, §§ 74 – 132 BetrVG mit Kommentierung des BetrVG 1952 und des Sozialplangesetzes, 5. Auflage, Neuwied, 1995 (zitiert: *Bearbeiter*, in: GK-BetrVG, 5. Auflage 1995).

Gerlach, Sandy: Von der Kurzarbeit in die Restrukturierung – Möglichkeiten von Kurzarbeit, Kündigung und Transfermaßnahmen, SPA 2021, S. 29–31.

Geulen, Felix/Vogt, Volker: Kurzarbeit in der Corona Krise, ArbRAktuell 2020, S. 181–185.

Glombik, Manfred: Europäisches Kurzarbeitergeld, SozSich Öst., S. 273–278, WzS 2020, S. 267–271.

Goerrig, Franz: Die Rechte des Arbeiters im neuen Deutschland, Bonn, 1919.

Görg, Axel: Angemessene Ankündigungsfrist beim Wechsel des Schichtdienstes, ArbRAktuell 2012, S. 595.

Grais, Bernard: Lay-offs and short-time working in selected OECD Countries, Paris, 1983.

Greiner, Stefan: Direktionsrecht und Direktionspflicht, Schadensersatz und Annahmeverzug bei Leistungshinderung des Arbeitnehmers, RdA 2013, S. 9–16.

Groeger, Axel: Kurzarbeit und Urlaubsansprüche: Auswirkungen auf Entstehung und Berechnung der Urlaubs- und Urlaubsentgeltansprüche, ArbRB 2010, S. 119–123.

Groß, Thomas: Die verfassungsrechtliche Zulässigkeit gesetzlicher Arbeitszeitverkürzungen in Frankreich und Deutschland, Kritische Justiz 1999, S. 301–307.

Haas, Thomas: Arbeitsrechtliche Möglichkeiten in der Krise, BC 2009, S. 233–239.

Habermann, Andreas: Zum Schicksal Allgemeiner Arbeitsbedingungen: Die ablösende Betriebsvereinbarung zwischen privatautonomer Günstigkeit und betrieblicher Kollektivmacht, Berlin, 2017 (zitiert: *Habermann*, Zum Schicksal allgemeiner Arbeitsbedingungen).

Hahn, Claudia: Flexible Arbeitszeit. 3. Auflage, München, 2024.

Hahn, Elmar: Kurzarbeit, zeitweilige Betriebsstilllegung und Massenentlassungen. München, 1967.

Hanau, Peter/Peters-Lange, Susanne: Schnittstellen von Arbeits- und Sozialrecht, NZA 1998, S. 785–791.

Hanau, Peter/Preis, Ulrich: Die Kündigung von Betriebsvereinbarungen, NZA 1991, S. 81–93.

Harks, Thomas: Die Aufhebung einer Rechtsverordnung nach Wegfall der Verordnungsermächtigung, NVwZ 2016, S. 1773–1776.

Hässler, Manfred: Mitbestimmung des Betriebsrats und arbeitsvertragliche Einheitsregelung, AuR 1965, S. 289–294.

Haußmann, Kathrin/Schwab, Stefan: Kurzarbeit und Kündigungen – wie passt das zusammen?, ArbRAktuell 2010, S. 84–87.

Heimann, Till: Kurzarbeit – Lernen aus den Fehlern beim „zweiten Versuch“!, SPA 2021, S. 36–39.

Heinrich, Christian: Coronakrise – Herausforderungen der Arbeits- und Insolvenzrechtspraxis, Baden-Baden, 2021.

Heinze, Meinhard: Die arbeitsrechtliche Zulässigkeit der Einführung von Kurzarbeit, RdA 1998, S. 14–23.

Heise, Dietmar/Schwald, Sonja: Arbeitsrechtliche Instrumente in der Wirtschaftskrise, NZA 2009, S. 753–758.

Helm, Rüdiger/Bundschuh, Veronica/Wulff, Manfred: Arbeitsrechtliche Beratungspraxis in Krisenzeiten: Aktuelle Fragestellungen in der Pandemie, Baden-Baden, 2020 (zitiert: *Bearbeiter,* in: Helm/Bundschuh/Wulff).

Helm, Rüdiger/Göpfert, Burkard: Top issues of German Labour Law, München, 2016.

Hennige, Susanne: Rechtliche Folgewirkungen schlüssigen Verhaltens der Arbeitsvertragsparteien, NZA 1999, S. 281–291.

Henssler, Martin/Willemsen, Heinz Josef/Kalb, Heinz-Jürgen (Hrsg.): Arbeitsrecht Kommentar, 11. Auflage, Köln, 2024 (zitiert: *Bearbeiter*, in: Henssler/Willemsen/Kalb, Arbeitsrecht Kommentar).

Hess, Harald/Schlochauer, Ursula/Glaubitz, Werner: Kommentar zum Betriebsverfassungsgesetz, 3. Auflage, Neuwied [u. a.], 1986 (zitiert: *Bearbeiter*, in: Hess/Schlochauer/Glaubitz, BetrVG, 3. Auflage 1986).

Hess, Harald/Worzalla, Michael/Glock, Dirk/Nicolai, Andrea/Rose, Franz-Josef/Huke, Kristina: BetrVG: Kommentar, 10. Auflage, Köln, 2018 (zitiert: *Bearbeiter*, in: HWGNRH).

Heurung, Rainer/Schmidt, Sebastian/Kollmann, Sinja: Aussetzung des Progressionsvorbehalts bei Bezug von Kurzarbeitergeld im Kontext der Covid-19-Pandemie, DStR 2020, S. 2753–2760.

Hilger, Marie Luise: Vertragsauslegung und Wegfall der Geschäftsgrundlage im betrieblich-kollektiven Bereich, in: Festschrift für Karl Larenz zum 80. Geburtstag am 23. April 1983, herausgegeben von *Canaris, Klaus-Wilhelm*, S. 241–255, München, 1983 (zitiert: *Hilger*, in: FS Larenz 1983).

Hilger, Marie Luise/Stumpf, Herman: Kündigungsfreiheit und Vertrauensschutz im Recht der Betriebsvereinbarung, BB 1990, S. 929–936.

Hinze, Peter: Mildere Mittel zur Vermeidung betriebsbedingter Kündigung, München, 2002.

Hohenstatt, Klaus-Stefan/Sittard, Ulrich: Arbeitsrecht in Zeiten von Corona: Ein Leitfaden für Betriebe und Beschäftigte, München, 2020 (zitiert: *Bearbeiter*, in: Hohenstatt/Sittard, Arbeitsrecht in Zeiten von Corona).

Hold, Dieter: Brennpunkt Kurzarbeit: Ein Leitfaden für Berater und Arbeitgeber, Herne (Westf.), 2009 (zitiert: *Hold*, Brennpunkt Kurzarbeit).

Holthausen, Joachim: Ablösung von Betriebsvereinbarungen, ArbRAktuell 2010, S. 593–595.

Holzmayer, Werner Thomas: Kurzarbeitergeld und Schlechtwettergeld – Ein entwicklungsgeschichtlicher Vergleich, Freiburg im Breisgau, 1989 (zitiert: *Holzmayer*, Kurzarbeitergeld und Schlechtwettergeld).

Homburg, Jochen/Perreng, Martina/Thon, Horst/Ulber, Jürgen/Werth, Jörg: Mitbestimmung und Mitwirkung beim Arbeitsverhältnis, Vertragsanbahnung – Ausgestaltung – Beendigung, Frankfurt am Main, 2008 (zitiert: *Bearbeiter*, in: Homburg/Perreng/Thon/Ulber/Werth, Mitbestimmung).

Höser, Jürgen: Verlängerung der Probezeit – Rechtliche Möglichkeiten und Grenzen, BB 2021, S. 692–695.

Hoyningen-Huene, Gerrick von: Die unbezahlte Freistellung von Arbeit, NJW 1981, S. 713–721.

Hromadka, Wolfgang: Das Allgemeine Weisungsrecht, DB 1995, S. 2601–2606.

Hromadka, Wolfgang: Das Leistungsbestimmungsrecht des Arbeitgebers, DB 1995, S. 1609–1615.

Hromadka, Wolfgang/Schmitt-Rolfes, Günter: Der unbefristete Arbeitsvertrag, München, 2006.

Hueck, Alfred/Nipperdey, Hans Carl: Allgemeine Lehren, Individualarbeitsrecht, Arbeitsgerichtsbarkeit, 7. Auflage, Berlin, 1963.

Hueck, Alfred/Nipperdey, Hans Carl: Kollektives Arbeitsrecht, Halbband 2, 7. Auflage, Berlin, 1970.

Hueck, Götz: Die Teilkündigung im Arbeitsrecht, RdA 1968, S. 201–208.

Huemer, Ulrike/Kogler, Marion/Mahringer, Helmut: Kurzarbeit als Kriseninstrument in der COVID-19 Pandemie – Kurzexpertise zum Vergleich der Modelle ausgewählter europäischer Länder, Österreichisches Institut für Wirtschaftsforschung, Wien, 2021 (zitiert: *Huemer/Kogler/Mahringer,* Kurzarbeit als Kriseninstrument in der COVID-19-Pandemie).

Hümmerich, Klaus: Gestaltung von Arbeitsverträgen nach der Schuldrechtsreform, NZA 2003, S. 753–764.

Hümmerich, Klaus (Hrsg.)/Lücke, Oliver/Mauer, Reinhold (Hrsg. und Bearb.)/ Holthaus, Michael (Bearb.): Arbeitsrecht: Vertragsgestaltung, Prozessführung, Personalarbeit, Betriebsvereinbarungen, 10. Auflage, Baden-Baden, 2022 (zitiert: *Bearbeiter*, in: Hümmerich/Lücke/Mauer, Arbeitsrecht).

Hümmerich, Klaus/Reufels, Martin: Gestaltung von Arbeitsverträgen und Dienstverträgen für Geschäftsführer und Vorstände: Kommentierte Klauseln und Musterverträge, 5. Auflage, Baden-Baden, 2022 (zitiert: *Bearbeiter*, in: Hümmerich/ Reufels, Gestaltung von Arbeitsverträgen).

Hundold, Wolf: Die Rechtsprechung zum Direktionsrecht des Arbeitgebers, NZA-RR 2001, S. 337–347.

Husemann, Tim: kündigen oder kurzarbeiten?, jM 2021, S. 19–26.

Hussing, Marcus: Arbeitszeit, Kurzarbeit, Home-Office in Zeiten von Corona, ARP 2020, S. 154–156.

Imle, Fanny: Kritisches und Positives zur Frage der Arbeitslosenfürsorge, Jena, 1907.

Jahn, Lothar: Die Beteiligung des Betriebsrats bei arbeitskampfbedingten Maßnahmen des Arbeitgebers, Baden-Baden, 1993.

Jauernig, Othmar (Begr.)/Stürner, Rolf (Hrsg. und Bearb.)/Berger, Christian/ Budzikiewicz, Christine/Kern, Christoph/Stadler, Astrid/Mansel, Heinz-Peter (Bearb.): Bürgerliches Gesetzbuch, Kommentar, 19. Auflage, München, 2023 (zitiert: *Bearbeiter*, in: Jauernig, BGB).

Jene, Lothar: Kurzarbeit und betriebliche Mitbestimmung, § 87 I Nr. 3 BetrVG, Frankfurt am Main, 1981 (zitiert: *Jene*, Kurzarbeit und betriebliche Mitbestimmung).

Jung, Stefanie: Systemkrisen und das Institut der Störung der (Großen) Geschäftsgrundlage, JZ 2020, S. 715–716.

Kalb, Heinz-Jürgen: Rechtsgrundlage und Reichweite der Betriebsrisikolehre, Berlin, 1977.

Kamanabrou, Sudabeh: Das Weisungsrecht des Arbeitgebers, JURA 2018, S. 457–462.

Kammann, Karl-Udo/Hess, Harald/Schlochauer, Ursula/Jürging, Claus: Kommentar zum Betriebsverfassungsgesetz, Neuwied, 1979 (zitiert: *Bearbeiter*, in: Kammann/Hess/Schlochauer, § 87 BetrVG, 1979).

Kaser, Max: Das römische Privatrecht, Abschnitt I, Das altrömische, das vorklassische und klassische Recht, München, 1955 (zitiert: *Kaser*, Das römische Privatrecht I).

Kaufmann, Matthias: Kein Recht auf Faulheit, Wiesbaden, 2013.

Kehrmann, Karl: Arbeitsrechtliche Fragen im Zusammenhang mit Kurzarbeit und Massenentlassungen, AuR 1967, S. 193–202.

Kellner, Martin: Anforderungen an den Antrag auf Kurzarbeitergeld, Entscheidungsbesprechung zu LSG Hamburg, Urteil vom 23.11.2022 – L 2 AL 31/22, NZS 2023, S. 630.

Kiehne, Nina/Middendorf, Stefan/Gemmingen, Barnim Freiherr von: Gelegenheit durch die Krise: Betrug und Missbrauch bei Kurzarbeit, DB 2020, S. 2409–2412.

Klasen, Axel/Haag, Melanie: Führt Kurzarbeit zur Verminderung des Urlaubsanspruchs?, BB 2020, S. 2228–2235.

Klein, Christian: Arbeitsrechtliche Problem- und Fragestellungen der Corona-Pandemie, NJ 2020, S. 377–387.

Kleinebrink, Wolfgang: Die Aufstockung des Kurzarbeitergeldes in Corona-Zeiten: Tarifvertragliche Vorgaben und betriebliche Gestaltungsmöglichkeiten, ArbRB 2020, S. 155–158.

Klocke, Daniel: Die Zulässigkeit von Kurzarbeitsklauseln im Arbeitsvertrag: Die Grundlagen der Kontrolle nach §§ 305 ff. BGB, RdA 2020, S. 331–339.

Kohte, Wolfhard: Mitbestimmung im Corona-Lockdown, Anmerkung zu ArbG Hamm, Beschluss vom 04.05.2020 – 2 BVGa 2/20, jurisPR-ArbR 48/2020 Anm.2.

Kohte, Wolfhard/Hinrichs, Oda: Anmerkung zu keine anteilige Urlaubskürzung bei tageweiser Kurzarbeit, Anmerkung zu ArbG Osnabrück 3. Kammer, Urteil vom 08.06.2021 – 3 Ca 108/21, jurisPR-AbR 43/2021 Anm. 5 2021.

Körlings, Peter: Mobile Erreichbarkeit von Arbeitnehmern, Frankfurt am Main, 2019.

Kortmann, Ulrich: Kurzarbeit und Urlaubsansprüche, ArbRAktuell 2010, S. 29–31.

Kramer, Stefan: IT-Arbeitsrecht, Handbuch, Digitalisierung, Homeoffice, KI, Virtuelle Betriebsratsarbeit, 3. Auflage, München, 2023 (zitiert: *Bearbeiter*, in: Kramer, IT-ArbR)

Krause, Rüdiger: Digitalisierung der Arbeitswelt – Herausforderungen und Regelungsbedarf, Gutachten B Zum 71. Deutschen Juristentag, Verhandlungen des 71. Deutschen Juristentages Essen 2016, München, 2016 (zitiert: *Krause*, Gutachten B zum 71. Deutschen Juristentag 2016).

Kroiß, Ludwig/Bergmann, Stefanie: Rechtsprobleme durch COVID-19: In der anwaltlichen Praxis, 2. Auflage, Baden-Baden, 2021 (zitiert: *Bearbeiter*, in: Kroiß, Rechtsprobleme durch COVID-19).

Küttner, Wolfdieter (Begr.)/Röller, Jürgen (Hrsg.)/Griese, Thomas/Kania, Thomas/Kreitner, Jochen (Bearb.): Personalbuch 2024: Arbeitsrecht, Lohnsteuerrecht, Sozialversicherungsrecht, 31. Auflage, München, 2024 (zitiert: *Bearbeiter*, in: Küttner Personalbuch).

Lafargue, Paul: Das Recht auf Faulheit: Zurückweisung des „Rechts auf Arbeit“ von 1848, Ditzingen, 2018 (zitiert: *Lafargue*, Das Recht auf Faulheit).

Lang, Joachim: Spiegelbildlichkeit versus Mehrheitsprinzip, NJW 2005, S. 189–191.

Lappe, Marlies: Die Mitbestimmung in sozialen Angelegenheiten, Das Arbeitsrecht der Gegenwart 1978, S. 55–90.

Lembke, Mark/Fischels, André/Djordjevic, Dragang: Entwicklungen des Arbeitsrechts im Jahr 2021, NJW 2022, S. 127–133.

Lieb, Manfred: Fernwirkungen von Arbeitskämpfen, in: 25 Jahre Bundesarbeitsgericht 1979, herausgegeben von *Gamillscheg, Franz*, S. 327–351, München, 1979 (zitiert: *Lieb*, in: FS 25 Jahre BAG, 1979).

Lieb, Manfred/Jacobs, Matthias: Arbeitsrecht, 9. Auflage, Heidelberg, 2006.

Liebers, Hans-Joachim/Hoefs, Christian (Hrsg.): Formularbuch Arbeitsrecht, 8. Auflage, Hürth, 2025 (zitiert: *Bearbeiter*, in: Liebers/Hoefs, Formularbuch Arbeitsrecht).

Linck, Rüdiger/Krause, Rüdiger/Bayreuther, Frank/Hueck, Alfred/Hueck, Götz/Hoyningen-Huene, Gerrick von: Kündigungsschutzgesetz: Kommentar, 16. Auflage, München, 2019 (zitiert: *Bearbeiter*, in: Linck/Krause/Bayreuther, Kündigungsschutzgesetz).

Linde, Klaus/Lindemann, Viola: Der Nachweis tarifvertraglicher Ausschlussfristen, NZA 2003, S. 649–656.

Lindemann, Achim/Simon, Oliver: Arbeitsrechtliche Instrumente in der Finanz- und Wirtschaftskrise, BB 2008, S. 2795–2804.

Lindemann, Viola: Flexible Gestaltung von Arbeitsbedingungen nach der Schuldrechtsreform, Rechtsfragen der Wirtschaft, Köln, 2003.

Link, Sebastian/Sauer, Stefan: Anteil der Beschäftigten in Kurzarbeit fällt auf weniger als 1 Prozent, ifo Schnelldienst Digital 2/2022 vom 2. Juni 2022 (zitiert: ifo Schnelldienst digital, 2/2022).

Linke, Lothar: Kurzarbeit im Strukturwandel: Eine Analyse in der Bundesrepublik während der Achtziger Jahre unter Einbeziehung erster Erfahrungen in den neuen Bundesländern, Discussion Papers des Wissenschaftszentrums Berlin für Sozialforschung WZB, Abteilung Arbeitsmarktpolitik und Beschäftigung, Berlin, 1993 (zitiert: Kurzarbeit im Strukturwandel).

Linsenmaier, Wolfgang: Der angemessen geöffnete Arbeitsvertrag – Ein „Vorschlag zur Güte“, RdA 2020, S. 193–201.

Linsenmaier, Wolfgang: Normsetzung der Betriebsparteien und Individualrechte der Arbeitnehmer, RdA 2008, S. 1–13.

Lobinger, Thomas: Systemdenken im Betriebsverfassungsrecht, RdA 2011, S. 76–92.

Lobinger, Thomas: Urteilsanmerkung zu BAG, Urt. v. 03.06.2003, 1 AZR 349/02, AP BetrVG 1972 § 77 Tarifvorbehalt Nr. 19, 2003.

Löwisch, Manfred: Ablösende Betriebsvereinbarung – Anmerkung zu BAG, Beschluss vom 16.09.1986 – GS 1/82, SAE 1987, S. 175–187.

Löwisch, Manfred: Arbeitsrechtliche Probleme bei Kurzarbeit, Massenentlassungen, Betriebsänderungen und Veräußerung von Betrieben oder Betriebsteilen, RWS-Skript, Köln, 1981.

Löwisch, Manfred: Kurzarbeit vor Kündigung zwischen Betriebsverfassungs- und Kündigungsschutzrecht, in: Festschrift für Günther Wiese zum 70. Geburtstag 1998, herausgegeben von *Hanau, Peter/Lorenz, Egon/Matthes, Hans-Christoph*, S. 249–259, Neuwied, 1998 (zitiert: *Löwisch*, in: FS Wiese 1998).

Löwisch, Manfred: Viertagewoche durch Änderungskündigung?, BB 1993, S. 2371–2372.

Löwisch, Manfred/Kaiser, Dagmar/Klumpp, Steffen: Kommentar Betriebsverfassungsgesetz, 8. Auflage, Frankfurt am Main, 2023 (zitiert: *Bearbeiter*, in: Löwisch/Kaiser/Klumpp, BetrVG).

Löwisch, Manfred/Rieble, Volker: Tarifvertragsgesetz: Kommentar, 4. Auflage, München, 2017 (zitiert: *Bearbeiter*, in: Löwisch/Rieble, § TVG).

Lunk, Stefan: Außerordentliche Änderungskündigung zur Einführung von Kurzarbeit, ArbRB 2021, S. 7–8.

Lunk, Stefan/Hackethal, Philip: Die Aufstockung des Kurzarbeitergeldes – Praxisprobleme bei Umsetzung der Anhebung des KUG durch das Sozialschutz-Paket, NZA 2020, S. 837–840.

Maier, Dieter: Geschichte der Arbeitsmarktpolitik und Arbeitsverwaltung in Deutschland, Brühl, 2008.

Mandl, Irene/Mascherini, Massimiliano: Potenziale der Kurzarbeit, WSI-Mitteilungen, Forschung Aktuell 2011, S. 363–368.

Manhart, Jörn: Keine Kurzarbeit ohne wirksame Vereinbarung, SPA 2021, S. 7.

Mankowski, Peter: Beseitigungsrechte: Anfechtung, Widerruf und verwandte Institute, Tübingen, 2003 (zitiert: *Mankowski*, Beseitigungsrechte).

Maschke, Manuela: Konjunkturbedingte Kurzarbeit in Betriebsvereinbarungen, Mitbestimmungspraxis des Instituts für Mitbestimmung und Unternehmensführung der Hans-Böckler-Stiftung Nr. 31, April 2020 (zitiert: *Maschke*, Kurzarbeit in Betriebsvereinbarungen).

Maschmann, Frank/Sieg, Rainer/Göpfert/Beckschulze, Martin: Vertragsgestaltung im Arbeitsrecht: Arbeits- und Anstellungsverträge. 3. Auflage, München, 2020 (zitiert: *Bearbeiter*, in: Maschmann/Sieg/Göpfert, Vertragsgestaltung im Arbeitsrecht).

Maydell, Bernd von: Zum Verhältnis von Arbeitsrecht und Sozialrecht, in: Festschrift für Otto Rudolf Kissel zum 65. Geburtstag, herausgegeben von *Heinze, Meinhard/Söllner, Alfred,* S. 761–772, München, 1994 (zitiert: *Maydell*, in: FS Kissel 1994).

Meisel, Peter: Arbeitsrecht für die betriebliche Praxis: Ein Handbuch für alle Führungskräfte im Betrieb und Unternehmen. 7. Auflage, Köln, 1992 (zitiert: *Meisel*, Arbeitsrecht für die betriebliche Praxis, 7. Aufl. 1992).

Merkel, Anna: Die Erreichbarkeit des Arbeitnehmers während des Erholungsurlaubes, Berlin, 2022.

Meyer, Dirk: Next Generation EU – Neues Eigenmittelsystem weist in eine Fiskalunion, EuZW 2021, S. 16–22.

Meyer, Michael: Ankündigungsfristen bei kurzfristigen Dienstplanänderungen?, RdA 2019, S. 223–229.

Meyer, Sabrina/Wall, Daniel: Kurzarbeit und Kurzarbeitergeld: Basiskommentar, 2. Auflage, Frankfurt am Main, 2023 (zitiert: *Meyer/Wall*, Kurzarbeit und Kurzarbeitergeld).

Miersch, Stefan: Die Rechtsfolgen mitbestimmungswidriger Maßnahmen für das Arbeitsverhältnis: Eine zivilrechtsdogmatische Untersuchung, Frankfurt am Main, 1998 (zitiert: *Miersch*, Die Rechtsfolgen mitbestimmungswidriger Maßnahmen für das Arbeitsverhältnis).

Minn, Norbert/Stück, Volker/Laber, Jörg: Personal-Lexikon. 42. Edition, München, 2024 (zitiert: *Bearbeiter*, in: Personal-Lexikon).

Moll, Wilhelm/Eckhoff, Frank/Reufels, Martin: Münchener Anwaltshandbuch Arbeitsrecht, 6. Auflage, München, 2025 (zitiert: *Bearbeiter*, in: Münchener Anwaltshandbuch Arbeitsrecht).

Monsch, Christine: Bring Your Own Device (BYOD): Rechtsfragen der dienstlichen Nutzung arbeitnehmereigener mobiler Endgeräte im Unternehmen, Berlin, 2017 (zitiert: *Monsch*, BYOD).

Müller-Franken, Sebastian: Die Befugnis zu Eingriffen in die Rechtsstellung des einzelnen durch Betriebsvereinbarungen, Berlin, 1997.

Müller, Knut/Deeg, Oliver: Kurzarbeitsklauseln in Arbeitsverträgen, ArbRAktuell 2010, S. 209–211.

Münchener Handbuch zum Arbeitsrecht, *Kiel, Heinrich/Lunk, Stefan/Oetker, Hartmut (Hrsg.)* (zitiert: *Bearbeiter*, in: Münchener Handbuch zum Arbeitsrecht).
- Band 3, Kollektives Arbeitsrecht I, 5. Auflage, München, 2022.
- Band 4, Kollektives Arbeitsrecht II, Arbeitsgerichtsverfahren, 5. Auflage, München, 2022.

Münchener Kommentar zum Bürgerlichen Recht, *Säcker, Franz/Rixecker, Roland/Oetker, Hartmut/Limperg, Bettina (Hrsg.)* (zitiert: *Bearbeiter*, in: MünchKomm).
- Band 1, §§ 1–240 BGB, AllgPersönlR, ProstG, AGG, 10. Auflage, 2025.
- Band 3, §§ 311–432 BGB, 9. Auflage, 2022.
- Band 5, §§ 535–630h BGB, BetrKV, HeizkostenV, WärmeLV, EFZG, TzBfG, KSchG, MiLoG, 9. Auflage, 2023.

Muth, Katharina/Rützel, Bernd/Schulten, Thorsten/Oerder, Katharina: Audiobeitrag: Kurzarbeit und Kurzarbeitergeld – Historische Erfahrungen und aktuelle Wirkungen, Podcast audio, Themenportal Geschichte, Kultur, Medien und Netzpolitik der Friedrich-Ebert-Stiftung vom 01.10.2020, abrufbar unter https://www.fes.de/themenportal-geschichte-kultur-medien-netz/artikelseite/kurzarbeit-und-kurzarbeitergeld-historische-erfahrungen-und-aktuelle-wirkungen, zuletzt abgerufen am 06.02.2025.

Neumann, Johannes: Geltungserhaltende Reduktion und ergänzende Auslegung von Allgemeinen Geschäftsbedingungen, Baden-Baden, 1988.

Neyses, Wilhelm: Grenzen der Mitbestimmung bei Sonderschichten, Blätter für Steuerrecht, Sozialversicherung und Arbeitsrecht (BlStSozArb), 1977, S. 181–182.

Nikisch, Arthur: Allgemeine Lehren und Arbeitsvertragsrecht, I. Band 3. Auflage, Tübingen,1961 (zitiert: *Nikisch*, Arbeitsrecht, Band 1, 3. Aufl. 1961).

Nikisch, Arthur: Ankündigungsfristen bei Einführung von Kurzarbeit oder Betriebsstilllegung, BB 1949, S. 103–104.

Oberthür, Nathalie: Neues zur konjunkturellen Kurzarbeit, ArbRB 2010, S. 148–150.

Oetker, Hartmut: Die Kündigung von Tarifverträgen, RdA 1995, S. 82–103.

Ohle, Jessica: Kurzarbeitergeld – eine wichtige Unterstützung für Arbeitgeber in der Krise, ArbRB 2009, S. 19–20.

Otto, Hansjörg: Mitbestimmung des Betriebsrats bei der Regelung von Dauer und Lage der Arbeitszeit, NZA 1992, S. 97–112.

Papier, Hans-Jürgen: Arbeitsmarkt und Verfassung, RdA 2000, S. 1–7.

Pärli, Kurt: Gibt es ein Recht auf Faulheit?, Jusletter 2016, S. 1–18.

Patett, Helmut: Arbeitskampffernwirkungen, Lohnrisiko und Mitbestimmung: Fernwirkungen von Arbeitskämpfen in rechtstatsächlicher Bestandsaufnahme, das Lohnrisiko d. Arbeitnehmer in mittelbar betroffenen Betrieben und das Mitbestimmungsrecht des Betriebsrats gemäß § 87 Abs. 1 Nr. 3 BetrVG bei der Einführung kampfbedingter Kurzarbeit, Hamburg, 1984 (zitiert: *Patett*, Arbeitskampffernwirkungen, Lohnrisiko und Mitbestimmung).

Pepping, Georg/Günther, Thomas: Corona: Rechtliche Auswirkungen auf die Berufsbildung, NZA 2020, S. 1694–1696.

Peters, Michael: Kurzarbeit in der Corona-Krise: Leitfaden für die Praxis, Hürth, 2020 (zitiert: *Peters*, Kurzarbeit).

Petrak, Torsten: Kurzarbeit, NZA-Beilage 2010, S. 44–50.

Petzold, Hans Arno: The SURE Initiative, Short-time Work Compensation, and State Aid, European state aid law quarterly 19, 2020, S. 161–164.

Piel, Anja/Jakob, Johannes/Klaus-Schelletter, Sabrina/Kuhn, Renate: Neue Regelungen zur Kurzarbeit – Unterstützung von Betrieben und ihren Beschäftigten in Folge der Corona-Krise, Der DGB informiert, 02.07.2020 (zitiert: *Piel*, Neue Regelungen zur Kurzarbeit).

Pototzky, Klara/Gimmy, Marc André: Stolperfalle Kurzarbeitergeld – Risiken der Nachprüfung von Kurzarbeitergeldbezug, BB 2021, S. 2292–2297.

Powietzka, Arnim/Christ, Florian: Urlaubsanspruch im ruhenden Arbeitsverhältnis – oder doch nicht?, NZA 2013, S. 18–23.

Preis, Bernd: Einseitige tarifliche Bestimmungsrechte des Arbeitsgebers und das Mitbestimmungsrecht des Betriebsrates nach § 87 Abs. 1 BetrVG, DB 1973, S. 474–479.

Preis, Ulrich: Prinzipien des Kündigungsrechts bei Arbeitsverhältnissen: Eine Untersuchung zum Recht des materiellen Kündigungsschutzes, insbesondere zur Theorie der Kündigungsgründe, München, 1987 (zitiert: *Preis*, Prinzipien des Kündigungsrechts bei Arbeitsverhältnissen).

Preis, Ulrich: Überlegungen zum Begriff der Arbeit, in: Dynamisches Recht: Herausforderungen im Arbeitsrecht, Gesellschaftsrecht und Insolvenzrecht, Festschrift für Wilhelm Moll zum 70. Geburtstag, herausgegeben von *Gallner, Inken/Henssler, Martin/Eckhoff, Frank/Reufels, Martin*, S. 539–551. München, 2019 (zitiert: *Preis*, in: FS Moll 2019).

Preis, Ulrich/Genenger, Angie: Die unechte Direktionsrechtserweiterung, NZA 2008, S. 969–977.

Preis, Ulrich/Lindemann, Viola: Mitbestimmung bei Teilzeitarbeit und befristeter Beschäftigung, NZA-Sonderheft 2001, S. 33–48.

Preis, Ulrich/Ulber, Daniel: Die Rechtskontrolle von Betriebsvereinbarungen, RdA 2013, S. 211–226.

Pristin, Thomas: Kurzarbeit sichert Jobs, AiB 2020, S. 10–14.

Pusch, Toralf/Seifert, Hartmut: Kurzarbeit – für welche Zwecke die Beschäftigten die zusätzliche disponible Zeit verwenden, WSI Mitteilungen 6/2022, S. 427–436.

Pusch, Toralf/Seifert, Hartmut: Kurzarbeit – mehr als eine Beschäftigungsbrücke, WSI Policy Brief Nr. 53 2021, 03/2021.

Pusch, Toralf/Seifert, Hartmut: Kurzarbeit in der Corona-Krise mit neuen Schwerpunkten, WSI Policy Brief Nr. 47 2020, 09/2020.

Raif, Alexander/Ginal, Jens: „Spring doch ein" – Flexibilisierung des Arbeitnehmereinsatzes durch Abrufarbeit, ArbRAktuell 2020, S. 244–247.

Rech, Antje: Die Auswirkungen von Kurzarbeit „Null" auf den Urlaubsanspruch – Besprechungsaufsatz zum Urteil des LAG Düsseldorf v. 12.3.2021 – 6 Sa 824/20, ZfA 2021, S. 578–588.

Reichart, Vanessa: Die Störung der Geschäftsgrundlage, Frankfurt am Main, 2005.

Reichold, Hermann: Betriebsvereinbarung als Vertragsersatz? Eine (auch ökonomische) Analyse der BAG-Rechtsprechung zur ablösenden Betriebsvereinbarung, in: Festschrift für Christine Windbichler zum 70. Geburtstag am 8. Dezember 2020, herausgegeben von *Bachmann, Gregor/Grundmann, Stefan/Mengel, Anja/Krolop, Kaspar*, S. 343–352, Berlin, 2020 (zitiert: *Reichold*, in: FS Windbichler 2020).

Reichold, Hermann: Betriebsverfassung als Sozialprivatrecht: historisch-dogmatische Grundlagen von 1848 bis zur Gegenwart, München, 1995 (zitiert: *Reichold*, Betriebsverfassung als Sozialprivatrecht).

Reichold, Hermann: Grundlagen und Grenzen der Flexibilisierung im Arbeitsvertrag, RdA 2002, S. 321–333.

Reichold, Hermann/Löhr, Albert/Blickle, Gerhard: Wirtschaftsbürger oder Marktopfer? Neue Beschäftigungsverhältnisse – Ein Risiko für Gesellschaft, Recht und Ethik?, Mering, 2001 (zitiert: *Bearbeiter*, in: Reichold/Löhr/Blickle, Wirtschaftsbürger oder Marktopfer?).

Reimer, Franz: Juristische Methodenlehre, 2. Auflage, Baden-Baden, 2020.

Reinhard, Barbara: Sonntags bleibt die Küche kalt – Arbeitsrechtliche Fragestellungen zur ständigen Erreichbarkeit, ArbRB 2012, S. 186–189.

Reuter, Dieter: Das Verhältnis von Individualautonomie, Betriebsautonomie und Tarifautonomie, RdA 1991, S. 193–204.

Richardi, Reinhard: Die Betriebsvereinbarung als Rechtsquelle des Arbeitsverhältnisses, ZfA 1992, S. 307–330.

Richardi, Reinhard: Die Mitbestimmung des Betriebsrats bei der Regelung des Arbeitsentgelts, ZfA 1976, S. 1–44.

Richardi, Reinhard: Kollektivgewalt und Individualwille bei der Gestaltung des Arbeitsverhältnisses, München, 1968.

Richardi, Reinhard/Thüsing, Gregor/Annuß, Georg/Maschmann, Frank/Picker, Christian/Forst, Gerrit: Betriebsverfassungsgesetz: mit Wahlordnung Kommentar, 17. Auflage, München, 2022 (zitiert: *Bearbeiter*, in: Richardi, Betriebsverfassungsgesetz).

Richter, Thomas/Detemple, Benedict: Arbeitsstrafrecht, wistra 2021, S. 312- 314.

Richter, Tim/Althoff, Lars/Kaufmann-Jirsa, Stephanie/Bauer, Anna/Schaperdot, Susanne/Potthoff, Leonie/Bell, Regina: Betriebsratsarbeit in Zeiten von Corona, München, 2020.

Rieble, Volker: Arbeitsmarkt und Wettbewerb: Der Schutz von Vertrags- und Wettbewerbsfreiheit im Arbeitsrecht, Berlin, 1996.

Röder, Gerhard/Chakrabarti, Josefine: Update zu Kurzarbeit, Kurzarbeitergeld und Restrukturierungen, DB 2020, S. 1960–1965.

Röder, Gerhard/Günther, Jens/Gerigk, Mark: Technologischer Wandel und Kurzarbeit – was geht und was geht nicht?, NZA 2021, S. 91–97.

Rohlfing, Theodor: Das Aussetzen im Arbeitsverhältnis JW 1932, S. 1235–1238.

Röhsler, Waldemar: Die Arbeitszeit – Arbeitszeitregelungen für Arbeitnehmer unter Einschluß der gleitenden Arbeitszeit: systematische Gesamtdarstellung mit ausführlichem Textanhang Berlin, 1973 (zitiert: *Röhsler*, Die Arbeitszeit).

Römermann, Volker: Leitfaden für Unternehmen in der Covid-19 Pandemie: Insolvenzrecht – Gesellschaftsrecht – Arbeitsrecht – Steuerrecht, München, 2020.

Romers, Joachim/Krings: Bundesrechnungshof – Bericht nach § 88 Absatz 2 BHO an den Haushaltsausschuss des Deutschen Bundestages, Information zur Formulierungshilfe für ein Kurzarbeitergeldverlängerungsgesetz, 10.02.2022.

Rose, Franz-Josef/Goos, Wolfgang/Löw, Hans-Peter/Kirschner, Stefanie: Personalmanagement in Krisenzeiten, Sonderausgabe, Berlin, 2009.

Rudkowski, Lena: Die Umrechnung des Urlaubsanspruchs bei Kurzarbeit und ihre Vereinbarkeit mit der Arbeitszeitrichtlinie, NZA 2012, S. 74–77.

Rudnik, Tanja: Entscheidungsbesprechung zu LAG Baden-Württemberg: Kurzarbeitsvereinbarung während der Covid-19-Pandemie, Urteil vom 17.10.2023 – 15 Sa 5/23, ArbRAktuell 2024, 196.

Rühle, Hans Gottlob: Aktuelle Probleme der betrieblichen Altersversorgung, ZIP 1984, S. 411–417.

Rumpff, Klaus: Das Mitbestimmungsrecht des Betriebsrats bei Entgeltfragen, insbesondere beim Leistungslohn, nach dem Betriebsverfassungsgesetz 1972, AuR 1972, S. 65–82.

Rumpff, Klaus/Dröge, Hans: Kurzarbeit, Stuttgart, 1975.

Rütten, Frank: Institutionelle Arbeitslosigkeit und Grundgesetz: Eine grundrechtstheoretische Betrachtung des Verhältnisses von Arbeitslosigkeit und Kündigungsschutzrecht, Berlin, 2000 (zitiert: *Rütten*, Institutionelle Arbeitslosigkeit und Grundgesetz).

Säcker, Franz Jürgen: Die Gewährung von Kurzarbeitergeld bei Strukturkrisen, BB 1973, S. 1217–1222.

Säcker, Franz Jürgen: Gruppenparität und Staatsneutralität als verfassungsrechtliche Grundprinzipien des Arbeitskampfrechts: Eine Arbeits- und sozialrechtliche Untersuchung zu § 116 des Arbeitsförderungsgesetzes vom 25. Juni 1969, Heidelberg, 1974 (zitiert: *Säcker*, Gruppenparität).

Säcker, Franz Jürgen/Oetker, Hartmut: Tarifliche Kurzarbeits-Ankündigungsfristen im Gefüge des Individualarbeitsrecht und des kollektiven Arbeitsrechts, ZfA 1991, S. 131–186.

Sagan, Adam/Brockfeld, Marius: Arbeitsrecht in Zeiten der Corona-Pandemie, NJW 2020, S. 1112–1117.

Salamon, Erwin/Gatz, Stefan: Arbeitgeberseitige Gestaltungsspielräume im Rahmen der mitbestimmten Personaleinsatzplanung, NZA 2016, S. 197–203.

Scarpetta, Stefano/Pearson, Mark/Hijzen, Alexander/Salvatori, Andrea: Job retention schemes during the Covid-19 Lockdown and beyond, OECD – tackling Coronavirus (COVID-19): Contributing to a global effort, 2020 (zitiert: *Scarpetta/Pearson/Jijzen/Salvatori,* Job retention schemes during COVID-19 lockdown and beyond).

Schaub, Günter: Änderungskündigung und Kündigungsschutz bei Betriebsvereinbarungen, BB 1990, S. 289–291.

Schaub, Günter (Begr.)/Ahrendt, Martina/Koch, Ulrich/Linck, Rüdiger/Rinck, Ursula/Rennpferdt, Maren/Treber, Jürgen/Vogelsang, Hinrich (Bearb.): Arbeitsrechts-Handbuch: Systematische Darstellung und Nachschlagewerk für die Praxis, 20. Auflage, München, 2023 (zitiert: *Bearbeiter*, in: Schaub, Arbeitsrechts-Handbuch).

Schaub, Günter/Schindele, Friedrich: Kurzarbeit, Massenentlassung, Sozialplan, 3. Auflage, München, 2011 (zitiert: *Schaub/Schindele*, Kurzarbeit).

Schaub, Günter (Begr.)/Schrader, Peter/Straube, Gunnar/Vogelsang, Hinrich (Bearb.): Arbeitsrechtliches Formular- und Verfahrenshandbuch, 15. Auflage, München, 2023 (zitiert: *Bearbeiter*, in: Schaub, Arbeitsrechtliches Formular- und Verfahrenshandbuch).

Schlegel, Rainer/Meßling, Miriam/Bockholdt, Frank: Corona-Gesetzgebung – Gesundheit und Soziales: COVID-19, München, 2020 (zitiert: *Bearbeiter*, in: Schlegel/Meßling/Bockholdt, COVID-19).

Schlegel, Rainer/Voelzke, Thomas (Gesamthrsg.): Juris-Praxiskommentar SGB III, 3. Auflage, Saarbrücken, 2023 (zitiert: *Bearbeiter*, in: Schlegel/Voelzke, jurisPK-SGB III).

Schlegel, Uwe: Die Mitbestimmung des Betriebsrates bei Überstunden nach § 87 Abs. 1 Nr. 3 BetrVG, Frankfurt am Main, 1993.

Schlewing, Anja: Geltungserhaltende Reduktion und/oder ergänzende Vertragsauslegung im Rahmen der AGB-Kontrolle arbeitsvertraglicher Abreden?, RdA 2011, S. 92–99.

Schliemann, Harald: Covid-Arbeitszeitrecht – Eine Hilfe?, NZA 2020, S. 565–569.

Schliemann, Harald: Wiedervereinigung und Arbeitsrecht, ZTR 2010, S. 110–116.

Schmädicke, Axel/Stark, Eva: Kurzarbeit und betriebsbedingte Kündigung, ArbRAktuell 2020, S. 278–281.

Schmid, Erik: Alle (paar) Jahre wieder…die Kurzarbeit & Co, SPA 2019, 125–127.

Schmidt, Bettina: Erste Hilfe bei Kurzarbeit in Zeiten von Corona: Ein Leitfaden zu Kurzarbeit und Kurzarbeitergeld, München, 2020 (zitiert: *Schmidt*, Erste Hilfe bei Kurzarbeit).

Schmidt, Bettina: Kurzarbeit in Zeiten von Corona, 2. Auflage, 2021.

Schmidt, Hubert/Achilles-Pujol, Charlotte/Artz, Markus/Brübach, Thomas/Dickmann, Frank/Winter, Thomas: Covid-19: Rechtsfragen zur Corona-Krise, München, 2020 (zitiert: *Schmidt*, Kurzarbeit in Zeiten von Corona).

Schmidt, Ingrid: Arbeitsrecht und Sozialrecht, RdA 1999, S. 124–130.

Schmuhl, Hans-Walter: Arbeitsmarktpolitik und Arbeitsverwaltung in Deutschland 1871–2002, Nürnberg, 2003.

Schneider, Angie: Betriebsrisiko und Covid-19-Pandemie, Bewährungsprobe für ein tradiertes Rechtsinstitut, in: Grundlagen des Arbeits- und Sozialrechts, Festschrift für Ulrich Preis zum 65. Geburtstag, herausgegeben von *Brose, Wiebke/Greiner, Stefan/Rolfs, Christian/Sagan, Adam/Schneider, Angie/Temming, Felipe/Stoffels, Markus/Ulber, Daniel*, S. 1199–1210, München, 2021 (zitiert: *Schneider*, in: FS Preis 2021).

Scholz, Theresa/Sprenger, Christian/Bender, Stefan: Kurzarbeit in Nürnberg – Beruflicher Zwischenstopp oder Abstellgleis?, IAB-Kurzbericht 15/2011, Institut für Arbeitsmarkt- und Berufsforschung – Die Forschungseinrichtung der Bundesagentur für Arbeit, Nürnberg, 2011.

Schoof, Christian: Mitbestimmung des Betriebsrats in Arbeitszeitfragen, AiB 2003, S. 199–211.

Schuchart, Uta: Ständige Erreichbarkeit – Arbeitszeit light vs. Recht auf Unerreichbarkeit, AuR 2016, S. 341–343.

Schulten, Thorsten/Müller, Torsten: Kurzarbeitergeld in der Corona-Krise – Aktuelle Regelungen in Deutschland und Europa, WSI Policy Brief Nr. 38, 04/2020.

Schulze, Reiner (Hrsg. und Bearb.)/Dörner, Heinrich/Ebert, Ina (Bearb.)/u. a.: Bürgerliches Gesetzbuch Handkommentar, 12. Auflage, Baden-Baden, 2024 (zitiert: *Bearbeiter*, in: HK-BGB).

Schütt, Manuel/Böhm, Christian: Kurzarbeitergeld im Spannungsverhältnis zum Fremdpersonaleinsatz und Personalabbau in Zeiten von Corona, SPA 2020, S. 97–98.

Schütte, Reinhard: Mitbestimmungsrechte bei Kurzarbeit, in: Festschrift für Jobst-Hubertus Bauer zum 65. Geburtstag, herausgegeben von *Baeck, Ulrich*, S. 989–999, München, 2010 (zitiert: *Schütte*, in: FS Bauer 2010).

Schweiger, Maximilian: Kurzarbeitergeld bei Unterbrechung der Lieferkette, NZS 2017, S. 135–139.

Schweizer, Lars/Koscher, Eva/Stutz, Raffaela: Massenentlassungen – Rechtsvergleichende Analyse der Bedingungen in Europa und den USA, ZfM 2010, S. 409–429.

Schwengler, Barbara/Loibl, Veronika: Aufschwung und Krise wirken regional unterschiedlich: IAB-Kurzbericht, 1/2010, Institut für Arbeitsmarkt- und Berufsforschung – Die Forschungseinrichtung der Bundesagentur für Arbeit, Nürnberg, 2010.

Seel, Henning-Alexander: Rückruf aus dem Urlaub – Ist dies möglich?, MDR 2013, S. 1385–1387.

Seel, Henning-Alexander/Rabe, Sebastian: Die Kurzarbeit im öffentlichen Dienst, öAT 2011, S. 171–174.

Seidel, Sören/Herrmann, Merle: Personalabbau trotz Kurzarbeit – Auswirkungen auf den Bezug von Kurzarbeitergeld, BB 2020, S. 2932–2936.

Seidler, Christoph/Josephs, Alexander: Die betriebsbedingte Beendigungskündigung während Kurzarbeit, NZA 2020, S. 1227–1229.

Seidler, Christoph/Josephs, Alexander: Die Kurzarbeit während laufendem Personalabbau, NZA 2021, S. 97–101.

Seiter, Hugo: Sozialversicherung und Arbeitsrecht, in: Sozialrechtsprechung, Verantwortung für den sozialen Rechtsstaat, Festschrift zum 25jährigen Bestehen des Bundessozialgerichts, Band 2, herausgegeben vom Deutschen Sozialgerichtsverband e. V., S. 515–535, Köln, 1979 (zitiert: *Seiter*, in: FS 25J. BSG 1979, Band 2).

Siebert, Jens/Felsmann, Simon: COVID 19: Kurzarbeit im öffentlichen Dienst, öAT 2020, S. 89–92.

Sievers, Jochen: Infiziertes Arbeitsrecht? Wie ein Virus auf das Arbeitsrecht einwirkt, jM 2020, S. 189–201.

Simitis, Spiros/Weiss, Manfred: Zur Mitbestimmung des Betriebsrats bei Kurzarbeit, DB 1973, S. 1240–1252.

Söllner, Alfred: Die Änderung von Arbeitsbedingungen durch Weisung, in: *Hromadka, Wolfgang (Hrsg.)/Ascheid, Reiner*, Änderung von Arbeitsbedingungen, S. 13–34 Heidelberg, 1990 (zitiert: *Söllner*, in: Änderung von Arbeitsbedingungen 1990).

Söllner, Alfred: Einseitige Leistungsbestimmung im Arbeitsverhältnis, Mainz, 1966.

Sondermann, Josef: Kurzarbeit und Betriebsrat, Personal 1979, S. 157–159.

Sowka, Hans-Harald/Schiefer, Bernd/Meisel, Peter: Arbeitsrecht für die betriebliche Praxis: Ein Handbuch für Führungskräfte. 11. Auflage, Düsseldorf, 2010 (zitiert: *Bearbeiter*, in: Sowka/Schiefer/Meisel, Arbeitsrecht für die betriebliche Praxis).

Sprenger, Markus: Urlaubskürzung bei „Kurzarbeit Null" – Anmerkung zu BAG v. 30.11.2021 – 9 AZR 225/21 und zu BAG v. 30.11.2021 – 9 AZR 234/21, RdA 2022, S. 374–378.

Sprick, Bernhard: Arbeitszeitbegriff und mitbestimmungspflichtige Tatbestände i. S. d. § 87 I Nr. 2, 3 BetrVG, Bielefeld, 1997.

Staudinger, Julius von: J. Von Staudingers Kommentar Zum Bürgerlichen Gesetzbuch mit Einführungsgesetz und Nebengesetzen, Saarbrücken, 2022 (zitiert: *Bearbeiter*, in: Staudinger, BGB).
- Buch 1. Allgemeiner Teil, §§ 139–163 BGB (Teilnichtigkeit, Anfechtung, Vertrag, Bedingung und Zeitbestimmung), *Herrler, Sebastian (Hrsg.)*, Neubearbeitung 2020.
- Buch 2. Recht der Schuldverhältnisse, §§ 305–310; UKlaG (AGB-Recht 1 und Unterlassungsklagengesetz), *Stoffels, Markus (Hrsg.)*, Neubearbeitung 2022.

– Buch 2. Recht der Schuldverhältnisse, Anhang zu §§ 305–310 (AGB-Recht 2: Ausgewählte Verträge; AGB-Kontrolle im Arbeitsrecht; Internationaler Geschäftsverkehr), *Stoffels, Markus (Hrsg.)*, Neubearbeitung 2022.

Stebut, Dietrich von: Die Zulässigkeit der Einführung von Kurzarbeit, RdA 1974, S. 332–346.

Stege, Dieter/Weinspach, Friedrich: Betriebsverfassungsgesetz: Handbuch für die betriebliche Praxis, 3. Auflage, Köln, 1978 (zitiert: *Stege/Weinspach*, Betriebsverfassungsgesetz, 3. Auflage 1978).

Steiner, Udo: Standortfaktor Sozialrecht?, NZS 2022, S. 687–692.

Stiegler, Sascha: Kurzarbeit und Probezeit, ArbRAktuell 2020, S. 157–159.

Stier, Markus: Kurzarbeit und Entschädigungen nach dem Infektionsschutzgesetz – Steuer Und Recht, Berlin, 2020 (zitiert: *Stier*, Kurzarbeit).

Stoffels, Markus: AGB-Recht, 5. Auflage, München, 2024.

Stoffels, Markus: Gestaltungsmöglichkeiten durch Änderungskündigungen, ZfA 2002, S. 401–426.

Stoffels, Markus: Kurzarbeitsklauseln in Arbeitsverträgen, in: Arbeit Wirtschaft Recht, Festschrift für Martin Henssler zum 70. Geburtstag, herausgegeben von *Deckenbroch, Christian/Höpfner, Clemens/Kilian, Matthias/Markworth, David/ Sittard, Ulrich*, S. 643–654, München, 2023 (zitiert: *Stoffels*, in: FS Henssler 2023).

Stoffels, Markus: Neues zu Widerrufsvorbehalten in Arbeitsverträgen, NZA 2017, S. 1217–1224.

Stoffels, Markus/Hultzsch, Ferdinand: Arbeit auf Abruf nach der Novellierung des § 12 TzBfG, NZA 2020, S. 977- 982.

Stück, Volker: Corona Covid-19 und Compliance: Aktuelle arbeitsrechtliche Aspekte zur präventiven und repressiven Bewältigung der viralen Herausforderung, CCZ 2020, S. 205–218.

Suschitz, Simona Claudia: Kurzarbeit, Wien, 2010.

Thüsing, Gregor: Kurzarbeit in Zeiten der Pandemie, BB 2020, I.

Tödtmann, Ulrich/Bockelmann, Eler von/Hartmann, Nadja/Notz, Andreas: Arbeitsrecht in Not- und Krisenzeiten, 2. Auflage, München, 2021.

Trabandt, H. (nomen nominandum): Beurlaubung ohne Weiterzahlung der Bezüge, BB 1952, S. 863–864.

Trittin, Wolfgang: Vergütungsanspruch gegen den Arbeitgeber bei Kurzarbeit, wenn das Arbeitsamt kein Kurzarbeitergeld zahlt, AiB 1991, S. 94–95.

Uffmann, Katharina: Das Verbot der geltungserhaltenden Reduktion, Tübingen, 2010.

Ulber, Jürgen: Kurzarbeit – Ein Instrument der Beschäftigungssicherung, AiB 2007, S. 5–13.

Ulmer, Peter/Brandner, Hans Erich/Hensen, Horst-Diether: AGB-Recht: Kommentar zu den §§ 305–310 BGB und zum UKlaG, 13. Auflage, Köln, 2022 (zitiert: *Bearbeiter*, in: Ulmer/Brandner/Hensen, AGB).

Veit, Barbara: Die funktionelle Zuständigkeit des Betriebsrats, München, 1998.

Verma, Pascal/Ullrich, Lennard: Die Probezeitverlängerung bei Kurzarbeit während der Corona-Pandemie – über die rechtlichen Rahmenbedingungen der Verlängerung der Wartezeit, ArbRAktuell 2020, S. 461–464.

Voelkel, Carl: Das Gesetz über den Absatz von Kalisalzen vom 25. Mai 1910, Deutsche Juristen-Zeitung 1910, S. 1384–1388.

Voelzke, Thomas: Urlaubsberechnung bei Kurzarbeit Null, jurisPR-SozR 8/2022 Anm. 1, 2022.

Wahlig, Thomas/Jeschke, Anja: Betriebsbedingte Kündigung versus Kurzarbeit, NZA 2010, S. 607–612.

Walker, Wolf-Dietrich: Verhältnis zwischen Kurzarbeit und Urlaub, SAE 2010, S. 70–76.

Waltermann, Raimund: „Umfassende Regelungskompetenz" der Betriebsparteien zur Gestaltung durch Betriebsvereinbarung, RdA 2007, S. 257–267.

Waltermann, Raimund: Anordnung von Kurzarbeit durch Betriebsvereinbarung?, NZA 1993, S. 679–684.

Waltermann, Raimund: Gestaltung von Arbeitsbedingungen durch Vereinbarung mit dem Betriebsrat, NZA 1996, S. 357–365.

Waltermann, Raimund: Tarifvertragliche Öffnungsklauseln für betriebliche Bündnisse für Arbeit – zur Rolle der Betriebsparteien, ZfA 2005, S. 505–526.

Waltermann, Raimund: Was kann die Betriebsvereinbarung?, in: 100 Jahre Betriebsverfassungsrecht, herausgegeben von *Gräfl, Edith/Lunk, Stefan/Oetker, Hartmut/Trebinger, Yvonne*, S. 765–776, München 2020 (zitiert: *Waltermann*, in: FS 100 Jahre BetrVR 2020).

Wank, Rolf: Das eingeschränkte Weisungsrecht des Arbeitgebers – Insbesondere die Versetzung ins Ausland, RdA 2023, S. 330–342.

Wank, Rolf: Die Konzeption des EuGH zum Urlaubsrecht in: Grundlagen des Arbeits- und Sozialrechts, Festschrift für Ulrich Preis zum 65. Geburtstag, herausgegeben von *Brose, Wiebke/Greiner, Stefan/Rolfs, Christian/Sagan, Adam/Schneider, Angie/Temming, Felipe/Stoffels, Markus/Ulber, Daniel*, S. 1463–1475, München, 2021 (zitiert: *Wank*, in: FS Preis 2021).

Weber, Klaus (Hrsg.): Rechtswörterbuch. 33. Edition, München, 2024 (zitiert: *Bearbeiter*, in: Weber, Rechtswörterbuch).

Weber, Verena: Kurzarbeit: Mögliche Schadensersatzpflicht des Arbeitgebers gegenüber Mitarbeitern – Nebenpflicht des Arbeitgebers zur Wahrung der Interessen des Arbeitnehmers im Antragsverfahren, DB 2023, S. 263.

Weiss-Bölz, Verena: Kein Kurzarbeitergeld für Arbeitnehmer ausländischer Arbeitgeber? Eine kritische Auseinandersetzung mit der Durchführungspraxis der Bundesagentur für Arbeit, DStR 2021, S. 736–740.

Weitnauer, Hermann: Zivilrechtliche Grundstrukturen im Betriebsverfassungsrecht, in: Festschrift für Konrad Duden zum 70. Geburtstag, herausgegeben von *Pawlowski, Hans-Martin*, S. 705–718, München, 1977 zitiert: *Weitnauer*, in: FS Duden 1977).

Weller, Benjamin/König, Tassilo-Rouven: Kurzarbeit durch Änderungskündigung – Nur ein theoretisches Konstrukt?, BB 2020, S. 953–958.

Weller, Bernhard: Arbeitslosigkeit und Arbeitsrecht: Untersuchung der Möglichkeiten zur Bekämpfung der Arbeitslosigkeit unter Einbeziehung der Geschichte des Arbeits- und Sozialrechts, Stuttgart, 1969 (zitiert: *Weller*, Arbeitslosigkeit und Arbeitsrecht).

Westphalen, Friedrich/Pamp, Rüdiger/Thüsing, Gregor (Hrsg.): Vertragsrecht und AGB-Klauselwerke, 50. Ergänzungslieferung, März 2024, München, 2024 (zitiert: *Bearbeiter*, in: Westphalen, Vertragsrecht und AGB-Klauselwerke).

Weth, Stephan/Herberger, Maximilian/Wächter, Michael/Sorge, Christoph/Baumgartner, Ulrich: Daten- und Persönlichkeitsschutz im Arbeitsverhältnis,

2. Auflage, München, 2019 (zitiert: *Bearbeiter*, in: WHWS).

Wiedemann, Herbert/Moll, Wilhelm: Urteilsanmerkung zu BAG, Beschluss vom 21.11.1978 – 1 ABR 67/76, AP BetrVG 1972 § 87 Arbeitszeit Nr. 2, 1979.

Wiedemann, Herbert/Moll, Wilhelm: Urteilsanmerkung zu BAG, Urteil vom 25.10.1977 – 1 AZR 452/74, AP BetrVG 1972 § 87 Arbeitszeit Nr. 1, 1977.

Wiese, Günther: Das Initiativrecht nach dem Betriebsverfassungsgesetz, Neuwied, 1977.

Wiese, Günther/Kreutz, Peter/Oetker, Hartmut/Raab, Thomas/Weber, Christoph/Franzen, Martin/Gutzeit, Martin/Jacobs, Matthias/Schubert, Claudia (Mitwirkende): GK-BetrVG – Kommentar, Gemeinschaftskommentar zum Betriebsverfassungsgesetz, §§ 74–132. 12. Auflage, Hürth, 2022 (zitiert: *Bearbeiter*, in: GK-BetrVG).

Wilhelmi, Rüdiger: Risikoschutz durch Privatrecht: Eine Untersuchung zur negatorischen und deliktischen Haftung unter besonderer Berücksichtigung von Umweltschäden, Tübingen, 2009 (zitiert: *Wilhelmi*, Risikoschutz durch Privatrecht).

Will, Henner: Kurzarbeit als Flexibilisierungsinstrument – Hemmnis strukturellen Wandels oder konjunkturelle Brücke für Beschäftigung?, Düsseldorf, 2010 (zitiert: *Will,* Kurzarbeit als Flexibilisierungsinstrument).

Wolf, Manfred (Begr.)/Lindacher, Walter/Pfeiffer, Thomas (Hrsg.): AGB-Recht Kommentar, 7. Auflage, München, 2020 (zitiert: *Bearbeiter*, in: Wolf/Lindacher/Pfeiffer, AGB-Recht).

Wölfel, Julian: Anmerkung zu LAG Hessen: Wegfall der Geschäftsgrundlage des Tarifvertrages begründet keine individualrechtlichen Einwendungen, LAG Hessen, Urteil vom 28.07.2015 – 8 Sa 88/15, ArbRAktuell 2016, S. 95.

Worzalla, Michael: Die Wirksamkeit einzelner Arbeitsvertragsklauseln nach der Schuldrechtsreform – Entgelt, Arbeitszeit und Tätigkeit, Betriebsvereinbarungs- und Tarifvertragsoffenheit, Änderung des Arbeitsvertrags, NZA Beilage Heft 3/2006, S. 122–133.

Zieglmeier, Christian: Corona-Schutzschirm: Kurzarbeit und Kurzarbeitergeld, DStR 2020, S. 729–735.

Zieglmeier, Christian/Rittweger, Stephan: Corona-Kurzarbeitergeld: Aktuelle Hindernisse und typische Kontrollfelder nach der Krise – Bundesagentur Für Arbeit als förder- und arbeitsrechtliche Kontrollinstanz, NZA 2020, S. 685–690.

Zöllner, Wolfgang: Vorsorgende Flexibilisierung durch Vertragsklauseln, NZA 1997, S. 121–129.

Zundel, Frank: Die Entwicklung des Arbeitsrechts im Jahr 2020 – Arbeitsvertragliche und individualarbeitsrechtliche Entwicklungen, NJW 2021, S. 127–131.

Für die verwendeten Abkürzungen des juristischen Sprachgebrauchs wird auf *Kirchner, Hildebert*: Abkürzungsverzeichnis der Rechtssprache, 11. Auflage, Berlin, 2024 verwiesen.